btb
Aus Freude am Lesen

btb

## Buch

Das Kind unterscheidet sich vom Erwachsenen so sehr wie die Raupe vom Schmetterling, behauptet der niederländische Essayist und Biologe Midas Dekkers. In seinem neuesten Buch wendet er die Metamorphose, wie sie uns aus dem Tierreich bekannt ist, als Denkmodell auf den Menschen an. Mit rabenschwarzem Humor veranschaulicht er anhand vieler köstlicher Beispiele, wie Erwachsene mit Kindern umzugehen haben. Damit läutet der Autor nicht etwa das Ende der Pädagogik ein, sondern versucht zu zeigen, wie man ein Kind darin unterstützen kann, eine gute Larve, ein gutes Kind zu werden.

## Autor

Midas Dekkers, Jahrgang 1946, ist der bekannteste und populärste Biologe Hollands und ein herausragender Essayist. Seine Bücher sind Bestseller, seine Hörfunk- und Fernsehsendungen Quotenrenner; er gilt als der »Grzimek der Niederlande«. »Geliebtes Tier« und »An allem nagt der Zahn der Zeit« waren große internationale Erfolge.

## Midas Dekkers bei btb

An allem nagt der Zahn der Zeit. Vom Reiz der Vergänglichkeit (72723)
Das Gnu und du. Tierische Geschichten (73136)
Geliebtes Tier. Die Geschichte einer innigen Beziehung (73165)

Midas Dekkers

# Von Larven und Puppen

## Soll man Kinder wie Menschen behandeln?

*Aus dem Niederländischen von Ira Wilhelm*

btb

Die Originalausgabe erschien unter dem Titel »De larf«
bei Uitgeverij Contact, Amsterdam, Antwerpen.

FSC
Mixed Sources
Product group from well-managed
forests and other controlled sources

Cert no. GFA-COC-1223
www.fsc.org
© 1996 Forest Stewardship Council

Verlagsgruppe Random House FSC-DEU-0100
Das FSC-zertifizierte Papier *Munken Print* für Taschenbücher aus dem
btb Verlag liefert Arctic Paper Munkedals AB, Schweden.

1. Auflage
Genehmigte Taschenbuchausgabe Juli 2005 bei btb,
einem Unternehmen der Verlagsgruppe Random House GmbH.

Umschlaggestaltung: Design Team München
Umschlagmotiv: Agnolo Bronzino
Satz: Uhl + Massopust, Aalen
Druck und Einband: Clausen & Bosse, Leck
SR · Herstellung: Augustin Wiesbeck
Made in Germany
ISBN 3-442-73342-1

www.btb-verlag.de

# Inhalt

INCIPIT
VITA
NOVA

# 1
# Biegen oder Brechen

Das Große wundert sich über das Kleine. Über einen Floh, der hundertmal so hoch in die Luft springen kann, wie er selbst lang ist, und dabei auch noch Zeit findet, die Pest zu verbreiten. Wie hat man's nur geschafft, in einen so kleinen Körper ein Herz, Nieren und einen Juckrüssel hineinzustopfen? Mit offenen Mündern bewundern wir einen Lichtstrahl voller Staubpartikel, einen Chip voll mit Weisheit und eine Träne voller Weh. Wie ist das alles nur möglich?

Das Kleine wundert sich über das Große: über die Berge, über den Ozean. Versuchen Sie einmal, sich vorzustellen, Sie wären ein Wal. Sie können sich in Gedanken noch so sehr aufblasen, die Backen gebläht, die Augen krampfhaft zusammengekniffen, es wird Ihnen nicht gelingen. Das Unterfangen ist einfach zu aussichtslos. Man könnte genauso gut den Fahrer eines Schwertransporters bitten, sich vorzustellen, er wäre nicht der Fahrer dieses Monstrums, sondern das Monstrum selbst. Dabei haben die meisten Menschen schon mit ihren siebzig Kilo Fleisch und Blut Mühe genug; bei hundert Kilo ist das Lenken dann schon merklich eingeschränkt. Aus der Perspektive einer Ameise aber sind wir Riesen, Götter mit unergründlichen Wegen, und sei es auch nur, weil in unsere Hirnschale Milliarden mehr Zellen hineinpassen als in deren Stecknadelkopf. Doch trotz unseres Riesenverstandes fassen wir es nicht, wie eine Ameise mit ihrem Gränchen Hirn im Schädel derartige Staaten bauen und so sozial sein kann.

*Alice und der Dodo.*

Aufregender als eine Reise zu einem fernen Planeten ist die Reise in einen anderen Maßstab; die Reiseberichte darüber gehören zur Weltliteratur. Das Wunderland wurde für Alice zum Abenteuer der Dimension; erst wurde sie klein, dann groß, dann wieder klein,

*Das Kleine staunt über das Kleine.*

bis sie in ihrem eigenen Tränenmeer schwimmen konnte. Auf Liliput, einer Insel am Rande der Welt, wie sie 1726 bekannt war, stand Gulliver, ohne zu wachsen, plötzlich als Riese unter dem Zwergenvolk der Liliputaner. Doch auch in der Wirklichkeit besteht die Welt aus abertausend verschiedenen Welten; jede ist anders, abhängig von den Größenverhältnissen der Bewohner. Auch wenn die Gesetze in einem anderen Größenmaßstab die gleichen sind – es gibt nur ein Weltall –, so unterscheiden sich die Toleranzgrenzen doch erheblich. Wir Menschen stöhnen unter der Schwerkraft, die unseren Knochen so zusetzt und uns beim Treppensteigen keuchen lässt – in der Miniaturwelt einer Fliege kommt sie kaum zum Tragen; allerdings kann die Fliege in einem Tropfen Wasser ersaufen.

Umfangmäßig unterscheiden sich Lebewesen trilliardenfach: Der größte Wal ist Trilliarden mal schwerer als die kleinste Mikrobe. Dank dieser Größenspanne leben Menschen, Fliegen, Mikroben und Wale meist auch ohne größere Probleme nebeneinander her, oft ohne einander zu bemerken. Von Zeit zu Zeit kommt es allerdings zu Eifersuchtsanfällen. Von der Schwerkraft an den Boden genagelt, müssen wir zusehen, wie sich die Fliegen unseres Hauses, unserer Zimmerdecke, unserer vier Wände bemächtigen und dadurch eine sechsmal höhere Nutzung eines Zimmers haben als wir Bodenbewohner, die rechtmäßigen Eigentümer, für die die Zimmerdecke nichts weiter ist als das Gegenstück zum Fußboden. Selber schuld. Wir sind zu groß für unser eigenes Haus. Fliegen haben das An-der-Decke-kleben ihren Saugnäpfen zu verdanken. Je größer der Napf, desto stärker saugt er.

Mit Riesennäpfen unter den Füßen würden wir tausendmal besser an unserer Zimmerdecke kleben als eine Fliege. Aber wir sind auch Millionen Mal schwerer. Das widrige Ende ist also abzusehen. Würde eine Fliege so groß wie wir, dann erginge es ihr genauso. Mit dem Wachsen vervielfacht sich das Gewicht schneller (in der dritten Potenz) als die Oberfläche (im Quadrat). Das Äußere hält mit dem Inneren nicht Schritt.

Um derart unbekümmert an der eigenen Zimmerdecke entlangzuschlendern, müssten wir einen hohen Preis bezahlen: so klein zu sein wie eine Fliege. Über die Konsequenzen hat sich der Pflanzenphysiologe Frits Went seine Gedanken gemacht. Wäre ein Mensch nur so groß wie eine Ameise, könnte er sich an keinem Feuer wärmen. Die kleinste Flamme ist größer als jede Ameise. Sich waschen ginge auch nicht. Kein Wassertropfen ist klein genug für eine Ameisendusche. Und wie täten Sie, was Sie gerade tun? Wie läsen Sie ein Buch, wenn die Ameisenbuchseiten wegen ihrer Winzigkeit aneinanderklebten und nichts von der Lektüre in Ihr Ameisengehirn vordränge, weil die Ameisenaugen für normales Licht zu klein sind? Dennoch behauptet die amerikanische Entomologin May Berenbaum, dass es Menschen gibt, die sich auf die Größe einer Ameise herunterdenken, und zwar für das ultimative sexuelle Erlebnis: das Zerquetschtwerden von einer Frau.

*Ein* **crush-freak** ***will nichts lieber, als zertreten zu werden.***

Es ist eine äußerst ausgefallene Sexualphantasie, die zum Fußfetischismus gehört. Ein Crush-Freak träumt davon, nichtig und klein zu sein – wie ein Insekt eben – und dann von einer Frau zertreten und zermanscht zu werden. Es gibt ein paar Varianten dieser Fetischphantasie. Manche wollen nur von bloßen Füßen zertreten werden, andere nur von hochhackigen, glänzenden Pumps. Viele Fetischisten sehen auch nur gerne zu, wie Frauen auf einem kleinen Wesen herumtrampeln; ein Insekt ist ein ausgezeichneter Ersatz für den Crush-Freak.

*Petronella Oortman, eine Amsterdamer Kaufmannsgattin, baute ein Vierteljahrhundert (1686-1710) an ihrem Puppenhaus.*

So bizarr diese recht gefährliche Art des Liebemachens uns erscheint, so normal ist es offensichtlich für viele Menschen, ihre Umgebung leidenschaftlich zu verkleinern. Modellbauen macht Spaß, doch Modellschauen noch viel mehr. Es ist alles eine Sache der Perspektive. Während uns ein auf Filmmonstergröße aufgeblasenes Insekt Angst einjagt, entlockt uns alles Verkleinerte Gefühle der Rührung. Deshalb faszinieren uns Modelleisenbahnen, Zinnsoldaten und Puppenstuben so sehr. Während Rembrandts *Nachtwache* den Besuchern des Amsterdamer Rijksmuseum Ehrfurcht einflößt, zerfließen sie beim Anblick der Puppenhäuser aus dem 17. Jahrhundert fast. Nicht nur Kinder, auch Erwachsene geraten ganz aus dem Häuschen angesichts der minutiös nachgefriemelten Grachtenhäuser mit echten Gardinen und Mininachtgeschirr, das man sogar benutzen könnte, wenn man über einen passenden Minihintern verfügen würde. Zu Hause toben Vater und Sohn sich an Minilokomotiven aus, aus deren Schornsteinen echter Rauch tritt, die nach echten Minifahrplänen fahren und sogar richtige Verspätungen haben. Nach Meinung des niederländischen Dichters Rudy Kousbroek ist dieses Puppenhaussyndrom sogar für unsere Liebe zu den Katzen mitverantwortlich.

> Die Katze ist ein Minitiger, ein Tiger in Modellgröße, »beautifully detailed«, »highly finished« und »full of intricate detail«. Kaum einer, der nicht voller Verwunderung über so viel Perfektion ausruft: »Was, die kann *richtig* miauen, *richtig* schnurren, *richtig* mit dem Schwanz schlagen und mit den Augen auch *richtig* schauen?

Aller Katzenliebe zum Trotz gibt es jedoch nur eine einzige universelle Rührung, die alle Menschen vor einem Modell vereint: dem des Menschleins. Es ist unmöglich, ein Baby anzusehen und nicht in Entzücken zu geraten über die kleinen Fingerchen und die kleinen Zehchen – ach, wie klein die sind, und mit ganz richtigen Nägeln dran – und dabei immer wieder nachzuzählen, ob auch alle dran sind. Die Ohs und Ahs rund um die Wiege haben dieselbe Tonhöhe wie die, die angesichts eines Kinderherds oder eines Kinderkaufladens ausgestoßen werden. Ein Baby ist eine Puppe, die richtig lebt, und zwar im Maßstab 1:4. Und dazu noch eine Puppe, die genau weiß, wie sie aus sich selber einen

Menschen in Lebensgröße macht. Sonst hätte man ja nichts von seinem Baby. Die Eltern haben nämlich vergessen, wie das geht, das Größermachen. Zwar haben sie sich selber, als sie klein waren, auch um anderthalb Meter vergrößert, doch danach können sie keinen Zentimeter Mensch dazu produzieren, beim besten Willen nicht. Jetzt sind ihre Nachkommen an der Reihe. Machen Menschen Kinder, so machen Kinder Menschen.

Menschen können Raketen herstellen, auch Gedichte schreiben, Krieg und Frieden, Autos und Softeis produzieren, aber ein Schaf oder ein Schwein, das bringen sie nicht fertig. Dafür gibt es keine Fabriken. Schon ein beliebiges Zubehör – ein Haar, eine winzige Nervenbahn – stellt für sie eine Unmöglichkeit dar. Woraus, um ein Beispiel zu nennen, macht man einen Ringelschwanz? Sehen Sie, deswegen überlässt die Menschheit diese Arbeit den Ferkeln und den Lämmern. Die kennen sich in Sachen aus, wozu der Bauer zu doof ist: nämlich, aus einem bisschen Milch und Trockenfutter Wolle und ein saftiges Kotelett zu machen. Aus einer Eichel wird eine Eiche, und aus einer Eiche einmal ein Waldriese. Wenn wir wüssten, wie so etwas funktioniert, dann bräuchten wir nur Matchbox-Autos in die Erde zu stecken, um richtige Fiats und Landrover zu ernten, und aus jedem Puppenhaus würde so nach einiger Zeit ganz von selbst ein schönes Haus an der Gracht.

Aber das ist leider unmöglich. Aus einem Souvenir-Eiffelturm wird nie ein richtiger, während aus einem Söhnchen durchaus ein richtiger Kerl wird und aus einer Tochter ein schönes Fräulein. Der Grund dafür liegt in dem Produktionsverfahren unserer Fabriken. Es besteht wesentlich aus dem Zusammensetzen von Dingen. Die Bauteile eines Autos werden in der angemessenen Endgröße geliefert, und das Produkt wächst zwar, aber nur durch das Zusammenmontieren. Ein Auto ist es erst, wenn es fährt; so lange ein einziges Zahnrädchen an der Kupplung fehlt, ist es nutzlos. Ein Auto ist niemals ein Autochen gewesen, eine Kindheit hat es nie besessen.

Wachstum ist das Charakteristikum des Lebens. Was nicht heißt, dass Totes nicht wächst: Salzkörner klumpen sich zu großen Kristallen, Stalagmiten und Stalaktiten tröpfeln ganze Grotten zusammen. Sie nehmen an Umfang zu wie der Sandhügel eines Kindes, das am Strand spielt. Am Anfang ist er nur ein kleines Häufchen Sand, dann kommt immer mehr Sand drauf, bis daraus fast ein Berg geworden ist. Und weil der Sand die ganze Zeit der immer gleichen Schwerkraft unterliegt,

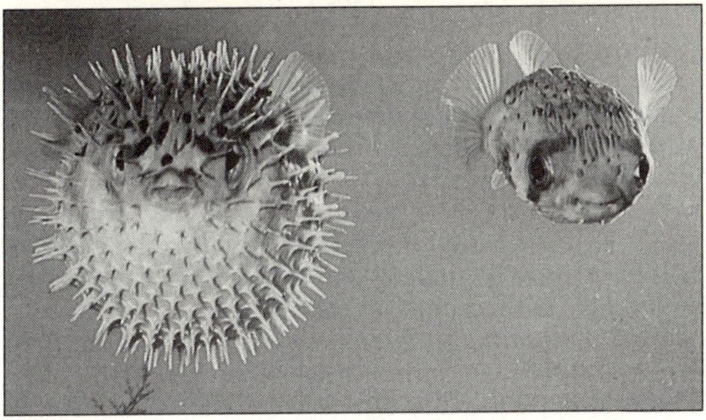

*Während sich der Igelfisch (Gattung* Diodon*) aufbläst, stellen sich die Stacheln von selbst auf.*

bleibt der Berg in jedem Stadium ein Berg. Eine Sandburg kann man auf diese Weise nicht bauen. Wenn man da einen Eimer Sand drauf wirft, ist die Burg im Embryonalstadium nicht mehr wiederzuerkennen. Will man eine Burg bauen mit Zinnen und Zugbrücke, dann muss man von Anfang an auf die Endgröße hinarbeiten. Ritter wachsen, Burgen nicht; Burgen breiten sich aus. Totes Zeug kann beim Wachsen nur dann es selbst bleiben, wenn es einfach geartet ist. Ideal ist ein Kegel, der am stumpfen Ende zu einem immer größeren Kegel heranwächst, so wie der Sandhügel des Kindes.

Das Aufblasen eines Ballons ist eine falsche Wachstumsmethode, und das gilt auch für das Aufblähen einer Wärmflasche. An den Ballon wird zwar kein Ballon dranmontiert und an eine Wärmflasche auch keine Wärmflasche, aber es wird etwas hinzugefügt, und zwar Luft beziehungsweise Wasser. Beim Größerwerden wird die Gummihaut dünner. Ein Heißluftballon mag zwar eindrucksvoll aussehen, aber er besteht aus nichts weiter als aus viel heißer Luft und wenig Ballon. So ein falsches Spiel spielt die Natur nur, wenn sie es eilig hat, häufig in Notsituationen. Ein Igelfisch etwa saugt sich voll, um sich gegen einen Feind zu wappnen, eine Kartoffel sendet in ihrem Hunger nach Licht einen langen wässrigen Ausläufer durch das Kellerdunkel. Aber das sind Taschenspielertricks im Vergleich zu der Kunst, mit der ein Ferkel sich in ein Schwein verwandelt, eine Buchecker in eine Buche und ein Kind in einen Menschen.

Das Geheimnis des Wachsens ist gleichzeitig das Geheimnis des Lebens: die Zelle. Für das bloße Auge ist sie in der Regel zu klein, und so wurde sie erst in der zweiten Hälfte des 17. Jahrhunderts entdeckt, als das Mikroskop endlich gut genug war. Robert Hooke, der Hauptexperimentator der Londoner Royal Society, schnitt mit einem Federmesser, das nach seinen Angaben »so scharf war wie ein Rasiermesser«, Kork in so dünne Scheiben, dass man hindurchsehen konnte. Hooke stellte fest, dass Kork nicht massiv ist, sondern sich aus einzelnen Kammern zusammensetzt, die ihn an Mönchszellen eines Klosters erinnerten. Tatsächlich ergab sich später, dass sich sämtliches Leben aus solchen Zellen aufbaut, auch wenn einige Forscher darin eher »Glocken«, »Löcher«, »Blasen« oder »Flaschen« erkannten. Und in ihrem Küchenlatein benannten sie sie dann auch entsprechend. Der Name »Zelle« hatte sich allerdings schon längst eingebürgert, als man dahinter kam, wie man mit den Zellen wächst. So wenig ein Kloster sich ausbreitet, indem es die Zellen einfach vergrößert, so wenig wächst ein Lebewesen dadurch, dass es seine Zellen ausbaut. Es gibt zwar Zellen, die sich voll pfropfen, bis sie enorme Ausmaße angenommen haben, man denke nur an das Straußenei; aber das sind lediglich zum Platzen gefüllte Proviantkörbe. Nerven können mit einer einzigen Zelle einen ganzen Hals überbrücken, was im Falle der Giraffe oder des Bracchiosaurus eine ganze Ecke sein kann, doch diese Brücke ist nur der Ausläufer der eigentlichen Zelle. Die ist so groß wie jede andere normale Körperzelle auch.

Zum Wachsen vergrößern Pflanzen oder Tiere ihre Zellen nicht einfach, sondern sie machen mehr davon. Ein wachsendes Gewebe ist wie ein Pullover, an den immer noch mehr Maschen angestrickt werden. Der Unterschied zwischen einem Pullover und unserem Körper aber ist, dass ein Pulli nicht mitwächst. Ein Kind kann zwar aus seinem Pullover herauswachsen, aber nicht aus dem Fell, das sich darunter befindet, obwohl dessen Größe sich während des ganzen Menschenlebens verzehnfacht. Würden Kleider mitwachsen wie die Haut, dann trüge jeder Erwachsene noch seinen Babypullover. Bei der Haut aber scheinen überall winzige Stricker am Werk zu sein, die jedoch nicht nur neue Maschen oder Zellen daran-, sondern auch hineinstricken. Wie diese neuen Zellen entstehen, das entdeckten die Gelehrten erst im 19. Jahrhundert zweifelsfrei. Erst glaubten sie, jede neue Zelle würde ganz neu zusammengesetzt oder entstehe in einer Mutterzelle und würde wie ein Kind geboren. Doch ein lebendiges Gewebe wächst nicht wie ein blühendes Kloster dadurch, dass eine Zelle nach der anderen, ein Flügel nach dem anderen angebaut wird, sondern es wächst durch Zellteilung. In der Mitte der Zelle wird eine Wand hochgezogen, bis zwei kleine Zellen daraus geworden sind. Die weiten sich dann aus bis zur Ursprungsgröße der einen, um sich dann ihrerseits wieder zu teilen. Während ein Kloster wie ein Pullover an den Außenkanten wächst, gedeiht ein Klosterbruder von innen heraus.

Biologisches Wachstum ist ein Prozess mit Eigendynamik. Aus einer Zelle entstehen zwei, aus zweien vier, aus vieren acht, aus acht sechzehn undsoweiter. Das lässt das Wachsen explosionsartig vor sich gehen, wie man es jeden Frühling im eigenen Garten beobachten kann. Zarte Keime bohren sich mühelos aus einer Erde, deren Oberfläche man selber mit Hacke und Spaten nicht mal einen Kratzer zuzufügen vermag. Baumwurzeln brechen durch Straßenasphalt, Efeu lässt sich von keinem Dach aufhalten. Könnte man hören, wie sich eine Zelle teilt, wäre die Welt von unerträglichem Lärm erfüllt. Aber auch wenn sie lautlos geschieht, ist die Teilung für die Zelle selbst ein reines Drama. In einem Chaos aus Selbstzerstörung, Neuordnung und Vermehrung sprengt sich zuerst der Kern in zwei Hälften und dann der Rest der Zelle; diese lebt dann einerseits weiter, andererseits existiert sie nicht mehr.

Was bringt eine Zelle dazu, sich für ihre Kinder zu zerstören? Reine Selbstsucht. Aufopferung ist häufig nur gut getarntes Eigeninteresse. Würde eine Zelle ihre Masse ohne Teilung verdoppeln wollen, hätte sie das gleiche Problem wie wir, wenn wir wie eine Fliege an der Decke entlangspazieren wollten: das Problem des Missverhältnisses zwischen Oberfläche und Volumen. Eine Zelle, die ihre Länge verdoppelt hat, hat ihr ursprüngliches Inhaltsvolumen verachtfacht, wogegen ihre Oberfläche in dieser Zeit lediglich viermal größer geworden ist. Setzt sich das Wachstum so fort, dann gerät der Zellinhalt in Atemnot. Eine Zelle braucht Sauerstoff für den chemischen Hexenkessel, den wir Leben nennen. Grundstoffe müssen heran-, Abfallprodukte weggeschafft werden, und das alles durch eine Zellwand, die der Chemiefabrik dahinter buchstäblich nicht gewachsen ist. Eine vernünftige Zelle strebt deshalb danach, das Verhältnis zwischen Oberfläche und Volumen konstant zu halten. Die Zelle darf nicht zu groß werden, muss aber groß genug sein, um funktionieren zu können. Und tatsächlich sind so ziemlich alle Zellen von so ziemlich allen Lebewesen ungefähr gleich groß – über den Daumen gepeilt haben sie einen Durchmesser von einem hundertstel Millimeter. Die ganze Natur setzt sich aus einer einzigen Zellgröße zusammen, nicht anders als das alte Amsterdam, wo das kleinste Grachtenhäuschen und der höchste Turm aus den gleichen Backsteinen errichtet wurden.

Nichts besteht nur aus Wachsen, nicht einmal die Natur. So wie der Tod das Leben überhaupt erst ermöglicht, gibt es das Wachsen nur, weil auch das Schrumpfen existiert. Für jeden Menschen, jeden Wal, jede Eiche, die heranwächst, sind zwei weggeschrumpft. Nach dem zwanzigsten Lebensjahr wächst man nicht mehr, sondern man schrumpft – als Mann sogar täglich, jede Stunde, jede Minute. Ein Mann ballt sich pro Minute x-mal zu einer Einzelzelle zusammen, in der sich sein ganzes Wesen konzentriert: zur Samenzelle. Zu einem Minimännchen. Kleiner kriegt man es nicht hin. Frauen tragen ihre einzelligen Destillate seit der Geburt mit sich herum, wenn auch in einem Vorstadium. Jeden Monat reift eines davon zur Eizelle heran. Voneinander getrennt, sind der einzellige Mann und die einzellige Frau nicht lange haltbar, aber wenn sie verschmelzen, dann entsteht tatsächlich ein Mensch daraus, und zwar in der kleinstmöglichen Form, die dem Leben bekannt ist. Es wird viele Jahre dauern, bis diese Zelle wieder zu einem Riesen aus Billionen und Aberbillionen Zellen herangewachsen ist: eine neue Generation, die erst groß werden muss, um sich wieder klein machen zu können. Es ist, als müsste sich jede Generation wieder durch ein Schlüsselloch zwängen, um von einem Raum in den anderen zu gelangen. Einen gewissen Hang zur Umständlichkeit kann man der Natur ja nicht absprechen.

Aber wozu dieser ganze Affentanz? Warum teilen wir uns bei der Fortpflanzung nicht einfach wie der nächstbeste Plattwurm? Das wäre zwar viel einfacher, aber man mag sich kaum vorstellen, wie es wäre, eines Morgens wach zu werden und nur noch aus der Hälfte zu bestehen. Hat man das Glück, die Kopfhälfte behalten zu haben, dann muss man schleunigst zusehen, eine neue Schoßhälfte zu generieren, um die im Kopf gefassten Gedanken ausführen zu können. Mal ganz zu schweigen von den Problemen, die man hätte, wenn einem nur die untere Hälfte geblieben wäre und man sich einen neuen Kopf plus Gehirn zusammenschustern müsste. Selbst wenn die Teilung hübsch der Länge nach erfolgt wäre, genau an der Spiegelungsebene entlang, sodass man in jedem Fall eines von zwei Organen besäße, sähe das Ergebnis wohl kaum besser aus als ein chirurgisch getrennter siamesischer Zwilling, bei dem sich hinterher herausstellt, dass er doch ein Einling war. Aber nach Milliarden Jahren der Evolution hätte man gewiss auch dafür eine praktikable Lösung gefunden. Worum es geht, ist Folgendes: In jeder Generation muss das Erbmaterial ausgetauscht werden, um der natürlichen Auswahl eine Bandbreite von Eigenschaften zur Verfügung zu stellen. Ohne Variation gäbe es keine Auswahl, ohne Auswahl keine Evolution und ohne Evolution nur tödliche Lange-

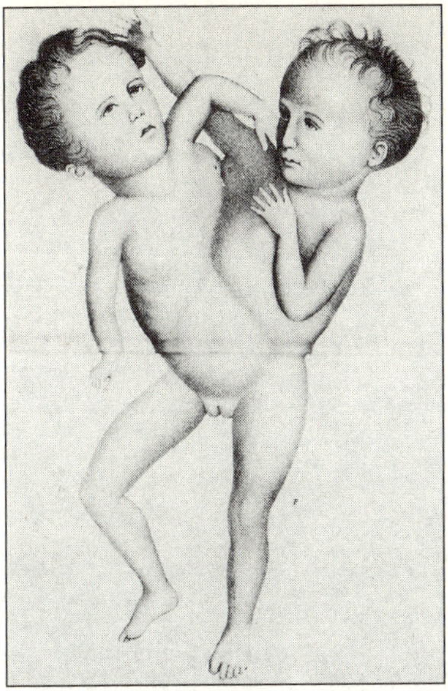

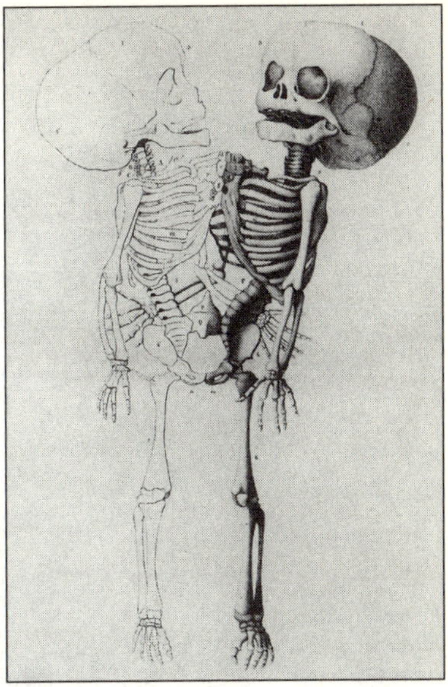

weile. Der Austausch von Erbmaterial geht nun einmal im einzelligen Stadium am besten, weil dann die neue Kombination bei der nächsten Teilung einfach an die neuen Zellen weitergegeben werden kann.

*Wenn ein Embryo sich im frühen Stadium nicht richtig teilt, entstehen Siamesische Zwillinge wie hier Ritta-Christina, die nach ihrer Geburt 1929 noch einige Monate lebten.*

Käme ich je in die Verlegenheit, das größte Erdenwunder benennen zu müssen – Biologen lieben solche Superlative –, dann wäre das sicher nicht der Blauwal oder der Paradiesvogel, auch nicht der Mammutbaum oder Mahatma Gandhi, ja, nicht mal, obwohl mich das einige Überwindung kosten würde, die Katze, sondern die befruchtete menschliche Eizelle. Unser aller Anfang. Stellen Sie sich vor, die Gesamtbevölkerung der Niederlande würde durch ein erst noch zu bestimmendes Synchronisationssystem ins einzellige Stadium zurückversetzt werden. Ein Gedanke, der übrigens gar nicht so abwegig ist, denn schließlich gibt es massenhaft Insekten, die den Winter oder sonst eine ungünstige Jahreszeit als Ei verbringen. Wie dem auch sei, die gesamte niederländische Bevölkerung jedenfalls würde als Einzeller in eine einzige Eierschale passen. Im Vergleich dazu bräuchte die gesamte Hühnerpopulation der Niederlande als Einzeller dafür immerhin dreißig Millionen Eierschalen. In dieser einen menschlichen Eierschale würde die Lebenskraft eines ganzen Volkes brodeln: Menschensamen.

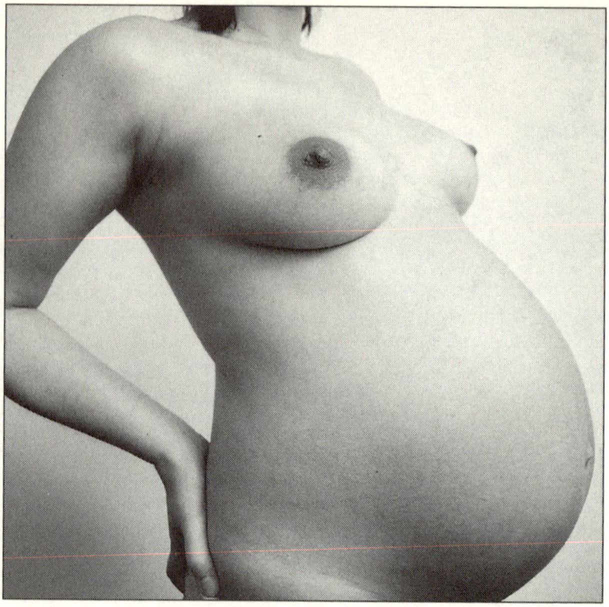

*Im Innern des Mutterbauchs bastelt ein Baby an sich selbst.*

Wie macht man aus einer einzigen Zelle einen ganzen Menschen? Das sollten Sie eigentlich wissen, oder vielmehr: Sie wussten das einmal, Sie haben es ja selber hinter sich. Auch wer keinen Nachwuchs sein Eigen nennt, hat schon mal ein Kind gemacht. Eines mit Sicherheit. Blättern Sie doch mal in Ihrem Fotoalbum. Das Kind, das Sie dort sehen, ist Ihr höchsteigenes Werk. Oder haben Sie geglaubt, Sie hätten das Sich-selber-Machen Ihren Eltern überlassen? Die haben lediglich eine Samenzelle und ein Ei dazu beigetragen, und das Ganze hatte mehr mit Tanzen, schönen Dessous und einer Flasche Wein zu tun als mit einer durchdachten Strategie zum biologischen Wiederaufbau. Waren Samen und Ei erst einmal zu einer befruchteten Eizelle verschmolzen, war die Sache für die Eltern damit erledigt, als Einzeller musste man jetzt für den Rest der Menschwerdung selbst sorgen: Arme, Beine, Bauchspeicheldrüse, Scheißmaschine und die Utensilien zum Tantenentzücken – am Baby ist alles selbst gemacht. Von der Befruchtung an muss das Ei selber sehen, wie es einen Menschen zusammenbastelt, und das auch noch im Dunkeln, ohne jegliches Werkzeug, mit nichts als der DNS-Gebrauchsanweisung bewaffnet, die übrigens so schwer zu lesen ist, dass sich die Genies in den Forschungslabors der Welt noch immer die Köpfe darüber zerbrechen. Die eine Zelle, unser aller Anfang, hat den Nobelpreis verdient. Nie waren wir genialer als damals, als wir am allerjüngsten waren. In den Bäuchen unserer Mütter, nur ein tausendstel von einem tausendstel Gramm schwer.

Ich weiß, wovon ich rede, schließlich habe ich das selber durchgemacht. Ich als befruchtete Eizelle war schon so sehr Midas Dekkers wie die unzählbar vielen Zellen Dekkers, die im Moment hier sitzen und an diesem Buch arbeiten. Zwar sah der Midas Dekkers von damals ganz anders aus als der heutige, aber das gilt auch für das Baby, das ich einmal war, wie auch für mein vorübergehendes Dasein als Teenager – mit dem ich in meinem heutigen Zustand freiwillig kein Wort würde wechseln wollen.

Lange bevor ich mit meinem Märklinbaukasten ein Feuerwehrauto oder einen Kran baute, habe ich mich mit dem Anfängerkasten Nr. 00 selber zusammengebaut, tausendmal länger und tausendmal schwerer als am Anfang. Ist man erst auf der Welt, vergisst man rasch, was man geleistet hat. Dieser frühe Anfall von Altersdemenz ist dafür verantwortlich, dass man den Prozess künstlich rekonstruieren muss. Ein Biologiestudium ist dabei nur bedingt hilfreich. Da kann man noch so viele Embryos zerlegen, in noch so vielen verschiedenen Wachstumsstadien, der winzige Baumeister lässt sich darin so wenig finden wie die Seele. Hier hilft nur noch die Philosophie.

Es ist kein Zufall, dass die Biologen in Aristoteles den Begründer ihrer Disziplin sehen, während die Philosophen ihn für sich beanspruchen. Als erster Biologe gilt Aristoteles deshalb, weil er sich als einer der Ersten darauf konzentrierte, was man mit eigenen Augen an den Lebewesen beobachten konnte, und Philosoph war er deshalb, weil er systematisch versuchte, die Bedeutungen seiner Beobachtungen zu ergründen. In seiner *Abhandlung über die Tiere*, kam er bereits zur Einsicht, dass Wachstum mehr ist als lediglich die Zunahme von Materie. Es reicht nicht, dass ein Tier aus Materie besteht, diese Materie muss auch die richtige Form haben. Sieht man nicht aus wie ein Elefant, dann ist man auch keiner.

> Eigentlich sollten wir, wenn wir über ein Bett reden, lieber versuchen, die Form des Bettes zu definieren als das Material, aus dem es gemacht ist, zum Beispiel aus Bronze oder Holz. Ein Bett ist nämlich ein bestimmtes Etwas, gefertigt aus einem bestimmten Material, oder ein bestimmtes Etwas in einer bestimmten

Form, sodass wir sowohl über sein Äußeres reden müssen wie auch über das, was es seiner Form nach ist. Die Form eines Dinges ist wesentlicher für sein Sein als die materielle Natur.

Ein guter Mensch muss aus gutem Holz geschnitzt sein. Für die Produktion braucht man sowohl Stoff als auch ein Muster. Aristoteles glaubte, dass beim Menschen die Eltern beides zur Verfügung stellten.

Der Mann liefert die Form und das Bewegungsprinzip, die Frau trägt den Körper dazu bei, mit anderen Worten das Material. Das lässt sich mit dem Gerinnen von Milch vergleichen. Hier ist die Milch der Körper, und der Feigensaft oder das Lab ist das Prinzip, wodurch sie gerinnt.

***Ein Mensch ist aus dem gleichen Zeug gemacht wie ein Spatz oder ein Salamander; der Unterschied liegt nicht in der Materie, sondern in der Form.***

Diese Auffassung hat sich jahrhundertelang erhalten. Die Mutter stellt mit ihrem Menstruationsblut Grundstoffe für das Kind bereit, während es seine Form einer geheimnisvollen Kraft im männlichen Samen verdankt. Dieser trägt zum Material sonst weiter nichts bei. So gesehen, ist die Befruchtung der Jungfrau Maria »durch die Kraft des Heiligen Geistes« gar nicht so wundersam, wie sie im ersten Augenblick erscheint. Auch moderne Biologen halten an dieser Aufgabenverteilung zwischen Mann und Frau fest. Im Unterschied zu früher trägt der Mann jetzt allerdings nur noch die Hälfte zur Form bei. Der Architekt des Baus heißt jetzt DNS und stammt zur Hälfte vom Mann und zur Hälfte von der Frau.

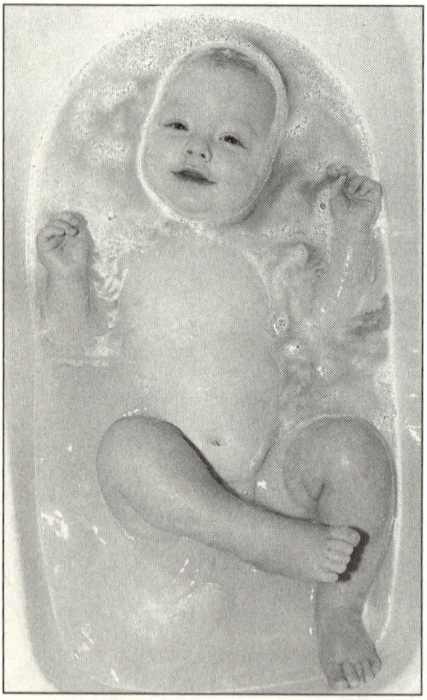

Materie und Form sind ein unzertrennliches Paar, aber für Aristoteles war die Form die Essenz, der Archetyp, die »Natur« eines Dinges an sich. Die Form einer nackten Frau auf einem Illustriertenfoto vermag einen Mann mehr zu erregen als ihre Materie das täte, wenn sie als Fleisch und Blut im Schaufenster eines Metzgers hinge. Von meinem Kinderkörper ist kaum noch eine Muskelzelle oder ein Nierenmolekül vorhanden; meine Identität habe ich vor allem einer gewissen Formbeständigkeit zu verdan-

*Manche Menschen wären lieber etwas anderes geworden.*

ken. In der Biologie bildet die Anatomie, die Formenlehre, noch immer die Basis der Wissenschaft. Bevor ein angehender Arzt nicht seinen Anatomie-Kurs hinter sich hat, darf er nicht mal mit dem Zeigefinger auf einen Patienten zeigen. Das Problem des Wachsens liegt nicht so sehr in der Anhäufung von immer mehr Material, sondern darin, die Form beizubehalten. Aus der befruchteten Eizelle eines Menschenpaares muss wieder ein Mensch werden; wir würden schön blöd gucken, wenn eine Frau ein Känguru auf die Welt brächte oder ein Giraffenweibchen einen Hechtbarsch.

Trotzdem ist an einer befruchteten Eizelle nicht zu erkennen, ob ein Goldfisch oder eine Goldammer, ein Frosch oder ein Prinz daraus wird. Die Zelle muss erst noch in Form gebracht werden. Das heißt, von außen. Im Innern herrscht kein Zweifel darüber, ob es sich um einen Mensch oder ein Schwein handelt. In einer Metzgerei kann ein in der Genetik beschlagener Lebensmittelkontrolleur eine Eizelle ohne

Probleme als 100 Prozent Rind oder 100 Prozent Schwein bestempeln, und ein strikter Abtreibungsgegner macht sich zu Recht Sorgen um das weitere Schicksal des einzelligen Menschleins. Die DNS einer Eizelle lässt genau erkennen, mit welcher Art Lebewesen man es zu tun hat, ja sogar mit welchem Individuum; kein Schwein sonst hat genau diese eine DNS. Je weiter die Zellteilung fortgeschritten ist, d.h. in dem Maße, in dem der Embryo wächst, desto eher lässt sich auch von außen sagen, ob ein Ferkel daraus wird oder eine Azalee, ein Mensch oder ein Monster. Wachsen heißt, mehr und mehr man selber werden.

*Ein nicht ganz unbeleckter Bär.*

Viele neugeborene Tiere sind deutlich als Vertreter ihrer Art zu erkennen; bei gerade geschlüpften Vögeln ist das schon schwieriger, und manchmal müssen Biologen Würmer oder Fische erst heranwachsen lassen, bevor sie am Äußeren erkennen können, zu welcher Spezies sie gehören. Auch Bären kommen recht formlos zur Welt. Dem mittelalterlichen Bestiarium des Jacob van Maerlant zufolge, *Der naturen bloeme* aus dem Jahre 1266, sind Bären anfangs nur ein unbestimmbarer, mausgroßer Fleischklumpen, ohne Pfoten und Klauen.

Maer die moeder scept die jonghe
Lickende met hare tonghe.

Was übersetzt ungefähr heißt: »Doch die Mutter erschafft das Junge/Leckend mit ihrer Zunge.« Auch fünf Jahrhunderte später war der Glaube, ein Bär müsse durch seine Mutter erst in Form geleckt werden, noch immer springlebendig. Man lese dazu in einem Gedicht von Alexander Pope:

So watchful Bruin forms, with plastic care
Each growing lump, and brings it to a bear.

Auf diese Weise wurde das Bärenjunge zum Symbol der rohen Natur, die erst durch die Kultur geformt wird. Wo diese keine Gelegenheit dazu hatte, spricht man auch heute noch davon, dass jemand »unbeleckt« sei.

Wie macht ein Mensch einen Bären? Bildhauer würden, so sagen sie jedenfalls, zu Hammer und Meißel greifen, sich vor ein Stück Stein stellen und alles wegmeißeln, was nicht Bär ist; auf diese Weise entsteht ganz von selber ein Bär. Der Stein schrumpft dabei natürlich, wogegen ein richtiger Bär es genau umgekehrt macht, er wird immer größer. Er benutzt die Kraft des Wachstums, um sich eine Form zu geben. Er wird nicht in Form geleckt, sondern er wächst in seine Rolle als Bär hinein. Wie er das schafft, ist im Klassiker der Biologie *On Growth and Form* (*Über Wachstum und Form*) aus dem Jahre 1917 nachzulesen, nach Meinung des Immunologen Sir Peter Medawar das »bei weitem beste literarische Werk aus den Gesamtannalen der Wissenschaft, die in der englischen Sprache erschienen sind«. Der Autor, D'Arcy Thompson, Professor in Schottland, war in der Biologie genauso bewandert wie in der Mathematik und in alten Sprachen. Er war zwar noch kein Wissenschaftler im heutigen modernen Sinn, dafür aber ein richtiger Gelehrter, der in einer Sprache, so klar wie die von Charles Darwin, dafür plädierte, ein so typisch biologisches Phänomen wie das Wachstum erst einmal mathematisch-physikalisch anzugehen:

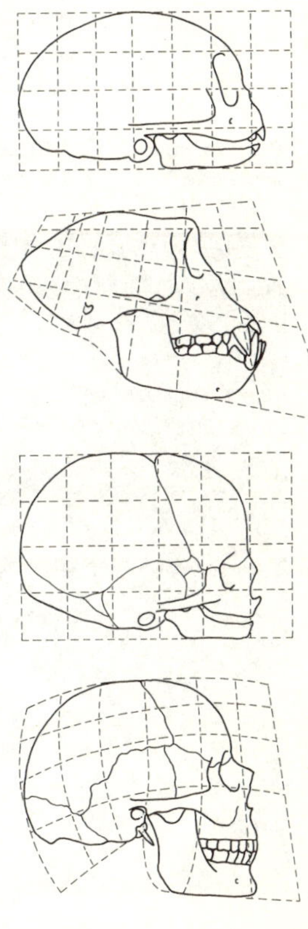

***An der Verformung des Rasters lässt sich erkennen, wie sehr Rhesusaffe (die oberen beiden Schädel) und Mensch (die beiden unteren) auseinander wachsen.***

> Niemand mag vorauszusagen, wie weit selbst dann die Mathematik zur Beschreibung des Aufbaus unseres Körpers und die Physik zu seiner Erklärung ausreichen werden. Es mag sein, dass alle Gesetze der Energie und alle Eigenschaften der Materie wie die ganze Chemie sämtlicher Kolloide ebenso unfähig sind, den Körper zu erklären, wie sie außerstande sind, das Wesen der Seele begreiflich zu machen. Ich selbst glaube nicht, dass dem so ist. Die physikalische Wissenschaft lehrt mich nicht, wie es kommt, dass die Seele den Körper lenkt, und dass die lebende Materie den Geist beeinflusst und von ihm beeinflusst wird, ist ein ungelöstes Rätsel. Das Bewusstsein wird mir nicht durch alle die Nervenleitungen und Neuronen des Physiologen erklärt; auch verlange ich nicht von der Physik die Erklärung dafür, warum im Gesicht eines Menschen Güte leuchtet und sich in einem andern Böses verrät. Aber in Bezug auf den Bau, das Wachstum und die Funktion des Körpers wie für alles körperlich Irdische ist nach meiner unmaßgeblichen Meinung die physikalische Wissenschaft unser einziger Lehrer und Führer.

Auf der Suche nach den irdischen Anfängen fand Thompson heraus, dass sich hinter komplizierten

Formen oft einfache Prozesse verbergen. Beim Formwachstum kommt es vor allem auf die Geschwindigkeit an. Würde sich ein runder Keim in jede Richtung gleich schnell ausbreiten, bliebe er eine Kugel. Für eine bestimmte Form muss er also die Wachstumsgeschwindigkeit in eine Richtung steigern und in die andere drosseln. Wer ein Elefant werden will, lässt die Stelle der Nase besonders schnell wachsen, bis ein Rüssel entsteht; ein Mops stellt das Wachsen an dieser Stelle ganz ein. Die Geschwindigkeit braucht nicht konstant zu sein; manchmal hört das Wachsen für eine Weile auf oder wird sogar ganz ausgeschaltet. Während die Haare des Menschen immer weiterwachsen, stellt das Nervensystem das Wachstum noch während der Schulzeit ein. Ein Gymnasiast verfügt sogar über weniger Gehirn als ein Grundschüler. Wachsen kann auch negativ vor sich gehen. Bei manchen Details geht der Körper absichtlich wie ein Bildhauer vor. Hilfskonstruktionen, die für bestimmte Phasen notwendig sind, werden wie Gerüste auf- und wieder abgebaut, Rohgüsse werden noch bearbeitet. Auf jeder Neugeborenenstation finden sich genügend Beispiele dafür.

Eine Neugeborenenstation ist wie eine Schale voller Schmalzgebäck, das eine Stück ist etwas eckiger, das andere runder, ein drittes fetter als die übrigen. Oft baumelt als Andenken an den Produktionsprozess noch ein Zipfelchen dran. Manche Babys haben noch Häutchen zwischen den Fingern, sie sind einfach nicht entfernt worden. Jeder Menschenembryo durchläuft ein Stadium, in dem die Finger wie bei einem Fausthandschuh miteinander verbunden sind, die Trennung kommt erst später. Aber wie macht so ein Würmchen das? Ihm dürfte schwerlich erlaubt sein, im Mutterbauch mit Messern zu spielen. Stattdessen sterben die Zellen zwischen den Fingern einfach ab, opfern sich, begehen Selbstmord, damit die ersten Besucher am Wochenbett »Ah« und »Oh« rufen können, wenn sie die kleinen Fingerchen sehen, die doch tatsächlich echt sind. Auch das Gesichtchen des Babys ist nicht aus einem Stück ge-

*Doppelte Hasenscharte.*

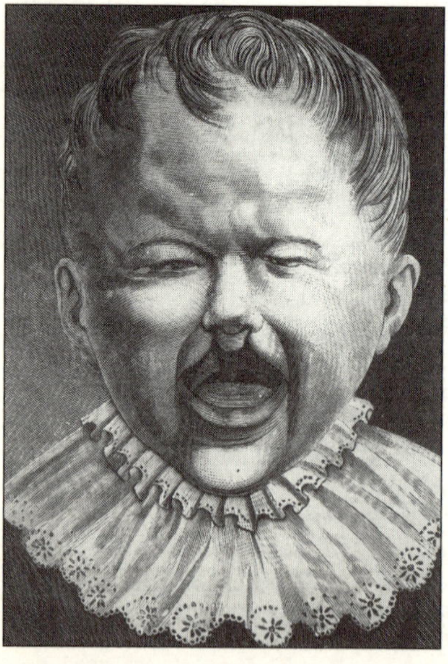

wachsen oder gehauen. Es ist eine Patchworkdecke aus aneinandergewachsenen Stücken Muskeln und Haut. Manchmal ist eine Naht offen geblieben, dann hat der Säugling eine Hasenscharte.

Dadurch, dass das Wachstum in verschiedene Richtungen verschnellert oder verlangsamt wird, ist es möglich, Organe umziehen zu lassen. Die Hoden eines Mannes baumeln draußen. Genau wie die Riesenschleusen am holländischen Oosterschelde-Damm nicht dort gebaut wurden, wo sie jetzt sind, werden auch die Hoden an einem sicheren Ort produziert. Hoden wachsen im Bauch. Meist kurz vor der Geburt, manchmal aber auch erst danach, gebiert ein kleiner Junge seine Hoden in den Hodensack. Für diesen Umzug haben sich die Biologen die feierlichen Bezeichnung *descencus testiculorum* ausgedacht, der Hodenabstieg. Dabei ist es gar kein richtiger Abstieg: in Wirklichkeit steigt da nämlich nichts ab, sondern der Bauch hebt sich. Von Anfang an sitzen die Hoden wie eine Weintraube am Stiel im Körper fest. Der Körper drumherum wächst, der Stiel nicht. So kommt der Hoden immer tiefer zu liegen. Zu sagen, dass er sich senkt, wäre genauso falsch wie zu behaupten, die Sonne drehe sich um die Erde. Übrigens kommt es auch vor, dass die Hoden ein Leben lang im Bauch bleiben. Beim Pferd nennt man so etwas einen Klopphengst, beim Schwein einen Binneneber, bei einem Mann redet man lieber nicht darüber.

*Sir D'Arcy Wentworth Thompson (1860–1948).*

Sir D'Arcy Thompson starb 1948, fünf Jahre, bevor Watson und Crick die Struktur des Erbmaterials entschlüsselten. Inzwischen weiß jedes Schulkind, dass die DNS das Wachstum der Zellen steuert. Diese DNS ist in jeder meiner Körperzellen dieselbe; meine Zehzellen-DNS wüsste aber auch, wie sie eine Nase zu machen hätte, und die meiner Nase versteht auch allerlei von Zehen. Doch wie entstehen die verschiedenartigen Zellen? Woher weiß eine Zelle, was aus ihr werden muss? Durch die DNS natürlich. Obwohl die DNS in jeder Zelle dieselbe ist, bildet sie sich nicht überall gleich aus. Stücke der DNS können wie bei einem Schalter an- und ausgeknipst werden. Bedient werden diese Schalter von den Nachbarzellen. Über die Zellwände kommunizieren die Zellen miteinander und wissen, in welcher Gegend sie zu Hause sind: in welchem Gewebe, in welchem Organ. Als anständige Nachbarn passen sie sich ihrer Umgebung an. Die DNS des

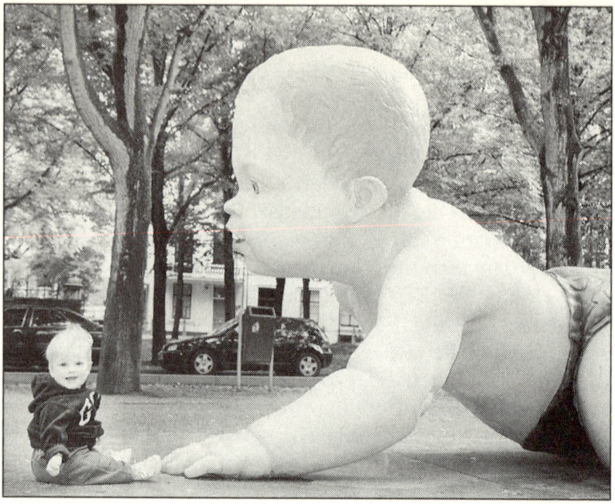

*Kunst spricht allen Gesetzen des Wachstums Hohn. Die Tochter des Fotografen Ari Klevit vor einer riesigen Babystatue auf dem Lange Vorhout in Den Haag.*

Zellkerns lässt nur Eiweiße produzieren, die genau zur Nachbarschaft passen, das Zellplasma nagelt einige dieser Eiweiße sozusagen wie Namensschilder an die Zellwand. Die Nachbarschaft entscheidet alles; der Ort, an den es eine Zelle verschlägt, bestimmt ihr weiteres Schicksal.

Aber wie war das mit der allerersten Zelle? Eine befruchtete Eizelle hat keine Nachbarn. Die DNS in ihrem Kern weiß also nicht, in welche Richtung sie sich entwickeln muss. Diese einsame Zelle hält sich an ihr Plasma. Bevor sie sich teilt, hat sie eine vage Ahnung, wo der Kopf hinkommen muss und wo der Hintern, das Plasma ist an diesen Stellen jeweils anders verteilt. Schon bei der ersten Teilung bekommt die eine Tochterzelle ein anderes Plasma zugeteilt als die andere; der Keim zur Differenzierung ist gelegt. Für den Rest seines Lebens wird dieser Organismus mit dem Kopf vorangehen und den Dreck an der Schwanzseite hinter sich lassen. Von der frühesten Kindheit an weiß er, welche Richtung er einschlägt, und er hat nur ein Ziel im Kopf: lange genug zu leben, um selbst einmal eine so superschlaue Zelle zu fabrizieren.

Groß werden ist offensichtlich das Ziel eines jeden Dings, das es noch nicht ist. Endlich mit den Füßen aufstampfen und an alles ran kommen. Später, wenn ich mal groß bin, sagt das Kind mit einem Blick, der jeden, der es schon ist, erschaudern lässt. Wachsen macht süchtiger als jede Droge. Häuser verklumpen sich zu Dörfern, Dörfer zu Städten, Städte zu Metropolen. Allein die Größe bestimmt den Charakter des einzelnen Stadiums. Sag mir, wie groß du bist, und ich sage dir, wer du bist. Sag mir, was du sein willst, und ich sage dir, wie groß du werden musst.

Die Frage nach den Idealmaßen ist unmöglich. Aber auch auf unmögliche Fragen gibt es gute Antworten. Das liegt an einem Gesetz, das ich das Gesetz der Alternativstrategie nennen möchte. Es besagt, dass man eine Sache auf die eine, genauso gut aber auch auf die andere Art erledigen kann; und selbst wenn beide Arten vollkommene Gegensätze bilden, können sie jede für sich ausgezeichnet sein.

»Papa, warum ist ein Elefant so groß?«

»Ein Elefant, mein Kind, ist so groß, weil er sich dann vor keinem Feind zu fürchten braucht. Deshalb gibt es auch so viele.«

»Aber, Papa, warum sind dann Mäuse so klein?«

»Die Mäuse, mein Kind, sind so klein, weil sie dann im kleinsten Loch verschwinden können. Deshalb gibt es auch so viele.«

Der Vater hat Recht. Groß und klein sein läuft aufs selbe hinaus. Bei den seltenen Tieren ist das übrigens genau so. Um in der modernen Welt als Spezies überleben zu können, kann man dafür sorgen, so oft vorzukommen wie eine Meise oder ein Star. Aber selten zu sein ist viel spannender. Sobald die Wildhüter, Förster und Greenpeacers entdecken, wie selten man ist, kommen sie angerannt, bauen einem ein Luxusreservat, und man schafft es sogar auf die Titelseite der *Pandanieuws*. Ausgestorben, wie der WWF uns das immer wieder versprochen hat, ist bisher weder der Panda noch das Nashorn.

Mein Gesetz der Alternativstrategie habe ich allerdings nicht der freien Natur abgeguckt, sondern in Kongresszentren entwickelt. Dort, wo Firmenfusionen ausgehandelt werden. Normalerweise erläutert dabei ein Redner den Angestellten und Arbeitern eines Betriebs, welche großen Vorteile eine Fusion einbringe – zusammen sind wir stärker, die Synergie, nicht wahr? – und er verspricht, dass die Opfer der Entlassenen nicht vergeblich sein werden. Doch gibt es auch Kongresse, auf denen verkündet wird, dass es für alle besser sei, die schwerfällige Organisation in schlagkräftige Einheiten aufzusplitten, weil dadurch die Probleme, sie mögen noch so neu und unvorhersehbar sein, flexibler angegangen werden können. Einmal habe ich sogar in einem Spaltungsbefürworter dieselbe Person wiedererkannt, die eine Woche vorher bei einem anderen Betrieb feurig für eine Fusion plädiert hatte. Der Mann hatte das Prinzip der Alternativstrategie voll begriffen.

Ob man ein großer Elefant oder eine kleine Maus ist, ist

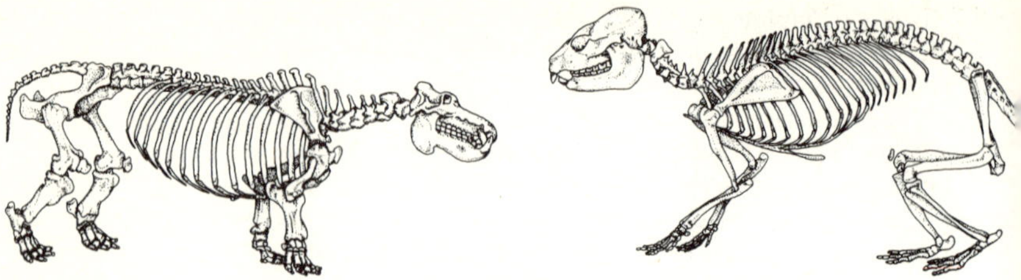

*Zeichnet man ein Nilpferd (Länge 450 cm) so klein wie einen Klippschliefer (Länge 45 cm), dann fällt auf, wie dick die Knochen des Nilpferds sind.*

vollkommen egal. Das Einzige, was man allerdings nicht sein sollte, ist ein kleiner Elefant oder eine große Maus. Man darf zwar als Elefant grau sein wie eine Maus und kann sich als Maus durchaus auch einen Rüssel zulegen – solche Mäuse gibt es übrigens –, aber man sollte es sich nicht einfallen lassen, über oder unter den eigenen Verhältnissen zu leben. Das klingt logisch, aber während Elefanten und Mäuse in der Natur seit Menschengedenken erfolgreich nebeneinander herleben, sieht man in der Wirtschaft immer wieder, wie Elefanten versuchen, Mäuse zu gebären und Mäuse Elefanten – was aber nur für einen Biologen spannend zu beobachten ist.

Eine Maus, die zu einem Elefanten heranwächst, ist so etwas wie ein Familienbetrieb, der zum multinationalen Konzern wird. Irgendwann ist der ursprüngliche kleine Betrieb nicht mehr wiederzuerkennen. Man kann einen Konzern nicht wie einen Süßwarenladen führen. Kleine und große Firmen unterscheiden sich ihrer inneren Struktur nach immens, sie haben, um einen biologischen Begriff zu gebrauchen, jeweils einen anderen Bauplan. Wie sehr sich die Baupläne von Elefant und Maus tatsächlich unterscheiden, kann man genau erkennen, wenn man beide in gleicher Größe nebeneinander abbildet. Der Riese ist deutlich plumper gebaut als der Zwerg. Muss er auch sein, denn bei größeren Tieren wächst die Knochenstärke nicht proportional zum Gewicht, das die Knochen tragen muss. Die Stärke eines Knochens oder eines Muskels nimmt wie die Oberfläche lediglich im Quadrat zu, denn sie wird aus der Oberfläche des Knochenquerschnitts errechnet. Die Länge eines Knochens oder Muskels ist für die Stärke unerheblich. Das ist wie bei einem Seil: Länger heißt nur schwerer. Bodybuilder würden sich vielleicht weniger die Brust blähen, wenn sie wüssten, dass ein doppelt so dicker Muskel nicht doppelt, sondern nur 1,4 mal so stark ist (1,4 ist die Wurzel aus 2). Selbst mit seinen extrem dicken Knochen kann ein Elefant den Mangel an Tragfähigkeit nicht ausgleichen. Hüpfen ist bei ihm nicht drin.

*Ein Riese und zwei Zwerge messen sich an einem Wachsoldaten.*

Eine Giraffe ist so groß, weil sie die Blätter der höchsten Bäume frisst. Je höher Bäume ihre Blätter hängen, desto größer wird diese Tierart, desto länger ihr Hals. Dafür muss die Giraffe allerdings einen hohen Preis bezahlen. Jedes Mal, wenn sie diesen enormen Körper von Baum zu Baum schleift, muss sie es vermeiden, den Hals schlenkern zu lassen, um nicht das Gleichgewicht zu verlieren. Vielleicht wäre sie doch besser klein geblieben, klein wie ein Äffchen, das ohne Halslast in jeden Baum klettert. Aber einen Weg zurück gibt es nicht; der ist der Giraffe durch ihren eigenen Bauplan versperrt.

Wie groß muss ein Mensch sein? Müsste man ihn ganz neu entwerfen, wie groß müsste man ihn dann machen? Für alle, die die natürliche Selektion für eine zuverlässige Methode halten, liegt die Antwort auf der Hand: so groß wie einen Menschen. Das heißt, anderthalb bis zwei Meter groß. Was passiert, wenn man darunter oder darüber liegt, ist an denen zu erkennen, die sich nicht daran halten: an Riesen und Zwergen.

Das Bild, das Basketballer uns von Riesen vermitteln, ist nicht stimmig. Anstatt drahtiger Athleten, die lässig den Ball im Korb ablegen, haben wir lethargische Liebhaber der Langsamkeit in orthopädischen Spezialanfertigungen vor uns. Ihre Knochen ächzen unter dem Lebendgepäck, das sie nicht einmal für einen Augenblick ablegen können. Schon Stehen ist Mühsal, weil die Lunge, deren Funktionstüchtigkeit von der zu versorgenden Körperoberfläche abhängt, für den Riesenkörper kaum ausreichend Sauerstoff heranschaffen kann. Deshalb gibt es auch mehr alte Schlösser als alte Basketballer. Zwei Meter ist einfach zu viel. Schon ein normaler Mensch ist abnormal groß. Auch wenn wir kleiner sind als ein Elefant oder ein Nashorn, sind wir immer noch größer als 99 Prozent aller Lebewesen auf der Welt. Wir befinden uns bezüglich unseres Bauplans, das heißt dem des Säugetiers, an der oberen Zulassungsgrenze. Während eine Maus nur ein Zwölftel ihres Körpergewichts für Knochen aufwendet, verschwendet der Mensch doppelt so viel daran, nämlich ein Sechstel, oder anders gesagt, er schleppt ein rund 10 Kilo schweres Gestell mit sich herum.

Der menschliche Körper spricht dem Gesetz der Alternativstrategie Hohn. Auch wenn wir keine großen Mäuse oder kleine Elefanten sind, so sind wir doch große Affen. Affen dürfen jedoch nicht groß sein, denn sie sind für das Leben auf Bäumen konstruiert. Je größer ein Affe ist, desto größer ist auch der Schaden, wenn er einmal unglücklicherweise vom Baum fällt. Ein kleines Äffchen überlebt das meist; vermutlich schüttelt es nur kurz den Kopf und klettert dann wieder munter nach oben. Ein Pferd dagegen würde beim Aufprall aus großer Höhe einfach zerplatzen. Das ist auch der Grund, warum man in Bäumen so selten ein Pferd antrifft. Das Pferd saust schneller vom Himmel, weil der Luftwiderstand seinen Fall weniger abbremsen kann als den Fall eines Äffchens, das über eine vergleichsweise größere Oberfläche verfügt. Die Härte eines Aufpralls errechnet sich daraus, wie viel Energie beim Auftreffen auf die Erde frei wird, und diese verhält sich proportional zur herabfallenden Masse. Ein Pony von ungefähr hundert Kilo prallt mit der tausendfachen Energie eines zehn Kilo schweren Affen auf der Erde auf.

Der Mensch ist hinsichtlich seines Gewichts dem Pferd ähnlicher als dem Durchschnittsaffen. Daraus ergibt sich, dass wir Affen sind mit der unäffigsten aller Eigenschaften: Höhenangst. Alle Menschen haben Höhenangst. Sie unterscheiden sich nur darin, in welchem Maße sie diese Angst zu unterdrücken vermögen oder nicht. Kinder leiden am wenigsten darunter. Zu Recht, denn ein Erwachsener hat gute Chancen, sich schon beim Stolpern zu verletzen, was ungefähr

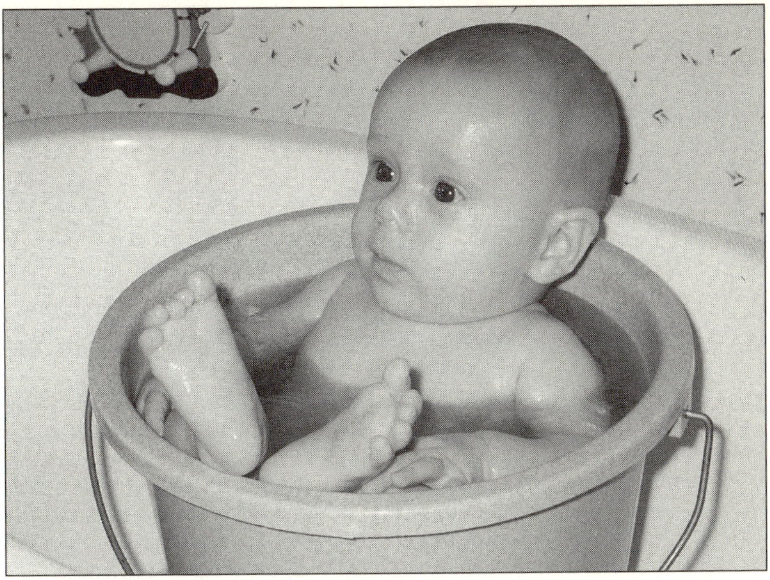

Das nackte Äffchen.

einem Sturz aus 0 Meter Höhe gleichkommt, oder, wenn man die Kopfhöhe in Betracht zieht, einem Sturz aus 1,80 Meter Höhe. Ein 60 Zentimeter großes Kind landet drei mal drei mal drei – das macht siebenundzwanzig – Mal sanfter auf der Erde als der dreimal so große Erwachsene. Ja, eigentlich landet es mehr als siebenundzwanzig Mal sanfter, denn der Aufprall ist in der Praxis geringer als die dritte Potenz des Gewichts. Das ist einer der Gründe, warum Mütter die Todesängste um ihre Kinder fast immer umsonst ausstehen. Ein anderer ist, dass die Knochen eines Kindes längst nicht so zerbrechlich sind. Der wichtigste Grund für vergeblich ausgestandene Mütterängste ist allerdings ihre Uneinsichtigkeit, dass Kinder andere Wesen sind. Hinsichtlich ihrer Fortbewegung sind sie eigentlich Äffchen. »Macht langsam!«, ruft die Mutter den Kindern zu, während diese die Treppe rauf- und runterklettern wie Affen einen Baum. Ohne jede Mühe schleifen sie ihre Artgenossen auf dem Rücken in der Gegend herum, etwas, das Erwachsene nur nach jahrelangem Training bei der Freiwilligen Feuerwehr zustande bringen. Obwohl ein Feuerwehrmann achtmal so schwer ist wie sein halb so großer Sohn, ist er doch nur viermal so stark. Sich in einen Baum zu hieven oder ein gleich schweres Opfer zu schleppen ist für den Vater doppelt so anstrengend wie für sein Söhnchen.

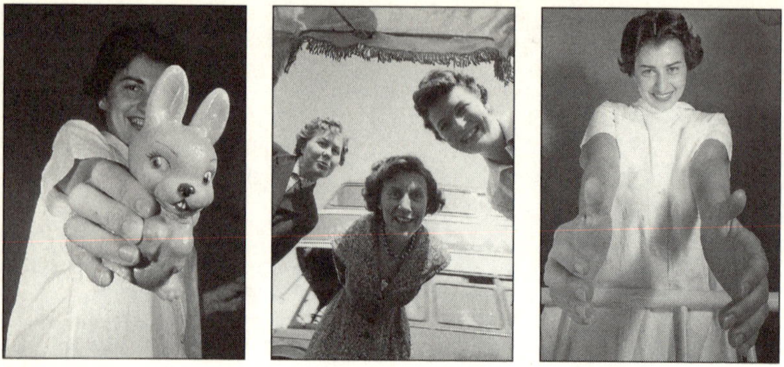

*Für ein Baby kann die Außenwelt recht beängstigend sein.*

Müssen wir deshalb zu Zwergen werden? Nein. Denn wenn wir als Erwachsene nur einen halben Meter kleiner wären, das heißt, statt anderthalb bis zwei Meter nur einen bis anderthalb Meter groß, dann wären wir nie zu Menschen geworden. Der Mensch definiert sich durch den Gebrauch von Werkzeugen – aber das geht nur, wenn man nicht zu klein geraten ist. Mit einem Stöckchen Termiten fangen kann jeder Affe, der ein bisschen Grips hat, aber mit einer Schaufel ein Loch graben, mit einem Hammer einen Nagel in die Wand schlagen oder mit der Hacke Eisenerz fördern, das erfordert schon Einiges. Wer größer ist, prallt unten am Baum nicht nur heftiger auf, er kann auch kräftiger um sich schlagen. Mit doppelt so langem Arm langt man gleich achtmal kräftiger zu. Das liegt an der Hebelwirkung. Umgekehrt kann man mit einem nur halb so langen Ärmchen nicht mal eine Delle in die Butter hauen. Die Kraft aber, die man braucht, um Butter zu knuffen, Eisenerz zu spalten oder Tonklumpen durchzupieksen bleibt gleich, egal wie groß man ist. Es ist, als widersetze sich die Welt immer mehr, je kleiner man wird, man kriegt sie immer schlechter in den Griff. Ein Mensch, der seine Umgebung nicht in der Hand hat, ist kein Mensch; er kann Natur nicht in Kultur umsetzen. Wären wir Zwerge und uns würde der Elektrobohrer als Gottesgeschenk vom Himmel in den Schoß fallen, könnten wir nichts damit anfangen, wir wären zu dumm dafür. Der Körper muss eine gewisse Größe besitzen, um die Masse Gehirn, die unsere gesamte Kultur zusammendenkt, tragen zu können. Wären wir nur wenige Köpfe kleiner, hätten wir weder das Auto noch die Schrift, weder die Bibel noch Coca Cola erfunden. Fünfzig Kilo Körpergewicht reichen, um ein gutes Kilo Gehirn in der Schwebe zu halten.

Auch wenn wir für ein anständiges Nilpferd zu klein sind und zu groß für einen Bandwurm in fremder Leute Eingeweiden: Als Mensch haben wir gerade die richtige Größe. Aber wie ist das mit unseren Kindern? Die sind doch jahrelang von der Größe entfernt, die man braucht, um ein Mensch zu sein? Das Köpfchen voller Gehirn balanciert auf einem viel zu schmalen Hals, der den Kopf in den ersten Monaten noch nicht einmal heben kann. Und wenn ein Kind mit Zimmermannswerkzeug hantiert, dann nur, um sich damit weh zu tun. Welches typisch menschliche Kennzeichen man auch anführt – den aufrechten Gang, die Herstellung und den Gebrauch von Werkzeug, die Schaffung von Kultur, den Einsatz von Sprache, das Sichausdenken eines prima Witzes – all das schließt das Kind von der Menschheit eher aus. So wenig man mit einem zehn Zentimeter langen Rüssel ein Elefant ist oder mit einem fünfzig Zentimeter langen Hals eine Giraffe, so wenig ist man mit einer Größe von 100 Zentimetern ein Mensch. Allein schon aufgrund seiner Länge, oder besser gesagt, durch den Mangel daran, ist ein Kind kein Mensch. Es kann allerdings noch einer daraus werden. Aber wenn das Kind kein Mensch ist, was ist es dann? Man kann nicht etwas sein, das man erst werden muss. Ein Kind ist ein eigenes Wesen. Ein Kind ist kein kleiner Mensch! Ein Kind ist eine Larve!

Bedingt durch seine Größe sieht das Kind die Welt ganz anders. Es muss darin erst seine eigene Form finden. Und die hat es. Besäße jemand, der 1,80 Meter groß ist, die Formen eines Babys, würde man bei seinem Anblick sofort den Zoo anrufen oder Experten für außerirdisches Leben. Ein Baby ist so wenig ein kleiner Mensch wie ein Mensch ein großes Baby ist. Das eine ist zwar aus dem anderen hervorgegangen, aber erst nach einer großen Verwandlung. Und die ist nötig, um dem Größerwerden gewachsen zu sein. Wenn während des Wachsens die Oberfläche im Vergleich zum Inhalt ins Hintertreffen zu geraten droht, passt sich die Form an.

*Laurel und Hardy in* **Brats** *(USA, 1930; dt.:* **Das Kind in der Wanne***).*

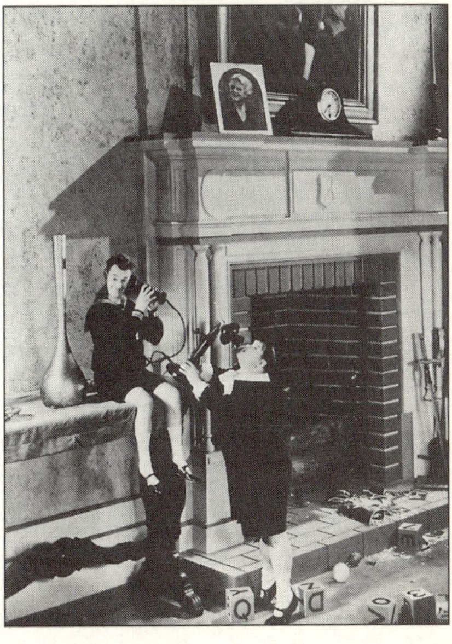

***Bei der Gastrulation stülpt sich die Zellkugel, die sich aus der befruchteten Eizelle gebildet hat, ein und nimmt die Form des Embryos an.***

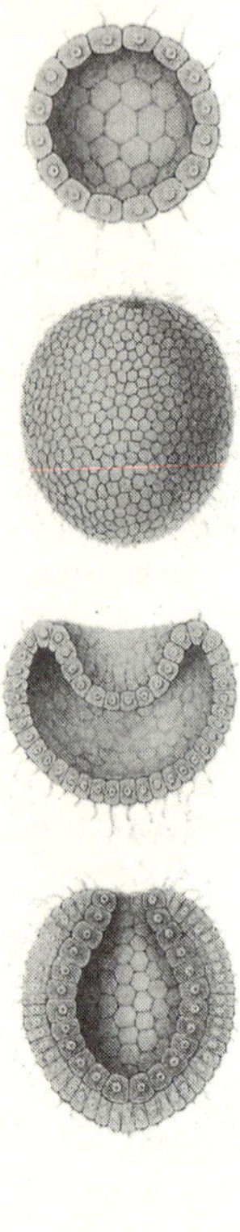

Viele Tiere sind bei der Geburt rund und prall, und sei es auch nur, weil sie gerade aus einem Ei geschlüpft sind. Nur wenige Tiere werden einfach immer nur runder und praller, bis sie eine erwachsene Superkugel sind. Die Kugelform ist ideal, wenn man so viel wie möglich in so wenig wie möglich unterbringen möchte: Man denke an ein Weinfass, an vollgepfropfte Backen oder einfach an einen Apfel. Dank der Kugelform bleibt der Inhalt einer Teekanne oder einer Wärmflasche länger warm und trocknet der Inhalt einer Frucht nicht so schnell aus. Beim Wachsen allerdings nützt die Kugelform wenig. Vernünftige Tiere versuchen so rasch wie möglich länglich zu werden. Um zu wachsen ist die Wurmform die beste. Man kann der Länge nach schnell zulegen und dabei das Verhältnis der Oberfläche zum Inhalt ideal halten. Sie kennen es aus eigener Erfahrung, wie das ist, Inhalt eines Wurms zu sein. Im Zug. Und wenn noch so viele Waggons angehängt werden, man selber kann nur durch das eine Fensterchen nach draußen sehen.

Bäume wachsen wie Züge nur an den Enden. Auf der Suche nach Licht schießen sie in die Höhe. Im Wald sind die Bäume tödliche Konkurrenten. Die Kugelform wäre hier reiner Selbstmord. Müsste ein Baum gleichzeitig in alle Richtungen wachsen, käme er nie rechtzeitig ans Licht. Ein vernünftiger Baum wächst in der Breite nur so viel, dass er die ganze Chose aufrecht hält. Noch vernünftiger wäre es allerdings, von oben nach unten zu wachsen, wie Lianen das machen, oder aber im Liegen wie Erdbeeren. Weil sie keine Stützen brauchen, können sie über ihre ganze Länge dünn bleiben. Um also blitzartig und mit hoher Geschwindigkeit wachsen zu können, sollte man wurmförmig sein. Tentakel schießen pfeilschnell aus. Man glaubt kaum, dass man mit so geringer Anstrengung eine derart große Wirkung erzielen kann, bis man unglückseligerweise selbst einmal etwas zu stark auf eine Tube Mayonnaise drückt.

Wie macht man aus einer Mücke einen Elefanten? Das ist ein Kinderspiel, verglichen mit dem Problem, aus einer befruchteten Eizelle einen Menschen werden zu lassen. Eine Eizelle muss viel stärker wachsen, und wegen des enormen Größenunterschieds zwischen der Eizelle und dem fertigen Menschen reicht ein einziger Bauplan nicht aus. Vor allem in der Anfangsphase des Embryos muss das Ruder mehrmals herumgeworfen werden. Embryologen verwenden für jedes einzelne Entwicklungsstadium einen eigenen Namen, als handelte es sich dabei um jeweils andere Wesen. Als Blastula ist der Zellhaufen kaum mehr als ein Bläschen, an dem nicht zu erkennen ist, ob daraus ein Goldfisch werden soll oder ein Mensch, eine Mücke oder ein Elefant. Das ist erst im nächsten Stadium möglich, über das Lewis Wolpert in *The triumph of the embryo* (*Der triumphierende Embryo)* schreibt:

> Man hat mich einmal mit der Behauptung zitiert, dass nicht die Geburt, die Hochzeit oder der Tod die wirklich einschneidenden Erlebnisse im Leben eines Menschen seien, sondern die Gastrulation. Sie findet bei der Entwicklung aller Tiere statt. Dabei ordnen und verschieben sich die Zellen der Blastula, und der bis dahin ziemlich einfache, oft runde oder flache Embryo transformiert sich zu jener Form, aus der sich dann das jeweilige Tier entwickelt.

Im Bauch der Mutter durchläuft der Embryo drastische Formenwechsel, die verdächtig an Origami erinnern. Es genügt ein mehrmaliges Falten, und aus einem einfachen Zellhäutchen entsteht eine hoch komplizierte Form. Nach einem Monat sieht es aus wie ein Menschenkindlein und nach neun Monaten wird das Baby mit einem Viertel seiner Endgröße geboren. Das restliche Wachstum kann die Mutter gut beobachten, vor allem wenn sie einen Teil der Kleidung selbst näht. Für die Kindersachen braucht man zwar weniger Stoff

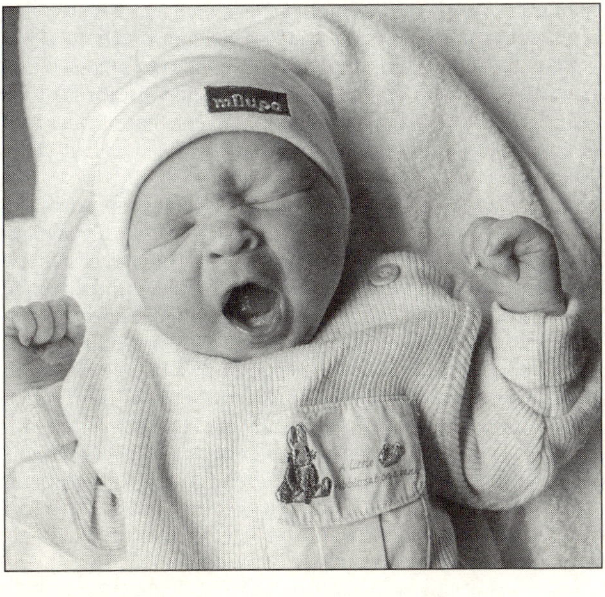

***Während dieser drei Tage alte Säugling gähnt, arbeitet es in seinem Inneren fieberhaft.***

*Peeter Spanner (geboren 1875) trat mit seiner losen Haut als »Mr. Pierre, der Hautmensch« auf Jahrmärkten auf. Professoren wie von Virchow, van Esmarch, Una und andere bezeichneten ihn als das »größte anatomische Wunder«.*

als für die eigenen, aber mehr, als man glaubt. Auch die Preise gekaufter Kinderklamotten sind ein Beweis dafür, dass ein Kind eine verhältnismäßig große Körperoberfläche hat. Aber teuer sind sie vor allem wohl deshalb, weil die Kinder so schnell wieder herauswachsen.

Dagegen kann die Haut unter den Klamotten mit dem Wachsen durchaus mithalten. An der Innenseite werden ständig neue Hautzellen produziert, die langsam nach außen wachsen und dann verhornen. Würde es dabei bleiben, sähe so ein Kind mit seiner dicken Lage toter Hautzellen bald aus wie eine alte Korkeiche. Also blättert die tote Hautschicht ab wie alte Farbe. Die Schuppen schweben in der Luft, tanzen im Licht und verbreiten Krankheitskeime, bevor sie die Staubsaugerbeutel füllen. Auch wenn die Haut nicht mehr zulegen muss, dann nämlich, wenn man ausgewachsen ist, wächst sie weiter und schuppt sich ab. Auf diese Weise bleibt sie der geschmeidige Hautsack, der unsere Person zusammenhält. Doch jeder kennt das Gefühl, wenn sie plötzlich nicht mehr elastisch genug zu sein scheint. Das ist dann der Fall, wenn man sich so aufregt, dass man buchstäblich aus der Haut fahren möchte; dann presst das Herz so viel Blut durch die Hautgefäße, dass man denkt, man müsse platzen. Letzteres nehmen die Umstehenden sogar noch deutlicher wahr als man selbst. Entweder Nachgeben oder Platzen, Biegen oder Brechen. Doch Menschenhaut ist zäh. Zäher als die Haut vieler Tiere.

Schlangen fahren mehr als einmal aus ihrer Haut, was allerdings nichts über deren Qualität aussagt. Gerade die Schlangenhaut ist als Material für luxuriöse Lederwaren sehr beliebt. Schlangen platzen zuerst am Maul aus der Haut und kriechen dann aus ihr heraus wie ein Finger aus einem eng sitzenden Handschuh. Die alte Haut bleibt umgekrempelt liegen mit allen äußerlichen Kennzeichen, und die Schlange fängt mit feuchtglänzenden Augen ein neues Leben an. Denn auch diese schimmern klarer danach. Schlangenlider sind während der Evolution zu starren Brillengläsern verwachsen, die sich während der Häutung eintrüben. Verantwortlich dafür ist die Drüsenflüssigkeit, mit der die alte Haut aufgeweicht wird, damit sie sich leichter von der neuen löst. Weil jede neue Haut der Schlange größer ist als die vorige, wächst eine

Schlange mit erstaunlicher Geschwindigkeit. Eine Python verdreifacht in ihrem ersten Lebensjahr durch fünf Häutungen ihre Schlupflänge. Nach dreißig Jahren hat sie Dutzende von Häutungen hinter sich und dabei mehrere hundert Meter Haut produziert. Bei einer Klapperschlange bleibt nach jeder Häutung ein Stückchen alte Haut am Schwanz hängen, und all diese Reststückchen zusammen bilden mit der Zeit die Klapper, die sie bei Erregung zur Warnung schüttelt. So eine Klapper sieht eigentlich aus wie abgeschnittene, auf eine Schnur gereihte Fußnägel, und sie klappert auch nicht; es ist viel eher ein Zischen oder Pfeifen.

Eine Schlangenhaut findet man in den Niederlanden doch recht selten, abgelegte Spinnenhäute dagegen zuhauf, meist in den Zimmerecken. Zuerst glaubt man, da sitze eine Spinne, doch wenn sie sich auch nach Tagen nicht von der Stelle gerührt hat und man genauer hinsieht, kann man erkennen, dass in der Spinne gar keine Spinne mehr ist. Obwohl alles dran ist: Augen, Kauwerkzeuge, Beine und sogar ein Stück Speiseröhre. Die meisten Spinnen häuten sich fünf- bis zehnmal, bevor sie erwachsen sind. Ist die neue Haut erst einmal fertig, wartet die Spinne nicht, bis ihr die alte Haut zu eng wird. Sie schließt ein Ventil, das sich zwischen Vorder- und Hinterleib befindet, und pumpt die vordere Körperhälfte mit Blut voll. Auf diese Weise kann sie ihre Ausgangsgröße verdoppeln, bis die alte Haut schließlich vorne bei den Giftkiefern aufplatzt. Den Rumpf aus der Haut zu ziehen ist einfach, aber es ist eine Heidenarbeit, die Beine aus den Strumpfhosen zu pellen. Die Spinne fummelt Stunden, bis sie es endlich geschafft hat. Manchmal hat sie hinterher sogar noch mehr Beine als vorher. Dann ist ein Bein, das sie einst verloren hat, wieder nachgewachsen. Zwar ist das neue Bein nicht ganz so groß wie das alte, aber nach ein paar Häutungen ist es wie neu. Während des Häutens baumeln viele Spinnen an einem Faden, den sie durch die alte Haut hindurchgesponnen haben. Eine Vogelspinne dagegen liegt mit dem Rücken auf dem Boden und strampelt nach dem Häuten mit den Beinen noch eine Weile in der Luft herum, bis sie geschmeidig und stark genug sind, um den großen Körper wieder tragen zu können.

Sich häutende Insekten haben zwei Probleme weniger als die Spinnen – sie haben nicht acht, sondern nur sechs Beine. Ansonsten teilen sie – als echte Gliederfüßer – sämtliche Sorgen von Spinnen, Skorpionen, Milben, Tausendfüßlern, Krabben und Krebsen. Bei allen Gliederfüßern (*Arthropoda*) ist der Körper in ein Kästchen eingesperrt, und Kästchen pflegen nicht zu wachsen. Tiere dagegen schon. Also muss jedes Mal ein größeres Kästchen her. Es ist, als müsste eine Matroschkapuppe für ihre jeweils nächstgrößere Ausführung selber sorgen. Vermutlich befinden sich Sinnesorgane im Kästchen, die dem Gehirn signalisieren, wenn es wieder soweit ist. Das Gehirn schaltet dann eine Drüse ein, die Ecdyson fabriziert, einen mit unserem Geschlechtshormon verwandten Stoff. Daraufhin wird der Hautpanzer aktiv, und unter der alten Haut wächst eine neue heran. Die alte Haut wird unter Einfluss von Enzymen aufgeweicht, und es zeichnen sich Nähte ab, wo sie später platzen wird. Danach pumpt sich das, was darunter liegt, mit Luft, Wasser oder Blut voll, bis das Kästchen gesprengt wird. Die neue Haut dehnt sich zunächst mit dem quellenden Inhalt aus, um aber bald darauf wie Zweikomponentenleim zu verhärten. Das geschieht dadurch, dass die Eiweiße sich mit dem Chitin, einem Material, ähnlich der Zellulose, nur tierisch, verbinden. Krabben und Krebse verstärken ihre Panzer noch zusätzlich mit Kalk.

Während des Aushärtens, das Tage in Anspruch nehmen kann, sind die Tiere für Raubfeinde, zu denen auch der Mensch gehört, eine leichte Beute. Frisch gehäutete Krabben werden gern in Butter gebraten serviert. Eine amerikanische Spezialität ist *soft crab*. Dazu werden in Chesapeake Bay bei Maryland oder in Virginia Amerikanische Blaukrabben (*Callinectes sapidus*) gefangen und in Aquarien gemästet, bis sie für die Häutung reif sind. Dann zieht ein amerikanischer Koch sie durch einen Teig und frittiert sie. Nicht alle Europäer halten das für eine gute Idee. Wouter Klootwijk von der *Volkskrant* jedenfalls meint:

> Die Krabbe sieht aus wie eine große, formlose Larve – neben widerlich großen Pommes frites wahrhaftig kein schöner Anblick. Da ihre Haut zäh und hornig ist, hat die Oberfläche einer frittierten Softcrab etwas von einem angekokelten Geschirrtuch, was bei meinem Tischgenossen einen minutenlangen Hustenanfall hervorrief. Ich glaube, wir können die Misshandlung hervorragender kulinarischer Ausgangsmaterialien getrost den Amerikanern überlassen.

Wie oft ein Gliederfüßer sich häutet, hängt von der Art ab. Einer Raupe reichen vier bis fünf Häutungen, bis aus ihr ein Schmetterling wird, Drahtwürmer brauchen manchmal siebenundzwanzig, bevor sie es zum Schnellkäfer (Fam. *Elateridae*) geschafft haben. Es gibt Insekten, die sich schon vor dem Aus-dem-Ei-Schlüpfen gehäutet haben. Bei der einen Art ist jedes Larvenstadium einfach nur etwas größer als das vorige, während es sich bei anderen in jedem Stadium um eine neue Art zu handeln scheint. Die Raupen des Großen Weinschwärmers (*Chaerocampa celerio*)verfärben sich von hellgrün zu dunkelgrün, andere Raupen werden allmählich immer haariger, wieder andere dagegen verlieren ihre Borsten. Bei den haarigen Exemplaren ist kurz nach dem Häuten die Flüssigkeit gut zu erkennen, mit der die alte Haut abgelöst wurde; sie sehen dann aus wie ertränkte Kätzchen.

Dieses Ein- und Auspacken von Insekten und ihren Verwandten ist ein Mordstheater. Aber mit einem äußeren Skelett geht das nun mal nicht anders, außerdem hat so ein Skelett durchaus seine Vorteile. Im Grunde ist es mehr als logisch, außen herum stärker zu sein als innen drin. Bei einer Krokette ist das ja auch nicht anders, oder? Das äußere Skelett eines Insekts weist sämtliche positiven Eigenschaften einer Stahlrohrkonstruktion auf. Um nicht zu verbiegen, muss ein Rohr an der Außenkrümmung möglichst wenig Zug und an der Innenkrümmung möglichst wenig Druck ausgesetzt sein. Der Bereich dazwischen ist neutral und hat keinerlei Einfluss. Ob sich dort also Luft oder Stahl befindet ist egal. Trotz des minimalen Materialverbrauchs ist so ein hohles Rohr verblüffend stabil, selbst wenn es mit Fleisch oder Blut gefüllt ist statt mit Luft. Deshalb gibt es auf der Erde auch mehr Tiere mit einem Außenskelett als mit dem knochigen Garderobenständer im Innern, wie wir ihn haben. Abertrillionen Insekten sind zufrieden mit ihrem selbsttragenden Chassis.

Warum sind dann aber nicht alle Tiere mit dieser überlegenen Version eines Skeletts ausgestattet? Warum müssen wir Wirbeltiere uns mit der minderwertigen Ausführung behelfen? Ganz einfach, weil wir zu groß sind. Ein hohles Rohr in Menschengröße müsste, damit es nicht knickt, eine so dicke Außenwand haben, dass man sich kaum noch bewegen könnte. Schlimmer noch als die Augenblicke, in denen man diese Last mit sich herumschleppen müsste, aber wären die Momente, in denen man darauf verzichten müsste. Wenn unser Körper während des Häutungsvorgangs seine Stütze verlöre, würde er in sich zusammensacken wie eine allzu schwabbelig ausgefallene Götterspeise, und die Organe würden zerquetscht.

Im Wasser greifen diese Einwände nicht. Hier bildet der Auftrieb des Wassers gewissermaßen für jeden ein Hilfsskelett, ungeachtet der Größe. Da dem archimedischen Prinzip gemäß das Gewicht der von einem schwimmenden Körper verdrängten Wassermenge ebenso groß ist wie dessen Gewicht und ein Lebewesen etwa dieselbe Masse besitzt wie

Wasser, erhält ein in Flüssigkeit getauchter Körper umso mehr Auftrieb, je umfangreicher er ist. Das heißt, der größte Tanker schwimmt genauso gut auf dem Wasser wie das kleinste Ruderboot. Die größten Tiere mit einem Außenskelett findet man deshalb auch im Wasser. Während des Häutens trägt das Wasser den weich gewordenen Körper der Japanischen Riesenkrabbe (*Macrocheira kaempferi*), bis dieser wieder hart genug ist, um die meterlangen Beine zu bewegen.

Insekten sind echte Landratten. Im Meer kommen sie nicht vor, und die im Süßwasser lebenden Insekten geben sich durch ihren Bauplan als Außenseiter zu erkennen. Ein Rieseninsekt ist ein innerer Widerspruch. Insekten haben die Welt deshalb erobert, weil sie so klein sind. Dass sie in allen Ecken, Enden und Löchern vorkommen, liegt daran, dass sie hineinpassen. Es gab zwar einst Riesenlibellen mit einer Spannweite bis zu 70 Zentimetern, aber das lag in den Anfangszeiten der Insekten, und außerdem waren sie länglich wie Würmer. Auch das größte heute lebende Insekt, die Stabschrecke, ist wurmförmig. Weil sie nie wirklich groß werden, haben Insekten auch keine Lungen ausgebildet. Die Luft wird mit Hilfe des Röhrensystems der Tracheen im Körper verteilt.

So genial eine Häutung auch ist, es ist pure Verschwendung, jedes Mal einen so großen Teil von sich wegzuwerfen. Das hemmt das Wachstum. Ehe die abgestoßene Haut der Art wieder zugute kommen kann, muss sie vom Kreislauf der Natur erst wieder in Grundstoffe aufgespaltet werden. So etwas erinnert verdächtig an das Recyclingtheater mit dem Altglas. Man zerdeppert die leeren Flaschen in den Containern, nur um dann wieder ganze Flaschen daraus zu machen. Warum streift sich eine Krabbe nicht einfach die abgeworfene Haut eines Artgenossen über, der etwas größer war? So etwas hieße dann endlich mal zu Recht Wiederverwertung. Aber leider sind die abgeworfenen Krabbenschalen irreparabel zerstört. Man kann sie nicht wie ein Kleidungsstück an- und ausziehen.

***Statt eine eigene Schale zu bilden, benutzt ein Einsiedlerkrebs ein leeres Schneckenhäuschen als Zuhause.***

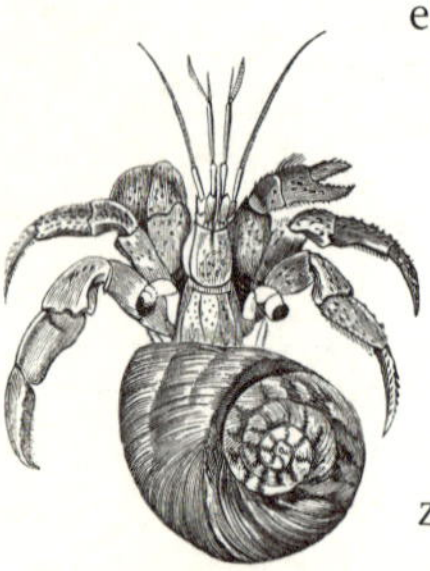

Dennoch finden sich auf dem Meeresboden Panzer, die unbeschädigt sind: Schneckenhäuser. Wie Krebse oder Insekten bauen auch Schnecken einen Panzer um sich herum, müssen ihn aber, im Gegensatz zu jenen, zum Häuten nicht verlassen. Das liegt an der Form. Bei den einfachsten Schnecken sieht diese aus wie eine Eiswaffel. Wie vorteilhaft dieses Design ist, ist jedem klar, der einmal ein Eis in der Waffel gegessen hat. Egal, ob man mit dem Eisessen gerade angefangen hat, schon bei der

Hälfte oder fast fertig ist – die Form der Waffel bleibt immer dieselbe: ein spitzer oder stumpfer Kegel. Das isst sich gut für den Menschen und wächst sich gut für die Schnecke.

Wachsen ist das Gegenteil von Gegessenwerden. Statt immer kleiner wird eine Hornschnecke unter Beibehaltung der Form immer größer; sie trägt das passende Häuschen bei sich und braucht es nie zu verlassen. Die Schnecke kleistert einfach etwas Kalk an den kreisrunden Rand, mit dem sie auf dem Felsen aufsitzt, und das war's. Die Muschelspitze, da, wo sie als Babyschnecke einmal angefangen hat, bleibt davon unbeeinflusst, aber das andere Ende wächst mit. Wie lange sie das schon tut, kann man, ganz ähnlich wie bei den Bäumen, an den Kalkringen erkennen. Während aber ein Baum seine Anfänge, das heißt, den unteren Teil des Stammes, immer mehr verdicken muss, je höher er am gegenüber liegenden Ende wächst, braucht ein Schalentier sich nur um ein einziges Ende zu kümmern; die Vergangenheit lässt es einfach hinter sich. Die Schnecken am Strand oder im Garten machen es nicht anders, nur drehen sie dabei ihren Kegel während des Wachstums um die eigene Achse.

***Dank der wundervollen Spiralform ist jede Muschelkammer des Gemeinen Perlboots (Nautilus pumpilius) identisch mit der vorigen, nur präzise 6,3 Prozent größer.***

Stirbt die Schnecke, wird das so gut wie neue Fertighäuschen frei. Nicht für andere Schnecken – die haben keinen Grund umzuziehen –, sondern für Einsiedler. Einsiedlerkrebse haben es aufgegeben, eigene Schalen erst zu bilden und dann wegzuwerfen; sie verstauen ihre Hinterleiber lieber in vakanten Schneckenhäusern, in denen sie sich mit ihren stachelbewehrten, verformten Hinterbeinen festklammern. Zum Schluss verschließen sie mit einer der Scheren das Ganze wie mit einer Tür. Wird dem Einsiedlerkrebs das Schneckenhaus zu klein, sucht er sich ein größeres und zieht um.

Menschenknochen bestehen aus demselben Material wie Schneckenhäuser, sind aber nicht kegelförmig. Dass sie dennoch unter Beibehaltung der Form wachsen, liegt am Leben in ihnen. Knochen werden von lebenden Zellen auf- und wieder abgebaut. Bei einem Erwachsenen halten sich Auf- und Abbau normalerweise die Waage, bei einem Kind überwiegt der Aufbau, der sich in speziellen Zentren vollzieht. Wachsende Knochen folgen allerdings nicht sklavisch den Bedürfnissen des Körpers, sondern sie diktieren, wo es langgeht. Statt den Muskeln hinterherzueilen, eilen die Muskeln den Knochen hinterher. Wachsen die Armknochen eines Kindes, dann dehnen sich die sie bewegenden Muskeln und Sehnen. Die Spannung spornt die Muskeln und Sehnen zum Wachsen an. So werden Knochen, Muskeln und Sehnen konstant aufeinander abgestimmt. Das klingt logisch. Rätselhaft aber ist es, dass sie im rechten Arm genauso schnell wachsen wie im linken, denn die beiden Extremitäten können sich auf keine Weise darüber austauschen. Die Linke hat keine Ahnung, was die Rechte tut, und trotzdem hängen sie nach Beendigung der Pubertät in gleicher Höhe, wie zwei Züge, die nach fünfzehn Jahren Fahrt in verschiedenen Ländern eine exakt gleich lange Strecke zurückgelegt haben.

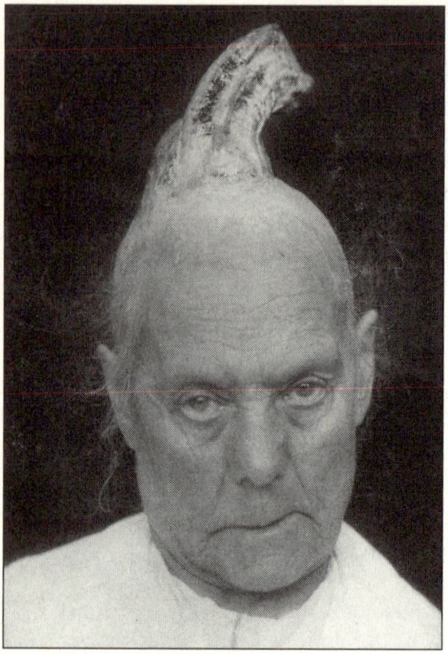

*Extreme Verhornung bei einer 74-jährigen Frau (1924).*

Auch wenn unsere Knochen ein inneres Skelett bilden, können wir auf äußerlichen Schutz nicht verzichten. Dazu bildet die Haut einen geschmeidigen Ledermantel, der allerdings in kalten Gebieten für den Menschen nicht ausreicht. Wir haben zu wenig Haar. Und das bisschen, das wir haben, fällt auch noch dauernd aus. Auf unseren Köpfen gibt es für einen Friseur zwar genug zu tun, mit unseren restlichen Körperhaaren aber haaren wir ständig, und zwar so heftig, dass sich der Gang zum Friseur erübrigt. Das deutet übrigens auf unsere Verwandtschaft mit den Reptilien hin. Wenn man bedenkt, dass ein Haar nichts anderes ist als ein merkwürdiges Stück Haut, kann man durchaus sagen, dass der Mensch sich häutet wie eine Kobra oder eine Klapperschlange. Aus Mangel an vernünftigem Fell haben wir uns während unserer Anfänge wie Einsiedlerkrebse mit dem Außenschutz anderer beholfen, mit Pelzen. Erst später haben wir Kleidung aus Wolle und Baumwolle hergestellt. Heutzutage wechselt man diese nach Stimmung und Mode, doch als ich noch zur Schule ging, hatte der Kleiderkauf etwas von einer kompletten Häutung an sich. Einmal pro Jahr, kurz vor dem ersten Schultag, bekamen wir Kinder im Modehaus Hollenkamp eine komplett neue Ausstattung verpasst: von karierten Socken über eine wärmende Mütze und eine furchtbar kratzende lange Hose bis zu einem Doppelpack neuer Unterwäsche.

Die Schuhe hatten noch am ehesten Ähnlichkeit mit einem Panzer. Solange die Füße schneller wachsen, als man Schuhe verschleißt, häutet man den Fußpanzer wie eine Krabbe ihre Schale. Kinderfüße wachsen durchschnittlich pro Jahr um zwei Maßeinheiten oder 132 mm und vor dem sechsten Lebensjahr sogar noch schneller. Damit der Fuß genügend Platz zum Wachsen hat, muss ein Kinderschuh zwischen Zehenspitzen und Schuhspitze ungefähr anderthalb Zentimeter Freiraum haben – der leider häufig nicht vorhanden ist. Viele Kinderschuhe werden sogar ein bis zwei Größen zu klein gekauft, und es kommt vor, dass Kinder klaglos in Schuhen herumlaufen, die ihnen fünf Nummern zu klein sind. Ich kenne ein Foto von einem löchrigen Schuh. Das Loch hat ein Kinderzeh verursacht, der durchs Leder wuchs wie Gras durch Straßenasphalt. Wachstum lässt sich nun mal nicht aufhalten.

# 2
# Zwei in einem

Wie macht man einen Schmetterling? Das weiß kein Mensch. Wo anfangen? Wir wissen nur, dass man dafür das allerpräziseste Werkzeug und einen unerschöpflichen Vorrat an Feingefühl bräuchte. Für die Flügelschuppen könnte man die der Haut der hauchzartesten Seifenblase verwenden, vom schönsten Mädchen aus der Parallelklasse geblasen. Aber woher nähmen wir die Farben? Woher das richtige Schwerkraftnivellierapparätchen? Am dringendsten notwendig wäre, das ist klar, das Detail. Ein Schmetterling besteht ausschließlich aus Detail. Doch nicht einmal der beste Modellbauer der Welt könnte uns dabei eine Hilfe sein. Ein Schmetterling ist nämlich kein Modell. Wovon sollte so etwas Ideales wie ein Schmetterling auch eine Kopie sein?

Wer einen Schmetterling machen kann, dürfte sich als Gott fühlen. Doch unserer war damit noch nicht zufrieden: Als wäre der Schmetterling nicht schön genug, hat er ihn uns auch noch als Raupe gegeben. Zwei in einem, eine Zweieinheit wie Yin und Yang, Tag und Nacht, Mann und Frau, Schlafen und Wachen, Dr. Jekyll und Mr. Hyde. So himmlisch der

*Frederic March bekam für die Titelrolle in* **Dr. Jekyll und Mr. Hyde** *(USA, 1931) einen Oscar.*

Schmetterling ist, so irdisch ist die Raupe. An die Erde gefesselt, gibt diese sich der irdischsten aller irdischen Tätigkeiten hin: dem Fressen. Auf ihren viel zu kurzen Beinchen und Schienbeinchen lässt sie das Maul direkt über dem Fressen baumeln wie ein Bauarbeiter den Kopf über der Suppe. Der Körper einer Raupe ist voll gestopft mit Gedärm, der Kopf wird von Kauwerkzeugen beherrscht, sodass für Verstand kaum noch Platz bleibt. Dennoch ist eine Raupe ein gottgleiches Wesen, weil sie einen Schmetterling machen kann.

Eine Raupe verpuppt sich, und aus ihr entsteigt wie ein Geist der Schmetterling. Aller Schwerkraft spottend, die Götter verführend, hat ein Schmetterling in unserer Welt der grobschlächtigen Grübler nichts zu suchen. »Psyche« hieß er bei den alten Griechen, und das bedeutet nicht nur »Schmetterling«, sondern auch »Seele«. Um ein Haar wären also Psychologen Schmetterlingsforscher gewesen und der Schmetterlingssammler aus unserem Kinderlied, *Meneer Prikkebeen*, wäre als Psychologe berühmt geworden. Die Christen waren versessen darauf, in ihren frommen Predigten den Schmetterling als Sinnbild der Seele zu beschwören. Bis heute klingt dieses Echo in den Strophen aus Dantes *Göttlicher Komödie* nach:

***Primus Prikkebeen.***

O stolze Christen, unglückselge Müde,
Die, krank am geistigen Gesicht, ihr euer
Vertrauen setzet auf verkehrten Wandel,
Begreifet ihr denn nicht, dass wir Gewürm sind,
Bestimmt, den Himmelsschmetterling zu bilden,
Der schirmlos zur Gerechtigkeit sich aufschwingt!
Was blähet euer Geist so hoch sich, da ihr
Doch nur, gleich unvollendeten Insekten,
Den Würmern gleich seid mit verfehlter Bildung.

Dieses Bild hat an Kraft nichts eingebüßt. Doch egal, ob die Seele wie ein Schmetterling davonflattert oder der Schmetterling wie eine Seele verfliegt: Es bleibt ein Wunder. Man fragt sich, wie so etwas möglich ist und wozu es dient? Warum baut jemand zuerst eine Raupe, wenn er einen Schmetterling im Sinn hat? Die Antwort ist einfach: Weil es nicht anders geht.

Ein Schmetterling lebt von Nektar. Bei Homer ist der Nektar das Getränk der olympischen Götter und schmeckt so gut wie er riecht: die Quelle ewigen Lebens. Ein Schmetterling dagegen wird mit Zuckerwasser abgespeist. Schmetterlingsnektar besitzt kaum Eiweiße und Vitamine, das führt zu Unterernährung und Kurzlebigkeit. Süß und verführerisch, wie er ist, ist der Nektar für einen Schmetterling nicht besser als ständige Süßigkeiten für ein Kind. Doch selbst, wenn sich ein Schmetterling gesund ernähren wollte, er könnte es nicht. Mit einer ausrollbaren Zunge vermag man zwar mit beneidenswerter Zielsicherheit die intimsten Teile eines Blütenkelchs zu belecken, kann aber weder gesundes Gemüse vermahlen noch sich nährende Säfte erbohren. Es gibt zwar Schmetterlinge, die ein bisschen an Früchten oder Baumrinde naschen oder den Honigtau der Blattläuse verzehren, doch genauso gut könnte man versuchen, mit einem Strohhalm zu kauen. Gut möglich, dass die Vorfahren der Schmetterlinge richtig kauen konnten und ihre Mundwerkzeuge erst verloren, als sie sich auf Nektar verlegten.

Als müssten sie klarstellen, aus eigenem Willen darauf verzichtet zu haben, produzieren Schmetterlinge nicht einmal mehr die Enzyme, die für die Verdauung von Zucker notwendig sind. Sorgen um die Zukunft machen sich die Luftikusse offensichtlich keine; Ernährungsberater würden bei ihnen auf taube Ohren stoßen. Schmetterlinge würden ihnen entgegenhalten, dass sie als Kind bereits tüchtig gegessen hätten. Und das haben sie auch. Alles, was ein Schmetterling braucht, um ein Schmetterling zu werden, hat er sich im Raupenstadium zusammengefressen. Sogar mehr als das, denn auch die Ingredienzien für die Eier, die der Schmetterling eines Tages legen wird, liefert ihm die Raupe mit. Manche Schmetterlinge haben schon beim Schlüpfen den Bauch voller Fix-und-fertig-Eier und suchen nach Liebe, ohne an Fressen auch nur zu denken.

Dass die Natur sich den Luxus des Schmetterlings leisten kann, hat sie der Raupe zu verdanken. Doch wie bei Bodenpersonal üblich, erhalten die Raupen kaum die Anerkennung, die sie verdienen. Nicht einmal die Entomologen haben etwas für sie übrig. In ihren Insektenkästen finden sich meist nur die Schmetterlinge aufgespießt, Raupen fügen sich nicht so leicht ins stramme Glied einer Sammlung. Schmetterlinge verharren gelassen in ihrer Pose, doch mit einer schlaffen, sich einrotzenden Raupe hielte die Schluderei

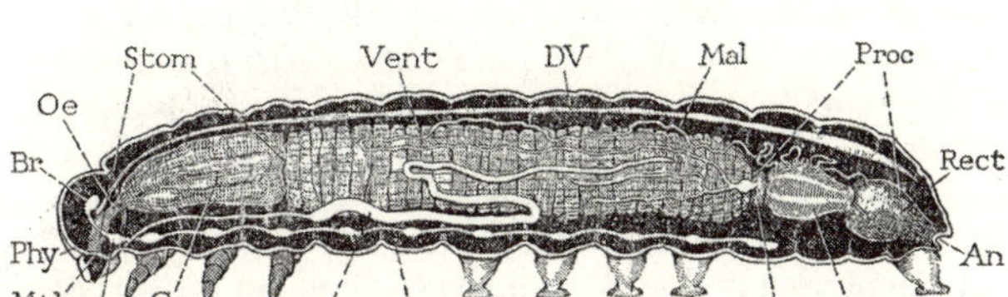


*Eine Raupe ist beinahe ganz mit Gedärmen ausgefüllt.*

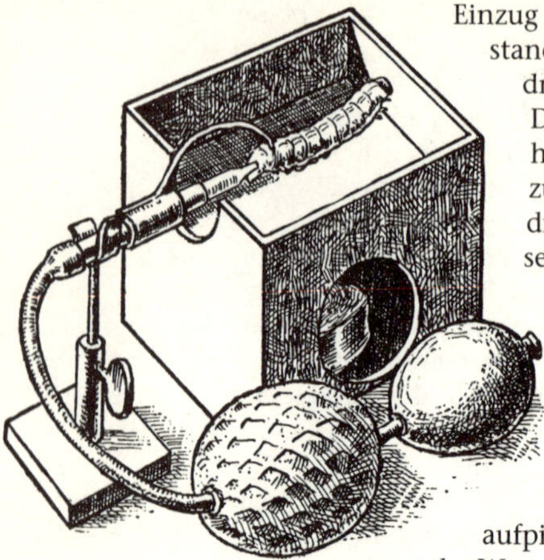

Einzug in die Ordnung. Im lebendigen Zustand ist eine Raupe prall dank des Blutdrucks unter ihrer Wursthaut. Um die Dauererektion bei einer Raupe posthum zu erhalten, müsste man diese zuerst wie eine Tube Leberpastete ausdrücken, in einem Ofen trocknen lassen und dann mit einer Klistierspritze anal aufblasen. Das wäre aber eine extreme Form der Entophilie und geht auch normalen Raupensammlern zu weit. Die sammeln Raupen nämlich nur, um daraus Schmetterlinge schlüpfen zu lassen, die sie dann sofort ordentlich aufpieksen können. So hat man stets frische Ware. Was gibt es Schöneres als aus etwas Hässlichem etwas Schönes zu machen?

***Während man einen Schmetterling für die Sammlung einfach aufpiekst, muss man eine Raupe dafür erst leer drücken wie eine Tube und dann in einem kleinen Ofen wieder aufpumpen.***

Sammler werden von Schönheit angezogen, sei es nun in Form von Kunst, Antiquitäten oder Insekten. Auch bei anderen Insekten als den Schmetterlingen finden die Sammler die Larven zu hässlich, um sie auch nur in Betracht zu ziehen. Vor erwachsenen Insekten hat man nicht nur deshalb Respekt, weil sie schmerzhaft zustechen können, sondern auch, weil sie schön sind; wer will, kann, bevor er ein Insekt erschlägt, in wunderschöne Augen blicken. Doch für die Larven interessiert sich keiner, außer Ton van Haaren. Der sagt, dass es in Europa nur wenige Larvenspezialisten gebe, und die Larvensammlung des Zoologischen Museums von Amsterdam hält er für »äußerst armselig«. Zoologische Museen führen nicht einmal die Larven der normalsten Tiere, und in den gängigen Feld-, Wald- und Wiesenführern sind ausschließlich erwachsene Exemplare abgebildet – als wären Tiere niemals jung.

Es ist eine verkehrte Welt. Je weniger Raupen, Maden und Fischlarven in Bestimmungsbüchern auftauchen, desto mehr gibt es sie in Wirklichkeit. In der Natur kommen viel mehr Larven vor als erwachsene Tiere, und das fängt schon damit an, dass es viel mehr junge Tiere gibt als alte. Das Großwerden fordert seinen Tribut. Und der ist gewaltig! Von zehn Babys im Meisennest müssen neun frühzeitig die Flatter machen, um zu verhindern, dass die Welt im Lauf der Jahre in Meisen erstickt. Zahlreiches Meeresgetier geht ebenso verschwenderisch mit der Brut um wie Bäume mit ihren Samen, von denen weniger als ein Promille schließlich zu Bäumen heranwachsen. Jede einzelne von unseren Heimatdichtern besungene Buche ist ein Grabmahl für alle Bucheckern zu ihren Füßen, die es nicht geschafft haben. Eine Firma, die derart verschwenderisch produzieren würde – ein glücklicher Erfolg auf tausend Fehlschläge –, wäre nach kurzer Zeit bankrott, doch die Natur produziert mit Hilfe von Sonnenenergie und Tierquälerei munter weiter. Von allen Babys im Rennen um die Fortexistenz der Art besteht der größte Teil aus Larven. Es gibt nun einmal mehr Sorten, die es mit den Larven halten. Bei ihnen schlüpft aus dem Ei kein Miniaturerwachsener, sondern zunächst ein auf den ersten Blick völlig verschiedenes Wesen, das erst später abrupt die erwachsene Form annimmt. Tiere mit Larvenstadien verstehen die philosophische Aufforderung »Erkenne dich selbst« nun mal ganz anders.

Die Bezeichnung »Larve« für ein abweichendes Jugendstadium hat sich Carl von Linné ausgedacht, derselbe Wissenschaftler, der die wissenschaftlichen Namen für Pflanzen und Tiere einführte. *Larva* kommt wie fast alles aus dem Lateinischen und bedeutet »Maske«. Römische Schauspieler der Antike trugen auf der Bühne oft eine Maske mit der Fratze eines bösen Geistes. Linné assoziierte, dass auch ein Insekt bei seiner Metamorphose seine Maske abwirft; »entlarven« bedeutet im Deutschen auch heute noch demaskieren. Linné war der Meinung, dass erst nach der Metamorphose das eigentliche Tier sichtbar wird, die sogenannte *imago*, gewissermaßen das wahre *Image* des Tieres. Eine Larve sei nicht mehr als ein Hilfsstadium, eine liederliche Stufe auf dem Weg zum Erwachsenen, eine Pfuschnulpe. Der französische Biologe Armand de Quatrefages de Bréau schrieb 1864, dass Larven »stets unvollständig seien«, nichts als »rohe Skizzen, die mit jedem Entwicklungsstadium eine größere Vollkommenheit erreichen«. So wie ein unmündiges Kind die Lebenstreppe erst erklettern muss, ehe es als Mensch zu voller Reife gelangt, ist auch ein Insekt erst nach der Metamorphose perfekt. Der Gedanke, dass eine Larve ein eigenständiges Wesen mit Existenzberechtigung sein könnte, setzt sich erst allmählich durch.

*Eine* **larva** *war bei den alten Römern eine Maske, wie diese hier auf einem alten Mosaik aus Pompeji.*

Die meisten Larven wurden bis ins 19. Jahrhundert als

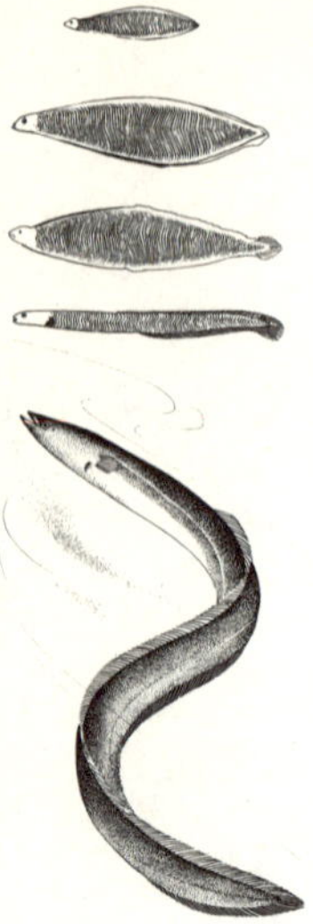

*Auf ihrer Reise aus dem Sargassomeer wächst die 6 mm lange Leptocephaluslarve (A) zum zehnmal größeren Glasaal (B) heran, welcher ins Süßwasser wechselt und als erwachsener Aal (C) länger als einen Meter werden kann.*

solche nicht einmal erkannt. Natürlich wusste man, dass die Raupe die Larve des Schmetterlings ist und die Made die der Fliege, aber die Larven eines so gewöhnlichen Fisches wie des Aals (*Anguilla anguilla*) wurden noch 1856 als eigene Art beschrieben; und zwar als *Leptocephalus brevirostris*, was wörtlich übersetzt so viel wie Kurzschnauzdünnkopf heißt. Wenn man dieses blattförmige, durchsichtige Tierchen näher betrachtet, kann man sich kaum vorstellen, dass daraus je ein dicker fetter Aal wird, noch dazu weil die Larven nie mit einem Aal im gleichen Gewässer angetroffen werden, sondern nur im offenen Meer. Drei Jahre brauchen sie, um aus ihren Heimatgewässern im Sargassomeer unweit der Bermudainseln nach Europa zu gelangen. Doch bis dahin sind sie längst keine *Lectocephali* mehr.

Die Larven wirbelloser Meerestiere wie Borstenwürmer und Krebse hat der seeländische Mikroskopist Martinus Slabber 1788 in wunderbaren Bildern dargestellt, und zwar mehr als vierzig Jahre bevor der Schiffsarzt John Vaughan Thompson beschrieb, wie Krabben und Seepocken der Irischen See aus Larven entstanden. Mitte des 19. Jahrhunderts brach dann der Damm. Entlang der europäischen und amerikanischen Küsten schossen Labors wie Pilze aus dem Boden, in denen Biologen Larvenwaisen wieder ihren rechtmäßigen Eltern zuordneten. Der deutsche Zoologe Johannes Müller hatte es dabei so eilig, dass er manche seiner Larven auf dem Kopf stehend zeichnete. Aus diesem Grund heißt der Seeigel mit lateinischem Namen auch heute noch *pluteus*, womit im Vulgärlatein eine Staffelei bezeichnet wird. Dabei ragen die Extremitäten, die Müller so sehr an die Beine einer Staffelei erinnerten, in Wirklichkeit in die Luft wie die Arme eines Ertrinkenden. Weil die Larven der Meerestiere noch stets unter dem Namen firmieren, den sie hatten, als sie noch Waisen waren, sind je nach Form und Lebensweise Dutzende von gelehrten Namen im Umlauf: Amphiblastula, Nauplius, Zoea etc. etc.

Es ist verblüffend, wie unähnlich ein Kind seinen Eltern sein kann. Stachelhäuter zum Beispiel sind – ein Blick genügt – fünfersymmetrisch, das heißt, sie lassen sich auf fünf verschiedene Arten in gleich große Stücke teilen. Deshalb haben sie einen ganz anderen Aufbau als Menschen oder andere Wesen mit einer Zweiersymmetrie, welche nur eine Art des Teilens zulässt und zwar die in eine linke und eine rechte Hälfte. Die Larven von Seestern und Seeigel sind ihren Eltern zum Trotz zweiersymmetrisch. Daraus eine Fünfersymmetrie zu machen ist noch schwieriger als aus einer Verkehrskreuzung einen Kreisverkehr. Doch neu ist die Verwunderung über die Mehrförmigkeit innerhalb einer einzigen Art nicht. Im 15. Jahrhundert kriegte sich der Heilige Antoninus von Florenz nicht mehr ein, als er hörte, dass Männer und Frauen derselben Art angehören sollen.

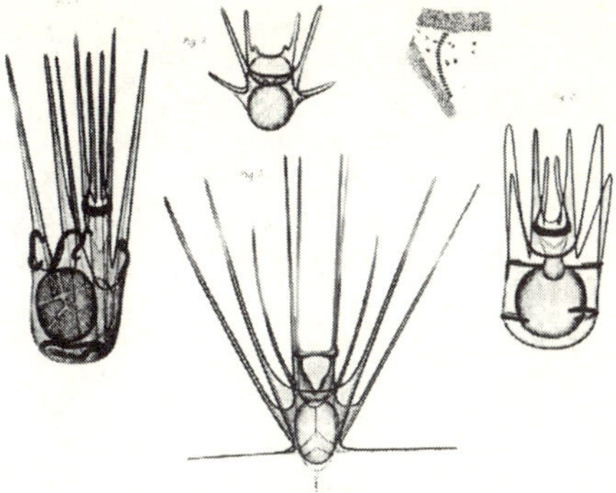

*Pluteusstadium eines Seeigels.*

Inzwischen hat die Wissenschaft die meisten Larven identifiziert, obwohl sich nur wenig von dieser Arbeit im Alltagsleben niedergeschlagen hat. Man muss mehr als ein durchschnittliches Interesse für die Biologie aufbringen, um zu wissen, dass aus Hülsenwürmern Köcherjungfern werden, mal ganz zu schweigen davon, wer überhaupt weiß, wie eine Köcherjungfer aussieht (wie eine komische, behaarte Motte). Nachdem sich die Larve vom Wasser eines Bachs hat forttragen lassen, fliegt die Köcherfliege oder -jungfer problemlos in die Heimat zurück, um dort ihre Eier abzulegen. Doch wenn es zum Fliegen zu kalt ist, muss man zu Fuß gehen. Das ist bei den Steinfliegen der Fall. Sie schlüpfen im kalten schwedischen Winter und müssen dann am verschneiten Ufer ihres Heimatbachs entlang zurückwandern, weil sie sich als Larve nicht richtig am Bachgrund festgehalten haben. Aber wer erkennt schon eine Steinfliegenlarve? Wer weiß schon, dass aus dem Schaumtierchen im Spuckefladen, genannt Kuckuckspeichel, an der Gartenpflanze eine richtige Zikade schlüpft, die Schaumzikade (*Aphrophora spumaria*)? Und man muss schon ein halber Biologe sein, um zu wissen, dass diese fremdartige Libelle, die da über dem warmen Sandpfad schwebt, ihr Leben einst als Ameisenlöwe in einer selbst gegrabenen, sackartigen Sandkuhle begann. Ameisen, die sich an den Rand der Kuhle wagen, rutschen ab – nötigenfalls werden sie dazu mit Sandkörnern beschossen – und kugeln hilflos dem Ameisenlöwen direkt ins Maul. In einem Buch über Kriege in Afrika

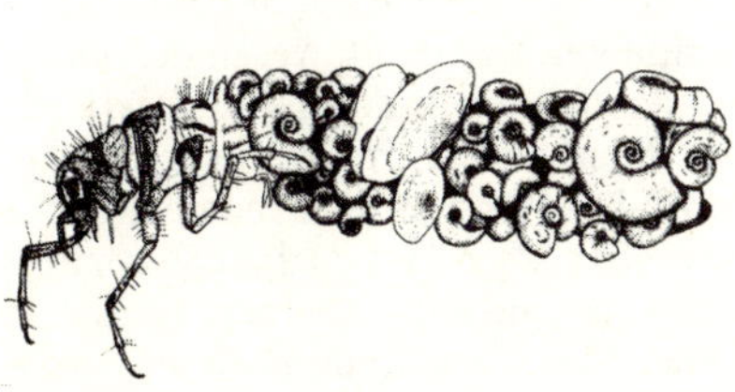

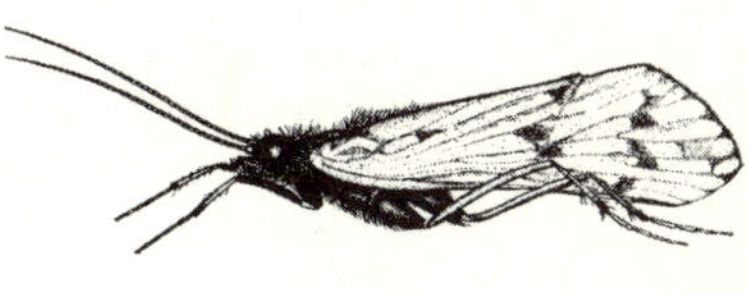

*Aus einem Hülsenwurm (links) wird eine Köcherjungfer (rechts).*

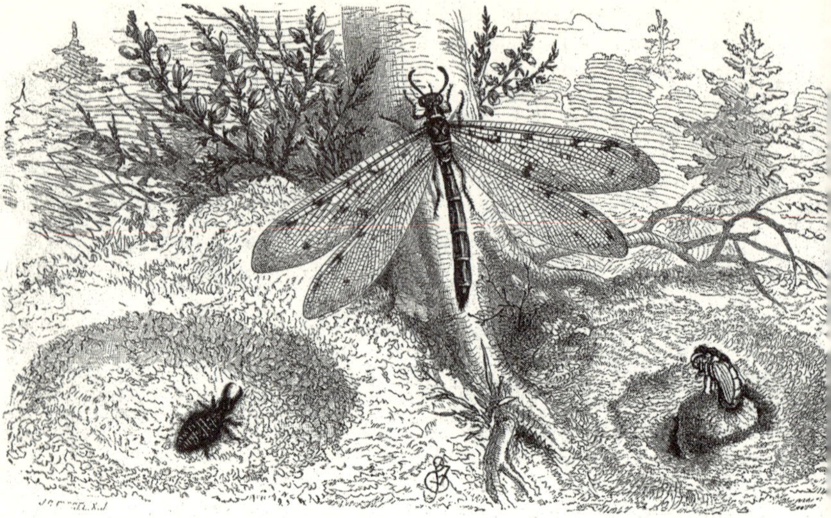

*Ameisenlöwe. In der Mitte das erwachsene Tier, links die Larve und rechts die Puppe.*

habe ich gelesen, dass Soldaten aus der Anzahl der Ameisenlöwenkuhlen in einer Fußspur schließen konnten, wann der Feind, von dem diese stammte, vorbeigekommen war.

Ein normaler Mensch, der eine Larve zu Gesicht bekommt, wird diese in den meisten Fällen als Wurm bezeichnen. Das bekannteste Beispiel ist der Wurm im Apfel. Er ist kein Wurm, sondern eine Raupe. Sie kriecht aus dem Ei, wenn die Obstplantagen blühen, und bohrt sich in die Miniäpfel, um sich später vom Kerngehäuse zu ernähren. Hat sie genug Apfel gefressen, krabbelt sie über einen Minengang heraus und verpuppt sich in der Erde. Aus der Puppe schlüpft dann ein unansehnlicher Schmetterling, der Apfelwickler (*Laspeyresia pomonella*), der längst nicht so bekannt ist wie seine Raupe – höchstens bei den Bauern, die ihn heftig bekämpfen. Schimpansen würden sich angesichts unseres Verhaltens an die Stirn greifen; sie sind ganz wild auf Apfel mit Wurm.

Außer dem gewöhnlichen Apfelwurm findet man in Amerika oft die Larve der normalen Fruchtfliege (*Rhagoletis pomonella*), dort auch Eisenbahnwurm genannt, wegen der bräunlichen Tunnel, die sie durch das Apfelinnere bohrt. Dass auch diese Larve, wie fast jede Raupe, einfach als Wurm bezeichnet wird, liegt an ihrer Form. Die Wurmform ist nämlich nicht nur fürs Wachsen sehr geeignet, sondern auch äußerst günstig, wenn man Tunnel bohren und darin wohnen möchte. Je härter das Material, durch das man hindurch muss, umso mehr kommt einem ein dünner und langer Körper zugute. Deshalb fallen auch die Larven, die im Holz leben, leicht unter die Kategorie Würmer. Der gewöhnliche Holzwurm ist die Larve des Gemeinen Nagekäfers (*Anobium punctatum*), der in den Niederlanden seinen Namen *doodskloppertje* (Totenklopfer) einem typischen Geräusch verdankt; er pflegt mit dem Kopf gegen die Tunnelwand zu donnern, um das Weibchen anzulocken. Wo sich in einem Möbel plötzlich kleine runde Löcher auftun, war der Holzwurm schon längst drin, beziehungsweise ist schon wieder draußen. Ein kleiner Sägemehlhügel unterm Loch ist fein genagtes und verdautes Holz. Dass Entomologen solche Dinge ganz anders betrachten als unsereiner, beweist das Beispiel eines Käfersammlers, der beschreibt, wie einfach das Züchten dieses Käfers ist. Wer ein befallenes Möbelstück besitze, solle einfach ein Stück davon absägen und es in ein großes Glas mit Schraubverschluss stecken. Der Rest würde sich ganz von selbst erledigen.

Die Larven des Gemeinen Nagekäfers fungieren nicht nur als Holzwürmer, sondern auch als Bücherwürmer. Unter diesem Namen werden allerlei Larven zusammengefasst, die Papier, Pappe, Leim oder Leder mögen. Die erwachsenen Tiere haben ein Larvenleben intensiven Bücherstudiums hinter sich. Fachleute können an den Löchern und am Gangsystem erkennen, welche Art sich jeweils an den Büchern vergriffen hat. Bibliothekare sind nicht gut auf die Tierchen zu sprechen, die ohne einen Leseausweis Bücher verschlingen. Und trotzdem sind diese Bücherfreunde nicht zu tadeln für das, was sie tun. Sie fressen zwar an unseren Schriften, wir aber waren es, die ihre Nahrung vollgesudelt haben. Sie tun, was Millionen ihrer Kollegen seit Jahrmillionen tun: Abfall wegschaffen. Bücher sind aus toten Pflanzen- und Tierstücken gemacht, und so etwas muss so rasch wie möglich weggeräumt werden, um Platz zu machen für neue Pflanzen und Tiere. Ohne die Hilfe dieser Allesverzehrer wäre die Welt, wie wir wissen, schon längst in ihrem Abfall erstickt. Wir verfluchen das Gefleuch allerdings, weil sie Plastiktüten, die nicht von selbst zerfallen, verschmähen, und dafür Bücher, die nie zerfallen sollen, schmackhaft finden.

*Ein Apfelwickler mag die Kerne im Gehäuse besonders gerne.*

Da ist die Arbeit der Abbruchkolonnen auf den Friedhöfen schon lobenswerter. Dort leben die Würmer, die uns so richtig auf die Pelle rücken.

*Zu den Fleischfliegen gehören die Schmeißfliege* **(Calliphora vomitoria)** *(1-4), die Graue Fleischfliege* **(Sarcophaga carnaria)**, *die Gemeine Hausfliege* **(Musca domestica)** *(8 und 12) und der Wadenstecher* **(Stomoxys calcitrans)** *(9).*

Doch auch hier kann nicht von richtigen Würmern gesprochen werden. Die weißen Tierchen, die zuerst aus einer Leiche kriechen, sind meist Maden. Mollig und bleich und mit einem für Insekten bemerkenswerten Mangel an Fühlern und Beinen bewegen sie sich mühsam vorwärts und sind darin unseren eigenen Menschenlarven sehr ähnlich. Diese Maden sind Angehörige jener Species, die kleine Jungs auf ersten Angelausflügen begleiten. Ich selbst habe diese derart hilflos sich windenden Wesen nur mit Abscheu auf den Haken gespießt. Doch mein Vater war der Ansicht, so was sei gut für mich; sonst würde nie ein Mann aus mir. Die Maden haben an seinem toten Leib inzwischen ausgiebig Rache genommen.

Eine Leiche mit Maden drinnen, draußen, drauf und drunter ist beileibe kein schöner Anblick. Es sieht ganz danach aus, als hätte die Leiche sie selbst herbeigerufen, und zwar noch während sie sich über der Erde befand, mit einer Art Gebrüll, das zwar nicht zu hören, dafür aber umso besser zu riechen ist. Kein Geruch ist so durchdringend wie Leichengeruch; nicht einmal Arbeiter im Schlachthof gewöhnen sich daran. Von nah und fern kommen die Fleischfliegen angeflogen, immer dem für sie so unwiderstehlichen Geruch von Indol und Skatol nach. Sie müssen sich sputen, denn eine so prächtige Gelegenheit bietet sich ihnen so rasch nicht wieder. Während sich für eine Kuh immer irgendwo ein Büschel Gras findet und eine Möwe nie lange nach einem Hering zu suchen braucht, ist ein Brocken Aas für den Aasfresser eine Art Insel in der Weite des Ozeans, eine Oase des Todes in der Wüstenei des Lebens, reif für die Besiedlung.

Weil jede Fliegenart so ihren eigenen Geschmack hat, abhängig vom Grad der Verwesung – kross krokant oder zart auf der Zunge zergehend, Saft pur oder mit Fruchtfleisch versetzt –, und weil jede Made abhängig von der Temperatur eine spezifische Entwicklungsdauer hat, können Entomologen am Madengewimmel auf einer Leiche ablesen, wann der Tod eingetreten ist. Bei Mord und Totschlag bedient sich die Polizei immer öfter der Mitarbeit von Entomologen. Das hat schon manchen Mörder den Kopf gekostet und manch Unschuldigen vor dem Galgen bewahrt. Die größte Schwierigkeit, schreibt der Spezialist M. Lee Goff, sei dabei das Töten der Larven; ihre Haut ist für die meisten Stoffe undurchdringlich.

> Wenn ich aus irgendeinem Grund nicht rechtzeitig im Labor sein kann und also kein Fixiermittel zur Hand habe, dann geht es auch mit heißem Wasser. Es muss so heiß sein wie eine normale Tasse Kaffee oder Tee, also ungefähr 77 Grad. Am besten, man fährt zur nächsten Snackbar und bestellt sich eine Tasse Tee zum Mitnehmen. Statt des Teebeutels werfe ich dann die Larven für einige Minuten in den Pappbecher, bevor ich sie dann in 70-prozentigen Äthylalkohol lege.

Es gibt auch Fliegen, die uns lebendig mögen. Die Goldfliege (*Lucilia sericata*) legt ihre Eier in offene Wunden. Die Schlachtfelder des Ersten Weltkrieges waren für diese Fliegenart das reinste Paradies. Damals war die Technik des Verwundens der Technik der Wundheilung um Jahrhunderte voraus. Immer wieder kam es vor, dass es unter den Verbänden von Maden nur so wimmelte. Doch statt als vermeintliche Quälgeister erwiesen sich die Tiere als reine Wohltäter. Die Larven fraßen nämlich nur entzündetes Gewebe und beschleunigten so die Heilung; gleichzeitig beobachtete man eine antiseptische Wirkung. Der Amerikaner William Baer entwickelte daraufhin eine erfolgreiche Madentherapie, die allerdings einen Weltkrieg später von den Antibiotika verdrängt wurde. Im Moment erfährt die Made in der Medizin eine Renaissance, da die Resistenz gegen Antibiotika zunimmt und es aufgrund der Vergreisung der Bevölkerung immer mehr Wunden gibt, die einfach nicht heilen wollen. Angst vor schmutzigen Tieren im eigenen Körper ist fehl am Platz, denn die Maden werden steril gezüchtet und verschwinden von selbst. Sie verpuppen sich und erheben sich leise summend aus der Wunde.

Goldfliegen legen ihre Eier so schnell ab, dass man es kaum

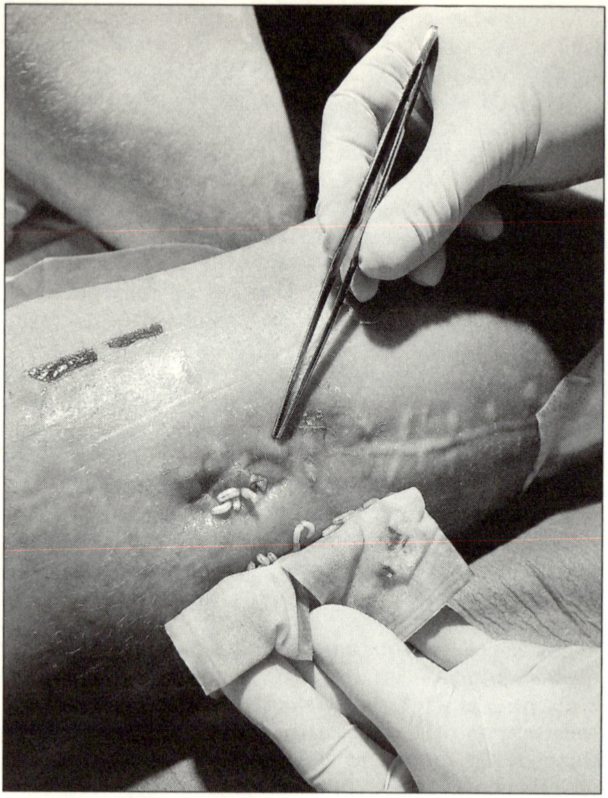

*Maden fressen eine Beinwunde sauber, da der Schwerverletzte nicht auf Antibiotika reagierte. Auf diese Weise wurde eine Amputation verhindert. Der Chirurg Gerrolt Jukema (LUMC) entfernt die voll gefressenen Larven regelmäßig.*

wahrnimmt. Es sieht so aus, als würden die Maden von selber aus der Wunde sprießen. Das muss in der Antike, als man noch lustig mit dem Schwert drauf loshieb, eine stetige Quelle des Glaubens an die *generatio spontanea* gewesen sein, das heißt für die Lehre, dass Tiere sich spontan aus verwesendem Fleisch oder anderem Dreck bildeten. Vor allem Schlamm war dafür bekannt, dass bei schönem Wetter fix und fertige Frösche und Mäuse daraus hervorkrochen. Aristoteles war der Meinung, dass aus tonhaltigem Schlick Austern, aus sandhaltigem Schlamm dagegen Sandschnecken hervorgingen.

Gänse wuchsen auf Treibholz im Meer: Der Erzdiakon Giraldus Cambrensis behauptete im 12. Jahrhundert, dies in der Irischen See mit eigenen Augen beobachtet zu haben. Mit Sicherheit aber waren es Entenmuscheln, die er für junge

Gänslein hielt. Entenmuscheln (Unterordnung *Lepadomorpha*) sind mit den Seepocken (Unterordnung *Balanomorpha*) verwandt und besitzen oft die Größe eines Eis. Sie sehen aus wie eine Eierschale mit gefiederten Flügelstümpfchen und haben einen Stiel, der leicht für den Hals einer kleinen Gans gehalten werden kann. Diese Gänsegeschichte kann man in Jacob van Maerlants schon erwähnter Enzyklopädie *Der naturen bloeme* nachlesen, und man erfährt darin auch, dass Zikaden angeblich aus Kuckucksspeichel entstehen, Bienen aus toten Kühen und Fliegen aus Mist.

Kirchenväter wie der Heilige Augustinus rauften sich die Haare. Wenn die Erde noch immer Geschöpfe hervorbrachte, wozu war dann das ganze Theater mit der Arche Noah und der Sintflut nötig gewesen? Erlösung kam von Seiten des italienischen Hofarztes Francisco Redi, der 1669 Fisch-, Rind- und Schlangenstücke in Gläser stopfte und diese luftdicht verschloss. Er stellte fest, dass auf diese Weise keine Fliegen aus dem Fleisch hervorschlüpften; blieben die Gläser aber offen, war das der Fall. Also schloss er daraus, dass die Fleischstücke nicht die Ursache für die Fliegen darstellten, sondern deren Nahrung; Fliegen entschlüpften dem Fleisch erst, wenn eine Fliege ihre Eier darin abgelegt hatte. Damit bestätigte er die Hypothese des englischen Arztes William Harvey, der bereits 1651 die Theorie der *generatio spontaneo* verwarf und sein *Omnia ex ovo* dagegensetzte. Nichts entsteht aus nichts, sondern alles aus dem Ei.

Jedes Tier ist einmal ein Ei gewesen. Allerdings verläuft der Weg vom Ei zum erwachsenen Tier selten gerade. Weitaus die meisten Tierarten wählen einen Umweg und werden erst einmal zur Larve. Bei Entenmuscheln und manchen Milbenarten weist der Larvenumweg sechs Stationen auf, und bei den meisten Insekten ist zwischen Larve und Imago noch eine Puppe geschaltet. Wozu aber diese Bummelei? Sind die Tiere Gewohnheitsbummelanten oder gehen sie noch einmal all die Orte entlang, die sie früher einmal bewohnt haben? Hat es je eine Zeit gegeben, in der es ausschließlich Raupen gab und die Schmetterlinge erst noch erfunden werden mussten? Nein. Eine Raupe ist nicht Vorfahre des Schmetterlings so wie der Fisch für den Frosch und der Affe für den Menschen. Raupe und Schmetterling sind mehr oder weniger gleichzeitig entstanden, obwohl sie sich anfangs nicht so klar voneinander unterschieden wie jetzt. Die Raupe wurde mit der Zeit immer raupiger und der Schmetterling immer schmetterlingshafter. Ein Schmetterling ist so wenig eine vervollkommnete Raupe wie eine Raupe ein unvollkommener

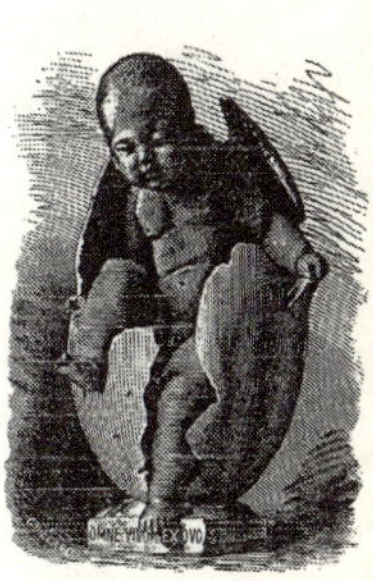

***Omne vivum ex ovo*: Alles Leben entsteht aus dem Ei.**

Schmetterling ist. Auf ihrem Umweg vermieden Tiere mit Larvenstadien Gefahren, die an der Hauptroute lagen – Dürre, Hunger, Räuberbanden – und konnten neue Chancen nutzen.

Keine Bummelanten, sondern richtige Landstreicher dagegen sind Parasiten wie der große Leberegel (*Fasciola hepatica*). Parasiten entern den Wirt, tauschen ihn auch mal gegen einen anderen ein, ruhen sich etwas in der freien Außenluft aus, reisen vom Land ins Wasser, suchen sich dort ein neues Opfer und so weiter. Einmal im Wirt drinnen zeigen sie sich nicht weniger reiselustig. Entweder via Blutbahn oder per pedes ziehen sie vom Magen zur Leber, von der Leber zur Lunge oder ins Gehirn. Unterwegs wechseln sie fortwährend die Gestalt, um sich den jeweils neuen Lebensumständen anzupassen. Trotzdem sind die Parasiten meist von trügerisch einfacher Gestalt. Weil sie weniger zu tun haben, brauchen sie auch weniger Organe. Es ist wie mit einem Anhalter, der weder Räder, Motor oder Lenkrad mit sich herumzuschleppen braucht; ihm reichen ein Rucksack, zwei Beine und ein Daumen.

Nicht immer hatte das Wort »Parasit« diesen negativen Beiklang. In der Antike war Parasit ein ehrbarer Beruf. So wie ein paranoider Mensch nur etwas daneben ist, neben seinen Sinnen nämlich, war ein Parasit jemand, der direkt neben dem Essen saß. *Para* ist das griechische Wort für »neben«, *sitos* bedeutet »essen«. Ein Parasit hatte in griechischen Tempeln die Aufgabe, die Gäste bei religiösen Mahlen zu bedienen. Später tauchte er in der griechischen Komödie als Schmarotzer auf. Biologen übernahmen den Begriff, um Pflanzen und Tiere zu bezeichnen, die auf Kosten anderer Pflanzen und Tiere leben, von der Schlingpflanze bis zum Bandwurm. Bekanntestes Beispiel ist der Krabbenparasit *Sacculina carcini*. Bevor dieses ursprünglich entenmuschelartige Tierchen in eine Krabbe umzieht, verliert es Beine, Kiefer, Augen und Ohren; mehr als ein Rucksack mit Tragriemen bleibt nicht übrig. Auf der Schule lernte ich, dass dieses Tier degeneriert sei; seit dem 19. Jahrhundert war dies die herrschende Meinung über Parasiten. Obwohl die braven Arten im Stammbaum der Evolution streberhaft immer auf den aufragenden Zweigen saßen, wiesen ihre dickeren Äste immer auch herabhängende Zweige von Faulenzern auf. Das sollte den Menschen eine Warnung sein, denn auch unter ihnen gab es solche. Viktorianische Engländer waren nach Auffassung von Edwin Ray Lankaster, von 1898 bis 1907 Direktor des Britischen Museums für Naturgeschichte, schlaffe Abbilder der alten Griechen und auf dem direkten Weg zum geistigen Status einer Entenmuschel. Marx, Lenin und Hitler waren ganz seiner Meinung: Bürger, Bürokraten und Juden waren in ihren Augen jeweils Volksparasiten, und jeder dieser Männer hatte sein eigenes Rezept, wie man sich von ihnen befreien sollte.

Mit unserer Sicht auf die Welt hat sich auch die auf die Parasiten verändert. Moderne Biologen können dem *Sacculina carcini* nur Bewunderung entgegenbringen. Degeneriert oder nicht, gelingt es diesem unansehnlichen Tierchen auf wundersame Weise, eine ausgewachsene Krabbe nach seiner Pfeife tanzen zu lassen. Um zu verhindern, dass der Wirt sich den Parasiten vom Leib kratzt, verursacht das Tierchen kein Jucken. Es versetzt den Wirt sogar in den Wahn, ein Teil von dessen Körper zu sein. Daraufhin manipuliert der Parasit die Fortpflanzungsmaschinerie der Krabbe so, dass diese nicht mehr kleine Krabben, sondern viele kleine Parasiten produziert, die sie genauso liebreich umsorgt wie ihre eigenen Larven. Darüber wundern sich sogar Biologen. Ich nicht. Ich weiß, wie Parasiten ihren Wirt zum Handlanger der eigenen Wünsche machen. Ich habe Katzen.

***Die Flut von Milleniumbabys verursachte im Jahre 2000 fünfspurige Staus.***

Nicht nur innerhalb einer Generation, auch von einer Generation zur nächsten können Tiere plötzlich ihren Lebenslauf total ändern. Friedliche Heuschrecken, die nur ab und zu an einem Grashälmchen knabbern, rotten sich in der nächsten Generation zu einer gefräßigen Armee zusammen, die ganze Landstriche entlaubt. Blattläuse und Wasserflöhe werden nach einigen keuschen Generationen, die sich nur jungfräulich fortpflanzen, plötzlich von einer unstillbaren Gier nach Sex erfasst. Bei Farnen und Muscheln halbiert und verdoppelt sich die Anzahl der Chromosomen im Wechsel. Eine normale Farnpflanze hat, wie Sie und ich, einen doppelten Chromosomensatz in jeder Zelle. Sie ist also diploid. Um sich fortpflanzen zu können, bildet die diploide Generation zunächst Sporen für die nächste Genera-

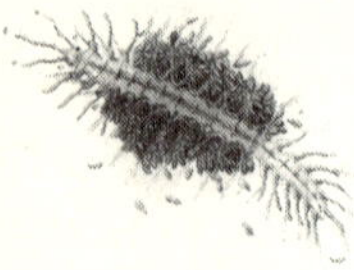

A

B

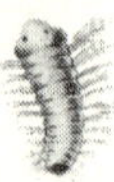

C

D

E

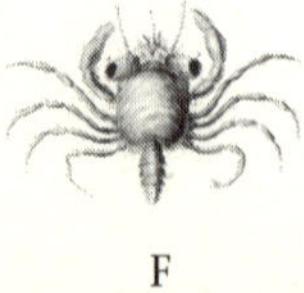

F

tion aus, den so genannten Vorkeim, welcher nur einen einfachen, den so genannten haploiden Chromosomensatz besitzt. Er bildet die Geschlechtsorgane. Treffen zwei haploide Keimzellen aufeinander, ist das Ergebnis davon wieder eine diploide Generation.

Das klingt recht geheimnisvoll, so richtig was für Urpflanzen in sumpfigen Wäldern, doch wir Menschen machen das nicht anders. Sie als Mensch sind zwar diploid, aber jede einzelne ihrer Samen- oder Eizellen besitzt nur einen einzigen Chromosomensatz. Samen und Eizellen bilden also die haploide Generation des Menschen. Auch wenn man sie nie auf der Straße trifft und sie auch in keiner Fernseh-Comedyshow auftreten, diese Zellen sind Menschlein – wenn auch in anderem Sinn als wir. Sobald ein Ei und eine Samenzelle aufeinander treffen, kann daraus ein neuer diploider Mensch entstehen mitsamt der Entwicklung von der befruchteten Eizelle zum Embryo, vom Embryo zum Säugling, vom Säugling zum Kleinkind, vom Kleinkind zum Kind. Bei den meisten Tierarten haben wir für diese Stadien nur ein einziges Wort: Larve.

Larven sind überall. Auf dem Land und in der Luft – vor allem Insektenlarven. Schätzungen zufolge gibt es augenblicklich zehn Trillionen Insekten auf der Welt. Selbst wenn die Hälfte sich gerade im Larvenstadium befindet, macht das immer noch fünf Trillionen, womit auf jeden Menschen eine Milliarde kommen. Die größte Larvenkonzentration lebt im Meer: im Plankton. In den oberen Wasserschichten, wohin noch ausreichend Licht für die pflanzliche Nahrung dringt, treiben sich die Kinder und Jugendlichen aller Klassen und Stämme aus dem Tierreich herum, in sämtlichen Entwicklungsstadien und vielgestaltiger als in jedem Sciencefictionroman oder -film. Trotzdem haben all die verschiedenen Tiere, aus denen das Plankton besteht, etwas gemeinsam. Sie sind klein – kaum eines ist größer als ein Millimeter. Das ist ihre Stärke wie ihre Schwäche. Winzig, wie sie sind, können sie sich nicht gegen Fische wehren, die sie zu Hunderttausenden gleichzeitig runterschlucken. Verglichen damit war der Kindermord von Bethlehem ein Witz.

Aber auch die Larven der Mörderfische leben im Plankton, selbst wenn sie noch nicht wie Fische aussehen. Im Gegensatz zum erwachsenen Hering oder Thunfisch sind Planktontierchen alles andere als stromlinienförmig. Sie wollen nicht durchs Wasser zischen, sondern darin schweben. Plankton wird definiert als Kleinzeug, das nicht gegen den Strom schwimmt. Um leichter schweben zu können, haben sie überall Auswüchse, sodass sie aussehen wie künstliche Satelliten, die sich ja auch keinen Deut um das Gesetz des geringsten Widerstands zu kümmern brauchen. Manche Planktonorganismen verklumpen sich zur Sicherheit noch zu schnur- oder blattähnlichen Kolonien oder vergrößern ihren Auftrieb durch Öl oder Fett. Im Winter besteht die reife Larve des gewöhnlichen Ruderfußkrebses (*Calanus finmarchicus*) zu zwei Dritteln aus Fett, wodurch sie den Winter in den nahrungsarmen Tiefen des Atlantiks leichter übersteht, aber auch ihr spezifisches Gewicht an das des Meerwassers anpasst und so nur wenig Energie fürs Wassertreten braucht. Im Frühling taucht sie zur Wasseroberfläche auf, wo sie sich zum erwachsenen Krebs häutet und von der Frühlingsblüte der Planktonpflanzen profitiert. Im Meer gibt es keine Kühe, die das Pflanzenplankton abgrasen; alle Tiere, die größer sind als einen Zentimeter, leben von anderen, kleineren Tieren. Bekannte Feinde des Zooplanktons sind – von den Kollegen im Plankton selbst mal abgesehen – die Bartenwale. Bartenwale sieben aus jeweils tausend Kubikmeter Wasser hundert Kilo Krebse, den so genannten Krill, heraus. Davon gibt es mehr als genug: Das Südpolgebiet produziert pro Jahr 1500 Millionen Tonnen Krill, was ungefähr einer Anzahl von einer Billion Einzeltierchen entspricht.

Die meisten Planktontiere gehören zur Klasse der Krebsartigen und darin wieder zu den allgemeinsten Tieren der Welt: den Ruderfußkrebsen (Ordnung *Copepoda*). Diese sind, wie die Salpen und die Manteltierchen, geborene Filterer: Sie sieben jeden Tag ihr eigenes Gewicht an Phytoplankton aus dem Wasser. Pfeilwürmer (Stamm *Chaetognatha*) sind offiziell keine Würmer. Ihre Beute fangen sie mit den Hakenzähnen rund um ihre Mundöffnung. Trotz der Raub- und Fressgier, die darin herrscht, ist das Plankton eigentlich ein richtiger Kindergarten. Auf ein einziges erwachsenes Tier kommen unzählige Larven, die nur versuchen können, erwachsen zu werden. Für viele Stachelhäuter, Krebse und Fische ist das Larvenstadium die gefährlichste Zeit ihres Lebens. So schnell sie können, wechseln sie ihre Gestalt, um sich auf dem Meeresboden niederlassen zu können. Erleichtert atmen sie auf: Endlich können sie es sich erlauben, groß zu sein. Immobil wie Pflanzen, die ihre Nahrung aus dem vorbeiströmenden Wasser filtern, erinnern sie jetzt an erfolgreiche Frühpensionäre, die sich außer um ihren Garten um nichts mehr zu kümmern brauchen. Auch beim Menschen sind es die Jungen, die ständig unterwegs sind, und ihre Rucksäcke finden sich Jahre später wie abgelegte Larvenhäute in einer Ecke des Dachbodens wieder.

G

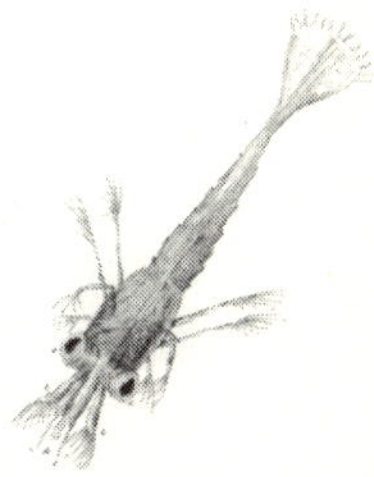

H

***Der niederländische Mikroskopist Martinus Slabber zeichnete als einer der ersten Planktontierchen; hier die Larven von Borstenwürmern (A, B, C), die Zoelalarve einer Krabbe (D), die Naupliuslarve einer Seepocke (E), die Megalopslarve einer Krabbe (F), die Naupliuslarve einer Entenmuschel und die Zoelalarve einer Garnele (H).***

Die Krebse des Meeres gehören demselben Tierstamm an wie die Insekten zu Lande und in der Luft: Es sind Gliederfüßer. Von den Dutzenden von Tierstämmen, die es gibt, haben am Ende die Gliederfüßer die Herrschaft über die Erde errungen. Sowohl hinsichtlich der Artenvielfalt als auch der Anzahl und des Alters übertreffen die Gliederfüßer Vögel, Fische, Dinosaurier und Menschen. In den mehreren hundert Millionen Jahren ihres Bestehens müssen Unzählige von Gliederfüßern existiert haben. Es heißt, hinter jedem Mann steht eine Frau, aber die Wahrheit ist: Hinter jedem erwachsenen Gliederfüßer steht eine Larve, und meist nicht nur eine.

Die Gliederfüßer und ihre Larven sind also die Herrscher unseres Planeten. Trotzdem behandeln wir sie wie Gesindel. Wir halten es eher mit Vögeln und Fischen, und im Zoo wollen wir Löwen und Elefanten sehen, aber keine Engerlinge oder Seespinnen. Nicht einmal Naturschützer sind Freunde des gliederfüßerischen Gefleuchs. Sie schützen lieber Vögel als Fliegen. In den Niederlanden fallen so ziemlich alle Vögel und die meisten Säugetiere unter Naturschutz, doch von den fünfundzwanzigtausend Insektenarten finden sich höchstens mal ein grellfarbener Schmetterling oder ein Riesenkäfer auf der Liste der gefährdeten Arten. Wenn wir wirklich einmal unsere Aufmerksamkeit auf die Insekten lenken, dann erschöpft sich dies im Bekämpfen. Von den Meereskrebsen munden uns zwar einige, doch der Rest taugt lediglich zum Fischefüttern.

Woher aber kommt der mangelnde Respekt vor den Larven? Ein Sprichwort besagt: Aus den Augen, aus dem Sinn. Wer nicht aufpasst, sieht nur selten eine Larve. Haben Sie heute schon eine gesehen? Vermutlich nicht. So nachdrück-

*Larven fressen Larve: Eine Raupe wird bei lebendigem Leibe von feindlichen Larven aufgefressen.*

lich ein erwachsener Floh oder eine Fliege sich bemerkbar machen, so unauffällig findet das Leben ihrer Larven neben unserem statt. Von den Larven, die sich erst gar nicht in Ihr Haus und in Ihre nächste Umgebung wagen, reden wir erst gar nicht. Der Mensch ist ein Landtier. Er lebt auf luftumfächeltem Land. Mit den Tieren im Wasser hat er wenig gemeinsam. Allerdings ist unser Planet zu zwei Dritteln von Wasser bedeckt. Von der Luft ist er zwar zu hundert Prozent umgeben, doch leben gerade in diesem Element die wenigsten Larven. Kleine Krebse können nicht fliegen und Insekten erst dann, wenn sie erwachsen sind. Wasser und Luft mal beiseite gelassen, bleibt als Treffpunkt für Mensch und Larve nur noch das Land. Aber auch dort entziehen sich die meisten Larven unserer Wahrnehmung – unter der Erde nämlich.

Sogar Entomologen kennen die Tiere oft nur als »Larve von«, so wie Kinder auf dem Dorf früher »Müllers seine« genannt wurden oder »der Bub vom Siegfried und der Käthe«. Um sich als Larve einen eigenen Namen zu verdienen, muss man auffallen. Und das geht am besten, indem man schädlich ist. So jedenfalls machen es »Maikäfers ihre«. Sie fressen die Wurzeln unserer Kulturpflanzen. Die Engländer sind zum Beispiel besonders schlecht auf die Schnaken zu sprechen, deren Larven nicht nur dem Weizen, sondern auch normalem Gras an den Kragen gehen. Einmal war der Londoner Lord's Cricket Ground so sehr von ihnen unterminiert, dass das Spiel zwischen Eton und Harrow abgesagt werden musste. Die Briten waren über die Maßen *shocked.*

Was uns an den Tieren mit Larven so irritiert ist dieses Zwei-in-Einem. Sich lediglich bewusst zu sein, dass eine Raupe dasselbe ist wie ein Schmetterling, die Made dasselbe wie eine Fliege, der Frosch dasselbe wie seine Kaulquappe, ist etwas ganz anderes, als danach zu handeln. Wir verhalten uns der einen Form gegenüber keineswegs so wie gegenüber der anderen, sondern tun so, als wären es getrennte Arten. Nicht nur der Mensch von der Straße macht das, sondern auch Leute, die es eigentlich besser wissen müssten. Seit Jahr und Tag setzt sich der Vogelschutzbund der Niederlande dafür ein, dass Brutkästen aufgehängt werden. Man hält es für vollkommen normal, dass der Mensch Häuschen für die Vögel baut. Allerdings revanchieren sich die Vögel auch dafür. Im Verbandsblättchen lese ich, dass Kohlmeisen unsere Äpfel beschützen, weil sie »vortreffliche Raupenfänger« sind. Ein einziges Paar Kohlmeisen könne während der Brutsaison an die neuntausend Raupen an seine Jungen verfüttern. Auf dem Foto neben dem Artikel hält eine Meise stolz eine Made im

Schnabel. Jetzt sind es nur noch achttausendneunhundertneunundneunzig. Würden wir Kohlmeisen bei der Bekämpfung der Raupenplage in den Apfelplantagen einsetzen, sparten wir viele Millionen Euro. Macht weiter so, ihr Meisen! Ist doch gut, dass es den Vogelschutz gibt. Aber wie war das noch mit den Raupen? Werden aus denen nicht Schmetterlinge? Und sind die nicht bedroht? Und gibt es da nicht die Stiftung Naturschutzfonds, die uns dazu anhält, Wiesenschaumkraut in unsere Gärten zu pflanzen und Brennnesseln und Disteln und Lavendel oder gar Apfelbäume, um Raupen und Schmetterlinge anzulocken? Wäre ich der Vorsitzende der Schmetterlingsstiftung, dann würde ich den Vorsitzenden des Vogelschutzbundes vor den Kadi zerren. Ich kann doch meine Raupen nicht ohne Staatssubvention einfach auffressen lassen. Man muss sich schon entscheiden zwischen dem Schutz der Vögel und dem Schutz der Raupen, man kann nicht beides gleichzeitig haben. Welcher anständige Mensch kann ruhigen Gewissens Mitglied des Vogelschutzbundes bleiben?

Schmetterlinge leiden immens unter ihrer Unzweideutigkeit. Als Tier muss man zweideutig sein. Ein Vogel ist lieb, weil er singt, und schlecht, weil er alles voll kackt. Ein Löwe ist zwar der König der Tiere, bekehrt aber jedes Beutetier schon beim ersten Zubeißen zum Republikanismus, und die Katze ist deshalb so unwiderstehlich, weil sie im einen Augenblick süß schnurren und im anderen mit widerlicher Hingabe Mäuse zu Tode quälen kann. Bei Schmetterlingen dagegen sind Gut und Böse streng geschieden. Als Raupe sind sie missgestaltete Monster, die alles kahl fressen, als Schmetterlinge tun sie auf einmal so, als wären sie nie etwas anderes als geflügelte Poeten gewesen.

Den Höhepunkt dieser Schizophrenie, mit der wir Tieren bisweilen begegnen, bildet die niederländische Gesetzgebung in Bezug auf Amphibien. Als die Regierung beschloss, Frösche und Kröten unter Naturschutz zu stellen – man darf sie nicht einmal ungestraft in ihrer Ruhe stören –, wurden Kaulquappen von diesem Schutz ausgenommen. Aus erzieherischen Gründen war es weiterhin erlaubt, Kaulquappen zu fangen, in ein Glas Wasser zu stecken und heranwachsen zu lassen. In der Maßnahme, einerseits erwachsene Tiere zu beschützen und andererseits deren Kinder Kinderhänden auszuliefern, kann ich persönlich keinerlei erzieherischen Wert entdecken, es sei denn, er liegt darin, Kindern einmal öfter deutlich zu machen, dass das Erwachsene in unserer Gesellschaft die Norm darstellt. Wer sich das hinter die Ohren schreibt, versteht auch unser Verhältnis zu den Schlupfwes-

*Landwanzen* **(Geocores):** *A Bettwanze* **(Cimex lectularius),** *B Schildwanze* **(Tropicoris ruficeps),** *C Bodenwanze* **(Blissus leucopterus)** *D Uferwanze* **(Salda littoralis).**

pen besser. Wir sind nicht deshalb böse auf die Viecher, weil sie Raupen quälen, sondern weil sie uns die Schmetterlinge vermasseln.

Ich selber mag alle Insekten, solange sie mich nicht stechen. Aber Wanzen (Ordnung *Heteroptera*) liebe ich geradezu. Jahrelang habe ich Wanzen in Reih und Glied aufgespießt, bis ich begriff, dass Mögen und Töten nicht gut zusammenpassen. Doch wenn ich höre, dass irgendwo in Amerika Wanzen ganze Ernten vernichtet haben, packt mich ein Gefühl des Stolzes. Prima, Jungs, denke ich dann, gut gemacht! Vor allem, wenn es das Werk von Larven war. Eine Reaktion, die der betroffene Bauer natürlich nicht mit mir teilt. Man muss schon Entomologe sein, um so eine Angelegenheit auch von der anderen Seite betrachten zu können. Der Amsterdamer Entdecker und Mikroskopist Jan Swammerdam besaß bereits im 17. Jahrhundert ein gutes Auge dafür. Er schlug sich auf die Seite der Kleidermotte (*Tinea bisselliella*). Wenn man im Dezember auf den Dachboden steigt, um den Schrank mit der Winterkleidung zu öffnen, und sich daraus eine Wolke von Motten erhebt, dann ist es für Mottenkugeln zu spät. Die erwachsenen Schmetterlinge fressen nämlich kaum etwas, es sind die Larven, die sich schon seit Jahrhunderten durch sämtliche Moden fressen. Swammerdam pries vor allem die Bescheidenheit einer solchen Larve, die

> nur eine behagliche Unterkunft für sich sucht, welche übrigens weder groß noch prächtig ist, wie die der törichten Menschen, die sich mit zahlreichen Räumen viel Arbeit und den Ruin auferlegen, während die Teppiche und Wandbehänge darinnen lediglich dem Mottenwurm zum Fraße dienen.

In ihrer Bewunderung für Insektenlarven stand die Malerin Anna Maria Sibylla Merian Swammerdam in nichts nach. 1699, in ihrem zweiundfünfzigsten Lebensjahr, machte die bemerkenswerte Frau in Amsterdam ihr Testament und schiffte sich für die gefährliche Reise nach Surinam ein, wo sie in Zeichnungen festhalten wollte, wie Raupen sich in Schmetterlinge verwandeln, oder, wie sie sie nannte, in Sommervögelchen. Es muss eine höchst beschwerliche Reise gewesen sein, die die nach damaligem Verständnis bereits alte Frau ohne einen Mann an ihrer Seite unternahm, nur in Begleitung ihrer einundzwanzigjährigen Tochter. Aber es war die Mühe wert. Mit den wundervollen Illustrationen und Beschreibungen in ihrer *Metamorphosis insectorum surinamensium in qua erucae ac vermes surinamenses, cum omnibus suis*

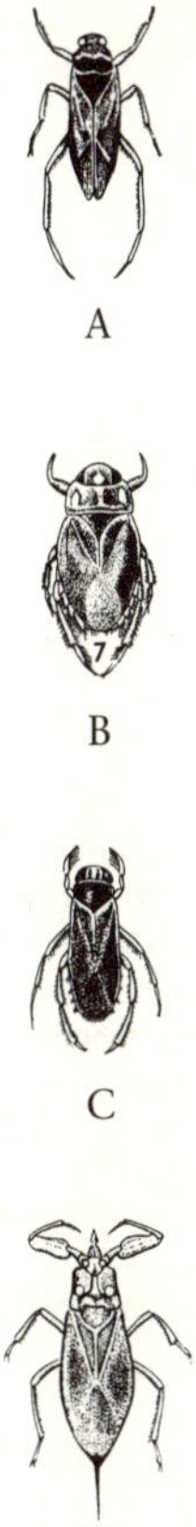


***Wasserwanzen* (Hydrocores): *A Gemeiner Rückenschwimmer* (Notonecta glauca), *B Schwimmwanze* (Ilyocoris cimicoides), *C Ruderwanze* (Corixa punctata), *D Wasserskorpion* (Nepa rubra).**

*transformationibus ad vivum delineantur et describuntur* (1705) wurde sie weltberühmt.

Und doch war dies nicht ihr Lebenswerk. Während vieler Jahre malte, zeichnete und schrieb die Merian an ihrem Raupenbuch *Der rupsen begin, voedzel en wonderbare verandering* (1679-1683, *Der Raupen wunderbare Verwandlung*). Auch hierfür zeichnete sie die Insekten auf *carta non nata*, d.h. auf der Haut ungeborener Tiere.

***Anna Maria Sibylla Merian: Schmetterling und Puppe eines Caligoschmetterlings und andere Insekten.***

In unserer Zeit ist Anna Maria Sibylla Merian eine Heldin der Frauenbewegung. Dennoch war das, was sie tat, in ihrer Zeit gar nicht so einzigartig. Dass Frauen Raupen sammelten, um sie schlüpfen zu lassen, war nichts Ungewöhnliches, und Bücher mit Illustrationen von Larven und ihren Metamorphosen gab es bereits. Die Merian hatte Vorgängerinnen im Insektenzeichnen (wenn auch nur wenige Raupen darunter waren), Margareta de Heer zum Beispiel, die bekannteste Friesländische Künstlerin des Goldenen Zeitalters.

Das Neue an Anna Maria Sibylla Merians Arbeit war, dass sie zwei Genres der Malerei miteinander verband: das Blumenstück und das Insektenstillleben. Das Faszinierende daran aber war ihr Streben nach Schönheit. Anders als einem Gelehrten wie Jan Swammerdam ging es Merian nicht in erster Linie um die Vermittlung von Wissen, sondern um die Darstellung der Schönheit einer Transformation. Obwohl sie viel von Biologie verstand und auch zahlreiche Metamorphosen verschiedener Arten als Erste beobachtete, war sie vor allem Künstlerin. Sie stammte aus einer aufgeklärten deutschen Familie von Malern und Verlegern. Doch aufgeklärt war nicht gleichbedeutend mit religiös frei denkend, denn obwohl protestantisch erzogen, schloss sich Merian der niederländischen Sekte der Labadisten an. Das Raupenbuch war keinem Geringeren gewidmet als ihrem Gott, »in der Hoffnung, dass auch diese (dem Äußeren nach) niedrigen und für manchen gar abstoßenden Dinge Gottes Ruhm und Lob unter uns Irdischem zugeneigten Menschen vermehre«. Mit dergleichen frommen Texten sicherte sich Anna Maria Sibylla Merian, wenn auch unbewusst, den Erfolg über ihren

Tod hinaus. In dieser Zeit nämlich, erlebte die Naturtheologie, die in der Schöpfung einen Beweis der Größe Gottes sah, eine ungekannte Blüte; Naturstudium und Gottesglaube gingen Hand in Hand.

Die Evolutionslehre hat der Naturtheologie nicht gerade gut getan. Dank Darwin brauchen wir nicht länger einen Gott, um die Ordnung der Natur erklären zu können. Zudem stellte sich heraus, dass der Mensch kein gestürzter Engel, sondern ein die evolutionäre Leiter hoch gestolperter Affe war. Der Mensch brauchte anderthalb Jahrhunderte, um sich an diesen Gedanken zu gewöhnen, und meiner Meinung nach ist er jetzt reif für einen anderen: Wenn der Mensch also ein Tier ist, ist sein Kind dann nicht einfach eine Larve?

Nicht alle Tiere haben Larven. Manche entwickeln sich so allmählich vom jungen zum erwachsenen Tier, dass man zu keinem Zeitpunkt eine deutliche Trennung vornehmen kann. Welche Tiere aber haben eine Larve? Das hängt von der Definition des Begriffs ab. Die Definitionen aber weichen stark voneinander ab. Wir wollen die Larve also als ein Jugendstadium definieren, das sich in Bau, Verhalten und Lebensmilieu stark vom Erwachsenenstadium unterscheidet, in das es abrupt übergeht. Dieser abrupte Übergang ist die Metamorphose. Das Problem dabei ist, was man unter einer starken Abweichung und was man unter einem abrupten Übergang zu verstehen hat. Was früher eine Larve hieß – die der Tintenfische zum Beispiel oder der Megalops der echten Krabben –, nennt man heute nicht mehr so, und was für den einen eine Larve ist, ist für den anderen keine. Die Metamorphose bei den Insekten wird unterteilt in die vollständige Metamorphose (mit Verpuppung) und in die unvollständige (ohne). Es gibt die unvollständige Metamorphose der Libelle, die sich von ihrer Larve nur durch ein Paar Flügel unterscheidet, und die vollständige der Schlammfliege (*Salis lutaria*), bei der die Mundwerkzeuge, die Gedärme, die Bauchmuskeln und die Kiemen vollständig umgemodelt werden.

Ein brauchbareres Unterscheidungsmerkmal ist das Vorhandensein von larvalen Organen: Das sind Organe, die nur die Larve besitzt, weil nur sie sie braucht. Man kommt diesen am besten auf die Spur, indem man den Film des Insektenlebens in Gedanken rückwärts ablaufen lässt. Um aus einer Raupe einen Schmetterling zu machen, braucht man Flügel und eine Rollzunge, um aber aus einem Schmetterling eine Raupe zu machen, muss der Schmetterling wieder mit spezifischen Vorrichtungen wie Beinchen und Fressmaschinerie versehen werden. Das ist mehr als ein Gedankenexperiment.

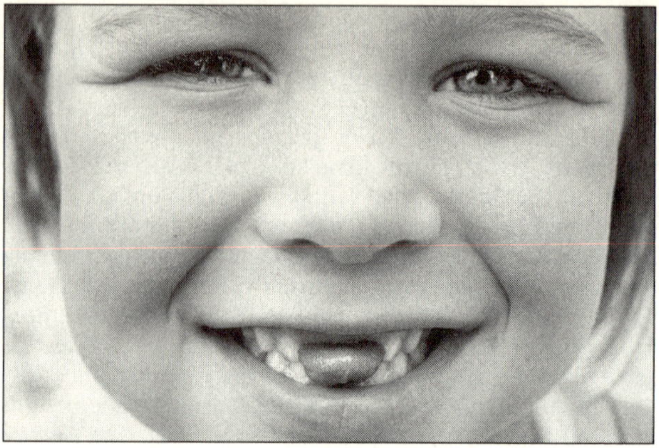

*Kinder wechseln ihre Zähne wie Vögel ihre Federn.*

Im Verlauf der Evolution hat sich die Raupe mehr und mehr Raupenmerkmale zu eigen gemacht, während sich der Schmetterling immer mehr Schmetterlingsmerkmale erwarb. Charakteristisch für eine Larve ist somit, dass Evolutionskräfte am Werk sind, die die Lebensstadien des Tieres auseinander driften lassen, bis sie nur noch durch eine Metamorphose zu überbrücken sind.

Der Mensch ist ein Wirbeltier. Besitzen Wirbeltiere wie die Gliederfüßer Larven? Ja. Jedenfalls viele von ihnen. Das bekannteste Beispiel ist der Frosch. Wirbeltiere und Gliederfüßer haben mehr gemeinsam, als man annehmen möchte. Unter anderem den Erfolg. Während die Gliederfüßer zweifellos die Welten beherrschen, sind die Wirbeltiere gute Zweite im Rennen. Nach den Krebsen und Insekten haben Fische, Vögel und Säugetiere auf Erden das Sagen. In unserer eigenen Größenklasse sind die Wirbeltiere sogar die Nummer eins. Vögel sind die Fliegen der Luft, Fische die Krebse des Meeres, Säugetiere die Käfer des Landes.

Weshalb aber sind Gliederfüßer und Wirbeltiere so erfolgreich? Was haben sie gemeinsam? Es ist das Skelett, mit dem man ausgezeichnet kauen kann. Auch wenn die eine Gruppe ein Außenskelett mit Gliederfüßen besitzt und die andere ein inneres mit Wirbeln, so sind doch beide Skelette bestens geeignet für das Zerkleinern von Nahrung. Gliederfüßer kauen mit zu Mundwerkzeugen umfunktionierten Beinen, Wirbeltiere mit knöchernen Kiefern voller Zähne. Mit ihren Gebissen zerkleinern Gliederfüßer und Wirbeltiere die Nahrung gründlicher als andere Tiere und können sie dadurch besser verwerten. Sie verwandeln gewissermaßen mehr Umwelt in

Fleisch und Blut, sie stellen mehr Innen aus weniger Außen her. Und sie verfügen folglich über mehr Energie.

Zweifellos trägt die Metamorphose zum Erfolg der Gliederfüßer bei. Das ständige Gehäute ist zwar eine Heidenarbeit, aber man kann aus der Not auch eine Tugend machen. Jede Häutung bietet eine prächtige Gelegenheit, sich selbst zu erneuern, bis zur allerprächtigsten Gelegenheit überhaupt, der Metamorphose. Im Lauf der Zeit ist im letzten Stadium das erste kaum noch wiederzuerkennen, und die Lebensweisen der beiden Stadien unterscheiden sich so immens, dass sie sich nicht mehr in die Quere kommen.

Auch Wirbeltiere häuten sich. Schlangen kriechen aus ihrer alten Haut, Vögel und Säugetiere mausern sich mit Federn und Haaren von Kopf bis Fuß. Während den Gliederfüßern bei jeder Häutung ein neues Gebiss aus Beißbeinen wächst, wachsen Haien und Menschen neue Zähne, die ebenfalls aus Haut entstehen. Nichts ist typischer für die kindliche Entwicklung als die Häutung der Zähne. Darf man ein Kind deshalb als Larve bezeichnen? Nehmen wir doch einmal die ältesten Wirbeltiere, die Fische. Keiner wird mir widersprechen, wenn ich behaupte, diese besäßen Larven. Viele Fische beginnen ihre freie Existenz als Larve. Ausgestattet mit einem enormen Dottersack, den sie von daheim als Proviant für unterwegs mitbekommt, sieht die Larve aus wie ein gerade im Geschäft gekaufter kleiner Fisch mit eingebautem Plastiksäckchen zum Transport. Während des Wachstums verändern Fischlarven manchmal ihre Form so stark, dass man nicht umsonst früher die Larven des Aals für eine eigene Art hielt.

*Mit ihrem Dottersack ähnelt die unbeholfene Larve nur wenig der flinken Forelle, die sie vielleicht einmal werden wird.*

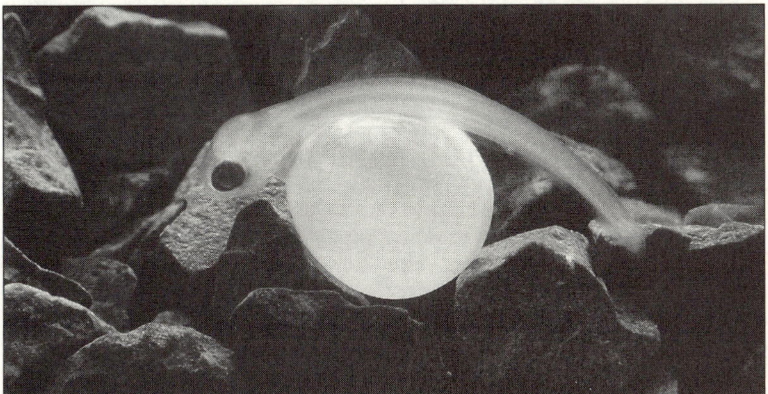

***Teichfrosch* (Rana esculenta) *mit Laich und Kaulquappen.***

Frösche beginnen ihr Leben als fischartige Wesen, als schwimmende Strichpunkte, mit dem Kopf als Punkt und dem Schwanz als Komma. Das ist ein deutlicher Verweis auf die Zeit, als ihre Ahnen noch das ganze Leben im Wasser verbrachten. Aufs Wasser angewiesen sind Amphibien teilweise immer noch, denn ihre Eier würden auf dem Land hoffnungslos vertrocknen. Je älter sie werden, desto mehr passen sich die Kaulquappen dem Landleben an. Die Schwänze und Kiemen verschwinden; an ihre Stelle treten Beine und Lungen. Manche richten sich auf ein Leben in der Wüste ein, andere tanzen auf zwei Hochzeiten und leben im Wasser so gut wie auf dem Land. Nur im Fliegen waren die Frösche nie besonders gut.

Fliegen ist den Vögeln vorbehalten. Doch dafür mussten sie einen hohen Preis bezahlen: das Gebiss. Damit aus einem Reptil ein Vogel werden konnte, mussten die Zähne dran glauben. Die nämlich würden sie kopflastig machen. Mit einem vollständigen Gebiss könnte ein Vogel sich nur mühsam vom Boden erheben und würde beim Landen dauernd auf den Schnabel fallen. Um das zu kompensieren, kauen Vögel mit ihrem Magen, der dafür spezielle Rippen besitzt. Viele Vögel schlucken zudem noch harte Körner, die die Nahrung zermahlen helfen. Dieses Extragewicht stört deshalb kaum, weil sich der Magen im Schwerpunkt des Körpers befindet. Ein anderes Zugeständnis an die Flugkunst war das Nest. Würde ein Muttervogel seine Jungen im Körper behalten, bis sie bei der Geburt auf eigenen Beinen stehen könnten, käme er nicht vom Boden weg. Jeder, der schon mal eine schwangere Frau gesehen hat, weiß, was ich meine. Die Jungen werden deshalb vorzeitig geboren, als Eier noch. Sie schlüpfen erst im Nest und werden dann meist noch ziemlich lange versorgt, bevor sie flügge sind. Es gibt zwar eine Reihe Arten, deren Junge Nestflüchter sind, aber ihnen stehen Vogelarten wie die Taube und die Eule gegenüber, deren Jungen man meinetwegen ruhig als Larven titulieren dürfte, so unerkennbar sind sie in ihrer Unbeholfenheit. So weise eine erwachsene Eule dreinblickt, so dämlich sehen Eulenküken aus, weshalb man in den Niederlanden einen trotteligen Menschen auch als »uilskuiken« bezeichnet. Außerdem besitzen Vögel eindeutig larvale Organe. Beim Schlüpfen brechen sie die Schale mit einem speziellen Hornknubbel auf, der sich oben am Schnabel befindet und Eischwiele genannt wird. Er verschwindet später wieder. Bei den Singvögeln weist die Innenseite des aufgesperrten Kükenschnabels eine auffallende, oft grellfarbene Zeichnung auf, die an eine exotische Blüte erinnert. Sie ermuntert die Eltern, Fressen hineinzustopfen. Diese Schnabelfärbung ist für das junge Tier so charakteristisch wie der Schwanz für die Kaulquappe.

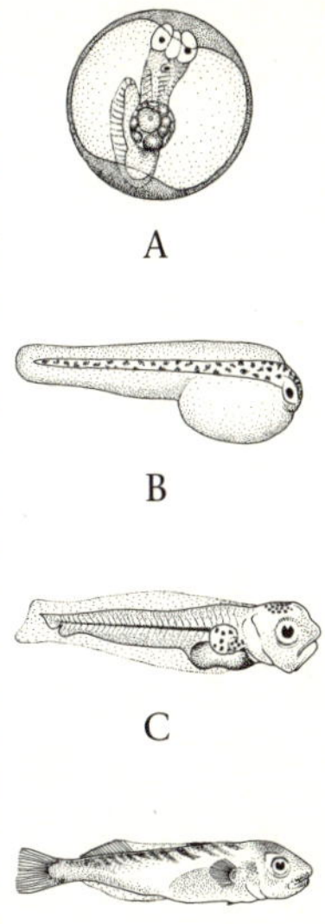

A B C D

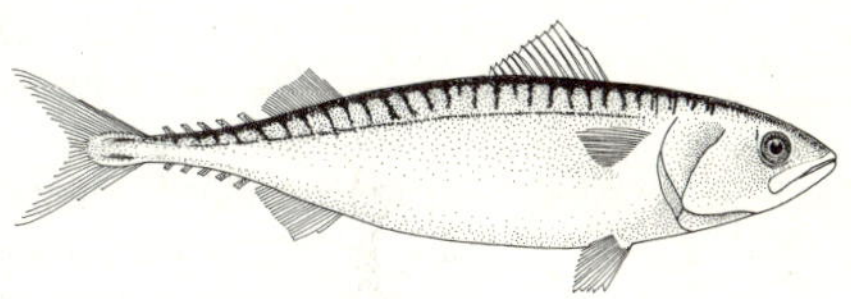

E

*Die Entwicklung einer Makrele* **(Scomber scombrus)** *von Ei (A) und Larve (B, C) zum jungen (D) und zum erwachsenen Fisch (B).*

Und damit komme ich endlich zu unserer eigenen Klasse von Wirbeltieren, den Säugetieren. Haben Säugetiere Larven? Es ist zwar nicht gebräuchlich, von den Larven einer Kuh oder eines Pferdes zu sprechen, aber bei vielen Säugetieren werden die Jungen mit einem eigenen Wort bezeichnet, was für ihren Sonderstatus spricht: Lamm, Fohlen, Welpe, Ferkel – und natürlich: Kind. Auch bei den Säugetieren gibt es Nestflüchter, die sofort nach der Geburt auf eigenen Beinen stehen können, das Zebra und das Schaf zum Beispiel. Auf der anderen Seite gibt es die Nesthocker, die bei der Geburt vollkommen abhängig, wenn nicht sogar blind sind. Beispiele dafür sind Welpen oder Kätzchen. Allerdings sind deren Augen nicht aus purer Unvollkommenheit geschlossen und raffinierterweise mit einer speziellen Haut bedeckt, die sie feucht hält. Es ist einfach so, dass ein Welpe oder ein Kätzchen unmittelbar nach der Geburt noch nichts zu sehen braucht; sie haben Mütter, die sie beschützen, ein Nest, das sie warm hält, und eine Nase, mit der sie die Zitze finden können. Welpen und Kätzchen – und mehr noch die rosafarbenen Knäuel neugeborener Mäuse – erinnern einen unwillkürlich an Larven.

Der extremste Nesthocker unter den Säugetieren aber ist der Mensch. Kein Tier der Welt bleibt so lange unter der Obhut der Mutter, und kein Tier der Welt hat diesen Schutz auch so nötig. Darf man deshalb ein Menschenbaby als Larve bezeichnen? Unterscheidet sich ein Baby wirklich stark genug von seiner Mutter, um eine Larve zu sein? Die Frage hängt eng mit dem biologischen Prinzip der Einheit in der Mannigfaltigkeit zusammen. Das zeigt sich am deutlichsten im Zoo. Wer zum ersten Mal einen Zoo besucht, dem wird ganz schwindlig von so viel Verschiedenheit: Da gibt es Tiere mit langen Hälsen, riesige gestreifte Katzen, Vögel in tuntigem Rosa, Rüsselträger, Krokodile, die nur aus Maul zu bestehen scheinen. Wen es dagegen öfter in den Zoo verschlägt, der bekommt mit der Zeit den gegenteiligen Eindruck, nämlich dass alles irgendwie zusammengehört. Wie merkwürdig ein Tier auch sein mag, eines hat es mit allen anderen Tieren gemeinsam: eine gerade Anzahl Beine, den Kopf vorn und irgendwann Hunger. Alle Vögel besitzen Federn, alle Säugetiere Haare. Kein Insekt hat mehr oder – von Unfällen einmal abgesehen – weniger als sechs Beine. Fast neigt man dazu anzunehmen, die Zoobesucher unterscheiden sich stärker von einander als die Zoobewohner.

Menschen besitzen das Vermögen, das Übereinstimmende im Verschiedenen und das Verschiedene im Übereinstimmenden zu erkennen. Gewohnheit spielt dabei eine große Rolle. Während ein Marsmensch den erwachsenen Menschen in einen ganz anderen Käfig sperren würde als dessen Baby, weiß der Mensch aus Erfahrung, dass das Baby sein Artgenosse ist. Nur junge Väter sind sich beim ersten Anblick ihres Sprösslings da nicht so sicher. Obwohl nur wenige Müt-

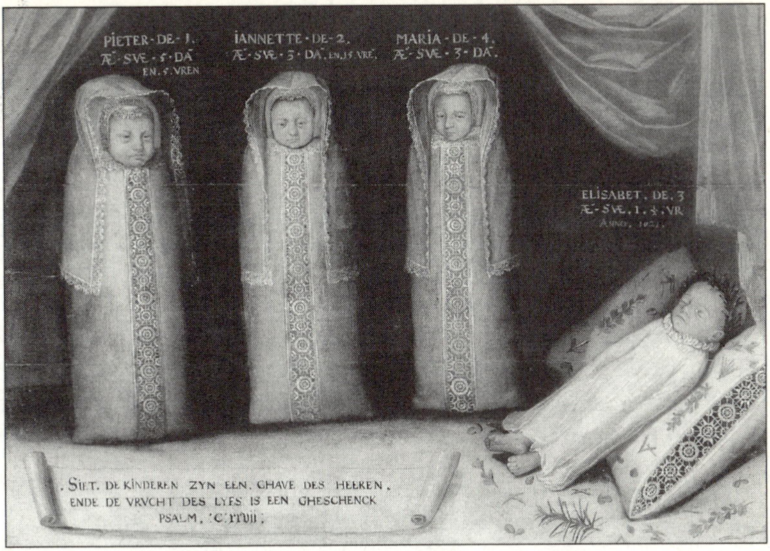


ter in ihrem Baby die Larve sehen, die es ist, reden wir mit unseren Kindern als wären es Hauskatzen, sperren sie in Schulen wie Kühe in den Stall und geben ihnen Bücher zu lesen, die wir selber nie lesen würden. Bevor sie nicht erwachsen sind, besitzen Kinder kaum mehr Rechte als ein Tier und sind mindestens genau so abhängig.

*1621 war eine Vierlings-Geburt noch eine Sensation, die man auf einem Gemälde verewigte, auch wenn eines der vier Kinder nur anderthalb Stunden lebte. Das tote Schwesterchen ist am Totenhemd zu erkennen, die drei lebenden Kinder sind eingepackt wie Puppen.*

Ist ein Kind also doch eine Larve? Das muss jeder für sich selbst entscheiden; ein Biologielehrer jedenfalls wüsste nicht, welche Antwort er als die richtige zu werten hätte. Es kann durchaus sinnvoll sein, das eigene Kind für eine Larve zu halten oder gar für eine eigene Tierart. Spielen Sie mit ihrem Kind doch mal Verhaltensforschung. Hören Sie ihrem Kind nicht wie einem Menschen zu, sondern beobachten Sie es, wie ein Biologe ein Krokodil oder einen Vogel beobachten würde. Schauen Sie sich an, wie anders es sich verhält, als Sie das tun würden, wie merkwürdig es sich bewegt, was für widerliche Dinge es mag. Wundern Sie sich, woher es seine Energie hat. Verschließen Sie aber die Augen vor den Farben, die es schön findet, und die Ohren vor dem Heidenkrach, den es Musik nennt! Und beobachten Sie, wie fasziniert es seine Kaulquappen aufzieht. Dieselbe Faszination sollten Sie beim Großziehen ihrer eigenen Larve empfinden – bis diese in einem Ausbruch von Pickeln und Unnahbarkeit den Traum uralter Mythen wahr macht und ihre Metamorphose beginnt.

## 3
## Göttliche Gestalten

Unternehmen Sie niemals einen Ausflug mit einem Hobbyornithologen. Sicherlich haben auch Sie einen in der Bekanntschaft, so einen Helden mit unters Kinn gerutschtem Bart, der sich jedes Wochenende mit einem Fernglas in die Botanik stürzt, um den ehelichen Pflichten des Sonntagmorgens zu entgehen. Unausstehliche Mitmenschen! Dass sie Dinge sehen, die man selber nicht sieht, ist schon Kränkung genug, aber dass sie auch noch wissen, wie diese Dinge heißen, ist der Gipfel! Was man selber gerade mal als Schatten hat vorbeifliegen sehen, identifizieren sie als Lapplandmeise oder Kurzzehenlerche. Für jedes Türquietschen haben sie den lateinischen Namen parat. Mit einem lässig geflüsterten »das Rotkehlchen ist aber arg früh dieses Jahr« wird unsereins zum Idioten degradiert.

Ehrfurcht wäre allerdings fehl am Platz. Denn alles, was man braucht, um ein guter Hobbyornithologe zu sein, ist ein ordentliches Fernglas, etwas Menschenscheu und ein Buch. In diesem Buch kann man sich den fraglichen Vogel herausblättern. Das ist einfacher, als man denkt, denn jeder Vogel verfügt über einen Farbcode. Einer hat einen roten Kopf, einen grünen Bauch und gelbe Füße, der andere rote Füße, einen grünen Kopf und einen gelben Bauch. Findet man denselben Farbcode in der richtigen Verteilung bei einem im Buch abgebildeten Vogel, hat man auch schon den Namen. In dieser Hinsicht ist die Ornithologie auch nicht aufregender als Häkeln oder im Internet surfen. Aber jetzt kommt's. Mit seinem Namen gibt ein Vogel auch seine Seele preis und birgt von nun an keinerlei Geheimnisse mehr. Dank des Vogelführers weiß man, dass der Punkt in der Luft da oben drei bis fünf Eier legt, dass die Jungen nach sieben Wochen flügge sind und dass er den Winter in Afrika verbringt. Das arme Tier hat selber nichts mehr zu melden, es kann sich von nun an nicht einfach dazu entschließen, nach Lust und Laune sieben bis neun Eier zu legen, die Jungen nach fünf Wochen aus dem Nest zu werfen und an Weihnachten zur Abwechslung mal nach Dänemark zu fliegen. Es ist gefangen in seiner Art.

*In ihrem Kampf gegen den Einsatz von Insektiziden in der Landwirtschaft verwandelten sich Künstler einer Amsterdamer Insekten-Sekte Ende der sechziger Jahre selbst in Insekten.*

*Obwohl bei den klassischen Olympischen Spielen Männer die Hauptrolle spielten, kannten die Griechen auch Wettkämpfe für Frauen.*

So etwas stimmt traurig. Gedanken über das freie Vogelleben sind nur schlecht mit dem Wissen vereinbar, dass die Vogelarten alles genauso machen, wie es im Buche steht. Und schlichtweg beunruhigend ist die Einsicht, dass man selbst auch zu so einer Art gehört. Wir sind auch nur Menschen. Irgendwo im Weltall, möglicherweise auf dem Mars, muss es eine Firma geben, die Bestimmungsbücher für die Bewohner unseres Sonnensystems herausbringt. Da stehen wir sicher auch drin mitsamt unseren Merkmalen: Mensch – bewohnt die Erde, kommt dort sehr häufig vor – Farbe: gelb, schwarz oder weiß – Länge: ein bis zwei Meter – Nahrung: Pflanzen, Tiere und Pommes frites – Kontaktruf: je nach Besiedlungsgebiet von Grüß Gott bis Moin! Mit so einem Führer in Händen, ist es unerheblich, ob man nun dem Vater oder der Mutter ähnlicher sieht. Man ähnelt beiden. Und ihren Vätern und Müttern, und deren Vätern und Müttern. Weil alle nämlich Menschen sind. Neunundneunzig Prozent dessen, was man tut, tut man, weil man zufällig Mensch ist. Hätte die eigene Mutter statt eines Menschen ein Ferkel auf die Welt gebracht, könnte man sich jetzt grunzend im Schweinestall suhlen, hätte sie einen Panda geboren, dann würde man jetzt vom WWF verhätschelt. Die eigene Art ist Schicksal. In dem Moment, in dem ein Marsbewohner uns als Menschen identifiziert, sind wir dieser Bestimmung ausgeliefert. Wir könnten nie mehr grün sein oder fünf Meter groß, nie mehr ein Kaninchen hinsichtlich der Anzahl der Fortpflanzungen schlagen, und wären gnadenlos dem Gelächter des Spierlings ausgeliefert, würde er uns bei der Tätigkeit beobachten, die wir Schwimmen nennen. Nie werden unsere Leistungen übermenschlich sein können, sie werden immer nur menschlich bleiben. Mögen wir auch die Krone der Schöpfung sein, gegen eine andere Krone dürfen wir sie nicht eintauschen.

So lange es den Menschen gibt, hat dieser sich gegen die

menschliche Zwangsjacke gewehrt. In seinen Artgrenzen gefangen, rüttelt er an den Gitterstäben. Pokale und Medaillen schwenkend, rennt er jedes Jahr schneller, springt höher oder weiter, doch je mehr er sich ins Zeug legt, desto enger gurtet sich dieses Zaumzeug um ihn. Nie wird der Mensch hundert Meter in einer Sekunde laufen können oder hundert Meter hoch springen. Nie wird er hundert Brote auf einen Satz verdrücken und nie hundert Babys auf die Welt bringen. Eigentlich ist das *Guiness-Buch der Rekorde* keine Liste von menschlichen Triumphen, sondern die präzise Buchhaltung menschlichen Unvermögens. Und die Olympischen Spiele dienen ebenfalls nur dazu, um darüber Rechenschaft abzulegen.

*Kinder zählen nicht wirklich. Für ihre Kinderleistungen bekommen sie Kindermedaillen.*

Natürlich sind die Olympischen Spiele älter als das *Guiness-Buch*. Schon vor den ersten Chroniken, die ins Jahr 776 vor unserer Zeitrechnung zurückreichen, muss es Olympische Spiele gegeben haben; angeblich hat Zeus selbst sie ins Leben gerufen. Mehr als tausend Jahre lang gaben Athleten mit geölten Leibern ihr Bestes, um die Götter auszustechen, und weil der Mensch aus zweitausend Jahren vollkommen blödsinnigen Herumgehüpfes nichts gelernt hat, machen wir das seit ungefähr hundert Jahren wieder.

Zwar sind die in dieser Zeit errungenen Rekorde wirklich beeindruckend und deuten tatsächlich auf einen Fortschritt hin, doch dieser Eindruck wird rasch korrigiert, sobald man auf eine grafische Darstellung der Laufrekorde blickt: Sie verläuft in Gestalt einer Asymptote. Eine solche ins Nichts verlaufende Kurve ist der pure Ausdruck der Verzweiflung, wie die Kurven des Bevölkerungswachstums oder der Annäherung an den absoluten Nullpunkt. Am leichtesten kann man sich das vorstellen, wenn man das altbekannte Beispiel betrachtet, wonach man eine Distanz von A nach B zurücklegt, indem man den Abstand jeweils halbiert. Nach der ersten Etappe hat man die Distanz von A nach B zur Hälfte hinter sich gebracht, nach der zweiten zu drei Viertel, nach der dritten zu sieben Achtel, bis man schließlich mit dem 999999ten Teil von einer Million verteufelt nah an B dran ist, ohne es je erreichen zu können. Ab und zu scheint man im Sport dem Gesetz dieser Kurve entkommen zu können, und sie macht einen Knick. Doch dieser Knick stellt sich bei näherer Betrachtung immer als auf irgendeine technische Neuerung zurückgehend heraus: neue Schuhe, bessere Ernährung, Doping. Verlängert man die Kurve der Eisschnelllaufrekorde einmal in die Zukunft, dann müsste der Rekord für die 10 000 Meter im Jahre 2150 bei null Sekunden liegen und der Eisschnellläufer könnte in Kürze seinem Schlittschuh nicht mehr folgen. In der Kurve würden dann solche Kräfte wirken, dass nicht nur die Muskeln des Sportlers rissen, sondern auch die Knochen brächen.

Schnelllauf ist Leerlauf. Wer wissen will, wo das enden wird, sehe sich ein Rennpferd an. Je mehr sich die Pferdezüchter und -trainer anstrengen, desto geringer sind die Fortschritte. Pferde können heutzutage kaum schneller laufen als vor hundert Jahren. Beim Menschen bewirkt das Training von Herz und Lungen, mit den Laufmuskeln einigermaßen mithalten zu können, denn ursprünglich sind unser Herz und unsere Lungen nicht fürs Laufen gemacht. Ein Mensch musste von Natur aus nicht viel rennen, ein Pferd dagegen schon. Alles, was ein Tier tun kann, um geschwinder laufen zu können, hat ein Pferd während der Evolution getan. Der Körper ist muskulös, die Beine sind lang und dünn. Noch mehr Muskeln würden ein Pferd nur schwerer machen, wären die Beine noch dünner, würden sie leichter brechen, und wären sie länger, stolperte das Tier dauernd über die eigenen Hufe. Ein Rennpferd ist vollkommen. Da können die Züchter und Trainer nicht mehr viel daran herumdoktern. Ein frustrierender Job, nichts ist deprimierender als etwas Perfektes, an dem es nichts mehr zu verbessern gibt.

Auch beim Menschen sind manche Organe bereits am Ende der Fahnenstange angelangt. Das betrifft sogar einen Muskel: die Zunge. Würde die Zunge wie jeder Muskel durch Training dicker werden, bekämen viele Menschen vor lauter Reden den Mund nicht mehr zu. Aber auch andere Muskeln haben ihre Grenzen. Wäre es durch Superdoping oder Genmanipulation möglich, dass die Beinmuskeln sich um ein Vielfaches effektiver zusammenzögen, sodass sie um ein Vielfaches kürzer, schneller und stärker würden, dann würden sie verbrennen wie ein Steak in einer zu heißen Pfanne. Zusätzliche Kühlung wäre erforderlich, die nähme aber zu viel Platz ein. Ihr Gewicht würde außerdem den Zugewinn an Geschwindigkeit zunichte machen und ihre Versorgung zusätzliches Blut benötigen, wofür wiederum das Herz schneller schlagen müsste etc. etc. In einem Organismus hängt alles mit allem zusammen. Man kann an einem Bauplan zwar etwas verändern, doch sind die Veränderungen zu einschneidend, gerät der ganze Bauplan durcheinander. Man kann aus einem Lastwagen ja auch keinen Formel-Eins-Wagen machen und aus einem Formel-Eins-Wagen kein Flugzeug, so wenig wie aus einem Menschen eine Cheetah oder gar eine Schwalbe. Sir D'Arcy Thompson verglich dies mit den Gesetzen der Geometrie. Die Grundformel einer Kurve sei derart unveränderlich, dass man an ihr stets erkennen könne, welcher Kurvenfamilie sie angehört. Wer käme schon auf die Idee, eine Spirale zu einer Ellipse zu verbiegen oder einen Kreis zu einer Glocke? Für die Tiere würden dieselben Formregeln gelten; Wirbellose ließen sich nicht einfach zu Wirbeltieren umkonstruieren, Hohltiere nicht zu Würmern. Die Natur arbeite mit Typen, die mathematisch wie naturwissenschaftlich ihre Grenzen hätten. Diese Grenzen seien unverrückbar, und die Kluft zwischen den Typen lasse sich nicht schließen, auch nicht Schritt für Schritt.

Aus einem Menschen wird also nie ein Vogel werden; er ist durch seinen Bauplan für immer an die Erde gefesselt. Doch die Gedanken darf man spielen lassen. Als Vogel könnte man mal so einen richtigen Ausflug unternehmen, die ultimative Reise überhaupt, Ferien vom Ich. Wer dabei allerdings übermütig wird, der fordert die Götter heraus. Das kann man aus der Geschichte des Architekten Daedalus lernen, der für sich und seinen Sohn Federflügel bastelte, um aus Kreta zu fliehen.

*Aus Trauer über den Tod Phaetons, Sohn des Sonnengottes, verwandelten sich seine Schwestern in Pappeln. Phaetons Freund Cygnus wurde aus lauter Kummer zum Schwan.*

*Hendrick Goltzius:* **Der Sturz des Ikarus.**

Während er werkt und warnt, benetzen Tränen des Greises/ Wangen, ihm zittern die Hände. Nun küsst er den Sohn, den zu küssen/ Niemals ihm wieder vergönnt; und hoch von den Schwingen getragen,/ Fliegt er voraus, besorgt um seinen Gefährten, dem Vogel/ Ähnlich, der hoch vom Nest in die Luft die Jungen hinausführt./ Ihm zu folgen, ermahnt er und lehrt ihm verderbliche Künste,/ Schwingt die eigenen Flügel und blickt nach denen des Sohnes. / <...> Als sich der Knabe begann des verwegenen Fluges zu freuen,/ Seinen Führer verließ, und, von Lust nach dem Himmel verleitet,/ Höhere Bahnen zog. Die Nähe der zehrenden Sonne/ Weichte das duftende Wachs und löste die Fesseln der Federn./ Ganz zerschmolz das Wachs, noch schwang der Knabe die nackten/ Arme, doch schwingenlos konnte er nicht die Lüfte mehr fassen,/ Und sein Mund, der eben noch ruft den Namen des Vaters,/ Sinkt in die bläuliche Flut: nach ihm nun trägt sie den Namen./ Aber der arme Vater, nicht Vater mehr, »Icarus,« ruft er,/ »Icarus« ruft er, »wo bist du? Wo soll ich dich, Icarus, suchen?« / Fragt er; doch da erblickt er schon in den Wellen die Federn.

Hochmut kommt vor dem Fall; nur Götter dürfen zu Vögeln werden. Die metamorphosieren deshalb auch fröhlich vor sich hin, vor allem in der guten alten Zeit, als es noch lustig war, ein Gott zu sein. Während die Griechen bei den Olympischen Spielen schwitzten, um die Menschheit eine Handbreit zu erhöhen, verwandelten sich die olympischen Götter je nach Lust und Laune in eine glitschige Schlange oder einen wütenden Stier. Der römische Dichter Ovid hat in seinen *Metamorphosen* die Verwandlungen der antiken Götter in einem wunderbaren Katalog zusammengestellt. Jupiter, das römische Ebenbild des Zeus, liefert das große Vorbild. Als Schwan paart er sich mit Leda, als Adler zupft er den jungen Ganymed vom Erdboden, als Stier entführt er die Prinzessin Europa. Aber auch der Meeresgott Proteus liebte die Veränderung:

Wirst du doch bald als Jüngling und bald als Löwe gesehen,/ Bald als wütender Eber und bald als Schlange,/ Die jeder Zu berühren sich fürchtet, als Stier dann schmücken dich Hörner./ Oft vermagst du als Stein und oft als Baum zu erscheinen,/ Wiederum täuschest du vor, du wärest lauteres Wasser,/ Wärest ein Strom, bisweilen auch wasserfeindliches Feuer.

Kein Katalog wurde im Laufe der Jahrhunderte so hinreißend illustriert. Seit Ovid brauchten die Maler nicht mehr lange nach einem Thema für ihre Gemälde zu suchen. Nachdem das biblische Mittelalter vorbei war, kamen »heidnische« Szenarien in Mode. Karel van Mander brachte in seinem berühmten *Het Schilderboeck* (1604) eine ausführliche »Auslegung der Metamorphosen«, und gab den niederländischen Meistern Tipps, wie den, »die Venus oft sehr nackt« zu malen. Neben der wundervollen Gelegenheit, üppig geformte Göttinnen zu malen, boten Ovids Geschichten auch genügend Dramenstoff für die menschlichen Nebenfiguren. Menschen konnten sich nicht, wie die Götter, von selbst verwandeln; sie wurden verwandelt – selten zur Belohnung, öfter zur Strafe oder aus Rache. Das Tragische daran ist, dass sich zwar die Gestalt der Menschen veränderte, nicht aber ihr Inneres; so wie der Schwan, der Leda beiwohnte, durch und durch Jupiter blieb, blieben die Menschen nach ihren Metamorphosen Menschen in fremden Körpern. Befreit vom humanen Leib, finden sie sich plötzlich gefangen im Körper eines Hirsches oder einer Bärin. Letzteres geschieht der Nymphe Kallisto, die sich die Rache der Juno zuzog, weil sie ein Kind von Jupiter, Junos Gatten, bekam. Juno schleudert Kallisto zu Boden:

Sie streckte flehend die Arme./ Schon begannen die Arme von schwarzen Zotteln zu starren/ Und sich die Hände zu krümmen; sie wuchsen zu kralligen Tatzen,/ Um als Füße zu dienen, und der von Jupiter früher/ So gepriesene Mund verzerrt sich zu offenem Rachen./ Dass nicht Worte und Bitten die Herzen zu rühren vermöchten./ Wird ihr die Sprache geraubt; nur zornig drohende Laute/ Dringen voll Schrecken und Graus heraus aus der heiseren Kehle,/ Aber der frühere Geist bleibt auch, als sie Bärin geworden.

Weil sie eine Bärin ist, fürchtet sie jetzt die Jäger, doch hat sie vor anderen Bären immer noch Angst. Inhalt und Verpackung widersprechen sich.

Von allen alten und modernen Metamorphose-Darstellungen faszinieren mich die Arbeiten von Peter Vos am meisten. Ihm ist nicht wichtig, welchen Vogel er wiedergibt, sondern was dieser Vogel fühlt. Wie ist es, ein Vogel zu sein? Um da dahinter zu kommen, muss man erst einer werden. Peter Vos

hat wunderbare Illustrationen geschaffen, beispielsweise von Äskulap, der sich in eine Eule verwandelt, oder von Tereus, der zum Wiedehopf wird. Dabei beschränkt er sich nicht auf den Zustand vor oder nach der Metamorphose, sondern bildet auch alle Zwischenstadien ab. Gute Zeichner zeichnen Vögel, so wie sie sind, bessere schildern dagegen, wie es sich anfühlen muss, ein Vogel zu sein, Peter Vos aber zeigt, wie es ist, einer zu werden. Ovid selbst beschreibt die Transformation in allen Phasen, ganz als sähe man die Entwicklung rasend schnell vor sich ablaufen.

*Peter Vos:* **Die Metamorphose des Tereus in einen Wiedehopf.**

Götter werden zu Tieren, Tiere sind verwandelte Menschen, und manchmal wird aus einem Gott ein Mensch. So wie im Märchen Könige sich gelegentlich als Untertanen verkleiden, um zu erfahren, wie das Volk über sie denkt, verwandeln sich hier Götter in Menschen, um zu spüren, wie es ist, eine Figur im eigenen Schachspiel zu sein. Jupiter in Menschengestalt findet auf der Erde einen Sauhaufen vor. In Arkadien setzt er den König Lykaon schachmatt; der König wird zum Wolf.

Fast zeitgleich mit Ovids Niederschrift der *Metamorphosen* wurde, an einem ganz anderen Ort, in Bethlehem nämlich, ein anderer Gott zum Menschen. Diese eine Metamorphose hat mehr Spuren auf der Erde hinterlassen als sämtliche Metamorphosen Jupiters zusammen. Außerdem wurde dieser einen allein ein ganzes Buch gewidmet, die Bibel, aus der alljährlich vorgelesen wird, dass es geschah in jenen Tagen. Nach zweitausend Jahren schmückt sich eine Hälfte des Erdenrunds im Dezember mit Lichtergirlanden, wandern ganze Tannenwälder in die Wohnzimmer und singen die Menschen einfältige Lieder, als hätte es große Dichter wie Ovid nie gegeben. Dieses Metamorphosefest wird Weihnachten genannt. »Und das Wort ist Fleisch geworden«, sagt die Bibel, »und hat unter uns gewohnt«. Doch während Jupiter ganz einfach vom Olymp herunterstieg, machte es sich der Gott der Christen nicht so einfach; er wählte den traditionellen Umweg über die Frau. Damit sich die Weissagungen des Propheten Daniel erfüllen konnten, brauchte es eine Gebärmutter, einen Engel, einen Esel, den Heiligen Geist, einen Stall und einen Stern: »…und siehe, es kam einer mit den Wolken des Himmels wie eines Menschen Sohn«; und dieser erhielt »Macht, Ehre und Reich, dass ihm alle Völker und Leute aus so vielen verschiedenen Sprachen dienen soll-

*Der Kupferstich aus dem 16. Jahrhundert zeigt Lykaon, den Jupiter als Strafe für die Opferung eines Kindes in einen Wolf verwandelte.*

ten«. Doch bevor es so weit war, musste Jesus erst ein Larvenstadium durchlaufen: Dreißig Jahre lang übte er sich im Menschwerden und im Zimmermannshandwerk, ehe dann das göttliche Wesen aus dem irdischen Körper hervorbrach.

Das Menschendasein aber langweilt schnell. Warum sollte man auch Mensch sein wollen, wenn man Gott ist? Nach dreiunddreißig Jahren hatte Jesus genug davon und metamorphosierte sich mit der Himmelfahrt ins Götterdasein zurück. Und wir Menschen haben das Nachsehen. Jeden Himmelfahrtstag wieder kriegen wir es eingebleut, dass wir nicht mehr sind als Larven, die im irdischen Jammertal umherkriechen, in Erwartung unserer eigenen Metamorphose. Wie wenig, so fragt sich die Bibel, ist »der Mensch, eine Made, und das Menschenkind, ein Wurm?« Wie eine Raupe kriechen muss, bevor sie Schmetterling werden darf, ist der Mensch lediglich auf Erden, um Gott zu dienen und dadurch in den Himmel zu gelangen. Ein Mensch ist noch nicht fertig.

*Vladimir Nabokov 1971 auf Schmetterlingsjagd in der Nähe von Montreux.*

Während die Götter der Antike die Abwechslung liebten, wiederholt der Gott der Christen seine einzige Metamorphose bis zum Überdruss. Alle Tage wieder wird der Christengott Millionen Mal in Millionen Kirchen und Millionen glänzenden Kelchen Mensch. »Nehmet hin und esset«, wiederholt der Priester die Worte des Letzten Abendmahls, »dies ist mein Leib«. »Trinket alle daraus; dies ist mein Blut, welches vergossen wird für viele.« Diese Worte sind nicht symbolisch gemeint, sondern wörtlich. Papst Innozenz III. hat dies 1215 auf dem Vierten Lateranischen Konzil ein für allemal klargestellt. Der Glaube an die göttliche Metamorphose ist lebendiger denn je.

Auch für die Ungläubigen gibt es zum Glück Metamorphosen allenthalben. Zahlenmäßig übersteigen sie alle christlichen in sämtlichen Kelchen und Kirchen der Welt ums Millionenfache. In der Natur ist alle Tage Weihnachten. Jeden Tag kriechen verwandelte Kaulquappen aus den Tümpeln, erheben sich Milliarden Schmetterlinge und andere Fluginsekten aus den Häuten ihrer vorigen Existenz, zum Entzücken von Dichtern und Biologen, insbesondere derer, die beides sind, wie Vladimir Nabokov, der behauptete, er sei Opfer der beiden intensivsten Leidenschaften, die es gebe, nämlich Schreiben und Schmetterlinge fangen. In der Schmetterlingszeitschrift *Psyche* ließ sich Nabokov weitschweifig über die Schmetterlinge aus; in seinen Büchern und Vorträgen versuchte er, sich dichterisch in die Metamorphose seiner Lieblingsgeschöpfe einzuleben. Um seinen Literaturstudenten Geschichten wie die von Dr. Jekyll und Mr. Hyde verständlicher zu machen, legte er die Psyche eines Schmetterlings offen:

> Sie mag noch so schön aussehen, doch die Transformation einer Larve zur Puppe und von der Puppe zum Schmetterling ist für das betreffende Tier nicht gerade angenehm. Für jede Raupe kommt der schwierige Augenblick, in dem sie von einem merkwürdigen Gefühl des Unbehagens erfasst wird. Es ist ein quälendes Gefühl – hier im Genick und etwas weiter, und dazu ein unerträgliches Jucken. Natürlich hat sie sich vorher schon einmal gehäutet, aber das war nichts, verglichen mit dem Kribbeln und dem Drang, den sie jetzt spürt. Wenn sie die eng sitzende, trockene Haut nicht los wird, dann geht sie ein.

*Alice und die Raupe Hookah.*

Weiß eine Raupe, was sie erwartet? Lewis Carroll glaubte das nicht. In *Alice im Wunderland* versteht die Raupe Hookah Alice nicht, als diese das Gespräch auf die Verwandlung bringt:

> »Und wer bist *du*?«, fragte die Raupe.
> Das war kein ermutigender Anfang für ein Gespräch. Schüchtern antwortete Alice: »Ich ... weiß nicht recht, Sir ... im Augenblick. Ich weiß zwar, wer ich war, als ich heute morgen aufstand, aber seither bin ich wohl ein paarmal verwandelt worden.«
> »Was willst du damit sagen?«, fragte die Raupe streng. »Erkläre dich genauer!«
> »Ich kann mich leider nicht erklären, Sir«, sagte Alice, »denn ich bin gar nicht ich, verstehen Sie?«

»Nein, ich verstehe nicht«, sagte die Raupe.

»Ich kann es leider nicht besser ausdrücken«, erwiderte Alice artig, »da ich es ja selber nicht verstehe. Und wenn man innerhalb eines Tages immer wieder die Größe ändert, ist das sehr verwirrend.«

»Ist es nicht«, sagte die Raupe.

»Nun, vielleicht ist es Ihnen noch nicht so ergangen, aber wenn Sie sich in eine Puppe verwandeln – und das werden Sie ja eines Tages – und danach in einen Schmetterling, dann wird Ihnen das gewiss etwas sonderbar vorkommen, glauben Sie nicht auch?«

»Keineswegs«, sagte die Raupe.

»Na, vielleicht denken Sie anders darüber«, sagte Alice. Ich weiß nur, dass ich es sehr sonderbar fände.«

»Du?« sagte die Raupe voller Verachtung. »Und wer bist du?«*

Holländische Raupen sind weniger starrsinnig. In *Erik of Het klein insectenboek* (Erik oder das kleine Insektenbuch) von Godfried Bomans entdeckt der kleine Held Erik, der wie ein holländischer Bruder von Alice durch seine eigene Version des Wunderlands irrt, dass Raupen hier einfach Insektenkinder sind, die zu Hause bei Papa und Mama Schmetterling mit am Tisch sitzen dürfen. Doch das älteste Raupenkind lehnt halb eingesponnen schräg an der Wand und wirft aus seinem Kokon heraus gierige Blicke auf die Schüsseln. Aber es kriegt nichts ab. »Wir trauen uns nicht«, sagt die Raupenmutter, »er befindet sich gerade in einer schwierigen Phase.« Eine andere Raupe, die nicht mit Haus und Familie gesegnet ist, wohnt in einer Pension. Eines Tages machen sich die übrigen Pensionsgäste Sorgen, da die Raupe nicht zu Tisch erscheint. Als man der Ursache nachgeht, entdeckt man die Raupe vollkommen gefesselt in der Ecke des Zimmers. Die Mittiere begreifen nicht, was das bedeutet, bis Erik ihnen erzählt, was er im Biologieunterricht über das Verpuppen gelernt hatte. Der Pensionswirt fürchtet um sein Geld. Wer bezahlt ihm die Unterkunft für die zwei bis sechs Wochen, die so eine Verpuppung dauert? Bezahlen in so einem Fall im Nachhinein die Schmetterlinge? Die Sachlage ist Eriks Meinung nach schwierig: »Die Raupe hat sich eingemietet, doch die gibt es nachher nicht mehr. Und der Schmetterling hat hier nie gewohnt.«

Man ist nicht, was man wird, und man wird nicht, was man ist. In jedem Augenblick der Metamorphose ist man das eine wie das andere und sitzt zwischen allen Stühlen. Man fühlt sich wie ein Nichts und gleichzeitig wi doppelt. Jeder

Franziska Bilek: Metamorphose.

Mensch hat irgendwann in seinem Leben das Gefühl, ein Tier zu sein. Der eine hält sich für einen Tiger, der andere für einen Wolf, der Dritte ist zufrieden als Steinbock oder Fisch. In den Discos gibt es Gockel zuhauf, und für den, der selbst nichts Passendes für sich findet, hält die Umwelt etwas parat.

Ich zum Beispiel fand, dass die Mutter meiner Schwägerin eine Amphibie war. Mit Hilfe von Unmengen Schlagsahne hatte sie sich die Formlosigkeit einer Kröte angeeignet, und so verhielt sie sich auch. An Geburtstagen beobachtete ich sie mit dem Interesse eines Biologen. Bei jeder neuen Torte oder einem anderen Gebäck, das auf den Tisch kam, rollte sie verstohlen die Augen, hob dann das bis dahin reglos auf der Brust ruhende Kinn etwas in die Höhe und drehte es lautlos in Richtung Süßware. Kaum war das Kinn in der richtigen Position justiert, folgte etwas, was meinem unbewaffneten Auge irgendwie entging, doch das Gebäckstück war verschwunden. Nur ein verhuschter Schatten und ihr zufriedenes, sattes Lächeln wiesen auf das Drama hin, das sich gerade vor meinen Augen ereignet hatte. Und schon ließ sie ihren Blick wieder ruhelos schweifen, auf der Suche nach neuer Beute.

Ganz gelingt es zwar nie, aber manche Menschen sind wenigstens zur Hälfte Pferd geworden. Reiter nämlich, deren Wunschtraum es ist, ganz mit dem Pferd zu verschmelzen. Und tatsächlich kann man manchmal kaum erkennen, wo der Bereiter anfängt und der Berittene aufhört. Das Gefühl muss fantastisch sein, bei einem gelungenen Sprung ganz gewiss, aber wohl auch bei ganz alltäglichen Verrichtungen. Muss es sich nicht merkwürdig anfühlen, auf einem Pferd zu sitzen, das gerade scheißt? Lässt das den Reiter kalt oder fühlt er sich in gewissem Maße daran beteiligt? Es muss doch wahnsinnig intim sein, in Gedanken an einer dampfenden Entleerung teilzuhaben, und sei es auch nur mit einem ein-

*Im Christentum kennt man das Tier im Menschen besser unter dem Namen Teufel.*

zigen Apfel. Wie weit geht man mit seinem Sich-Eins-fühlen? Inwiefern bildet ein Mensch mit einem Pferd eine Einheit? Und inwiefern ohne? Manchmal sitzt man auf dem Klo, und es ist, vor allem, wenn man mit den Gedanken nicht bei der Sache ist, als ob ein anderer für einen kackt. Man dreht sich um und scheint mehr von sich gegeben zu haben, als man spürte. Doch nirgendwo ist ein Pferd zu sehen. Wer hat da mitgeschissen? Das Tier im Menschen?

Ein weit verbreiteter Gedanke besagt, dass der Mensch eigentlich zu zweit ist: Zum einen Körper, zum anderen Geist. Der Geist ist das eigentliche Ich, das sich nach Erhabenheit sehnt, der Körper ist für uns eher das Tier, welches uns im Wege steht. Der Geist kann gerade das schönste Gedicht der Welt lesen, da muss das Tier plötzlich pinkeln; das höhere Ich verlangt es nach der reinen Liebe, wogegen das niedere nur vögeln will. Auf Zufall beruht diese Zweiteilung in hoch und niedrig nicht: Wir wissen genau, wo das Tier haust. Da unten. Im Gestrüpp.

Der Mensch würde das Tier in der Hose am liebsten ausräuchern, doch weil es gleichzeitig unentbehrliche Körperfunktionen erfüllt, belassen es die meisten beim Heckenstutzen. Mit einem Fanatismus, den so mancher sonst nur beim Rasenmähen an den Tag legt, wird der Schamwald gerodet. Kann man den Nacktfotos, die man hie und da zu sehen bekommt, glauben, sind Frauen heutzutage unten so kahl wie Fußballhooligans oben. Die Blasenentzündung droht. Das Tier jedoch bleibt. Ihm mit Kosmetik zu Leibe zu rücken, ist ebenso sinnlos wie der Einsatz von Korsetten, Pfarrern oder Etikette. Im Süden der Niederlande ist man der Meinung, man solle die Sau einfach ab und zu rauslassen, beim Karneval zum Beispiel. Karneval, so nennt man die Brunft beim Menschen. Festlich befiedert wie die Vögel, brechen Karnevalisten unvermittelt in lauten Gesang aus; Taktgefühle kennen sie während der Brunft keine. Endlich kann man die Zügel schleifen lassen. Die Frage ist nur: Welche Zügel? Wer lässt hier wem freien Lauf? Bisweilen sieht es so aus, als übernähme das Tier die Führung. Was hat dieses Tier da unten nur im Sinn? Kann einem ganz schön Angst machen. Es wird doch nicht beißen?

Ein Mensch möchte sein Tier gern im Zaum halten. Das Tier muss aus dem Menschen raus. Und das geht auch. Mit einem Außenbordtier: dem Hund. In der Form eines Hundes kann

Karneval in Maastricht.

man das eigene Tier an der Leine führen und herumkommandieren. Dass ich mir nie einen Hund zugelegt habe, liegt daran, dass ich nicht einsehe, mir freiwillig ein Tier ins Haus zu holen, das man dreimal täglich zum Kacken ausführen muss. Als anständiger Mensch macht man so was doch nicht, oder? Lange konnte ich es nicht begreifen, bis mir aufging, dass es genau diese Schweinerei ist, die den anständigen Menschen daran fasziniert. Denn gerade ein anständiger Mensch hat das Bedürfnis, sich ein Tier zu halten, das alles tun darf, was er sich selbst verwehrt. Und so legt er sich einen Hund zu. Oder ein Kind.

Während Herrchen diensteifrig seinen Chef auf der Straße begrüßt, darf Fifi knurren, während Herrchen sich mal wieder über den Licht raubenden Baum des Nachbarn ärgert, setzt Fifi diesem einen Haufen vor die Tür, während Herrchen sich noch den Kopf zerbricht, wie er das hübsche Mädchen ansprechen soll, wühlt Fifi ihr mit der nassen Schnauze schon unter dem Rock. »Aus, Fifi!«, brüllt Herrchen, doch Fifi weiß, dass Herrchen nicht meint, was Herrchen sagt, und wühlt und kackt und knurrt ungerührt weiter. Fifi tut alles,

*Foto aus dem Film* **An American Werewolf in London** *(USA, 1981).*

was Herrchen nicht darf, und auf diese Weise tut Herrchen es doch ein wenig. Ein Hund ist der wandelnde Protest gegen die eigenen Anstandsregeln.

Als Tier noch besser geeignet ist der Vorfahr des Hundes, der Wolf. Den kann man aber nicht halten. Nicht an der Leine und nicht im Haus. Der Wolf im Menschen bahnt sich regelmäßig einen Weg nach draußen. Die üblichen Körperöffnungen braucht er dazu gar nicht. Will der Wolf in einem heraus, platzt er wie ein Maiskorn, das zu Popkorn wird, überall gleichzeitig hervor, bis der Wolf draußen ist und der Mensch drinnen gefangen. So wird seit alters her ein Werwolf gemacht, die Rollen werden einfach vertauscht; statt dass das Gute das Böse im Zaum hält, hat nun das Böse die Kontrolle über das Gute. Doch beim Werwolf wechseln die Rollen ständig. Bis an sein Lebensende verwandelt er sich allabendlich in einen Wolf, um bei Sonnenaufgang wieder zum Menschen zu werden. Wer einen Werwolf am Tage entlarven will, muss ihn schon aufschneiden, damit er das Wolfsfell wie ein Futter an der Hautinnenseite entdecken kann. »Wer« ist das althochdeutsche Wort für Mann oder Mensch; ein Werwolf ist somit ein »Menschwolf« und damit das Gegenteil eines Wolfsmenschen oder Lykantropen (griechisch: *lykos* = Wolf, *anthropos* = Mensch). Dieser Unterschied war für die Rechtssprechung früherer Jahrhunderte, als Menschen in Wolfsgestalt Europas Wälder und Flure unsicher machten, von entscheidender Bedeutung. Wie 1598, als in einem verlassenen Wald der zerfetzte Körper eines Jungen gefunden wurde, noch warm im eigenen Blut liegend, mit noch klopfendem Herzen. Auf der Jagd nach dem Täter wurde ein Landstreicher aufgegriffen, ein bis aufs Skelett abgemagerter Mann mit wildem Bart und Haaren, dem noch Menschenfleisch unter den klauenartigen Nägeln steckte. Das Gericht von Angers richtete im August desselben Jahres über ihn.

Der Beklagte, Jacques Roulet, gestand, zum Wolf zu wer-

*Ein Werwolf schlägt zu.*

den, wobei seine Hände und Füße sich in Klauen verwandelten. Ob sich auch sein Kopf in einen Wolfsschädel verwandelte, wusste er nicht; aber dass er seine Zähne gebrauchte, räumte er ein. Das Urteil wär gnädig. Weil das Gericht der Ansicht war, dass es sich bei Roulet nicht um einen Werwolf, sondern um einen Lykantropen handle, einen Geistesgestörten also, der nur glaubte, sich in einen Wolf zu verwandeln, wurde er mit lediglich zwei Jahren Irrenhaus bestraft, was ihm die Faxen austreiben sollte.

Weniger Glück hatte die Werwölfin der Auvergne gehabt. Sie hatte 1558 einen Jäger angegriffen, der sich zur Wehr setzte und ihr eine Klaue abhieb, bevor sie entwischen konnte. Zu Hause angekommen, entdeckte er, dass sich seine Trophäe unterdessen in eine zierliche Damenhand verwandelt hatte, an der er voller Entsetzen den goldenen Ehering seiner Frau erkannte. Er stürzte ins Schlafzimmer, wo sich die Gattin gerade den blutigen Stumpf verband. Sie wanderte als Werwölfin auf den Scheiterhaufen.

Was für Transsylvanien der Vampir, war der Werwolf für Frankreich. Zwischen 1520 und 1630 wurden offiziell dreißigtausend Fälle registriert. Doch auch danach flackerte das Phänomen immer wieder auf. Der berühmteste Fall war der des Monsters von Gévaudan, welches am 30. Juni 1764 ein Mädchen verschlang. Bereits im September war die Zahl der Opfer auf neun gestiegen, und die Regierung schickte einen Armeehauptmann mit vierzig Dragonern nach Südfrankreich. Doch alles, was dabei herauskam, waren Kosten von mehr als 9400 Pfund und ein Stapel Wolfskadaver. Auch eine Treibjagd mit zwanzigtausend Beteiligten blieb erfolglos. Endlich, am 21. September 1766 erlegte der königliche Arkebusier Antoine de Bauterne einen Wolf von fast zwei Metern Länge. Jeanne Valet, ein neunzehnjähriges Mädchen, das

*Peter Vos:* **Minotaurus.**

*Der in Polen geborene Maler Boleslas Biegas gab in* The Kiss of the Vampire *(1916) dem Vampir eine ganz andere Gestalt, als wir sie vom Grafen Dracula sonst kennen.*

dem Monster im letzten Augenblick entkommen war, erkannte das Tier an der Wunde, die sie ihm zugefügt hatte. In einem Triumphzug wurde das Fell des Tieres zum königlichen Hof gebracht, und Antoine de Bauterne brauchte nie mehr eine Arkebuse zu tragen. Doch zwei Monate später verschwand erneut ein Kind.

Außer Werwölfen kennt der Volksglaube, je nach örtlicher Fauna, auch Werleoparden, Werhyänen oder Werkrokodile. Zum Werleoparden wird, wer Menschen terrorisieren will. Berüchtigt waren die Mitglieder der afrikanischen Mau-Mau, die während der Kolonialzeit als Leoparden verkleidet Weiße überfielen. So versuchte das wilde Afrika in Tiergestalt die Kultur der Weißen abzuschütteln. Die Mau-Mau nahmen sich dabei die traditionelle mafiöse Zusammenrottung von schwarzen Leopardenmännchen zum Vorbild. Mit einer eisernen Klaue hinterließen sie blutige Spuren auf den Körpern ihrer Opfer; waren Frauen darunter, verzehrten sie deren Brüste. Um zu derartigen Bestialitäten fähig zu sein, reichte es nicht, sich eine Pelzjacke überzuwerfen. Magische Beschwörungen und Rituale brachten die Angreifer dazu, sich wirklich wie blutrünstige Leoparden zu fühlen.

Um sich vom Menschen zum Wolf zu transformieren, gibt es alte Rezepte. Der britische Schriftsteller Daniel Farson, ein Großneffe von Bram Stoker, dem geistigen Vater des *Dracula*, rät, zu diesem Zweck den Vollmond abzuwarten. Um Mitternacht ritze man in den Erdboden einen Zauberkreis und koche sich einen Sud aus bestimmten Kräutern und Mohnsamen. Zusätzlich solle man sich mit einer Salbe aus frischem Katzenfett, Anis, Opium und anderen Zutaten einreiben. Ein Gürtel aus Wolfshaut um den Leib könne nicht schaden. Nun noch ein Stoßgebet an den Großen Wolfgeist, und die Sache ist geritzt. Bleibt die Wirkung aus, wiederhole man die Salbung mit einer zusätzlichen Dosis Opium oder Mohnsamen.

Seit Ende des letzten Jahrhunderts erfreuen sich Metamorphosegeschichten wieder großer Beliebtheit. Für die Special-Effects-Abteilungen der Filmstudios gibt es kaum spannendere Aufgaben als Metamorphosen: vom Menschen zum Wolf, von Hinz und Kunz zu Batman oder vom Grafen zur Fledermaus. Aber es geht auch ohne technische Tricks – beim Theater. Das nämlich hat sich der Illusion verschrieben. Ich hatte einmal die Ehre, eine Theatergruppe bei einer solchen Metamorphose beraten zu dürfen. Auch wenn es sich nicht um die Aufführung von *Dracula* oder *Das Phantom der Oper* handelte, sondern nur um *Der Wind in den Weiden*, war das Problem im Grunde dasselbe. Wie spielt man, so wurde ich gefragt, eine Kröte, einen Dachs oder eine Maus, ohne sich Schwänze ankleben und Ohren aufsetzen zu müssen? Ich stöberte in meinen Büchern über Kröten, Dachse und Mäuse und erteilte dementsprechende Ratschläge. Bei der Vorstellung allerdings stellte sich heraus, dass sich zum Glück keiner der Schauspieler daran gehalten hatte. Sie waren ganz von selbst darauf gekommen, dass ein Mensch, der eine Maus spielen will, nicht einfach eine Maus imitieren darf, sondern so tun muss, als wäre er eine Maus, die einen Menschen imitiert.

Wie würden Sie eine Metamorphose spielen? Das muss ich Ihnen gar nicht erst erklären, denn das machen Sie ja schon

*Es ist nicht immer leicht, sich zum Kaninchen zu machen.*

täglich, und zwar meisterhaft. Beim Träumen. Wer etwas Aufregenderes als dämliches Bungee-Jumping erleben will, Länder besuchen möchte, die sich in der dicksten Reisebeilage einer Tageszeitung nicht finden, wer Strahlenderes sehen möchte als die Sonne Polynesiens oder mehr Ängste ausstehen will als beim Sturzflug mit einer schrottreifen Dakota, der soll sich die Zähne putzen, sich ausziehen, ins Bett legen und die Augen schließen. Schlafen. In kürzester Zeit wird er als Hai zwischen Haien schwimmen, der Vater der eigenen Mutter sein oder ein Abt in einem Kloster voll nymphomanischer Nonnen. Ein Lamm im Maul eines Löwen war jeder schon mal, oder ein Feuer speiender Drache, der den Chef versengt. In nächtlichen Träumen erlebt man mehr als in den kühnsten Tagträumen. Oft dauert es mir zu lange, bis es Zeit zum Schlafen ist, dann schaue ich noch ein wenig Fernsehen. Zappen ist das Träumen derer, die nicht einschlafen können.

Wo liegt das Land der Träume? Das suchen die Forschungsreisenden seit Jahren. Mit Messapparaturen, Drähten und Enzephalogrammen reisen die Forscher durch die Gehirne ihrer Testpersonen, die dadurch immer schlechter können, was sie sollen, nämlich schlafen. Ganze Stapel von Forschungsberichten, ganze Bücherregale voller Bücher sind geschrieben worden, ohne dass nennenswerte Fortschritte erzielt wurden. Das einzige, was wir über den Schlaf mit Sicherheit wissen, ist, dass man ihn braucht. Wer am Schlafen gehindert wird, wird krank. Hunde und Katzen können an Schlafmangel sogar sterben. Ein Lebewesen braucht den Schlaf offenbar zum Regenerieren. Regenerieren wovon? Und wie? Begnügen wir uns doch zunächst mit der Definition, wonach der Schlaf dafür sorgt, dass ein paar Stunden pro Tag einfach nichts passiert. Wer schläft, spielt nicht mit dem Feuer. So kann man von vierundzwanzig Stunden mindestens acht abziehen, in denen man nicht gegen einen Baum fährt, nicht vergisst, die Herdplatte auszuschalten und keine schlafenden Hunde weckt. Auch der versessenste Raucher raucht nicht, wenn er schläft. Wären wir die ganzen vierundzwanzig Stunden eines Tages wach, müsste unsere Versicherung die Prämien um ein Drittel erhöhen. Der Schlaf

*Im Schlaf verwandelt man sich in ein vollkommen anderes Wesen.*

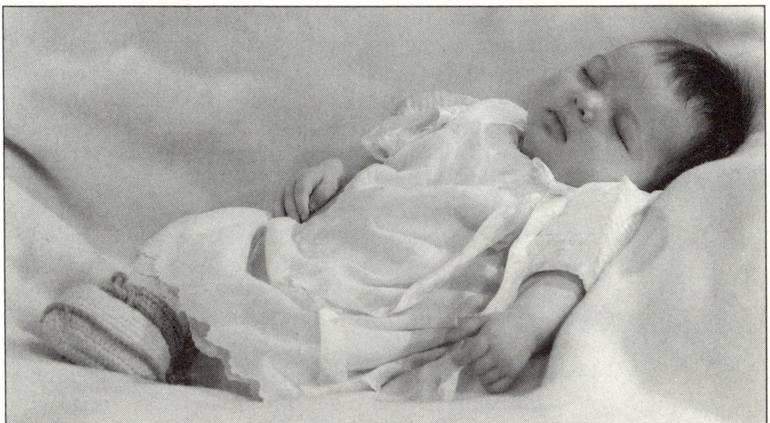

dient der Bewahrung unserer Gemütsruhe, und der Traum sorgt dafür, dass wir uns dabei nicht langweilen. Der Himmel liegt im Land der Träume. Aber manchmal auch die Hölle. Das Problem ist, von dort wieder rauf- beziehungsweise runterzukommen.

Sind Sie morgens endlich munter, haben Sie die schwerste Aufgabe des Tages bereits hinter sich. Das Aufstehen ist das einschneidendste Tagesereignis für den Menschen, und es ist ein Wunder, dass er es jeden Morgen wieder überlebt. Im Schweiße unseres Angesichts verdienen wir unser Brot, und unter Schmerzen gebären unsere Frauen die Kinder. Aber sollte sich die Erbsünde wirklich jemals irgendwo manifestieren, dann auf dem Bettvorleger, und das jeden Morgen. Um sich auch nur annähernd vorstellen zu können, wie die Schwierigkeiten geartet sind, die mit dem Aufstehen verbunden sind, müssten Sie sich einmal selber beim Schlafen sehen. Der Anblick würde Sie erschüttern. Statt des wackeren, aufgeweckten Bürgers liegt da ein schlaffer Sandsack, der feurige Liebhaber von eben ist erschlafft und liegt lasch im Laken wie der Körper eines noch nicht sprachmächtigen Kindes. Der Geist ist woanders, weit weg, und erlebt Abenteuer, von denen man nur träumen kann. Aber auch innerhalb des Körpers geht es wenig vertraut zu. Das Herz eines Schläfers schlägt langsamer als Ihres, sein Stoffwechsel konzentriert sich auf andere Prozesse, und die Atmung klingt fremdartig, als würden Bäume gefällt. Man fragt sich, wie man so tief sinken konnte, doch man kann beruhigt sein: Das eigene wachende Ich hat mit dem schnarchenden Schlappschwanz da nicht viel zu tun. Und so ist der Übergang von einem zum anderen Ich – das Erwachen also – auch eine Heidenarbeit: eine Metamorphose, die nur zu vergleichen ist mit der vom Engerling zum Käfer. Nach längerer Ruhezeit schlüpft man aus einem warmen Kokon, und wie beim Käferschlüpfen braucht es noch umfangreiche Reinigungen, lästiges Fühlergefriemel und eifriges Beinchengestrecke, bis man endlich als erwachsener Mensch das Büro betreten kann.

Das Unheimliche an der Metamorphose ist, dass man nie sicher weiß, was am Ende rauskommt. Was gibt einem die Gewissheit, dass es immer gut geht? Am Unheimlichsten ist es, wenn es einen selbst betrifft. Die berühmte Erzählung »Die Verwandlung« von Franz Kafka fällt mit der Tür ins Haus:

> Als Gregor Samsa eines Morgens aus unruhigen Träumen erwachte, fand er sich in seinem Bett zu einem ungeheueren Ungeziefer verwandelt. Er lag auf seinem panzerartig harten

Rücken und sah, wenn er den Kopf ein wenig hob, seinen gewölbten braunen, von bogenförmigen Versteifungen geteilten Bauch, auf dessen Höhe sich die Bettdecke, zum gänzlichen Niedergleiten bereit, kaum noch erhalten konnte. Seine vielen, im Vergleich zu seinem sonstigen Umfang kläglich dünnen Beine flimmerten ihm hilflos vor den Augen.
»Was ist mit mir geschehen?«, dachte er. Es war kein Traum. <...> »Wie wäre es, wenn ich noch ein wenig weiterschliefe und alle Narrheiten vergäße«, dachte er, aber das war gänzlich undurchführbar, denn er war gewöhnt, auf der rechten Seite zu schlafen, konnte sich aber in seinem gegenwärtigen Zustand nicht in diese Lage bringen. Mit welcher Kraft er sich auch auf die rechte Seite warf, immer wieder schaukelte er in die Rückenlage zurück.

Menschen träumen davon, einmal in eine andere Gestalt schlüpfen zu dürfen, um die Welt anders zu sehen, doch wenn sich der Traum bewahrheitet, ist es vor allem die Welt, die einen anders sieht. Die Familie von Gregor Samsa ist voller Entsetzen, weil ihr Gregor, ein Reisender in Sachen Tuch, plötzlich zum »ungeheueren Ungeziefer« geworden ist.

Die Mutter <...> sah zuerst mit gefalteten Händen den Vater an, ging dann zwei Schritte zu Gregor hin und fiel inmitten ihrer rings um sie herum sich ausbreitenden Röcke nieder, das Gesicht ganz unauffindbar zu ihrer Brust gesenkt. Der Vater ballte mit feindseligem Ausdruck die Faust, als wolle er Gregor in sein Zimmer zurückstoßen, sah sich dann unsicher im Wohnzimmer um, beschattete dann mit den Händen die Augen und weinte, dass sich seine mächtige Brust schüttelte.

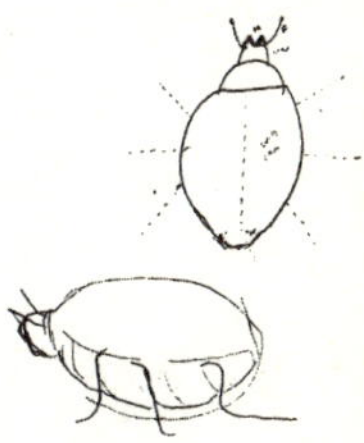

*Nabokov zeichnete das »ungeheure Ungeziefer« aus Franz Kafkas* **Die Verwandlung** *als »braunen, kugeligen, sehr breiten Käfer, so groß wie ein Hund«.*

Was für ein Ungeziefer war Gregor aber geworden? Wir wissen es nicht. Kafka wollte es nicht verraten, und die Erlaubnis, die Erzählung zu illustrieren, erteilte er auch nicht. »Das nicht, bitte, das nicht!«, schrieb er an seinen Verleger Kurt Wolff. »Das Insekt selbst kann nicht gezeichnet werden.« Es ist also ein Insekt, und damit kann es sich bei den »vielen... kläglich dünnen Beinen« nur um sechs handeln. Aber was für ein Insekt? Literaturkenner denken oft an eine Kakerlake. Das liegt an der braunen Farbe des Tieres. Doch nicht alle braunen Insekten sind Kakerlaken, und Kakerlaken haben normalerweise nicht so einen runden Bauch und Rücken wie Gregor sie hat. Als Entomologe ist Nabokov beim Insektenbestimmen besser. Es gibt eine Szene, in der Gregor auf Hinterbeinen stehend mit seinen Mundwerkzeugen einen

*Maikäfer lassen Engel steigen auf Grandvilles Stich* **Amour, vole, vole, vole!** **(1844)**

Schlüssel umdreht. Das bedeutet, dass er stabile Mandibeln haben muss. In seinen *Lectures on literature* kam Nabokov zum Schluss, dass es sich um einen Käfer handeln müsse. Jedenfalls nicht um einen Schmetterling. Damit war die Sache für ihn erledigt. Genau wie für Gregors Schwester:

> »Weg muss es«, rief die Schwester, »das ist das einzige Mittel, Vater. Du musst bloß den Gedanken loszuwerden suchen, dass es Gregor ist. Dass wir es so lange geglaubt haben, das ist ja unser eigentliches Unglück. Aber wie kann es denn Gregor sein? Wenn es Gregor wäre, er hätte längst eingesehen, dass ein Zusammenleben von Menschen mit einem solchen Tier nicht möglich ist, und wäre freiwillig fortgegangen.

Für einen echten Käfer oder Schmetterling muss es ähnlich unwirklich sein, aus dem Puppenstadium zu erwachen, wie für Gregor. »Können Sie mir bitte sagen, wo ich bin?« erkundigt sich ein gerade geschlüpfter Schmetterling in *Erik of Het klein insectenboek*. Doch die eigentliche bange Frage hätte lauten müssen: »Können Sie mir bitte sagen, wer ich bin?« Sie kennen das von Ihrem morgendlichen Erwachen her. Bei der Metamorphose vom Sandsack zum Menschen gibt es einige angstvolle Sekunden, bevor man wieder weiß, wer man ist. Zur Sicherheit schaut man im Badezimmer in den Spiegel, wobei man eine leichte Enttäuschung nicht verhehlen kann: Noch immer nur zwei Beine. Doch manchmal erschrickt man auch bis ins Mark.

Das ist mir selbst während meiner Studienzeit passiert. Nach zehn Semestern plätscherte mein Studium nur noch so vor sich hin. Mir war die Lust vergangen. Lieber wäre ich Zeichner oder Musiker geworden als Doktorand. Aber wie viel ich auch zeichnete und wie heftig ich die Saiten schlug, aus mir wurde weder Zeichner noch Musiker. Was ich schließlich geworden war, entdeckte ich eines Morgens, als ich unbedarft in den Spiegel schaute – und zur Salzsäule erstarrte! Dieser verwunderte Blick! Dieser idiotische Pullover! Mein Gott, diese Schuhe! Kein Zweifel, der Kerl, der mich aus dem Spiegel heraus anschaute, war – ein Biologe. Auf einmal wurde mir klar, dass ich auch die Menschen um mich herum beobachtete, als wären Tiere aus ihnen geworden. Doch nicht sie hatten sich verwandelt, sondern ich hatte eine Metamorphose hinter mir. Ich war zum Biologen geworden. Gott, steh mir bei!

Jetzt erwartet mich nur noch eine einzige Metamorphose, die hoffentlich noch ein gutes Vierteljahrhundert auf sich warten lässt. Es ist die allerletzte Metamorphose, Sie wissen schon, die, wenn man morgens wach wird und merkt, dass man tot ist.

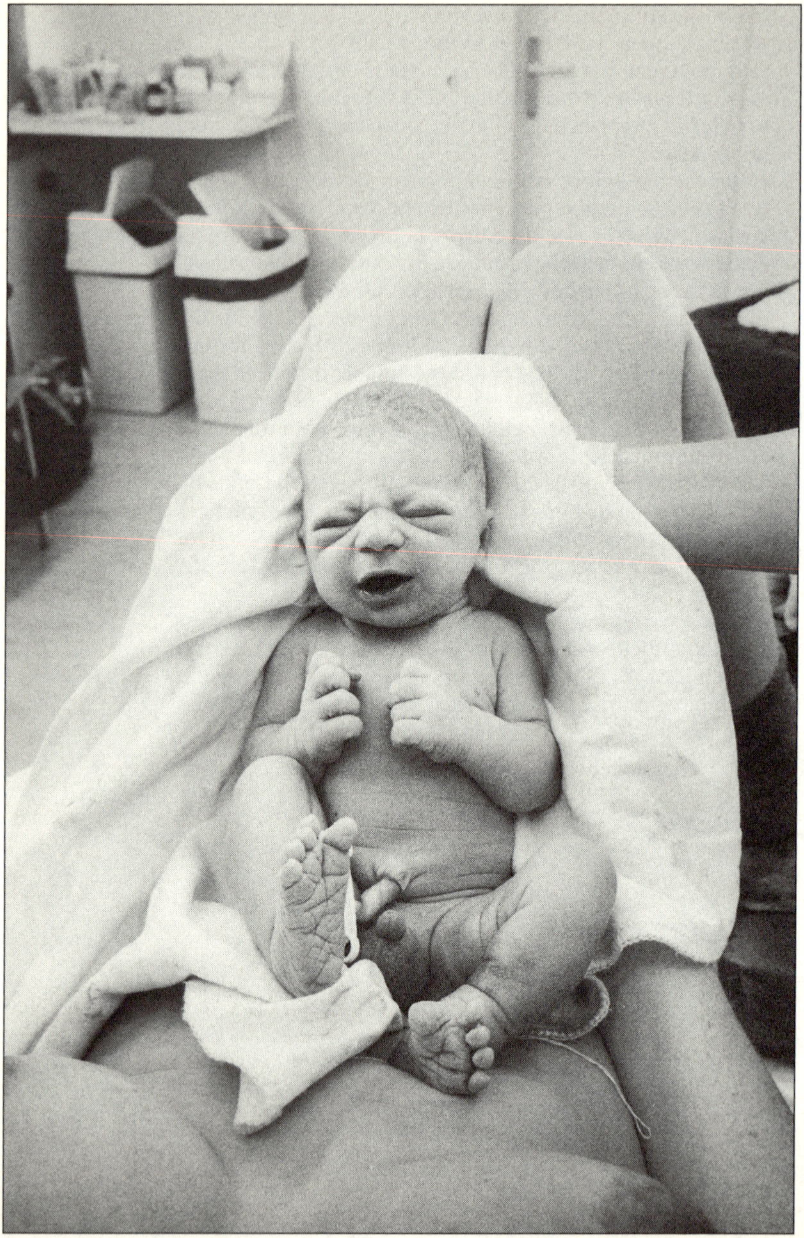

## 4
## Ein schlechter Mensch

Voller Freude gibt ein Mensch bekannt, dass es auf der Welt ist und wie viel es wiegt. Hurra!

Ab und zu findet man so eine frohe Botschaft im Briefkasten vor. Man erwägt eine Ausrede, verwirft sie wieder, sinnt auf eine andere, die auch nicht viel taugt, und geht schließlich doch hin, um einen weiteren Beitrag zur Überbevölkerung zu feiern. Neben der Wiege stehen die strahlenden Eltern. Stolz wie Oscar. Selber gemacht!

Selbermacher haben oft Probleme mit den Augen. Was sie da so stolz präsentieren, ist eine hilflose Made, ein Ferkel ohne Schwanz, eine weiche Puppe, mit der man nicht einmal spielen darf. Mit einem Menschen hat das Wesen in der Wiege nur wenig gemein. Nichts von all dem, was den Menschen vom Tier unterscheidet, und sei es auch nur graduell, hat dieses Würmchen aufzuweisen. Ist das tatsächlich eines von uns? Könnte es nicht auch das Kuckucksjunge von außerirdischen Wesen sein, die uns ihren Nachwuchs untergeschoben haben? Ist es sinnvoll, das kleine Ding überhaupt großzuziehen? Liebe Marsmenschen, haltet ihr uns für blöd? Ist es am Ende aber doch von zwei Menschen gemacht, dann ist so ein Baby der beste Beweis dafür, dass der Mensch von den Tieren niedrigerer Ordnung abstammt.

Sprechen kann ein Baby nicht, auch der Gebrauch einfachster Werkzeuge ist ihm fremd; sitzen ist zu viel verlangt. Das Köpfchen wackelt hin und her, und sonst gleicht so ein Baby noch am ehesten einem Patienten mit einer Querschnittslähmung direkt unter der Stelle, wo sich bei einem normalen Tier das Genick befindet. Die Muskeln bewegen sich willkürlich, vor allem die Schließmuskeln, und die krummen Beinchen lassen das Schlimmste in Richtung Englische Krankheit befürchten. Sieht man genauer hin, dann stellt man fest, dass der Schädel auch noch kaputt ist. Er hat nicht weniger als sechs Löcher: vier an den Schläfen und zwei in der oberen Mitte. Durch das vorderste Loch in der Schädeldecke kann man den Inhalt pochen sehen. Was aber nichts mit Denken zu tun hat. Da Cogito-ergo-summt noch nichts.

In seinen Exkrementen liegend, windet es sich wie eine gerade noch lebensfähige extrauterine Schwangerschaft, ein kleines Monster, das nicht einmal Tageslicht verträgt und vollkommen kindisch und hinfällig ist. Ein scheinbar hoffnungsloser Fall. Wie sollte etwas heilen, das nie heil gewesen ist? Wie soll man nicht schlappmachen angesichts eines solchen Schlaffmachers?

Misslungener kann ein Mensch nicht sein. Wäre eine Mutter objektiv, sie würde ihr Pfuschwerk tief in der Wiege verstecken, sämtlichem Besuch absagen und der Hebamme einen Prozess anhängen. Aber Mütter sind nicht objektiv, und der Vater, der sich inzwischen von seinem Schrecken erholt hat, schaut, als hätte er eine Schlacht gewonnen. Der Babybesichtigungsbesucher zuckt mit keiner Wimper, es schweigt des Besuchers Höflichkeit. Wer würde schon laut sagen, dass das Baby Winston Churchill ähnlich sieht.

***Eine objektive Mutter würde ihr Kind in der Wiege verstecken.***

Wer zum ersten Mal ein Neugeborenes zu sehen bekommt, wagt an der Gültigkeit des Prinzips *survival of the fittest* ernsthaft zu zweifeln. Wenn diese zahnlose Made, dieser sabbernde Kokon, dieser bleiche Engerling ein *fittest* sein soll,

wozu haben dann die übrigen Tiere Zähne und Klauen, Gift oder Massen von Stacheln? Und wenn es kein *fittest* ist, warum *survivet* es dann? Aus einem einzigen Grund, und nur aus dem einen: weil das Baby, nackt und bleich wie es ist, alles kann, was ein Baby können muss. Als Mensch ist es ein Rohrkrepierer, aber als Baby ist es perfekt. Und das wissen seine Eltern auch. Sie wissen, wie ein Baby aussehen muss. Sie wissen, dass es sinnvoll ist, in dieses Wesen zwanzig Jahre Blut, Schweiß und Tränen hineinzustecken. Und woher wissen sie das? Von Freunden, aus Heftchenromanen, von Trivialpädagogen wie Dr. Spock und der *Frau im Bild*. Vor allem aber sagt es ihnen ihr Gefühl. Für die Mutter war der neunmonatige Advent voller Glaube, Liebe und Hoffnung. Man muss schon ein Biologe sein, um zu wissen, welche Aufgabe dieses Kindlein auf Erden zu erfüllen hat. Es muss wahrlich ein Mensch werden. Alles, was es noch nicht kann – laufen, lesen, Kreuzworträtsel lösen –, braucht es jetzt auch noch nicht zu können. Gut sein muss es nur in der einen Sache, die alle Larven ausgezeichnet beherrschen: im Wachsen.

Um einen Erwachsenen aus sich zu machen, muss ein Baby sein Gewicht verzwanzigfachen. Dass heißt, es muss auf die eine Portion Fleisch und Blut, die es bei der Geburt mitgekriegt hat, selber noch neunzehn draufpacken. Das macht es mit links. Noch vor seiner Geburt hat es sich im Bauch der Mutter milliardenfach vergrößert. Nach explosionsartigem Wachstum ganz am Anfang, geht es danach immer langsamer. Während der Embryo innerhalb der ersten acht Wochen das 27 500-fache seiner Ursprungsgröße erlangt, vervielfacht er sich in den nächsten Wochen nur noch um das Hundertfache. Im Jahr nach der Geburt hält das Wachstumstempo noch eine Weile an, als wäre nichts geschehen. Doch würde das Kind immer so weiter wachsen wie im ersten Jahr, wäre es mit 18 Jahren 750 Meter groß und schwer wie ein Wolkenkratzer. Später wächst nur noch Krebs in ähnlich beeindruckender Weise.

Ein großer Teil des prallen Babykörpers besteht aus Fett. Verglichen mit einem kleinen Pavian, besitzt ein Baby fünfmal so viel Fett. Und das ist nicht zu übersehen: Ärmchen und Beinchen wie ein Michelin-Männchen, und ums Handgelenk eine Falte, weil es sonst das Händchen nicht bewegen könnte. Vor lauter Fett zwischen Schulter und Kopf ist so etwas wie ein Hals nicht zu entdecken, und weil das Fett auch die Wölbung zwischen Fußballen und Ferse ausfüllt, sieht es aus, als hätte jedes Baby Plattfüße. Nicht umsonst muss man beim Anblick eines großen Dicken unwillkürlich

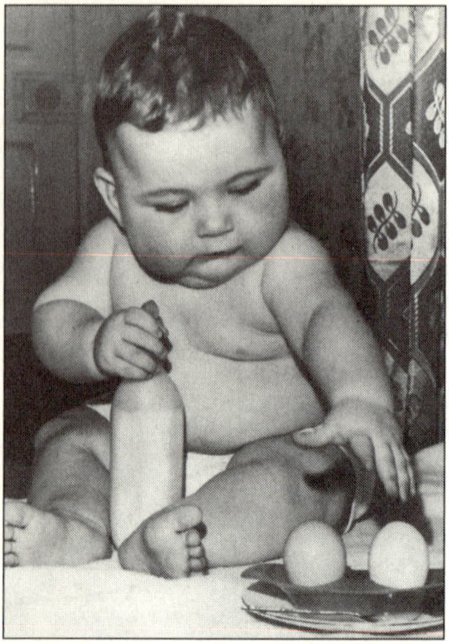

*Babys sind umso rührender, je dicker sie sind.*

an ein kleines Baby denken. Nur nennt kaum einer ein Baby wirklich dick, man sagt entweder mollig oder gut beisammen. Zur Diät rät auch kaum einer, sondern flüchtet sich in Bemerkungen, wie: »Das verwächst sich noch.« Aber die Fettschicht wird nicht sofort in Fleisch und Blut umgesetzt; im ersten Jahr nehmen Babys nur zu. Sie sind deshalb an ihrem ersten Geburtstag am fettesten – und die Eltern bei seinem Anblick so gerührt wie nie.

Diese Rührung, die in Bezeichnungen wie »mollig« oder »Mockelchen« mitklingt, schwingt auch in dem für Kinder so oft verwendeten Begriff des »Würmchens« mit. Ein Erwachsener, der mit diesem Wort bezeichnet würde, wäre tiefer Verachtung ausgesetzt, doch bei einem Baby ist das »Ach, nein, schaut euch nur dieses Würmchen an« wenn nicht ein Ausdruck von Zärtlichkeit, so doch mindestens von grenzenlosem Mitgefühl. Eltern scheinen in ihrer eigenen Larve die wurmförmigen Larven von Fliegen und anderen Gestaltwechslern wiederzuerkennen. Jene ist wie diese länglich, damit sie leichter wachsen, und mollig, damit sie das ganze Fett unterbringen kann. Was will ein Neugeborenes nur mit so viel Fett, das man in dieser Menge sonst eher bei einem Meeressäuger erwarten würde – bei einem Delphin zum Beispiel oder einem Seehund? Diese müssen sich im kalten Wasser die Körperwärme erhalten, denn ein Fell allein kann das nicht. Vieles weist darauf hin, dass der Mensch in oder am Wasser zum Menschen geworden ist, obwohl es dafür noch keine Beweise in Form von Fossilien gibt. Eine andere These, weshalb ein Mensch um so vieles fettreicher geboren wird als andere Affen, besagt, dass dies so ist, weil er mehr Gehirn hat als diese. Das schnelle Wachsen unseres Nervensystems verbraucht Mengen von Kraftfutter. Doch warum hamstert ein Baby bereits in der Gebärmutter so viel Fett an, also noch bevor es die gefährliche Reise durch das enge Becken seiner Mutter antritt? Was diese auf die Welt bringt, besteht lediglich zu 84 Prozent aus Mensch, der Rest ist reiner Speck. Die Reihenfolge ist verkehrt, denn Gebären an sich ist schon schwierig genug. Ein Flaschenschiffbauer richtet ja auch nicht zuerst die

Masten auf und versucht dann, das Schiff durch den engen Flaschenhals zu schieben.

Die Anthropologin Sara Blaffer Hrdy hat eine plausible Erklärung dafür parat. Dass ein Baby seine Mutter neben Fleisch und Blut und Knochen auch noch so viel Fett in die Welt pressen lässt, geschieht nicht, um sie zu ärgern, sondern im Gegenteil, um ihr einen Gefallen zu tun. Es muss sie davon überzeugen, dass es sich lohnt, zwanzig Jahre Mühe und Energie hineinzustecken. Und wie strotzt man in den Augen seiner Mutter am besten vor Gesundheit? Richtig, indem man eine Wucht ist. Ein gutes Baby ist immer etwas kräftig für sein Alter. Aus diesem Grund steht es auch deutlich lesbar auf den Geburtskarten: Er heißt Johann und wiegt acht Pfund. Sind wir beim Anblick eines Seehundbabys deshalb so gerührt, weil es so sehr wie ein Baby aussieht, so rührt uns der Anblick eines Babys, weil es einem kleinen Seehund so ähnlich ist.

Hat ein Baby erst einmal den Flaschenhals der Gebärmutter hinter sich gebracht, steht dem Wachsen nichts mehr im Wege. Die Mutter braucht es eigentlich nur zu füttern; trotzdem kriegt es eine Extrawurst gebraten. Warum eigentlich? Warum isst ein Baby keine Frikadellen oder Pizza wie der Rest der Familie? Was hat es gegen ein saftiges Kotelett mit Bratkartoffeln und Salat? Oder Hähnchen mit Apfelmus, wonach alle Kinder in Holland so verrückt sind? An den fehlenden Zähnen kann es nicht liegen; zahnlose Greise begnügen sich ja auch nicht mit Brei. Der Ernährungswissenschaftlerin Ellen Govers zufolge hat eine gesunde Ernährung für alle Altersgruppen dieselbe Zusammensetzung: Vollkornprodukte, Gemüse, Früchte, Milchprodukte, Kartoffeln oder Teigwaren und Fleisch oder Fleischersatz. Mag sein, dass man in diesem oder jenem Alter etwas mehr von diesem oder jenem benötigt. Kinder bis zum Alter von achtzehn Monaten seien nur deshalb von dieser Regel auszunehmen, weil ihr Magen-Darm-Kanal noch nicht voll entwickelt sei.

Das klingt absurd. Warum werden die Kinder mit einem unterentwickelten Magen-Darm-Kanal geboren, wenn sie doch gerade nach der Geburt stärker wachsen müssen denn je? Eine Larve muss ja nicht gleich laufen oder fliegen können, aber verdauen, das muss sein. Und warum landet ein Baby dann nicht sofort nach der Geburt auf der Intensivstation der Magen-Darm-Klinik? Weil Magen und Darm entwickelt genug sind, dass heißt, so weit entwickelt, wie es für ein Baby notwendig ist. Wenn es auch kein Schweinekotelett mit

Erbsen mag, isst es doch, was so mancher Erwachsener nie herunterbrächte. Die Eingeweide eines Babys funktionieren nicht schlechter als die von Erwachsenen wie mir oder Ellen Govers, sie funktionieren nur anders. Zu behaupten, die Eingeweide eines Babys seien unterentwickelt, ist ungefähr so einseitig und falsch wie die Behauptung, die Stimmbänder eines Kindes seien unterentwickelt, weil es noch keinen Stimmbruch gehabt hat. Ein Entwicklungsstadium darf nicht an den Stadien gemessen werden, die noch vor ihm liegen, sondern nur an sich selbst. Jedes Mittel ist in erster Linie sein eigener Zweck.

Wie entwickelt der Magen-Darm-Kanal eines Babys tatsächlich ist, ergibt sich schon aus der berstenden Fülle seiner Windeln. Die Windel ist kaum gewechselt, da ist sie schon wieder voll. Würde man das Mistaufkommen des Menschen mit derselben Ernsthaftigkeit behandeln wie das von Schweinen und Hühnern, hätte man der Kinderhaltung schon längst einen Riegel vorgeschoben. Wie bei allen Formen intensiver Viehhaltung lässt sich die hohe Produktion am Umfang des Mistes ablesen. In jeder Wiege wird Großes geleistet. Zellen, die gerade die Teilung hinter sich haben, teilen sich schon wieder. Hier läuft eine Menschenfabrik auf vollen Touren. Und das alles mit einer Investition von ein paar Portionen Milch pro Tag.

Eine Mutter könnte davon nicht leben. Die Gefahr, dass sie von ihrer eigenen Milch krank würde, wäre sogar ziemlich groß. Drei Viertel der erwachsenen Weltbevölkerung ekeln sich vor Milch, sei es Menschen-, Ziegen- oder Kuhmilch. Ein erwachsener Chinese bekäme von einer Flasche Milch ordentlich Dünnpfiff, dazu Bauchweh, Krämpfe und womöglich noch eine Kolik. Deshalb sucht man auf der Speisekarte des Chinarestaurants um die Ecke vergeblich ein Gericht mit Sahnesauce, und Butter bei die Fische ist auch nicht üblich. Auch Japaner und Inder wollen von der Milch nicht viel wissen; so mancher Japaner trinkt lieber ein Glas Rotz. Weiße bilden eine Ausnahme. In Nordamerika und in großen Teilen Europas ist das Milchtrinken so normal, dass die Länder der Ersten Welt in den fünfziger und sechziger Jahren Millionen Tonnen Milchpulver in die Not leidende Dritte schickten. Erst 1965 kam man dahinter, dass viele der Hilfsbedürftigen nicht vom Wasser, mit dem sie das Pulver anrührten, krank wurden, sondern vom Milchpulver selbst. Zum ersten Mal zog man eine erbliche Veranlagung in Betracht. Die Liste der Völker, die Milch schlecht vertragen, wurde mit der Zeit immer länger, bis die Forscher endlich begriffen, dass das Verdauenkönnen von Milch auf einer erblichen Abweichung beruhte. Für die Niederländer, die Milch für flüssige Gesundheit hielten und die Überproduktion der Milchwirtschaft stolz zu Schulmilch verarbeiteten, um auch ihren Nachwuchs damit abzufüllen, war das ein Schock. Bei näherem Hinsehen allerdings ist die Milchunverträglichkeit beim Erwachsenen gar nicht so abwegig. Der Mensch ist ein Säugetier, und bei allen Säugetieren trinken nur die Säuglinge Milch. Man isst als erwachsener Mensch ja auch keine Aletekost oder? Der politisch nur wenig korrekte Erich Wichman nannte Kuhmilch 1928 dann auch »die weiße Gefahr« und hielt sie für noch »schädlicher als Schnaps«.

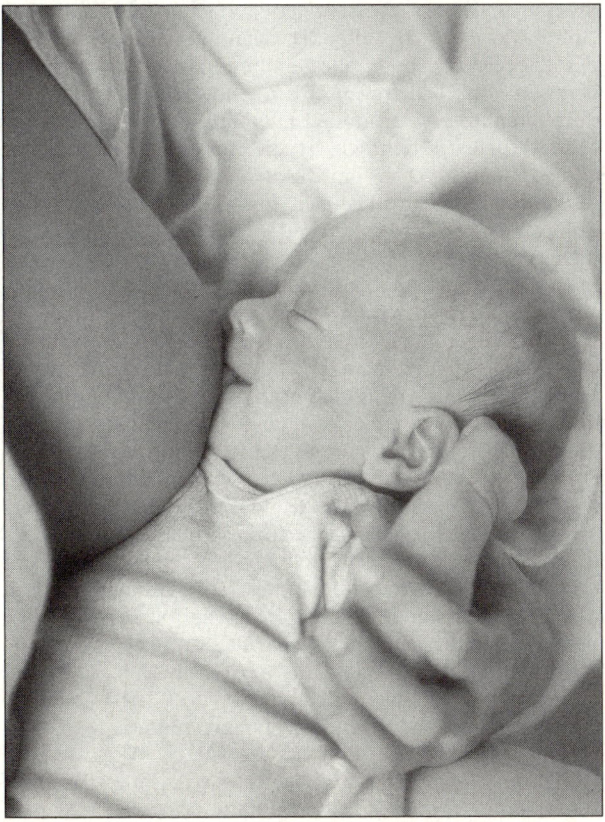

*Der Mensch ist ein Säugetier.*

Milch ist von Natur aus ums Verrecken nicht gut – außer für junge Kälber. Also nicht mal fürs »Vieh« im allgemeinen, denn erwachsene Kühe vertragen auch keine Milch. Milch trinkende Kühe nennen die Bauern »widerliche Viecher«. Sie wissen, dass diese Tiere verdorben sind und es auch bleiben, weil sie die Milch trinken, die doch an die ebenso kuh-blöden Städter verkauft werden soll. Deshalb schlachten sie diese Tiere sofort. Zum Milchzapfhahn gehört der Milchzahn.

Dennoch ist die Milch eine der schlagkräftigsten Waffen der Säugetiere im Existenzkampf. Ohne die Möglichkeit, die noch hilfsbedürftigen Jungen außerhalb des Mutterleibs zu füttern, müssten diese länger im Körper der Mutter bleiben, und das würde bei der Geburt zu noch größeren mechanischen Problemen führen, als es sie ohnehin gibt. Durch die Milchdrüsen wird die Schwangerschaft nach der Geburt noch eine Weile aufrechterhalten. Das Band der Milch ersetzt das des Blutes, denn im Grunde genommen ist Milch nichts anderes als konzentriertes Blut. Um einen Liter Milch zu produzieren, müssen vierhundert Liter Blut durch die Brüste der Mutter fließen. Natürlich ist die Zusammensetzung eine andere, denn Milch ist ein Destillat. Die Mutter brennt aus ihrem Blut die Lebensflüssigkeit für ihr Kind so wie ein Alkoholbrenner aus minderwertigem Wein köstlichen Cognac fabriziert.

Etwa die Hälfte der Energie, die der Säugling mit der Milch aufsaugt, befindet sich im Zucker, der die Milch süßt. Doch wird diese Energie nicht fix und fertig angeliefert; der Darm muss sie sich erst erarbeiten. Die Moleküle des Milchzuckers (Laktose) sind zu groß, um die Darmwand zu durchdringen, und deshalb werden sie in zwei einfachere Zucker (Glukose und Galaktose) gespalten. Das geschieht mit Hilfe des sich im Dünndarm jedes Babys befindlichen Enzyms Laktase. Durch diesen Zwischenschritt wird dem Blut nicht gleich mit jedem Schuss Milch eine Überdosis Zucker verabreicht, sondern häppchenweise vorgesetzt, wodurch der Säugling die Brenn- und Baustoffe leichter aufnehmen kann. Allmählich kann das heranwachsende Baby dann zu fester Nahrung übergehen, und genauso allmählich wäre die Mutter auch gerne die spitzen Zähnchen auf ihren Brustwarzen wieder los, die unter natürlichen Umständen auch womöglich schon wieder für das nächste Geschwisterchen gebraucht würden.

Nach dem Abstillen ist die Laktase sinnlos wie ein Schnuller, und die Energie des Kindes wendet sich anderen Dingen zu. Normalerweise wird kein abgestilltes Säugetier in seinem

Leben noch einmal Milch auf der Zunge schmecken, es sei denn, es handelt sich um einen Menschen oder eine Katze. Außer in der Muttermilch kommt Laktose in der Natur nur in Forsythien und einigen tropischen Sträuchern vor, die man finden kann, wenn man sich in die Blumenabteilung der Supermärkte bequemt. Und so wird nun auf dem ersten Gen der Darmzellen das Chromosom für die Laktaseproduktion einfach abgeschaltet, sodass sich diese auf ein Zehntel reduziert. Welchen Sinn hätte es auch, für den Rest seines Lebens einen Stoff herzustellen, den man niemals mehr benötigt? Kein Schmetterling trägt den Ballast von Körpersystemen mit sich herum, die nur der Raupe von Nutzen sind. Wer als Erwachsener dennoch Milch trinkt, geht das Risiko ein, dass der Milchzucker im Darm stecken bleibt, wo sich zahlreiche Bakterien darauf stürzen. Diese bringen den Zucker zum Gären, wobei eine ganze Menge Kohlensäure freigesetzt wird. Kein Wunder, dass man sich aufgeblasen fühlt und mitunter Krämpfe hat, die erst nachlassen, wenn der Milchzucker den Körper in einem Orkan von Durchfall wieder verlassen hat. Für einen Arzt ist die Diagnose denkbar einfach, denn bei der Gärung wird Wasserstoff frei, und der ist dem Atem deutlich anzumerken.

Eine unterschiedliche Ernährungsweise in verschiedenen Lebensstadien kommt natürlich am häufigsten bei Tieren mit Larven vor. Ein gutes Beispiel dafür ist der Große Kohlweißling (*Pieris brassicae*). Seine Raupe wird von einem Stoff angezogen, den die meisten Insekten eigentlich verabscheuen, dem Senföl. Offensichtlich hat sich die Verdauung der Kohlweißlingraupe darauf eingestellt, was ihr immerhin eine Menge Fresskonkurrenz erspart. Es kommt bei Insekten öfter vor, dass sie einem altbekannten Gift gegenüber tolerant sind; so verträgt etwa die Raupe des Tabakschwärmers (*Manduca sexta*) Nikotin und der Monarchfalter (*Danaus plexippus*) Wolfsmilchsaft. Senf enthält starke Gifte wie das Senföl oder das berüchtigte Senfgas, das, im Ersten Weltkrieg als chemische Waffe eingesetzt, tausende Soldaten das Leben gekostet hat. Kein Wunder, dass erwachsene Kohlweißlinge das Zeug nicht mögen. Ironischerweise ist es beim Menschen genau umgekehrt; hier weigern sich die Kinder, den Kohl zu verzehren. Auf der Hitparade der Mag-ich-nicht-Listen stehen Kohlsorten bei Kindern ganz oben, an erster Stelle Rosenkohl, der auf niederländisch passenderweise auch *kinderkooltjes* genannt wird, »Kinderköhlchen«. Eltern haben keine Probleme mit diesen giftigen Gewächsen, doch Kinder verdauen die schwefelhaltigen Senfprodukte nur schlecht und kriegen oft Bauchweh davon. Eltern dagegen sind der Meinung, ihre Kinder sollten sich nicht so anstellen, man könne lernen, Rosenkohl zu essen; sie selber hätten das schließlich auch gemusst. So mancher aber lernt es nie, wie etwa George Bush senior, der verkündete: »Ich hasse Brokkoli. Habe ich schon als kleines Kind getan, als meine Mutter mich zwang, ihn zu essen. Jetzt bin ich Präsident der Vereinigten Staaten von Amerika, und ich denke nicht daran, in meinem Leben noch einen einzigen Bissen Brokkoli zu essen.«

Kohl und Milch sind prächtige Indikatoren: Mit ihnen lassen sich Menschenlarven von erwachsenen Menschen unterscheiden wie die Säuren von den Basen mit Hilfe von Lackmus. Wie aber konnten derart fundamentale Unterscheidungshilfen so lange Zeit verborgen bleiben? Für den Kohl gilt, dass der Mensch sich mit zunehmendem Alter an dessen Schwerverdaulichkeit gewöhnt, und die Milch blieb unerkannt, weil die meisten für uns relevanten Wissenschaftler europäischer Abstammung sind. Es gibt viele Europäer, die ihr Mittagessen Tag für Tag mit reichlich Milch herunterspülen, während ihre vielzähligen Nachkommen in Nordamerika sich kaum zur Arbeit trauen, ehe sie nicht ihre Cornflakes in Milch ersäuft haben. Sie alle haben gelernt, Milch zu trinken, so wie sie gelernt haben, Kohl zu essen, wenn auch ersteres nicht im Laufe eines Menschenlebens, sondern innerhalb mehrerer Generationen.

Überprüft man die Völker auf ihre Milchverträglichkeit, ergibt sich folgendes Bild. Im Allgemeinen kann man sagen, dass östliche Völker Milch schlechter verdauen können als westliche; doch gibt es auch Völker wie die Franzosen und Italiener, bei denen die eine Hälfte Milch verdauen kann und die andere nicht. Zudem leben manche milchverträglichen Völker in unmittelbarer Nachbarschaft zu milchunverträglichen. Es zeigt sich, dass Milch trinkende Völker meist auch Vieh haltende Völker sind oder waren.

Offensichtlich haben diese Völker das Milchtrinken richtig gelernt. Anfangs wurden Rinder nur als Zugtiere gehalten oder in der Schlacht eingesetzt. Doch rasch stellte sich heraus, dass die Viehhaltung in Zeiten von Nahrungsknappheit von ungeheurem Vorteil war. Es ist anzunehmen, dass man anfangs nur die Kinder an den Eutern mittrinken ließ, doch wird es vereinzelt wohl immer ein paar Erwachsene gegeben haben, die Milch vertrugen und sich daran gütlich taten. Auf diese Weise kamen sie nicht nur an Zucker, sondern auch an Eiweiße und Fett heran und vor allem an Kalk. Da Kalk gut für die Knochen ist, verformten sich die Becken der Frauen

*Eine gute Mutter hat zwei Brustwarzen.*

weniger stark, und sie konnten ihre Kinder etwas leichter gebären. Durch diese Prämie in Sachen Fortpflanzung konnte sich die Milchtoleranz rasch verbreiten, und dies um so leichter, weil ihr Vorhandensein bei einem Elternteil für die Vererbung genügt. Außerdem war es nicht nötig, für den Milchabbau ein neues Enzymsystem zu entwickeln, es reichte vollkommen, ein bereits vorhandenes nicht auszuschalten.

Das ganze Leben Muttermilch verdauen zu können heißt noch lange nicht, dass man das ganze Leben Muttermilch bekommt. Würde in den Niederlanden die gesamte Milch aus menschlicher Produktion stammen, grasten jetzt zehnmal mehr Frauen auf den holländischen Wiesen als Kühe. Weltweit werden jährlich um die 500 Milliarden Liter Milch verkauft; davon sind 90 Prozent Kuhmilch, der Rest ist Büffeln, Kamelen, Schafen und Ziegen abgezwackt. Zum Glück für alle jene Menschen, die keine Milch vertragen, wird ein großer Teil dieses Milchsees zu laktosefreien Milchprodukten verarbeitet. Im Joghurt verwandelt das Bakterium *Lactobacillus bulgaricus* den Milchzucker in Milchsäure und tritt damit der Verderbnis unverzüglich entgegen. Bei der Käseherstellung verschwindet der Milchzucker beim Gerinnen mit dem wässrigen Rest, der ablaufenden Molke. Je trockener und härter die Käsesorte, desto weniger Laktose befindet sich darin. Wer die Milch unbedingt selber trinken will, kann eine Spezialmilch kaufen, bei der die Laktose bereits aufgespalten wurde.

Für ein Baby gibt es nichts Besseres als Muttermilch. Trotzdem werden viele Menschen als Säuglinge mit Kuhmilch ab-

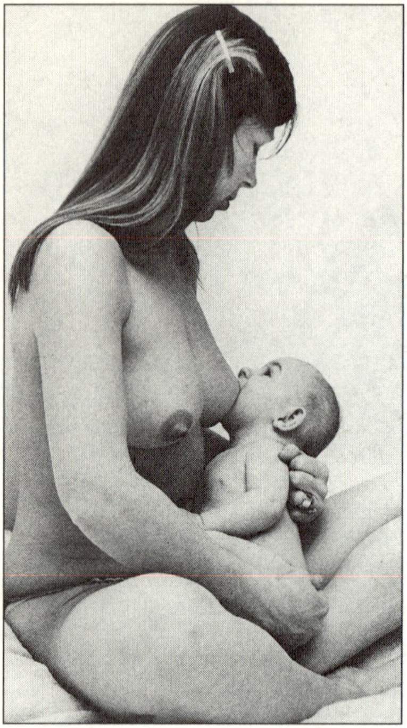

*Brüste sind zum Stillen eigentlich gar nicht nötig…*

gespeist. Man hält Milch für eine Art Esperanto, das man problemlos von einer in die andere Tierart umgießen kann. Doch so einfach geht das nicht. Eine Milch ist fetter als die andere, und auch das Eiweiß kann verschieden ausfallen. Aus diesem Grund kann man auch nicht aus jeder Tiermilch Käse machen. Am fettesten ist die Milch von Seehunden. Deren Junge müssen auf der Sandbank in Rekordzeit für ein Leben im kalten Wasser aufgepäppelt werden. Merkwürdigerweise befindet sich in der Milch des mit dem Seehund eng verwandten Seelöwen keinerlei Laktose; im Verdauungsapparat der Welpen findet sich folglich auch keine Laktase, und die Tiere können keinen Milchzucker vertragen. Bei den Tieren, die als Milchquelle für den Menschen in Betracht kommen, weist die Rentiermilch mit 20 Prozent einen rund fünfmal höheren Fettgehalt auf als die Milch des Menschen. Aber auch Kuhmilch kann ein Menschenkind nur mit Mühe verdauen. Ein Kind, das die Flasche bekommt, sucht außerdem nicht nach der mütterlichen Brustwarze – wie soll so eine Mutter je wissen, dass sie ein Säugetier ist?

Angeblich bin auch ich ein Säugetier. Ganz verhehlen lässt sich das ja nicht, dennoch tut man mir Unrecht. Denn ein Raubtier raubt, ein Nagetier nagt, aber man kann nicht behaupten, dass ich säuge. Habe ich nie getan, und werde ich auch nicht tun, weil mir schlichtweg die Ausstattung dafür fehlt. Wo sich meine Milchfabrik befinden müsste, kann ich lediglich zwei Spielzeugwarzen vorweisen. Zum Glück bin ich nicht der Einzige: Ich teile dieses Handicap mit der Hälfte aller Säugetiere. Die Hälfte aller Säugetiere sind Männer.

Wer ist nur auf die Idee verfallen, eine ganze Tiergruppe nach einer Tätigkeit zu benennen, die die eine Hälfte davon niemals ausübt und die andere Hälfte auch nur vorübergehend, nämlich dann, wenn eine Schwangerschaft erfolgreich abgeschlossen wurde? Carl von Linné, der Begründer unserer modernen Tiersystematik, hatte sich für die Säugetiere den lateinischen Namen *mammalia* ausgedacht, was wörtlich übersetzt Eutertiere bedeutet und damit auch nicht viel besser ist. Linné hätte besser daran getan, sich an seinen englischen Vorgänger John Ray zu halten, der uns *Pilosa* oder Haartiere nannte, denn Haare haben wir Säugetiere alle. Ein ebenfalls weitaus passenderer Name wäre auch »Saugtiere« gewesen. Säugen werde ich nie, doch gesaugt habe ich schon. Männer sind keine Säuger, doch saugende Säuglinge waren sie alle einmal. Der Unterschied zwischen säugen und saugen ist derselbe wie zwischen tränken und trinken. Tränken und säugen sind Kausative, d.h. Verben, die etwas veranlassen. Säugen ruft saugen hervor, aber ohne saugen gibt es auch kein Säugen.

Kaum geboren, müssen Säugetiere ihre Bestellung selber aufgeben. Menschenkinder sabbern etwas an der Warze herum, Lämmer versetzen dem Euter ihrer Mutter einige tüchtige Kopfstöße, bevor es losgehen kann. Erwachsene Katzen, die es sich auf einem menschlichen Schoß bequem gemacht haben, gleiten vor Behagen in ihre tiefste Kindheit zurück und fangen an, mit den Füßen zu treteln, als wollten sie Milch aus ihrer Mutter kneten. Ein solches Verhalten setzt im Muttertier Oxytozin frei, worauf Milch in die Zitzen schießt. Auch beim Menschen geht dem Säugen das Saugen vorweg. Sabbern wirkt auf die Brust wie ein plätschernder Wasserhahn auf eine übervolle Blase. Unwiderstehlich. Zum Glück konnte das Baby da das Saugen bereits im Mutterleib üben, wo es schon lange Wochen vor der Geburt am Finger lutscht. Ein richtiges Saugen ist das übrigens nicht, was das Baby an der Brustwarze veranstaltet; die Warze ist im Grunde nur der Ausguss eines Milchfasses. Das Baby kneift mit dem Mund in den Warzenhof, und durch diese Massage spritzt ihm die Milch tief in den Mund. Spornt ein Baby die Mutter zum Säugen an, so ermuntert die Mutter ihrerseits den Säugling zum Saugen. Im Prinzip fängt das Kleine erst damit an, wenn es die Brustwarze an der Wange spürt, worauf es den Kopf in die richtige Richtung dreht. Erfahrene Mütter wissen, dass ein streichelnder Finger an der Wange denselben Effekt hat.

Ideal sind Frauenbrüste allerdings nicht. Wären sie bloß dazu da, Milch zu geben, besäßen sie wohl die Form einer Milchflasche. Frauenbrüste sind viel zu rund. Manche Mütter drücken aus Angst, das Kind könnte beim Trinken ersticken mit dem Finger eine Delle hinein. Brüste sind nun einmal nicht dazu da, Kinder zu säugen. Die meisten Säugetiere

*… Brustwarzen genügen.*

haben nicht mal welche; eine Brustwarze und ein paar Milchdrüsen reichen auch. Die Fettkugeln vorn am Körper der Menschenfrauen sind ein sekundäres Geschlechtsmerkmal und im täglichen Leben so unpraktisch wie ein Hirschgeweih. Sie dienen in erster Linie dazu, Männer anzulocken, die Kinder zeugen können. Und die wiederum trinken dann daraus. Andere Affenarten brauchen diesen Köder nicht. Sie locken die Männer mit einem Extrahintern, der in ihrer fruchtbaren Periode oft noch besonders anziehend geschwollen ist. Dafür haben sie an ihrer Brust Sauger, die so groß sind wie eine Saugflasche. Eine Muttersau hat davon gleich ein ganzes Dutzend. Auf dem Weg zu den Zitzen zerreißen die Kleinen gleich selber die Nabelschnur, und nach kurzer Zeit hat jedes Ferkel seine eigene Zitze, die ihm allein gehört und sonst keinem. Würde man den Ferkeln Nummern auf die Rücken malen, lägen sie bei jeder Fütterung in der richtigen Reihenfolge.

Beim Trinken presst das Baby mit einer überraschend kräftigen Zunge die Brustwarze gegen den Gaumen, der gerippt ist wie ein Waschbrett, damit die Warze nicht wegrutschen kann. Mit zunehmendem Alter verflachen diese Rippen, aber selbst wenn Sie die jetzt noch hätten, könnten Sie nicht mehr saugen wie ein Baby. Sie würden, mit Ihrer Nase in dieser ganzen Üppigkeit versunken, tatsächlich ersticken. Babys dagegen können noch, was Sie schon verlernt haben: Sie können trinken und gleichzeitig atmen. In dieser Hinsicht haben Babys mehr Ähnlichkeit mit einem Pferd als mit der eigenen Mutter. Auch bei einem Pferd hat die Luft immer freie Bahn durch die Nase, und so kann es einen ganzen Eimer in einem Zug leer trinken, ohne eine Atempause einlegen zu müssen. Babys können das zunächst auch. Erst nach vier bis sechs Monaten senkt sich der Kehlkopf allmählich bis unter den Zungenrücken und kommt neben die Öffnung der Speiseröhre zu liegen, sodass eine lebensgefährliche Kreuzung aus Luft- und Wasserwegen entsteht. Hat man die Wiege erst einmal hinter sich, droht bis ans Grab jeder Schluck Flüssigkeit versehentlich in der Lunge zu landen und jeder Atemzug sich in den Magen zu verirren. Wie eine außer Kontrolle geratene Eisenbahnschranke, die mal ein Auto und mal den Zug durchlässt, besitzt der Kehldeckel die Macht über Verdursten und Ersticken. Das ist der Preis, den wir für unser Sprachvermögen bezahlen. Mit dem Kehlkopf eines Babys würde man kein einziges Wort herausbringen. Aber reden muss ein Baby ja auch nicht, das erledigt Tante Maria schon, wenn sie sich das Kleine zum ersten Mal anguckt.

Allzu viel hätte ein Baby auch noch gar nicht zu sagen; würde in seiner Anwesenheit zum Beispiel übers Essen geredet, fiele sein Gesprächsbeitrag dazu recht eintönig aus. Ein Baby mag nämlich nur Süßes, alles andere – Bitteres, Saures oder Salziges – spuckt es wieder aus. Auf Abwechslung beim Essen pfeift das Baby. Ein Erwachsener mag an so viel Süßkram nicht einmal denken, es sei denn er befindet sich im Stress. Dann greift auch er unwillkürlich nach dem Trost aus allerfrühesten Kinderzeiten – zu Keksen, Bonbons und Schokolade.

Die kleinsten Säugetierbabys sind die von Beuteltieren wie den Kängurus. Klein wie ein Hackfleischkrümel kommen sie zur Welt, wiegen weniger als ein Gramm und sehen aus wie ungeschälte Garnelen. Man kennt das von den Fötusfotografien aus den Schwangerschaftsbüchern, die den angehenden Müttern immer so einen Schrecken einjagen. Das Kängurujunge ist eher ein Embryo als eine Larve; nirgends ist die Grenze zwischen Geburt und Fehlgeburt so fließend wie hier. Einen Monat zuvor war es eine gerade befruchtete Eizelle, nun ist das Kängurubaby eindeutig ein Notfall für die Intensivstation: den Beutel. Doch während ein frühgeborenes Menschlein sofort in den Brutkasten gepackt wird, muss das Minikänguru den seinen erst mal suchen gehen. Der kleine Zellklumpen krabbelt aus der Geburtsöffnung quer über Fell und Bauch der Mutter, findet die Beutelöffnung und den Weg zur erlösenden Zitze. Um diese Leistung gebührend würdigen zu können, muss man sich ein Menschenbaby vorstellen, das sich – gehen wir mal von einer Hausgeburt aus – von der Mutter auf den Fußboden sinken lässt, durch den Hausgang krabbelt, das Kinderzimmer findet, dort auf die Wiege zuhält, diese hochklettert und sich reinfallen lässt, um sofort nach der Flasche zu suchen, an der es zur Belohnung dann endlich nuckeln darf.

Nicht zu fassen! Solche *facts of life* rufen vielfach großes Erstaunen hervor. Dagegen ist auch nichts einzuwenden, so-

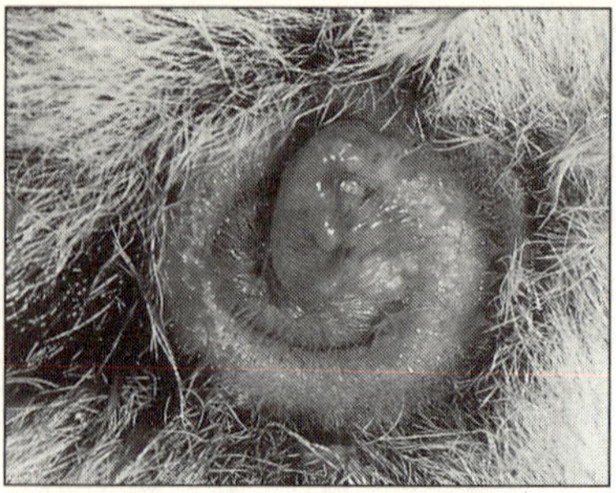

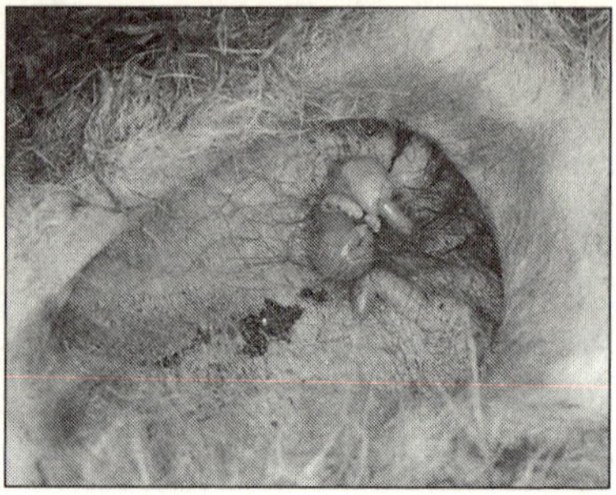

*Bei seiner Geburt (A) wiegt ein Känguru-baby weniger als ein halbes Gramm. Es klettert ganz allein in Mutters Beutel (B). Nach drei Wochen (C) ist es noch immer nicht als Känguru zu erkennen; erst nach drei Monaten (D) herrscht eine gewisse Ähnlichkeit.*

lange es nicht dabei bleibt. Doch der Grund für das Staunen ist man selber. An einem neu geborenen Känguru nämlich ist nichts Anormales, Kängurus werden seit Millionen von Jahren so geboren. Wir wundern uns nur deshalb darüber, weil wir in diesem Krümel beim besten Willen kein Känguru erkennen können. Unser Wissen über erwachsene Kängurus steht uns im Wege. Lässt man nämlich die Endbestimmung dieses Wesens außer Acht, ist so ein neu geborenes Känguru überhaupt nicht klein. Hinsichtlich seiner Größe bewegt es sich im guten Mittelfeld des Lebens. Hunderttausende von Tierarten sind noch kleiner und vollbringen Leistungen, gegen die das Entern eines Beutels ein Kinderspiel ist. Tierchen, kleiner als ein Krümel, machen unseren Viehbestand krank, sabotieren unser Immunsystem, verpuppen sich zu Käfern oder verschmelzen zu einer Eizelle, um Sie oder ich zu werden. Und wenn eine einzige Zelle es schafft, einen Menschen zu machen oder eine Maus, dann wird eine Larve aus Billiarden Zellen doch wohl genug Pep haben, um das Leben einer Larve zu führen. Dasselbe gilt für ein Baby. Ein Baby ist ein schlechter Mensch, aber ein gutes Baby; ganz so wie Sie ein guter Mensch, aber ein lausiges Baby sind. In Ihre Wiege passen Sie nicht mehr, und gleichzeitig atmen und trinken können Sie auch nicht.

Es ist letztlich eine Frage der Perspektive. Von uns aus gesehen, muss ein Baby eine Art Wir werden. Doch kümmert ein Baby das herzlich wenig. Wenn ein Baby das Mittel ist, um Mensch zu werden, was für einen Zweck hat dann der Mensch? So wenig ein erwachsener Mensch sich übertrieben viel Mühe gibt, so schnell wie möglich zu sterben, so wenig sputet sich ein Baby damit, ein erwachsener Mensch zu werden. Ein Stadium ist nicht einfach nur ein Schritt zum nächsten Stadium. Wer denkt, eine Larve sei nichts als ein Patient, der bei der Metamorphose auf wundersame Weise geheilt

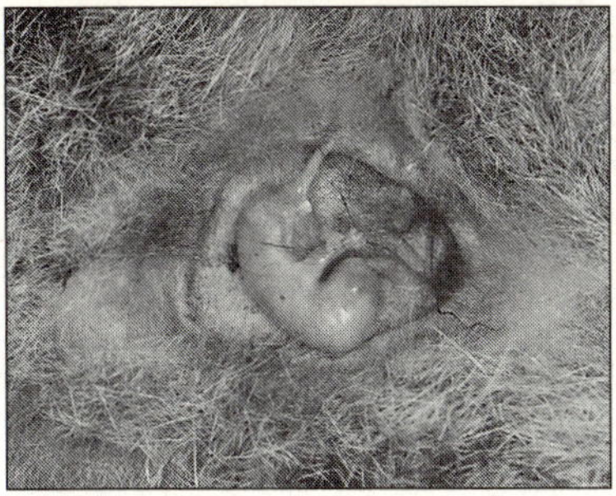

wird, macht denselben Fehler wie jemand, der der Ansicht ist, eine Frau sei lediglich ein Mann, der vergessen hat, sich Bart und Hoden zuzulegen. Und auch ein Affe ist keine Generalprobe für den Menschen. Dennoch scheint genau das der Eindruck zu sein, den viele Zoobesucher vom Affenhaus mit nach Hause nehmen. In ihren Augen ist ein Affe ein misslungener Mensch. Während unsere Vorfahren zu Menschen wurden, sind die des Affen Affen geblieben. Und so hat er es zwar ein ordentliches Stück weit gebracht, ist aber kurz vor dem Finish stecken geblieben. Es hätte nicht viel gefehlt – ein etwas aufrechterer Gang, die Erfindung des Feuers, dazu ein bisschen Sprachunterricht –, und der Affe stünde jetzt auf unserer Seite der Gitterstäbe. Statt dessen starren wir ihn im Zoo an wie ein Museumsstück: ein Prototyp – hoffnungslos überholt. Von uns.

Aber was ist dann mit dem Kind? Auch das Kind hat noch einen langen Weg vor sich, bevor aus ihm ein Mensch wird. Es hat kein Wahlrecht, darf nicht rauchen, muss zur Schule. Zwar geht die Sache meist gut aus, doch nach dem Preis darf man nicht fragen. Jahraus, jahrein die Büffelei, dem Terror der elterlichen Macht ausgeliefert und nichts als kindische Spiele zum Zeitvertreib – bevor man endlich durch eine Überdosis Hormone von seiner Kindheit erlöst wird. Ein Kind ist kein Mensch, und ein Mensch ist kein Affe, was den Affen allerdings keineswegs diskreditiert. Ein Affe ist als Affe gut gelungen. Was das Bäumeklettern, das Bananenverdrücken und den Haarwuchs angeht, ist er uns himmelweit überlegen. Er ist kein zurückgebliebener Mensch, er ist ein vollendeter Affe. Dass wir in der Evolution einen Schritt weitergelangt sind – wenn es überhaupt ein Schritt nach vorn war und nicht einer zurück oder zur Seite –, ist allein unsere Sache. Evolution ist kein Wettkampf, und ein höherer Grad der Entwicklung ist keine Garantie für Erfolg. Das weiß jeder, den schon einmal eine schwere Grippe aufs Krankenlager geworfen hat: Die Krone der Schöpfung, die komplizierteste Denkmaschine auf Erden, wird von einem Virus gefällt, der so klein ist, dass man ihn nicht einmal mit einem normalen Mikroskop sehen kann.

Dass wir glauben, ein Kind müsse mit zunehmendem Alter besser werden, hängt mit unserer Bewunderung für Fortschritt, Aufstieg und Entwicklung zusammen. Ein Kind verkörpert die Grafik seiner selbst: Erst liegt es leicht strampelnd platt auf der X-Achse, nach vier Monaten stemmt es seine vordere Hälfte in die Luft, nach acht Monaten krabbelt es leicht erhöht die Waagrechte entlang und mit ungefähr einem Jahr richtet es sich auf und nimmt Anlauf für das Rennen zur Karrierespitze. Das Ergebnis sieht aus wie die Gewinnkurve eines modern geleiteten Betriebs. Ein Kind macht buchstäblich Fort-Schritte, weil es höher hinaus will. Kriechen ist der trefflichste körperliche Ausdruck für den Wunsch, sich dem Niedrigen zu entwinden, ob es sich dabei um eine Raupe handelt, die nach langem Bauchkontakt mit der Erde sich als Schmetterling in die Lüfte erhebt, um ein Baby, das zum Menschen promoviert, oder um einen Schimpansen, der sich nicht ganz, aber immerhin halb aufrichtet. Kriechen ist Streben.

Raupen fliegen nie und gehen nur selten. Die meisten bewegen sich nicht mit ihren Beinen vorwärts, sondern mit ihrem Leib. Hinter dem Kopf befinden sich, ganz wie sich das für ein Insekt gehört, drei Beinpaare. Doch nutzt dies dem langen Hinterleib nur wenig. Der muss erst hochgehoben werden und biegt sich dann wie der Balg eines Bandoneons, wodurch seine Scheinbeine ein Stück nach vorn katapultiert werden. Es ist so, als ob die Hinterreifen eines Autos schon mal losfahren, während die Vorderreifen noch stehen. Sobald die Pseudobeine hinten irgendwo Halt gefunden haben, streckt sich der gebogene Balg, wobei er hinten anfängt und sich dann Segment für Segment nach vorn durcharbeitet, bis die Streckwelle die richtigen Beine erreicht hat, die sich brav verschieben lassen. Nicht die Beine bewegen den Körper, sondern der Körper die Beine. Zu dieser Fortbewegungsart gibt es eine Menge Varianten; wir selber beherrschen ja auch außer dem Gehen noch das Rennen oder den Dreisprung – auch wenn Letzterer zugegebenermaßen mindestens so dämlich aussieht wie der Raupengang. Trotzdem erfüllt dieser seinen Zweck: nämlich das Tier von einem Bissen zum nächsten zu befördern. Was im Übrigen so schwer gar nicht ist, denn meist steht eine Raupe mit sämtlichen Beinen und Pseudobeinen mittendrin.

*Ein Baby kriecht meist nicht auf Händen und Füßen, sondern auf Händen und Knien.*

Ein Kind benutzt beim Kriechen seine Füße so wenig wie eine Raupe. Ein Baby kriecht nicht auf Händen und Füßen, sondern auf Händen und Knien. Obwohl alle vier Gliedmaßen im Einsatz sind, um löwen- oder affenmäßig auf allen Vieren zu gehen, sind die Beine schon jetzt zu lang beziehungsweise die Arme zu kurz. Weil es den Rücken parallel zum Boden halten will, kürzt ein Baby die Beinlänge um die Hälfte ein. Es kriecht auf den Knien, die Unterschenkel schlackern hinterher. Es gibt zwar Kinder, die eine kurze Zeit auf Händen und Füßen gehen und dabei den Po in die Luft strecken, doch das sind Ausnahmen. Der britische Paläontologe S.S. Bruckmann glaubte im Entwicklungsgang seiner Tochter das Merkmal ferner Vorfahren zu erkennen. Auf das Krabbelstadium folgte bei ihr eine ausgesprochene Vorliebe fürs Treppensteigen, was Bruckmann an das Baumleben der Affen denken ließ.

Mehr als ein Jahrhundert später halten Biologen solche Interpretationen für romantische Phantasien, obwohl auch sie das Äffchen im Baby noch am Greif- und Klammerreflex erkennen. Spürt ein Baby, dass es fällt, streckt es reflexartig die Ärmchen aus, spreizt die Hände und beugt die Knie wie ein Pfahlkletterer. Zwar greift es dann meist nur in die Luft, doch die Bewegung ist dieselbe, mit der sich ein Äffchen am Fell der Mutter festklammert. Sobald ein Mutteraffe Anstalten macht, sich zu erheben, um auf einen Baum zu klettern, legt das Affenbaby an ihrem Bauch gewissermaßen den Sicherheitsgurt an. Bei Affen bleibt dieser Reflex über Jahre hinweg bestehen, beim Menschen nur wenige Monate lang. Erschrickt ein erwachsener Mensch, wird bei ihm ein ganz an-

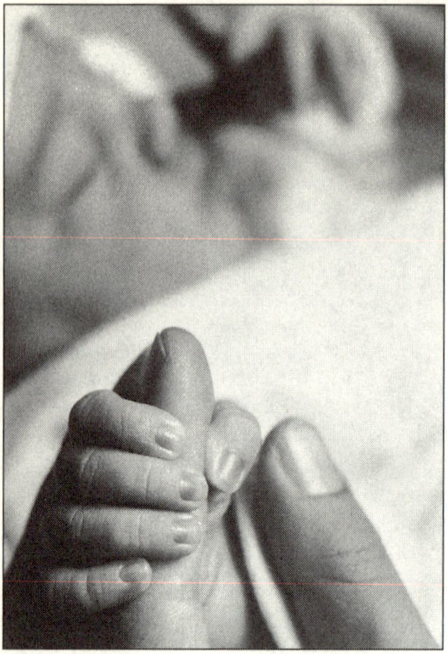

*Kurz nach der Geburt kann ein Baby so fest zupacken wie ein Äffchen.*

derer Reflex ausgelöst; er bewegt in einer Abwehrgebärde die Arme schlagartig aufeinander zu. Auch der Greifreflex ist bis dahin vollkommen verschwunden. Hält man einem Baby einen Finger oder einen Bleistift hin, dann ergreift es ihn mit einer Kraft, die man bei einem derart kleinen Wesen nie vermutet hätte. Ein Neugeborenes kann mit diesem Klammergriff sein eigenes Gewicht tragen – Millionen Affen in den tropischen Gefilden halten sich so am Fell ihrer Mütter fest.

Auch ohne ein Fell, an das es sich klammern kann, ist ein Baby der Mutter fest verbunden. Freilich zieht die Außenwelt es gleichzeitig von ihr weg. Zunächst untersucht ein Baby alles, was sich im Umkreis von einer Armlänge befindet. Erregt etwas weiter Entferntes seine Neugier, muss es sich dorthin aufmachen. Das braucht nicht weit weg zu sein, Hauptsache es ist neu. Wer sagt, dass man wie ein großer Mensch mit den Händen in den Hosentaschen vors Haus gehen muss? Warum überhaupt gehen, wenn man kriechen kann? Jedes anständige Säugetier bewegt sich auf vier Gliedmaßen fort, warum nicht wir? Auf zwei Beinen gehen ist eine gefährliche Angelegenheit: Man fällt leichter um und kann sich dabei auch schwerer verletzen. Weil das Gewicht sich auf zwei statt auf vier Gliedmaßen verteilen muss, wiegt man pro Bein auch doppelt so viel, was häufig zu Plattfüßen führt. Ein vertikal stehender Rumpf ist nicht minder fatal als ein umgestürzter Schrank. Bei einem normalen Vierfüßer baumeln die Organe hübsch aufgereiht an der Kleiderstange des Rückgrats. Bei uns verläuft diese Stange senkrecht. Därme, Eingeweide und Drüsen hängen sich gegenseitig im Weg. Für die Stange ist das auch nicht gut, sie verliert an Elastizität und man kriegt Rückenschmerzen. Sollten wir deshalb wieder auf allen vieren gehen? Nein. Wenn man einen erwachsenen Menschen im Labor auf einem Laufband kriechen lässt, stellt sich heraus, dass er dabei doppelt so viel Energie verbraucht wie beim Gehen. Außerdem hat er, genau wie auf einem Rennrad, Mühe, den Blick nach vorn gerichtet zu halten. Kinder haben diese Schwierigkeit nicht. Während des Übergangsstadiums, in dem sie einerseits noch kriechen, andererseits aber schon fast laufen können, kostet die eine Fortbewegungsart sie kaum mehr Energie als die andere; will das Baby ganz schnell irgendwo sein, bevorzugt es als Laufanfänger immer noch das Krabbeln. Erwachsene Menschen haben das Krabbeln zwar verlernt, trotzdem ist die vierbeinige Fortbewegung an Effizienz unschlagbar. Hunden, denen man beigebracht hat, auf zwei Beinen zu gehen, verbrauchen dabei gleich die dreifache Energie. Dass ein Mensch schließlich doch nur auf zwei Beinen geht, ist einem einzigen Nebeneffekt zuzuschreiben: Unsere Hände wurden frei, was eine Wechselwirkung zwischen Händen und Gehirn in Gang setzte, die zu einer schlagartigen Entwicklung des Intellekts führte. Doch so was ist dem Baby wurscht. Es krabbelt nicht, um schlau zu werden; es ist so schlau, sich krabbelnd dahin zu begeben, wo es hin will.

Je größer ein Kind wird, ein desto besserer Mensch wird es. Aber ein umso schlechteres Kind. Alles, worin ein Kind wirklich gut ist – eine Rotznase vor sich hertragen, sich die Knie aufschlagen, Nutellabrot verdrücken, trotz voller Windel lachen –, das kriegt ein Erwachsener kaum noch hin. Heranwachsen ist unumkehrbar. Rückwärtswachsen gibt es nicht. Ein Baby wird man nie mehr werden. Ein Baby kann zwar Sie werden, aber Sie kein Baby: Also, Hand aufs Herz, wer hat mehr auf dem Kasten? Ein hässliches Entlein wird zu einem Schwan, aber kein Schwan wird ein hässliches Entlein, nicht mal im Märchen. Außer vielleicht in Godfried Bomans meisterhaftem, schon erwähntem Buch *Erik of Het klein insectenboek*, in dem ein Wurm einen Menschen für eine stachelige Larve hält, aus der erst noch ein Wurm werden muss.

»Allmächtiger«, murmelte der Wurm, »Kopf, Hals, Rumpf, Arme und Beine, da wird einem ja ganz wirr im Kopf, so kompliziert wie das ist. Wie viele Beine haben Sie denn?«
»Zwei.«
»Das sind zwei zu viel«, erklärte der Wurm, »aber verglichen mit dem übrigen Gesindel, das hier herumkrabbelt, ist das sogar noch wenig. Ich vermute, dass Sie ein misslungener Wurm sind oder ein Wurm-im-Werden.«
»Was ist das: Ein Wurm-im-Werden?«
»Ein Wurm-im-Werden«, erklärte der Wurm, »ist ein Wurm, der noch kein Wurm ist, bei dem aber noch Hoffnung besteht, dass er einer wird. Eine Raupe beispielsweise ist so ein Wurm-im-Werden. Sie spinnt sich ein, strengt sich furchtbar an, um die

Beine abzustoßen und ein Wurm zu werden, aber sie schafft es einfach nicht: Es wird ein Schmetterling aus ihr. Wahrscheinlich ist die Kraftanstrengung zu groß.«

»Aber ich will überhaupt kein Wurm werden«, rief Erik, »ich denke nicht im Traum daran!«

»Der Drang nach Höherem ist jedem angeboren«, sprach der Wurm, »aber nicht jeder hat es in der Hand. Der Geist weht, wo er will. Durchaus möglich, dass Sie in einer Stunde plötzlich das Bedürfnis verspüren, sich einzuspinnen, ohne etwas dagegen tun zu können.«

Das Kleine und das Große unterscheiden sich himmelweit, auch wenn sie auseinander hervorgegangen sind. Vielleicht war das von den alten Biologen doch nicht so dumm, dass sie die Larve für eine eigene Art hielten. Der Systematik nach gehören Raupen und Schmetterling des Kohlweißlings zur selben Art, *Pieris brassicae*, weil der eine aus dem anderen hervorgeht, das heißt, mit demselben Genpäckchen ausgestattet ist. Genealogisch sind sie Verwandte engsten Grades. Aber man kann auch auf andere Art miteinander verwandt sein. Ein Mensch ist mit dem Schimpansen verwandt, weil er derselben Familie angehört. Doch hinsichtlich der Nahrung weist ein Mensch viel mehr Gemeinsamkeiten mit einem anderen Allesfresser auf, dem Schwein. Und was den Lebensraum angeht, ist die Verwandtschaft noch peinlicher, denn die besteht aus Ratten, Spatzen und Kakerlaken. Der Sonntag ist verwandt mit dem Montag, weil der Montag aus ihm hervorgeht. Trotzdem ähnelt ein Sonntag immer mehr einem anderen Sonntag als dem Tag, der auf ihn folgt, selbst wenn beide Sonntage durch eine Woche oder vierzehn Tage voneinander getrennt sind. Gemessen an Maßstäben der Verhaltensforschung, der Physiologie, der Ökologie, der Geographie oder der Evolutionstheorie, scheinen Larve und Imago Wesen von verschiedenen Planeten zu sein; nur genetisch sind sie identisch. So wie ein Opa einem anderen Opa ähnlicher ist als seinem eigenen Enkel oder gar dem Enkel, der er selber einmal war, ähnelt eine Larve oft mehr einer anderen Larve als dem erwachsenen Tier, zu dem es sich einst entwickeln wird, ohne es je kennen zu lernen.

Hinter den großen Unterschieden im Bau von Larve und Imago verbergen sich immens verschiedene Aufgaben. In fast allen Fällen herrscht strikte Arbeitsteilung: Eine Larve muss fressen, ein erwachsenes Tier muss sich fortpflanzen. Geht man davon aus, dass die Hauptaufgabe einer Art in der Fortpflanzung liegt, dann hat die Larve sich eines Teils dieser Aufgabe entledigt. Fressen an sich ist kein Ziel, nur ein Mittel. Man lebt nicht, um zu fressen, egal was die Feinschmecker darüber sagen, man isst, um zu leben, und lebt, um sich fortzupflanzen. Eine Tierart würde sich am liebsten sofort nach erfolgreicher Fortpflanzung, also kaum aus dem Ei gekrochen, schon wieder fortpflanzen, doch das ist bei Mehrzellern unmöglich: Zuerst muss wieder ein mehrzelliges Stadium erreicht werden, und das heißt wachsen. Wachsen aber ist ein ganz anderes Metier als die Fortpflanzung, weshalb man es am besten einem Fachmann überlässt: der Larve. Selbst bei augenscheinlichen Übereinstimmungen zwischen dem Fress- und dem Sexspezialisten sind diese bei näherem Hinsehen oft rein zufällig. So gibt es auf der einen Seite Glühwürmer, das sind leuchtende Larven, und auf der anderen die Feuerfliegen, das sind leuchtende erwachsene Insekten. So sehr das Licht und die Lichtmaschinerie sich ähneln, der Zweck des Leuchtens ist jeweils ein ganz anderer. Die Larven locken mit ihrem Licht Fressbeute an, während die erwachsenen Tiere Sexpartnern den Weg erleuchten.

Wenn man sowieso schon anders gebaut ist, kann man sich auch noch auf Anderes spezialisieren als nur auf das Fressen oder das Fortpflanzen. Auf die Verbreitung zum Beispiel. Wenn das eine Stadium bereits für die Verbreitung der Art sorgt, braucht das andere das nicht mehr zu tun. Bei Insekten liegt es nahe, dass die Imagines sowohl für das »Gehet hin« als auch für das »Vermehret euch« zuständig sind. Schließlich

*Monarchfalter bei der Rast.*

haben sie auch die Flügel, und zur Not können sie damit um die halbe Welt fliegen. Die Monarchfalter *(Danaus plexippus)* fliegen auf der Flucht vor dem Winter mit den Zugvögeln von der amerikanisch-kanadischen Grenze bis nach Mexiko und Florida. Unterwegs lassen sie sich zu festgelegten Zeiten auf festgelegten Schmetterlingsbäumen nieder, sodass die Bevölkerung genügend Zeit hat, Schmetterlingsfestivals drum herum zu veranstalten. Schmetterlinge, die im Süden geschlüpft sind, werden jedoch die Großen Seen nie zu sehen bekommen. Die Monarchfalter pflanzen sich in Etappen Richtung Norden fort, sodass erst die Urenkel wieder in kanadischen Gefilden flattern. Der europäische Distelfalter (*Vanessa cardui*) zieht zwischen dem Nordwesten und dem Mittelmeergebiet hin und her. Auf ihrem Weg über die Alpen und die Pyrenäen bieten die Insekten ein atemberaubendes Schauspiel, wenn sie sich, wie Sandkörner durch die Mitte einer Sanduhr, in dichten Schwärmen durch die engen Täler pressen.

Wenn Larven die Aufgabe der Verbreitung übernehmen, sind das vor allem kleine Arten, denn sie lassen sich leichter von Wind, Wasser oder einem anderen Tier transportieren. Sie verhalten sich wie Blütenpollen oder Pflanzensamen. Es scheint zwar unpraktisch zu warten, bis man irgendwo mitfahren kann, doch Pflanzen haben damit keine Probleme. »Alles ist überall«, sagte schon vor hundert Jahren der niederländische Mikrobiologe Martinus Beijerinck, und er hatte dabei nicht Hamburger, Adidas oder Aids im Sinn, sondern Hefen und Bakterien. Es gibt aber auch höhere Pflanzen, die es ganz schön weit bringen. Der Wind trägt sie über die Ozeane, Wasser spült sie an ferne Strände, Vögel scheiden Samen ganze Wälder entfernt wieder aus. Ob der Blütenpollen und der Samen dort auch gedeihen, ist zweitrangig; alles ist zwar überall, doch die Umwelt selektiert.

Verglichen mit der Bestäubung durch Bienen und Hummeln scheint die Erfolgschance, per Windkraft das Ziel zu erreichen und zur Befruchtung zu kommen, noch geringer zu sein als durch Onans Methode, doch die hohe Anzahl von Windbestäubern unter den Pflanzen beweist, dass es funktioniert. Man braucht nur genügend Blütenpollen dafür. Und Insekten gibt es tatsächlich genug, vor allem in Larvenform. Die Larve des Kleinen Frostspanners (*Operophtera brumata*) muss bereits kurz nach der Geburt für die Verbreitung der Art sorgen, weil die Mutter ausfällt. Im Winter ist es ihr zum Fliegen schlichtweg zu kalt. Erwachsene Frostspanner verzichten deshalb ganz auf Flügel; dafür fliegen ihre Larven, das heißt vielmehr, sie schweben. Sie spinnen einen seidenen Fallschirm und hoffen, dass der Wind sie zu Bäumen mit saftigen Blattknospen trägt. In der Luft befinden sie sich in der Gesellschaft von Blattläusen, Spinnen, Marienkäfern und anderen Raupen. Die Raupen des Schwammspinners (*Lymantria dispar*) zum Beispiel kann man an langen Haaren schwebend bis in einer Höhe von mehreren hundert Metern antreffen. Inzwischen fressen sie nicht nur Europa, sondern auch Amerika kahl. Die Herbstfäden allerdings, die wie ein glänzender Teppich über langen Gräsern hängen, stammen nicht von Raupen, sondern von kleinen Spinnen, die man an ihren Schwebefäden hängend sogar schon auf offenem Meer fand.

Manche Insektenlarven legen sich trotz ihrer Lebensphase Flügel zu. Der Revena-Rüsselkäfer lässt sich zu diesem Zweck lebendig fressen. Als Larve lebt er von Palmnüssen. Sind die Früchte reif, bohrt er sich durch die Schale bis zu ihrem Samen vor. Tukane, die die Früchte fressen, fressen auch die Käferlarven. Doch nur scheinbar bedeutet dies das sichere Ende der Larve, denn nach einer halben Stunde kotzt der Vogel sie mitsamt den Samen wieder aus. Während der Tukan den Rest der Frucht in seinem Magen verdaut, gräbt sich die Larve dort, wo sie landet, in die Erde ein und setzt ihren Lebensweg vier Monate später als Käfer fort.

Allen Glanzleistungen des Luftplanktons zum Trotz aber wird das Gros der larvalen Verbreitung vom Meeresplankton erledigt. Für die Bewohner des Meeresbodens ist eine Planktonlarve die beste Gelegenheit, die Art über die geeigneten Weltteile auszusäen. Später ist es zu spät. Einmal erwachsen, bewegt sich eine Seepocke (*Balanus balanoides*) nicht einmal mehr zur Fortpflanzung von der Stelle. Wenn es so weit ist, schiebt sie einen überraschend langen Penis aus einem kalkigen Minifutteral, um eine bis zu 30 Zentimeter entfernt wohnende Nachbarin damit zu befruchten. Doch die Nachbarin ist zugleich ein Nachbar und jederzeit dazu bereit, den Gefallen zu erwidern. Es hat etwas Ironisches, dass der große Seepockenforscher Charles Darwin sein Leben kaum anders verbrachte als sein Forschungsobjekt. Nach seiner Weltreise auf dem Forschungsschiff Beagle in seinen jungen Jahren, ließ er sich wie eine menschliche Seepocke in der damals noch ländlichen Umgebung von London nieder, um sein Vaterland nie mehr zu verlassen.

Die weitesten Reisen finden ohnehin meist in der nächsten Umgebung statt. Auf einem Spaziergang vom Geschäftszentrum einer Stadt bis zu ihren Elendsvierteln trifft man oft auf größere Unterschiede als zwischen zwei Metropolen. Um die Verschiedenheit im Körperbau von Larve und erwachsenem

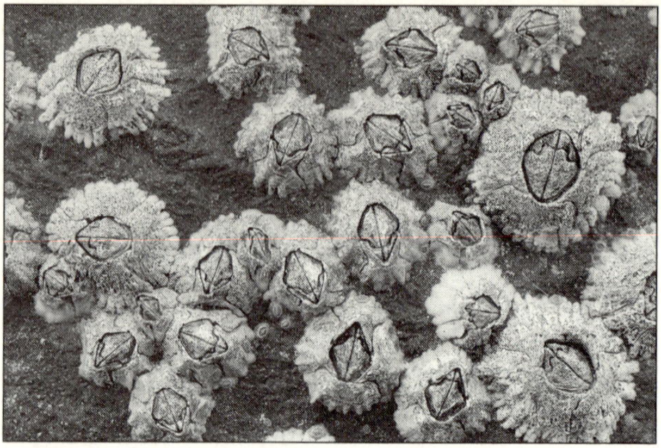

*Gewöhnliche Seepocke* **(Balanus balanoides).**

Tier wirklich ausnutzen zu können, wechseln viele Arten nach der Metamorphose in einen vollkommen anderen Lebensraum, der dem ersten allerdings meist benachbart ist – etwa vom Wasser aufs Land. Das Land ist, zumindest bei den Insekten, meist den erwachsenen Tieren vorbehalten. Die haben mit ihren Flügeln im Wasser nichts verloren. Uns sind die Landstadien der Insekten geläufiger, aber für jede Libelle, die man irgendwo fliegen sieht, schwimmen fuderweise Libellenlarven im Wasser. Dort lauern sie oft jahrelang wie Hechte auf Beute, bevor sie Gestalt und Lebensraum wechseln und wie eine F-16 in die Luft abheben. Im Lauf ihrer Evolution haben sich Libelle und Larve stark auseinander entwickelt. Einst, vor mehr als 250 Millionen Jahren, muss die Larve zusammen mit ihren Eltern auf dem Land gelebt haben. Danach zog sie ins Wasser und bekam Kiemen. Bei den Kleinlibellen (Unterordnung *Zygoptera*) sind die Kiemen noch in Form dreier flacher Paddel zu erkennen. Großlibellen (Unterordnung *Anisoptera*) – charakteristisch für sie sind die im Ruhezustand wie bei einem Flugzeug waagrecht ausgestreckten Flügel – atmen als Larve mit ihren Gedärmen. Als Pumpe für das Atemwasser dient ihr muskulöses Rektum. Herrscht dicke Luft, wird dieses Organ gleichzeitig als Strahlantrieb zweckentfremdet und katapultiert die Larve mit einer Geschwindigkeit von bis zu einem halben Meter pro Sekunde aus der Gefahrenzone. Fängt man eine dieser Larven und hebt sie aus dem Wasser, droht einem ein Strahl direkt ins Gesicht.

*Um Beute zu fangen, klappt eine Libellenlarve ihre Fangmaske aus.*

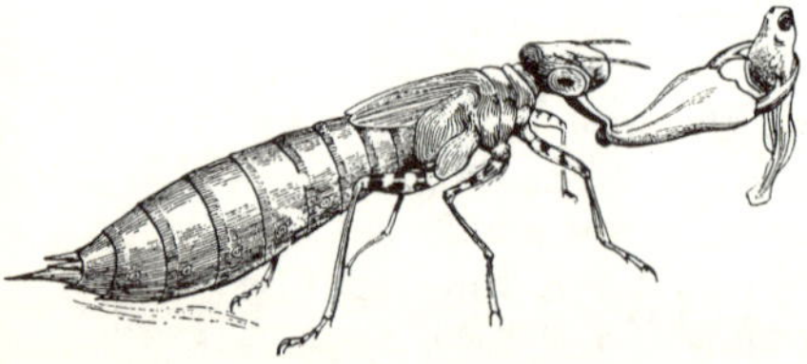

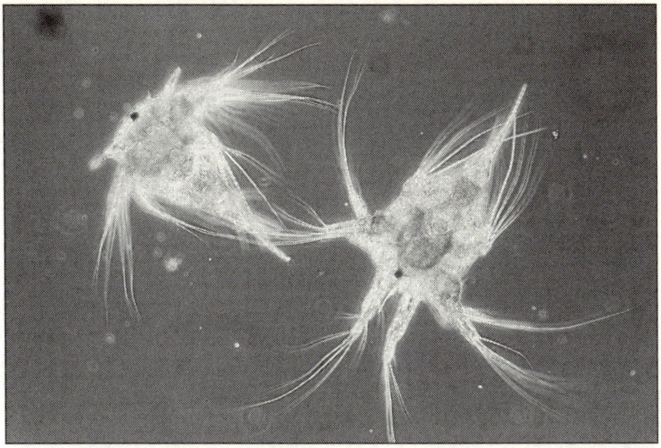

*Naupliuslarve einer normalen Seepocke.*

Was die Libellenlarve unter allen Larven, die im Wasser leben, so einzigartig macht, ist ihre Fangmaske. Im Ruhezustand bedeckt die stark verlängerte Unterlippe doppelt gefaltet die Unterseite des Gesichts; sobald Beute in Reichweite kommt, wird sie pfeilschnell ausgeklappt und im Bruchteil einer Sekunde wieder eingezogen – mit der Beute beladen. Das Ganze dauert nicht länger als eine fünftel Sekunde. Drückt man bei einer betäubten Larve auf die richtige Stelle am Übergang vom Bruststück zum Hinterleib, löst man den Mechanismus aus. Als Fossil findet man Libellenlarven oft mit ausgeklappter Fangmaske, so wie gestrandete Pottwale häufig einen eregierten Penis aufweisen, eine letzte bizarre Zuckung.

Aufgrund der Aufgabenverteilung und der verschiedenen Lebensräume koexistieren Tiere mit Larvenstadien auf außergewöhnlich friedliche Art und Weise miteinander. Normalerweise sind Artgenossen im Existenzkampf die größten Konkurrenten. Und weil sie sich in nichts nachstehen, wird dieser Kampf auch so lange geführt, wie es die Art gibt. Bei zwei lediglich eng miteinander verwandten Arten ist das anders. Sie sind eben nur *fast* gleich gut. Leben sie aber auf dieselbe Art und im selben Gebiet, muss eine von beiden nach einer gewissen Zeit weichen; das ist eine biologische Notwendigkeit, genannt Gauss'sches Gesetz. Es besagt, dass zwei eng verwandte Arten nur zusammenleben können, wenn sie sich jeweils eine eigene Existenzweise zulegen. Zwei Metzger, die ihre Metzgereien in ein und derselben Straße haben, tun ja auch gut daran, sich jeweils auf ein bestimmtes Angebot zu spezialisieren. Für alte und junge Artgenossen gilt Ähnliches,

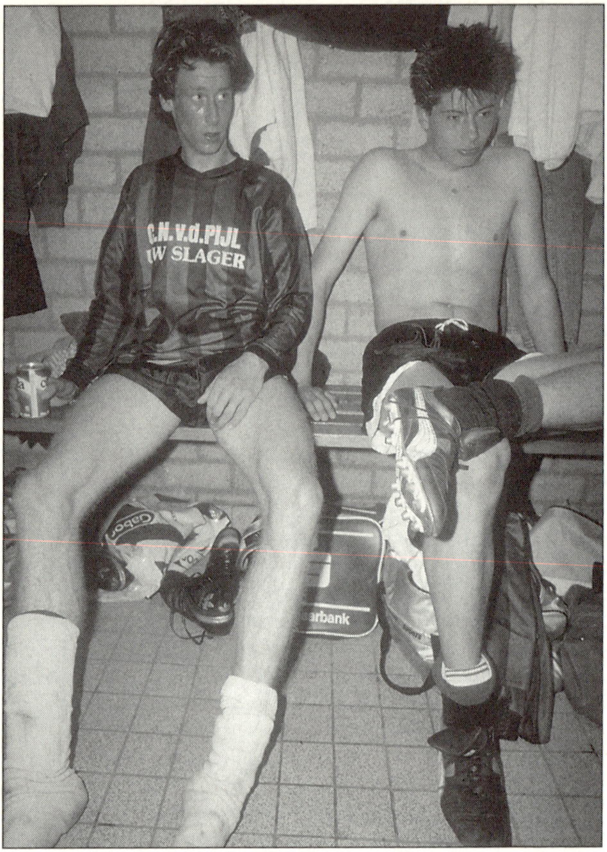


*Wie die meisten Larven leben Kinder mit ihren Altersgenossen in einer eigenen Welt.*

denn jung und alt sind ebenfalls eng miteinander verwandt, ohne dasselbe zu sein. Die Eltern drohen, ihre eigenen Jungen wegzukonkurrieren. Das kann aber nicht der Sinn der Sache sein. Indem die erwachsenen Tiere die Larven buchstäblich aus dem Haus werfen, erweisen sie ihnen einen ebenso großen Dienst wie andere Tiere ihren Jungen, wenn sie sie zu Hause behalten und versorgen. Ein 24-Stunden-Service der eigenen Eltern könnte so schön sein, doch auf jeden Bissen, den die Eltern verzehren, muss das Kind womöglich verzichten, und jede Gefahr, in die die Eltern geraten, droht das Junge zur Waise zu machen.

Es scheint hartherzig zu sein, von den Eltern aus dem Nest in eine feindliche Welt voller Kinder der eigenen Art geworfen zu werden. Doch jeder erlebt das am eigenen Leib. In unserer Gesellschaft verbringen Kinder und Erwachsene den Großteil des Tages so getrennt voneinander wie die Larven und die Imagines von Libellen. In Schulen, Kindergärten, Ponyparks, Ballettstudios und auf Fußballfeldern zusammengetrieben, absolvieren die Menschenlarven ihre Kindheit und Jugend. Zu Hause spielen sie mit ihren eigenen Computerspielen, schauen Kinderfernsehen, lesen Kinderbücher und erzählen Witze, über die kein einziger Erwachsener lachen kann. Ihre Eltern sind ihnen ein Rätsel, und in Vaters Büro sind sie so unerwünscht wie eine Libellenlarve in der Luft oder eine Seepockenlarve auf dem Strandfelsen. Wem das unangenehm in den Ohren klingt, dem winkt Trost: In der Natur ist das Larvensystem ein enormer Erfolg. Dort schon.

## 5
## Das neutrale Geschlecht

Ist es ein Junge oder ein Mädchen? Das ist immer die erste Frage, wenn sich jemand über den Kinderwagen beugt. Doch was dort drinnen liegt, ist weder männlich noch weiblich. Es ist ein Es. Das Kind ist ein Neutrum.

Von allem, was ein Mann oder eine Frau kann, hat ein Kind keine Ahnung, alles, was einen Mann oder eine Frau ausmacht, fehlt dem Kind: Es hat weder Bart noch Brüste, hängt nicht stundenlang am Telefon, um mit einer Freundin zu quatschen, und es geht auch nicht mit seinen Kumpeln zum Angeln. Um zu wissen, was es ist, muss man einem Kind erst in die Windel schauen. Dort befindet sich das Etikett.

Nichts ähnelt einem Neugeborenen mehr als ein Neugeborenes. Ein Kreißsaal ist so monoton wie ein Feld voller Blumenkohlköpfe. Nicht einmal das wichtigste Unterscheidungskriterium, nach dem man Menschen klassifiziert, das Alter, findet hier Anwendung; hier sind alle gleich alt. Unterschiedlich ist einzig die Gestalt des Geschlechts. Aber was heißt das schon? Ist jeder, der einen Pimmel hat, gleich ein Mann? Ist vielleicht jeder mit einer Angel schon Fischer?

Dem Kind selbst ist es egal, ob es ein Junge oder ein Mädchen ist. Für ein Kind ist Sex, was Musik für einen Tauben oder der Regenbogen für einen Blinden ist. Die Einteilung in Männer und Frauen wird erst nach der Metamorphose zum Erwachsenen relevant; für die Larve selbst zählt nicht, welches Geschlecht ein Wesen hat, sondern in welchem Stadium es sich gerade befindet. Es ist weder ein Mann noch eine Frau, das wird es erst. Später, wenn es mal groß ist. Doch dieses Später ist für die Eltern zu spät. Sie müssen es bei der Geburt, jetzt, sofort wissen, was ihr Kind später einmal wird. Wie soll man dem Kind sonst einen Namen geben? Das Geschlecht sagt einem, ob es eine Thea oder ein Theo werden wird; umgekehrt erfährt jeder durch den Namen, wie es in der Windel aussieht.

Doch mit einer Windel um den Bauch und so ganz ohne Schnurrbart oder Zöpfe lässt sich das Geschlecht nur schwer bestimmen. Angeblich lachen Mädchen häufiger und weinen

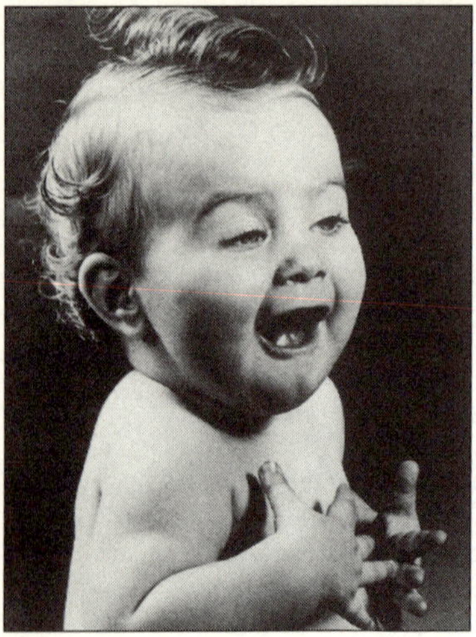

*Junge oder Mädchen? Dem Baby ist es egal.*

weniger. Trotzdem ist es unmöglich, das Geschlecht eines Babys aus seinem Verhalten abzulesen. Das trifft auch auf andere Tiere zu. Trotz ihrer Windellosigkeit bleibt ihr Geschlecht oft ein Geheimnis. Sogar bei einem neu geborenen Kätzchen muss man anatomisch mit allen Wassern gewaschen sein, um das nackte Ärschchen einem Geschlecht zuordnen zu können. Mein Arie hat mich und meinen Tierarzt jahrelang zum Narren gehalten, bis er Kätzchen warf. Zum Glück blieb es beim Zum-Narren-Halten; ein Schaden wäre nur bei der Viehzucht entstanden, vor allem in Legebatterien. Hähne legen keine Eier, und diese Verweigerungshaltung wird mit dem Tod bestraft. Unmittelbar nach dem Schlüpfen wird eine Geschlechtsbestimmung vorgenommen. In großen Hallen starren erwachsene Leute den noch daunenfeuchten Küken in den Schoß und fällen das Urteil. Mädchenküken dürfen weiterleben, während auf die bloße Vermutung von Männlichkeit die Todesstrafe steht. Mit einer Geste, die irgendwo »zwischen Ablegen und Hinwerfen« angesiedelt ist, werden die Tiere auf ein Laufband gesetzt. Unfehlbar ist die Jury allerdings nicht. Auch nach jahrelanger Erfahrung werden noch eine ganze Menge kleiner Hennen unschuldig vergast und verhäkselt.

Obwohl ihnen das Messer an die Kehle gesetzt wird, geben sich die Küken nicht zu erkennen. Wie jede Larve hat ein Küken etwas anderes im Kopf als Sex und Geschlecht. Erst einmal groß werden, dann sehen wir schon weiter. So denken Biologen übrigens auch. Sie unterscheiden zwischen Männchen, Weibchen und Juvenilen. Die Juvenilen in Mädchen- und Bubentiere zu unterteilen ist sinnlos, und weshalb sollte man sich auch die Mühe machen, wenn der Unterschied per definitionem erst nach der Geschlechtsreife relevant wird?

Weshalb also besteht der Babybesucher auf der Beantwortung seiner Frage? Was kümmert ihn ein Unterschied, den man ohnehin nicht sofort sieht? Man überlegt sich ja auch nicht, ob man gerade ein halbes Hähnchen oder ein halbes Hühnchen verzehrt, oder ob das saftige Beefsteak auf dem Teller von einem jungen Stier oder einer jungen Kuh stammt. Warum ist es dem Kinderwagengucker dann nicht Kleidchen wie Hose? Wegen der Zukunft. Weil ihn interessiert, was aus dem Kind einmal werden wird. Weil der Unterschied in zwanzig Jahren durchaus von Belang ist. Trotz aller Emanzipation verläuft das Leben eines Mannes anders als das einer Frau, denn die erwachsene Umgebung antizipiert den Lebensweg von Geburt an. Manchmal sogar schon davor. Während die einen werdenden Eltern es beim Spekulieren belassen, lassen die anderen das Geschlecht gleich medizinisch bestimmen.

Behauptungen, es gäbe untrügliche Anzeichen für das Geschlecht, sind Altweibergeschwätz. Angeblich hängt es davon ab, auf welchem Ohr man lag, als das Kind gezeugt wurde, oder ob es im Bauch viel strampelt oder nicht. Die Kinder in oder außerhalb des Bauches sind sich keines Geschlechts bewusst, doch die Eltern sind wie besessen davon. Und so verhalten sie sich auch. Mädchen werden von Anfang an anders behandelt als Jungs: Sie werden öfter geherzt und weniger getadelt. Während Mädchen zu typisch weiblichem Verhalten ermutigt werden, ist bei den Jungs das Gegenteil der Fall. Kinder entsprechen, um ihren Eltern zu gefallen, deren Erwartungen, und werden mit der Zeit dadurch den kleinen Männchen und Frauchen immer ähnlicher, die die Eltern sich vorstellten, als sie darüber sprachen, wie schön es wäre, Kinder zu haben. Vor noch nicht allzu langer Zeit leisteten auch Staat und Kirche ihren Beitrag, indem sie in den Schulen reine Mädchen- und Jungenklassen unterhielten. Die Katholiken rechtfertigten eine solche Trennung der Geschlechter mit der Enzyklika *Divini illius magistri* (1929), die ausführte, dass Frauen und Männer sich in Körperbau, Neigungen und Anlagen unterschieden, auf dass sie sich in der Ehe trefflich ergänzten. Deshalb sollten, um später gute Ehen hervorzubringen, die Unterschiede in den Geschlechtern nicht nur gelebt, sondern auch gehegt werden.

Aber nicht nur durch das Kind selbst, sondern auch durch die Umwelt sehen sich die Eltern in ihrem geschlechtsspezifischen Verhalten bestätigt. Auch wenn man am Verhalten eines Babys das Geschlecht nicht ablesen kann, so glaubt man doch, von seinem Geschlecht auf sein Verhalten schließen zu können. Der englische Psychologe John Nicholson lud seine Leser dazu ein, selber die Probe aufs Exempel zu machen:

> Gehen Sie mit einem Baby auf die Straße, sprechen Sie die ersten zwanzig Menschen an, die Sie treffen, und lügen Sie ihnen vor, Sie würden gerade eine wissenschaftliche Untersuchung

durchführen, um herauszufinden, wie Menschen auf Babys reagieren. Bitten Sie die Leute dann, doch mal kurz Hänschen auf den Arm zu nehmen und zu schildern, wie sie das Baby fänden. Wiederholen Sie diese Prozedur mit weiteren zwanzig Personen, die Sie diesmal allerdings bitten, doch Mariechen mal kurz zu halten. Obwohl das Baby in beiden Fällen dasselbe ist, werden sich die Reaktionen unterscheiden. Es ist dabei völlig unerheblich, welches Geschlecht das Kind wirklich hat. Hänschen wird wohl meistens als tapfer, frech, unartig und stark beschrieben werden, während Mariechen durchwegs als lieb, süß und ach, wie schön und ach, wie niedlich bezeichnet wird.

Die Einteilung von Menschen in Männer und Frauen ist ein wunderbarer Ausdruck der allgemein menschlichen Neigung zum Dualismus. Dualismus schafft Deutlichkeit. Ist etwas nicht gut, dann ist es schlecht, ist nicht Tag, dann muss es Nacht sein, entweder es friert oder es taut. Deutlichkeit ist so einfach wie unbarmherzig. Man muss sich entscheiden. Weiß man nicht, ob der Adressat ein Mann oder eine Frau ist, kann man nicht einmal einen anständig formulierten Brief schreiben. »Sehr geehrter Herr«, das schreibt man nicht an eine Dame. »Sehr verehrte Frau« schreibt man nicht an einen Herrn. »Sehr geehrter Mensch« an keinen von beiden. Die Unterteilung in männlich und weiblich ist so fundamental, dass sie auch außerhalb der Menschheit zum Einsatz kommt, ja sogar außerhalb der belebten Natur. Autos haben männliche und weibliche Formen. Eine Form, in die man etwas hineinstecken kann, wird rasch für weiblich gehalten, dagegen gilt eine, die sich irgendwo hineinstecken lässt, als männlich.

Durch die Sprache ist bei vielen Dingen und Begriffen das Geschlecht schon von vornherein festgelegt, und zwar mit Hilfe von Geschlechtswort und Deklination. Jacob Grimm – einer der beiden Märchenbrüder – war der Ansicht, dass unsere Vorfahren in den Dingen tatsächlich weibliche und männliche Züge erkannten. Alles was groß, früh, fest, schnell, aktiv, beweglich oder zeugend war, wurde für männlich erachtet; für das Weibliche blieben somit das Spätere, Kleinere, Schwächere, Erleidende und Empfangende übrig. Wenn das alles so einfach wäre, dann hätten wir wohl nicht solche Schwierigkeiten, eine fremde Sprache zu erlernen. Dennoch sind die Parallelen nicht zu übersehen, auch wenn sich in sprachwissenschaftlicher Hinsicht die Welt nicht in zwei Hälften spalten lässt. Indogermanische Sprachen kennen neben der männlichen und der weiblichen noch eine dritte Kategorie: das Neutrum. Dieses umfasst nach Grimm außer dem Leblosen vieles, was das Produkt eines männlichen Erzeugers und einer weiblichen Empfängerin ist und sich erst noch entwickeln muss.

So gesehen, steht das Neutrum nicht besonders hoch im Kurs. Es ist Kindern vorbehalten und Dingen, die auf der Leiter der Natur – vom Stein, über Pflanzen und Tiere bis hinauf zum Menschen – ganz unten hängengeblieben sind. Trotz alledem steht das Neutrum an der Wiege des größten Erfolgs in der Natur: bei den Ameisen und Termiten. Würde man die Ameisen und Termiten der ganzen Welt auf eine gigantische Waagschale legen und sämtliche Elefanten, Wale, Menschen und sogar Käfer auf der anderen Seite der Waage platzieren, die Seite der Ameisen und Termiten würde sich dennoch tiefer senken. Und das Geheimnis? Das Neutrumsein.

Ameisen haben dank ihres sprichwörtlichen Fleißes die Erde erobert. Von früh bis spät schleifen sie alles, was sich in ihrem Aktionsradius an Fressbaren findet, ins Nest. Bei schönem Wetter schaffen sie die Puppen zum Sonnen nach draußen, und bei schlechten schleifen sie sie mit demselben Fleiß wieder hinein. Firmenmanager, die diese bereits von Salomon gerühmte Betriebsamkeit beobachten, erbleichen vor Neid und fragen sich, womit eine Königin so ein derart gehorsames Arbeitervolk verdient hat. Hier gibt es keinen Streik, das Volk kennt keinen Aufstand, es wird nichts als geschuftet und geschuftet, und zwar nicht für das individuelle Glück, sondern zum Wohl des Staates. Manche Ameisen hängen wie Honigtöpfe von der Decke, andere formieren sich zu einer lebenden Brücke für wieder andere, und jede Arbeiterin opfert, wenn nötig, bereitwillig ihr Leben für die übrigen. Zwang herrscht dennoch keiner; jede Arbeiterin ist ihre eigene Diktatorin und Untertanin zugleich.

Warum aber ist ein derart vorbildliches, eifriges, soziales Leben bei Ameisen möglich und bei anderen Tieren, den Menschen inbegriffen, nicht? Die Antwort ist simpel: kaum Sex. Nur die Königin und ein paar Männchen tun es, Arbeiterinnen sind alle steril und frigide. Was für eine Zeitersparnis! Während die Büromenschen die Hälfte ihrer Arbeitszeit damit verbringen zu flirten oder sich mit ihrem Äußeren zu beschäftigen, und die andere Hälfte zumindest an diese Dinge denken, richten Ameisenarbeiterinnen ihre volle Aufmerksamkeit ausschließlich auf die Arbeit. Nur katholische Pfarrer, Mönche und Nonnen verhalten sich ähnlich, und der einzige Schoß, den sie anbeten, ist der der Jungfrau Maria.

Aber selbst wenn es keine Ameisen, Termiten, Pfarrer, Mönche und Nonnen gäbe, führte noch immer die Mehrzahl der Tiere und Menschen eine neutrale Existenz. Denn die Mehrheit von Tier und Mensch ist Larve. Sollten Larven sich der Liebe hingeben, verstießen sie gegen die strenge Polarisierung der Natur: nicht gegen die von Mann und Frau, sondern gegen die von Jung und Alt. Manche Art ist nur kurze Zeit jung, dafür um so länger alt, eine andere für lange Zeit jung und nur kurz alt; aber in beiden Fällen ist den Jungen die Teilnahme an der Fortpflanzung verwehrt. Kein Sex vor der Ehe. Sich erst einmal einen dicken Bauch anfressen heißt die Devise.

Der Unterschied zwischen den Geschlechtern tritt erst zutage, wenn es sinnvoll ist. Erst wenn die Samenzellen rührig werden, bekommen Männchen Geweihe, Bärte, Stoßzähne oder Hörner. Pfauen und Paradiesvögel übertreiben zwar etwas mit diesen langen Federn, ganz zu schweigen von dem Geruch, den Kater und Böcke verbreiten, doch je länger der Schwanz, je ärger der Gestank, je lauter der Paarungsruf, desto schöner finden das die Weibchen. Ein Männchen, das sich inmitten einer feindlich gesinnten Natur derart auffällige Signale leisten kann, muss gehörig seinen Mann stehen können. Ein Junges dagegen, das lange vor der Geschlechtsreife das Risiko einginge, sich mit einem Geweih in Baumäste zu verhaken oder durch Gebrüll Feinde anzulocken, würde lediglich klar machen, dass es noch recht grün hinter den Ohren ist.

Kinder haben keinen Sex. Dafür sind Kinder nicht auf der Welt. Ein Kind ist wie jede Larve dazu da, um groß zu werden – nicht um Kleine zu machen. Einmal groß, hat es nur noch Sex im Sinn, aber dann ist es auch kein Kind mehr. So einfach ist das. Sex ist nix für Kinder, darüber waren sich alle einig. Bis 1905. Selbst Sigmund Freud pries noch 1900 die Kindheit als glückliche Zeit, weil das Kind keine sexuellen Begierden kenne. Die aber brodelten schon. An einen Freund schrieb Freud: »Zur Sexualtheorie wird gesammelt und gewartet, bis das aufgehäufte Material durch einen zündenden Funken in Brand gesteckt werden kann.« Dieser Funke war »die infantile Sexualität«. Ab dem Jahre 1905 hielt Freud die übliche Auffassung, dass Kinder keinen Geschlechtstrieb hätten, für einen »folgenschweren Irrtum«. Das 20. Jahrhundert wurde zum Jahrhundert des geilen Kindes. Gegen Ende dieser Ära konnte sich der dänische Psychologe Niels Ernst kaum noch vorstellen, dass es je anders war.

> <Bis 1900> gab es in der Fachliteratur einen auffälligen Mangel an Interesse für die Sexualität des Kindes; die Existenz davon wurde nahezu geleugnet. Dieser Gedankengang – dass plötzlich

ein einsatzfähiges kindliches Sexualvermögen existieren sollte – spricht gegen alles, was wir sonst über die menschlichen Vermögen wissen. Nämlich dass diese entwickelt werden müssen. Ein Kind kann ja auch nicht plötzlich gehen und rennen.

Freud war nun der Meinung, dass ein Kind von Geburt an sich seines Geschlechts bewusst sei. Es verspüre so viel Lust danach wie auf das Essen. Beide Bedürfnisse können gleichzeitig befriedigt werden. Der Ausdruck der Befriedigung auf dem Gesicht eines Babys, das gestillt wird, genügte Freud als Beweis; ihm bräuchte man nichts mehr zu erzählen:

> Wer ein Kind gesättigt von der Brust zurücksinken sieht, mit geröteten Wangen und seligem Lächeln in Schlaf verfallen, der wird sich sagen müssen, dass dieses Bild auch für den Ausdruck der sexuellen Befriedigung im späteren Leben maßgebend bleibt.

*1879, ein Vierteljahrhundert vor Sigmund Freud, bezeichnete der ungarische Kinderarzt Lindner das Daumenlutschen bereits als sexuelle Handlung.*

Waren die Kinder des 20. anders als die des 19. Jahrhunderts? Natürlich nicht. Freud sah es nur anders. Für ihn bildeten die Lippen eines Kindes eine erogene Zone. Damit befriedigt sich das Kind an den mütterlichen Brüsten, bis es Zähne bekommt und sich nach anderen Dingen umschauen muss, an denen es seine Lust stillen kann. Am Daumen zum Beispiel. Rechnet man das Daumenlutschen in der Gebärmutter mit, dann hat ein Kind schon vor der Geburt Sex.

Auf die einjährige orale Phase folgt nach Freud bei Kindern die anale Phase. In den folgenden zwei bis drei Jahren sind Kot und Ausscheidungen ihre Lust und ihr Leben. Bis dahin war der Kot zu weich und zu cremig, jetzt aber ist er ideal, um ihn zu essen, damit zu matschen, herumzuschmieren oder zu masturbieren. Bei Verstopfung wird die Schleimhaut des Darms gedehnt, was so hübsch im After kitzelt. Freud hat Kinder, die nicht auf den Topf wollen, durchschaut:

> Kinder, welche die erogene Reizbarkeit der Afterzone ausnützen, verraten sich dadurch, dass sie die Stuhlmassen zurückhalten, bis dieselben durch ihre Anhäufung heftige Muskelkontraktionen anregen und beim Durchgang durch den After einen starken Reiz auf die Schleimhaut ausüben können. Dabei muss wohl neben der schmerzhaften die Wollustempfindung zustande kommen. Es ist eines der besten Vorzeichen späterer Absonderlichkeit oder Nervosität, wenn der Säugling sich hartnäckig weigert, den Darm zu entleeren, wenn er auf den Topf gesetzt wird, also wenn es dem Pfleger beliebt, sondern diese

*Kindergarten-kinder auf dem Klo.*

Funktion seinem Belieben vorbehält. Es kommt ihm natürlich nicht darauf an, sein Lager schmutzig zu machen; er sorgt nur, dass ihm der Lustnebengewinn bei der Defäkation nicht entgehe.

Auch die anale Phase geht vorbei, außer bei Männern, die später homosexuell werden oder vom falschen Loch ihrer Frau besessen sind. Aber noch ist der erotische Kinderkelch nicht geleert. Das Kind muss erst noch die phallische Phase durchlaufen. Als Kleinkind entdeckt es definitiv, wo Bartel den Most holt. Ihm offenbart sich, dass für das erotische Vergnügen bestimmte Organe ideal sind, und es beginnt, sich für das Verhalten der Erwachsenen zu interessieren. Ein ziemlich progressives flämisches Religionsbuch (*Roeach 3*) beschreibt das neu erwachte Interesse folgendermaßen:

... ich finde pinkeln herrlich, ich will im Zimmer bleiben, wenn Mama und Papa es tun, ich will mit meinem Brüderchen in die Badewanne, ich spiele gern ohne Unterhose mit meinen Freunden, mit meiner Schwester spiele ich Doktor, mein Pimmel ist groß, ich finde es schön, meine kleine Spalte zu streicheln ...

Freud zufolge haben viele Kinder, noch ehe sie in die Schule kommen, ihre erste Liebesbeziehung hinter sich: Jungs mit ihrer Mutter, Mädchen mit ihrem Vater. Mit der Liebe zum einen Elternteil wächst die Eifersucht auf den anderen. Um zu vermeiden, dass es später unter dem Ödipuskomplex zu leiden hat, muss das Kleinkind seine erste zwangsläufig unglückliche Liebe richtig verarbeiten. Wenn dem Kind das gelungen ist, ist es drei oder vier, für Freud die Zeit der »kindlichen Frühblüte des Sexuallebens«. Mit fünf allerdings ist es reif für große Ferien, phallusfreie Ferien, die »sexuelle Latenzperiode der Kindheit« bricht an. Bis zum Übergang in die höhere Schule gewährt Freud dem Kind jetzt eine erotische Erholungsphase.

Pädophile dankten ihm das nicht. Sie halten nicht viel von der langen Latenzzeit. Noch 1987 konnte sich jemand wie Edward Brongersma öffentlich beklagen. Er war der Ansicht, die kindliche Sexualität sei immer aktiv, und dass nur wenige Menschen sich an ihren Kindersex erinnerten, liege am »postpuberalen Amnesiesyndrom«. Dabei werden vorpubertäre sexuelle Erfahrungen im Laufe der Jünglingsjahre systematisch aus dem Bewusstsein verdrängt. In seinen Augen seien diese Erfahrungen keinesfalls etwas Schlechtes, im Gegenteil, er hielt sie für gut, da er überzeugt war, dass Organe verkümmern, wenn sie nicht eingesetzt werden. Es sei »eigenartig, wie wenig die Menschen sich bewusst sind, dass dies auch für die Geschlechtsteile zutrifft«. Was ihn betreffe, so könne ein Kind gar nicht früh genug mit der Geschlechtsorgan-Gymnastik beginnen. Es war ihm ernst damit, dass die Emanzipation des Pädophilen kurz bevorstehe.

Natürlich wird es immer Männer und Frauen geben, deren sexuelle Triebe sich vor allem auf Kinder richten, aber wenn man einmal eingesehen hat, dass Kinder nicht weniger sexuell sind als Erwachsene, dann wird es in Zukunft keine dunklen Nischen mehr geben für Leute, die Kinder mögen, wie es ja auch keine gibt für Leute, die einen rothaarigen oder blauäugigen Partner favorisieren.

*Kinder sind unschuldig.*

Brongersma schrieb dies alles nur wenige Jahre vor den belgischen Kindersexskandalen des Marc Dutroux – die dann gewissermaßen seine Hoffnungen zerschlugen. In der darauf folgenden Hexenjagd galt der Besitz von Fotos kleiner nackter Jungs bereits als Perversion. Texte über junge Mädchen dagegen werden noch immer für Literatur gehalten: Nabokovs *Lolita* ist fast zum Markennamen geworden. Braven Kriminalbeamten der Abteilung Sitte schwirrt der Kopf.

Doch sind sie in dieser Verwirrung nicht allein. Brave Mütter erkennen die freudianische Wollust bei ihren Babys, die gerade gestillt werden oder auf dem Töpfchen sitzen, in aller Regel nicht. Schauen sie aber auch richtig hin? Sind sie als Mütter aufmerksam genug? Oder hat Freud nicht richtig hingeschaut? Dass er ein guter Beobachter war, steht außer Zweifel. Aber nicht von Kindern. Seine Patienten waren ausschließlich Erwachsene. Die Ursachen der Psychosen, unter denen sie litten, glaubte er in ihrer Kinderzeit suchen zu müssen. Je weiter zurück, desto besser. Nicht alle hielten diesen

Suchort für überzeugend. Wie kann sich etwas Schlechtes in etwas so Unschuldigem wie dem Kind verstecken? Viele hielten das Kind für das unverdorbene Wesen schlechthin, ohne sexuellen Fehl und Tadel. Mit einer Ausnahme: der Erbsünde. Das ist dem katholischen Katechismus meiner Schulzeit zufolge »die böse Lust und Neigung; d.h. Abneigung gegen Gott«. Die Seele eines Menschen ist schon bei der Geburt schwarz; wir werden nicht blanko geboren, sondern als Sünder, die mit sich selbst ins Reine kommen müssen. Wie das Böse aussieht, weiß kein Mensch, aber dass es sich in der Sexualität jederzeit rührt, war für die meisten von Freuds Zeitgenossen eine unumstößliche Tatsache. So schlimm ist das ja nun auch wieder nicht; wenn man schon eine Sünde erben muss, dann doch am liebsten in der Form von Sex. Da hat man wenigstens etwas davon.

Wie kommt das Kind zum Bösen? Über die Eltern natürlich. Die wiederum haben es von ihren Eltern, und die von den ihrigen, und so weiter durch die Jahrhunderte hindurch zurück bis zu den ersten Menschen und deren Sündenfall. Allerdings gab es zu Freuds Lebzeiten auch noch eine andere Erklärung. Ein Kind erbt das Böse von seinen Vorfahren. Man muss dabei allerdings nicht nur Adam und Eva in Betracht ziehen, sondern auch die Affen, von denen wir abstammen, wie auch deren Vorfahren, die Reptilien, die Fische, die Schnecken und die Würmer bis hinunter zu den Einzellern. Wovon diese abstammen, wird wohl ein Rätsel bleiben. Obwohl es uns fremd in den Ohren klingt, seit klar ist, dass Freud als Kenner des menschlichen Verhaltens von Darwin verdrängt wurde, so entspricht es doch der Tatsache, dass Freud seine Psychologie auf Darwins Evolutionslehre gründete, die ihm sehr zustatten kam. Die Frage lautete weiterhin: Kann ein Kind schlecht sein, unter Umständen sogar schlechter als seine Eltern? Ja, aber nur, wenn auch angenommen wird, dass es sich während des Heranwachsens bessert, wenn es also eine Evolution durchmacht.

*Das Böse wird von Generation zu Generation weitergegeben.*

Darwin konnte es noch so oft abstreiten, man hielt die Evolution für einen Fortschritt. So wie einst aus einer Amphibie ein Säugetier wurde, so kann sich ein böses Kind zu einem guten Menschen entwickeln. Solange ein Kind brav die Vorstadien seiner Vorfahren durchläuft, kann noch etwas Gutes aus ihm werden. Geht etwas schief, ist es reif für den Psychiater. Solche Ideen waren Ende des 19. Jahrhunderts sehr in Mode, wenn auch nicht bei Darwin selbst, so doch bei vielen seiner Anhänger. Einer der prominentesten war Ernst Haeckel, »Darwins Apostel in Deutschland«. Haeckels Bücher, wie etwa *Die Welträtsel*, verkauften sich besser als die seines Meisters in England. In seinem Ansinnen, die Welt nicht nur zu erklären, sondern auch zu verbessern, erlaubte sich Haeckel so manche Ketzerei gegen Darwin. Die These, höhere Menschenrassen hätten, solange sie rein sind, das Recht, niedrigere Rassen zu unterdrücken, brachte ihm zunächst Beifall ein, und später, nach dem Fall von Nazi-Deutschland, das Vergessen.

Den Biologen allerdings blieb Haeckel als Vater eines ebenso verführerischen wie unrichtigen Gesetzes in Erinnerung: des biogenetischen Grundgesetzes. Ein Teil seines Charmes liegt an der Formulierung, die die treffsichere Kürze einer Zauberformel aufweist. Sie lautet: Die Ontogonese ist die Rekapitulation der Phylogenese. Ontogenese nennt man den Lebenslauf eines Individuums von der befruchteten Eizelle bis zum Greis, als Phylogenese wird der Entwicklungsverlauf einer Art, also vom Einzeller bis zum Menschen beispielsweise, bezeichnet. Mit derselben Begeisterung, die später die Wissenschaftler ergriff, als sie in jedem einzelnen Atom das Sonnensystem widergespiegelt sahen, mit dem Kern als Sonne und den Elektronen als Planeten, erkannte Haeckel im Heranwachsen eines Menschenkindes die Wiederholung der Gesamtgeschichte des Lebens auf der Erde. Noch heute hört man den Widerhall dieses Grundgesetzes im Volksmund nachklingen, der beispielsweise gerne behauptet, dass der Embryo in einer seiner Wachstumsphasen eine Art Fisch sei, mit Kiemen und allem drum und dran. Man hört es auch im zustimmenden Hintergrundsraunen, das durch den Saal wabert, wenn der Redner behauptet, den Menschen verlange es deshalb so sehr nach Meer und Strand, weil er einmal ein Salamander gewesen sei.

Als der niederländische Psychologe Piet Vroon 1989 die Ideen des amerikanischen Neurophysiologen Paul Maclean als *Tranen van de krokodil* (Krokodilstränen, dt. *Drei Hirne im Kopf*, 1993) wieder aufwärmte und schrieb, dass sich hinter unseren funkelnagelneuen Menschengehirnen noch immer

Säugetier- oder sogar Reptiliengehirne verbergen, landete er einen Bestseller. Nach Vroon werden vernünftige Entschlüsse – wie zum Beispiel mit dem Rauchen aufzuhören – vom Reptil in uns torpediert, das Vergnügen am Nikotin empfindet und keine Veranlassung sieht, seine Meinung zu ändern. Wenn man Schlechtes tut, dann nicht, weil man selber dumm wäre, sondern weil die Evolution es war, als sie vergaß, das Reptil in uns auszuschalten. Aber auch berühmte Pädagogen wie Piaget oder Dr. Spock widerstanden der Verführung nicht, in der Entwicklung des Kindes eine Wiederholung der Entwicklungsstadien des Lebens auf der Erde zu sehen. Was gibt es auch Schöneres für einen Erziehungswissenschaftler als die Annahme, eine Entwicklungslinie verlaufe zwingend immer aufwärts? Der berühmte amerikanische Erziehungswissenschaftler G. Stanley Hall sah 1904 im Kind die Urform des Menschen. Das Erwachsensein sei ein vergleichsweise modernes Gebäude, das auf »uralten Fundamenten« ruhe.

> In ihrem unvollkommenen Entwicklungsstadium sind Kinder in bestimmter Hinsicht näher bei den Tieren anzusiedeln als bei den erwachsenen Menschen. Somit besitzt die Erblichkeit einen reichhaltigen, aber unentdeckten Vorratskeller erzieherischer Möglichkeiten, aufgeschichtet wie Kohlenvorräte, die, einmal zur Gänze urbar gemacht und benutzt, pädagogische Möglichkeiten ans Licht bringen werden, von denen wir nicht einmal zu träumen wagen.

Die Stärke der Rekapitulationstheorie liegt in ihrer Bildhaftigkeit. Hält man frühe Embryonalstadien von Fisch, Frosch, Huhn oder Mensch gegeneinander, ist kaum ein Unterschied zu erkennen. So stark die erwachsenen Tiere sich auch voneinander unterscheiden, die Embryonen sehen fast identisch aus. Und so waren wir einst alle wie nach dem Bilde von M.C. Eschers berühmtem *Wentelteefje* beschaffen, mit rundem

*M. C. Escher:* **Wentelteefje (Pedalternorotandomovens centroeulatus articulosus).**

Weil Schwein, Rind, Kaninchen und Mensch sich erst gegen Ende ihrer Embryonalentwicklung unterscheiden, glaubte Ernst Haeckel 1877, dass ein Embryo die Evolution seiner Art im Schnelldurchlauf wiederholt.

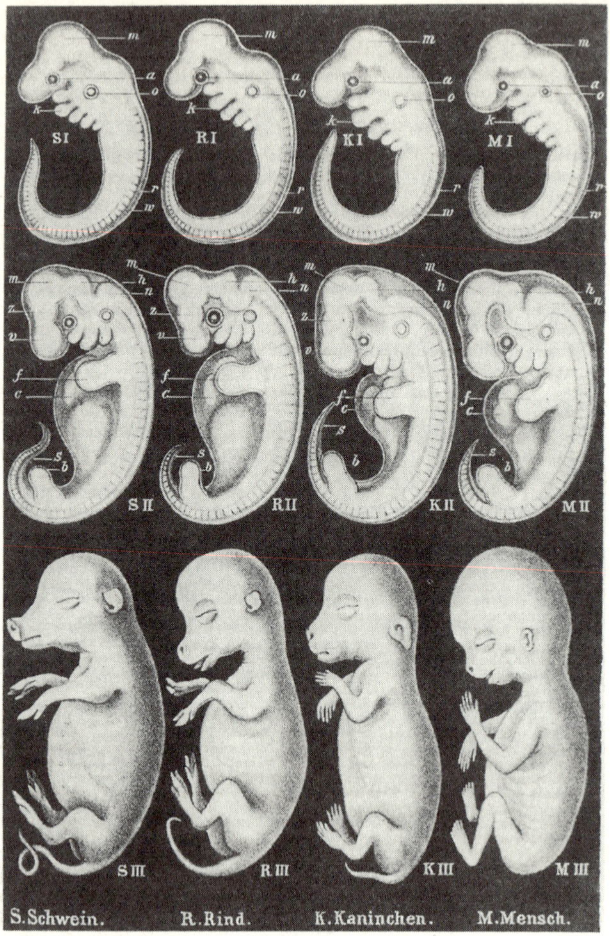


Rücken, einem gegliederten Körper und einem Schwanz. Je älter die Embryonen werden, desto mehr unterscheiden sie sich aber. Einzelne Teile kommen dazu, andere verschwinden; manche wachsen sich zu einer Finne, einer Pfote oder einem Flügel aus. Auf den ersten Blick scheint es tatsächlich, als würde die Ontogenese die Abstammung der Art in groben Schritten wiederholen, und zwar mit großer Geschwindigkeit. Ein Menschenembryo scheint in vierzig Wochen vier Milliarden Jahre Lebensgeschichte zu durchlaufen. Strampeln die Babys deshalb so im Bauch der Mutter?

Arme, Beine, Herzen, Nasen, Lebern, Hintern und Hoden – alle Teile scheinen an dieser Wiederholung der Evolution beteiligt zu sein. Mit einer Ausnahme: dem Geist. Haeckel meinte, dieser ruhe im Embryo in einer Art Winterschlaf. Erst nach der Geburt könne sich der Geist voll entwickeln und müsse sich dann sputen, den Körper einzuholen. Während der Körper bei der Geburt fast schon wie ein Mensch aussieht, rekapituliert der Geist noch sein Krokodildasein.

George Romanes, auch er ein Darwin-Apostel, behauptet, ein Kind besitze bei der Geburt die geistige Reife eines Seesterns. Auf einer Ausklapptafel in seinem Buch *Mental Evolution in Man* (1888) kann man bis ins Detail nachlesen, was danach noch kommt. Mit sieben Wochen ist ein Kind so klug wie eine Schnecke, nach zehn Wochen hat es die Spinne eingeholt und nach fünf Monaten die Biene. Nach den Stadien der Kuh (zehn Monate) und des Elefanten (zwölf Monate) verdient es dann nach fünfzehn Monaten endlich das Adjektiv *sapiens* hinter dem *homo*. Das heißt, wenn es nicht auf halbem Wege stecken bleibt. Beispiele für solche Steckenbleiber glaubte man vor hundert Jahren in den »Negern« zu erkennen, da Vertreter niedrigerer Rassen ihr geistiges Endstadium angeblich eher als Weiße erreichten. Aber auch bei Weißen konnte etwas schief gehen: Das waren dann die Geisteskranken. Von Dr. John Langdon Down stammt die Bezeichnung Mongoloide für einen am Downsyndrom Erkrankten; der Begriff wird auch heute noch oft benutzt. Wir wissen inzwischen, dass der Mongoloismus auch bei dem stolzen Volk der Mongolen vorkommt, was nach Downs Theorie gleichbedeutend wäre mit In-sich-selber-steckenbleiben. Die Anhänger der Rekapitulationstheorie hielten vier Sorten Mensch für unentwickelte Sitzenbleiber der Spezies Mensch: den Affenmenschen, den Eingeborenen, den Irren und das Kind.

Freud kannte Romanes Werk vermutlich gut; in seiner Bibliothek fanden sich dessen Bücher, von Freud mit Markierungen und Notizen versehen. Zunächst versuchte er noch, seine biologische Inspirationsquelle zu verheimlichen, doch im Vorwort zur dritten Auflage seiner *Drei Abhandlungen zur Sexualtheorie* schrieb er 1914 unmissverständlich: »Die Ontogenese kann als eine Wiederholung der Phylogenese angesehen werden, soweit diese nicht durch ein rezenteres Erleben abgeändert wird.« Noch später, 1930, stellte Freud sich den menschlichen Körper wie das moderne Rom vor, bei dem sämtliche kaiserlichen Gebäude noch intakt seien. So etwas ist natürlich unmöglich, denn wo die alten Mauern standen, stehen heute neue; im Geist aber ist so etwas durchaus möglich, im Geist können alte und neue Stadien nebeneinander existieren. Infantiler Sex könne darin nach Herzenslust mit erwachsenem Verlangen im Streit liegen, was allerdings zu Konsequenzen, wie etwa Neurosen, führe. Bei Neurotikern habe man das Gefühl, erklärte Freud, als stehe man in einer prähistorischen Landschaft, zum Beispiel im Jura, mit großen Sauriern und Schachtelhalmen in der Größe von Palmen. Das gelte auch für sexuelles Verhalten. Perversionen ließen sich auf das Sexualverhalten tierischer Vorfahren zurückführen, die im modernen Menschen wieder aktiviert werden. Das Tier im Menschen sei älter, als man denke: Bei Tieren treffe man, gewissermaßen in versteinerter Form, jede Art von Perversion der (menschlichen) sexuellen Anlagen an. Gerade hier finde man genügend Beispiele für die orale und die anale Phase unserer Sexualentwicklung: In der einen Klasse von Tieren liegt eine enge Verbindung zwischen dem genitalen Apparat und dem Mund vor, während in der anderen Klasse zwischen Genital- und Ausscheidungsapparat kaum unterschieden wird.

Freud konnte zufrieden sein. Im Gegensatz zu vielen anderen Theorien über das menschliche Verhalten war seine Theorie wissenschaftlich begründet. Die sexuellen Prozesse lieferten ihm nach eigener Aussage die unverkennbaren organischen Fundamente, ohne die ein Mediziner sich auf dem Gebiet der Psyche nur sehr unwohl fühlen könne. Sein berühmtester Schüler, C.G. Jung, erinnerte sich in seinen *Erinnerungen, Träume, Gedanken*, wie stolz Freud auf seine Sexualtheorie war:

> Ich erinnere mich noch lebhaft, wie Freud zu mir sagte: »Mein lieber Jung, versprechen Sie mir, nie die Sexualtheorie aufzugeben. Das ist das Allerwesentlichste. Sehen Sie, wir müssen daraus ein Dogma machen, ein unerschütterliches Bollwerk.« Das sagte er zu mir voll Leidenschaft und in einem Ton, als sagte ein Vater: »Und versprich mir eines, mein lieber Sohn: geh jeden Sonntag in die Kirche!«

Freuds Sexualtheorie gründete unerschütterlich auf dem Haeckelschen Gesetz. Das wurde ihr zum Verhängnis, denn dieses Fundament ruhte auf Treibsand. Die schwachbrüstigen Geisteswissenschaften hatten sich in der Härte der Naturwissenschaften getäuscht. Haeckel hatte angenommen, dass sich mit jedem Evolutionsschritt die Embryonalentwicklung um eine zusätzliche Stufe erweitere; die alten Stadien blieben seiner Ansicht nach erhalten und würden höchstens schnel-

*Freud war der Meinung, dass Kinder sich zunächst noch auf dem Niveau unserer Vorfahren aus dem Tierreich befinden.*

ler durchlaufen. Aber das stellte sich als falsch heraus, was auch vollkommen logisch ist. Ein Haus muss in allen Bauphasen senkrecht stehen; das heißt, der Bauherr kann sich nicht nur in der Endphase nach dem jeweiligen Bauplan richten, sondern muss dies während des gesamten Bauprozesses tun. Im Kampf um die Existenz sollte ein Embryo am Ende nicht nur einen ausgezeichneten Erwachsenen abliefern, sondern dabei vor allem selbst ein guter Embryo sein. Strickt man an einen Pullover ständig nur etwas dran, wird er schnell unförmig. Natürlich lassen sich unter den Embryos verwandter Arten Ähnlichkeiten feststellen, die einen Biologen leicht dazu verführen, darin den Verlauf der gesamten Artenentwicklung wiederzuerkennen, und natürlich kann sich ein Embryologe die Benennung sämtlicher Auswüchse und Einstülpungen am Embryo erleichtern, indem er sich seiner Kenntnisse der Abstammungsgeschichte bedient. Aber ein Embryo ist keine Kette, auf die man immer wieder neue Evolutionsperlen auffädelt. Das Einzige, was sich sagen lässt, ist, dass ein Embryo in einem bestimmten Stadium verblüffende Ähnlichkeiten mit dem Stadium eines anderen Embryos aufweist. Doch nicht einmal die Reihenfolge der Perlen steht fest. Aus der Gesetzmäßigkeit, nach welcher der Mensch sich in der Kindheit die Sprache aneignet, kann man keineswegs auf eine Gesetzmäßigkeit in der evolutionären Beherrschung der Sprache durch den Menschen schließen. Das gilt auch für die Sexualität.

Ein Biologe, der am Haeckelschen Gesetz festhalten will, ist ein ebenso großer Dummkopf wie ein Evolutionstheoretiker, der sich an Jean Baptiste de Lamarck orientiert. Der französische Naturforscher behauptete Ende des 18. Jahrhunderts, man gebe die Eigenschaften, die man im Laufe seines Lebens erworben hatte und durch die man stark geworden war oder sich angepasst hatte, an seine Nachkommen weiter. Beide Ketzereien gehören eng zusammen. Wäre es möglich, durch ein tugendhaftes Leben der embryonalen Kette stets eine noch hübschere Perle hinzuzufügen, nähme es mit dem Menschen dereinst vielleicht doch noch ein gutes Ende. Freud war einer der Letzten, die noch an den Lamarckismus glaubten; doch nicht nur Lamarck wurde von Darwin verdrängt, Freud teilt heute dieses Schicksal.

Anhänger von Freuds Theorie der infantilen Sexualität sind selten geworden. Die Theorie wurde nie bewiesen und wird auch nie bewiesen werden können. Man könnte einen Laternenpfahl mit derselben Berechtigung nach seinem Sexleben fragen wie ein Kleinkind. Das beste Forschungsobjekt bleibt man selber. Wer sollte auch besser wissen, wie es war, ein kleines Kind zu sein? Das Unangenehme ist, dass man nur noch wenig davon weiß. In der eigenen Erinnerung lagert zwar eine komplette Biographie, die im Alter von ungefähr zwei Jahren einsetzt, allerdings nur bruchstückhaft Einsicht gewährt – wie ein Naturfilm über ein nur noch hier und da vorkommendes, kaum gesehenes Tier, ein fast oder sogar ausgestorbenes Wesen, einen tasmanischen Tiger vielleicht.

Freud behauptete, die ersten Kapitel unserer Autobiographie vernichte der Geist, um die Spuren der frühesten sexuellen Begierden auszuradieren. Nach der Pubertät erleiden wir alle eine kollektive Amnesie, um den kindlichen Sex ins Unterbewusstsein zu verdrängen, wo er noch lange wühlt und nagt. Spätere Forschungen lieferten eine einfachere Erklärung für den verzögerten Start unserer Erinnerung: Das Gehirn ist in den ersten Jahren noch nicht voll entwickelt, es wird dann noch an der Verkabelung gearbeitet. Aber es ist zu einfach, der Kabelgesellschaft die Alleinschuld zu geben. Kinder verfügen früh über ein Erinnerungsvermögen; schon in

*Sigmund Freud (1856-1939) im Jahr 1920 in Hamburg mit seinen Enkeln Ernst und Heinerle.*

der Wiege passen sie ihr Handeln den Erfahrungen an, die sie am Tag zuvor gemacht haben. Dass sie die Erinnerungen nicht ein ganzes Leben lang mit sich herumschleppen, so wie viele Menschen ihre Erinnerung an den ersten Schultag, mag daran liegen, dass ein Baby noch keinen Sinn für Identität besitzt. Um zu wissen, was man erlebt hat, muss man wissen, wer man ist. In der frühen Periode, in der Erinnerungen ohne Niederschlag bleiben, versteht ein Ich noch nicht, dass es ein Ich ist, und dass, wenn die anderen Du zu ihm sagen, daraus zu folgern ist, dass das Du das Ich ist. Ganz zu schweigen davon, dass dieses Ich schon wissen soll, ob es ein Junge oder ein Mädchen ist.

Die allerbeste Erklärung für den Mangel einer Erinnerung an die eigene infantile Sexualität ist auch die einfachste: Es gab sie nicht. Was soll eine Larve mit sexuellen Gefühlen? Fressen muss sie und kacken und nicht auf sieben Hochzeiten gleichzeitig tanzen. Die hübsche Belohnung liegt in der Befriedigung von Bedürfnissen wie Hunger, Darmdruck, Angst –, ihre Stillung erzeugt Genuß. Eine Mutter erkennt die Bedürfnisse bei ihrem Kind sofort und identifiziert sie als »Hunger«, »Durst« oder »Kälte«. Freud musste einräumen, dass die »Volkssprache« für das Bedürfnis des »Geschlechtstriebs« kein dem Hunger entsprechendes Wort kannte, sodass er auf den wissenschaftlichen Begriff der »Libido« zurückgreifen musste. Doch warum sollte es den Säugling an der Brust nach Sex gelüsten? Warum nicht einfach nur nach Nahrung? »Die Vorstellung«, so schreibt Richard Webster in *Why*

*Freud was wrong,* »dass das Stillen den Sexualtrieb errege, ist genauso unsinnig wie die Vorstellung, dass die Kopulation Lust auf die Nahrungsaufnahme mache.«

Natürlich lernen Kinder später durchaus, was Sex ist und dass er angenehme Seiten hat, aber das nimmt bei Kindern äußerst selten die Form jener Besessenheit an, wie sie bei vielen Erwachsenen zu beobachten ist. Zum Missvergnügen der Pädophilen. Ein pädophiler Eisenbahner erzählte Brongersma von seinem kleinen Freund Max:

> Max lernte ich kennen, als er elf war. Wollte ich mit ihm schlafen, weigerte er sich nie. Doch die Umstände brachten mich manchmal zur Verzweiflung: Es musste dabei immer der Fernseher laufen, und das, was Max währenddessen sagte oder tat, hatte nie etwas mit dem Liebesakt zu tun. Ich konnte gerade seinen nackten Körper streicheln und uns voller Leidenschaft zum Höhepunkt des Genusses führen, da fing Max plötzlich an, von seinen Hausarbeiten oder seinen Kaninchen zu erzählen.

Der Dominikanerpater Michael Ingram, der in der Jugendarbeit tätig war, vernahm Ähnliches und berichtete, dass die Jungs, die sich mit erwachsenen Männern einließen, während des Liebesspiels meist am Radio herumfingerten oder von ganz anderen Dingen sprachen. In seinem Roman *The Asbestos Diary*, der vom deutschen Verlag mit dem Untertitel »Das Tagebuch eines Päderasten« ausgestattet wurde, beschreibt Casimir Dukahz, wie er mit seinem kleinen Freund gerade Höhepunkte sexueller Lust erlebte, als dieser sich urplötzlich nach der Höhe eines bestimmten Berges erkundigte.

Freud würde das nüchterne Verhalten der Jungs zweifellos auf die Latenzphase zurückführen. Wer sexuell aktive Kinder sucht, muss in den Kreißsaal oder in die Vorschule. Wie kam Freud nur auf diese Idee? Aus eigener Erfahrung? Natürlich nicht, denn Freud analysierte keine Kinder. Er gestand, dass er seine überraschenden Entdeckungen über die infantile Sexualität in erster Linie der Analyse von Erwachsenen verdanke. Seine eigenen Kinder unterzog er keiner Analyse. Auf die Frage, warum er nicht ins Kinderzimmer gehe, um zu experimentieren, antwortete er, dass er mit einem Arbeitstag von zwölfeinhalb Stunden keine Zeit dazu habe und die Frauen seiner Familie ihn in seinen Forschungen nicht unterstützten. Seine Frau habe das Kinderzimmer betreffend verlauten lassen, dass die Psychoanalyse bis zur Tür dürfe, und nicht weiter. Notgedrungen schickte Freud Schüler und Freunde ins Feld. Von 1908 an sammelte er Beobachtungen über sexuell erregte Kleinkinder. Wenn man will, lässt sich fast jedes Verhalten sexuell auslegen, alles ist eine Sache der Interpretation. Ist ein sattes Baby befriedigt, ist diese Befriedigung dann sexueller oder gastronomischer Art? Wenn man sich an den Grundsatz hält, dass die einfachste Erklärung die zutreffende ist, dann ist meiner Meinung nach Genuss beim Essen einfach Genuss beim Essen. Sonst müsste man jeden Feinschmecker, der sich voller Hingabe das Dessert eines Dreisternekochs einverleibt, wegen Erregung öffentlichen Ärgernisses anzeigen. Nur weil Essen und Sex zu den sinnlichen Genüssen gehören, brauchen sie noch lange nicht identisch zu sein. Und auch wenn so manches Restaurant wie ein Bordell aussieht, muss es noch lange keines sein.

Die Einteilung der Triebe hängt von der Intention ab: Das Essen, das dem Akt gewissermaßen als Vorspiel vorausgeht, ist oft erotischer als jener selbst, und so beeindruckend die morgendliche Erektion auch aussehen mag, sie ist nicht sinnlicher als das Dorf Güstebieser Loose bei Nacht. Welche Absicht sich hinter einem Verhalten verbirgt, kann man leider nicht immer ergründen – und das ist auch gut so. Man müsste kleine Messstäbe tief in die Genusszentren des Gehirns bohren, um dahinter zu kommen. Doch das ist gar nicht nötig. Indirekt nämlich lässt sich jede Intention am Blut ablesen, an der Hormonkonzentration, die wie eine chemische Botschaft darin zirkuliert.

Vor einem Jahrhundert wurde endlich wissenschaftlich bewiesen, was Philosophen, Chirurgen, Quacksalber und Aderlasser schon seit der Antike behaupteten: Der geistige und der körperliche Zustand eines Menschen sind abhängig vom labilen Gleichgewicht zwischen den Körpersäften, die heute allerdings nicht mehr Schleim, Blut oder Galle heißen, sondern Adrenalin, Testosteron und Östrogen. Körpersäfte verleihen heute kaum noch Kräfte, im Gegenteil, eher müsste man sagen, Mormonen gehorchen den Hormonen. Musste man früher, um das Gleichgewicht der Körperflüssigkeiten zu erhalten, mitunter tüchtig zur Ader gelassen werden, scheint heutzutage ein winziges Tröpfchen Hormon zu genügen. Zapfte man bei sämtlichen Frauen in den Niederlanden Östrogen ab, erhielte man nicht mal ein Teetässchen voll davon. Der Inhalt dieses Tässchens aber regiert das Geschlechtsleben von Millionen Frauen, vom Liebesleben der dazugehörigen Männer mal zu schweigen. Die schönsten und traurigsten

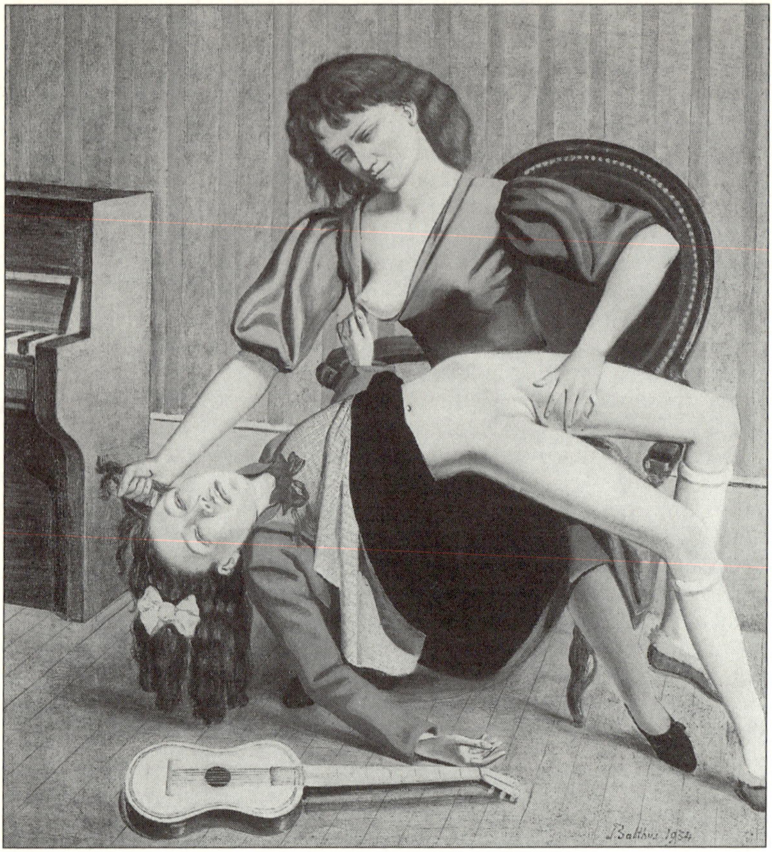

*Balthus:* Die Gitarrenstunde.

Momente eines Lebens sind letztlich nur die Frage von einer Prise von diesem und einem Tröpfchen von jenem.

Hormone hat man buchstäblich im Blut. Man injiziert sie sich mit Hilfe bestimmter Drüsen selbst. Im Blut durchkreuzen sie den ganzen Körper und reizen die Organe. Sie verwandeln den Blutkreislauf in ein flüssiges Nervensystem, das eng mit dem normalen Nervensystem zusammenarbeitet. Normale Nervenzellen funktionieren elektrisch und damit schnell, sie sind in großer Anzahl vorhanden, und jede einzelne hat eine begrenzte Aufgabe zu erfüllen. Mit einem Nerv kann man einen beliebigen Finger bewegen, wann und wie man will, mit einem Hormon geht so was nicht. Doch Hormone können einen dafür so nervös machen, dass man mit allen Fingern gleichzeitig auf die Tischplatte trommelt oder am ganzen Leib zittert wie Espenlaub. Hormone bringen sogar etwas zustande, was es gar nicht gibt: die Prüfungsangst.

Prüfungsangst gibt es tatsächlich nicht. Was es gibt, ist eine grenzenlose Verzweiflung, Schweißperlen auf der Stirn, ein Kribbeln in der Magengegend und zitternde, feuchte Hände, aus denen der Stift zu gleiten droht. Doch Prüfungsangst ist das nicht: Das ist ganz normale Angst. Es gibt keine unterschiedlichen Arten von Angst, sondern nur eine. Worunter man bei Prüfungen leidet, darunter leidet man auch beim Zahnarzt im Wartezimmer oder – Agoraphobiker – auf einem offenen Platz. Prüfungsangst und Platzangst gab es lange, bevor es Prüfungen und Plätze gab. Es ist die Angst, die Antilopen beim Herannahen eines Löwen ergreift oder von der ein Affe gepackt wird, wenn er vom Baum fällt.

Es gibt Leute, die glauben, gegen Prüfungsangst würden Pillen helfen. Das ist genauso irrwitzig wie die Behauptung, Pubertätspickel oder unbeholfene Annäherungsversuche ließen sich mit Pillen kurieren. All diese Unannehmlichkeiten werden von Hormonen verursacht. Hormone sorgen dafür, dass wir uns vor Prüfungen fürchten, als hinge unser Leben davon ab. Was man während der Prüfung im Magen spürt, ist ein Hormon.

Ein Magen hat keine Augen, deshalb weiß er auch nicht, worin der Unterschied zwischen einem Löwen und einem Prüfer liegt. Er weiß nur, dass Gefahr droht. Bei Gefahr schießt das Hormon Adrenalin ins Blut, das den Körper darauf vorbereitet, die Flucht zu ergreifen oder sich dem Kampf zu stellen. Die Muskeln werden mit einer Extraportion Blut versorgt, um sich extra schnell bewegen zu können, Atmung und Herzschlag beschleunigen sich. Um schneller rennen zu können, entleert man sich; das heißt, man macht sich in die Hosen vor Angst. Mit vollen Hosen rennt es sich allerdings schlecht, aber Hosen gab es noch nicht, als der Körper das erfand.

Diese Extraportion Blut für Muskeln, Lungen und Herz muss irgendwo herkommen. Man kann aber nicht aus heiterem Himmel plötzlich mehr Blut produzieren. Also muss das Blut von dort abgezogen werden, wo es nicht so dringend gebraucht wird, zum Beispiel vom Verdauungsapparat. Man ist im Augenblick einfach zu sehr mit Angsthaben beschäftigt, als dass man verdauen könnte. Der Magen muss deshalb für eine kurze Zeit ohne Blut auskommen, der Mund ohne Spucke. Das ist der Grund für dieses merkwürdige Gefühl im Bauch und für die trockenen Lippen.

Pillen können die Produktion von Adrenalin zwar drosseln, schalten aber auf diese Weise auch einen natürlichen Prozess aus. Prüfungsangst ist natürlich und sinnvoll, denn Prüfungen sind zum Fürchten. Man wäre verrückt, würde man sich nicht davor fürchten. Die Angst presst also zusätzliches Blut ins Gehirn, welches den Saft gut gebrauchen kann. Dass gleichzeitig auch mehr Blut zu den Muskeln gepumpt wird, ist eher unangenehm. Die Muskeln werden auf diese Weise mit zusätzlicher Kraft versorgt, die der Körper, auf dem Klappstuhl zur Unbeweglichkeit verdammt, im Augenblick aber gar nicht gebrauchen kann. Das Frustrierende an der Prüfungsangst ist eben auch, dass man nicht wegrennen kann, sondern sitzen bleiben und Däumchen drehen muss, während man am liebsten kämpfen würde. Eine Antilope, die einen Löwen sieht, hat es besser; sie darf nach Herzenslust davonrasen. Gegen Prüfungsangst hilft im Grunde also nur eines: Tu, was der Körper von dir verlangt, lauf davon oder kämpfe. Hau dem Prüfer eins aufs Maul oder gib Fersengeld. Ist zwar nicht gerade gut für die Prüfung, aber wetten, dass es gut gegen die Angst ist?

Adrenalin hat seinen Namen von der Drüse, die es produziert. *Ad* bedeutet »bei« und *renis* ist der lateinische Name für Niere. Adrenalin ist ein Produkt der Nebenniere. Wie weiß man, wer im Körper was herstellt? Das herauszufinden ist gar nicht so schwierig. Man macht einfach eine Drüse kaputt und schaut, was passiert. Mit den Keimdrüsen wird das schon seit Jahr und Tag gemacht; man nennt es auch Kastration. Kaum zu glauben, welche Folgen das hat. Entfernt man beispielsweise einem Stier die Hoden, dann wird das Tier – es heißt jetzt Ochse – nicht nur steril, sondern auch ruhig und richtig schön fett. Auch Menschen werden durch die Kastration dicker, wie sich auf alten Stichen mit Haremsdarstellungen gut erkennen lässt. Eunuchoide Fettsucht nannte man das in der frühen Wissenschaftssprache, und mit dem Term eunuchoider Hochwuchs wies man auf die viel zu langen Beine eines derart Entmannten hin. Im 17. und 18. Jahrhundert kastrierte man kleine Jungs, um sie ein ganzes Leben lang mit einer hohen Kinderstimme singen zu lassen, die aber von einem erwachsenen Resonanzkörper verstärkt wurde. Das ist so, als würde man aus einer Geige einen Kontrabass machen, ohne die Saiten zu verlängern.

Wo ein Hormon gebildet wird, lässt sich erst dann schlüssig beweisen, wenn man die Ausfallerscheinungen rückgängig machen kann. Im Fall der Kastration gelang das zum ersten Mal 1849 mit einem Hahn. Kastriert man einen Hahn, dann erhält man einen Kapaun oder, wie man früher auch sagte, einen Kapphahn. Durch dieses »Kappen« macht man den Hahn fett, feist und fein. Wer je einen Kapaun zu Gesicht bekommen sollte, erkennt ihn an seinem schlaffen Kamm. 1849 stopfte der deutsche Physiologe Arnold Berthold einem Hahn die abgeschnittenen Hoden wieder in die Bauchhöhle zurück, worauf nicht nur der Kamm wieder wuchs, sondern auch die Kehllappen und die Streitlust. Weil die Nerven abgeschnitten waren, die Hoden jetzt aber wieder mit Blut versorgt wurden, schloss man, dass die Hoden einen bestimmten Stoff ins Blut abgaben. Noch lange benutzte man zur Messung der Hormonkonzentration Hähne als lebende Reagenzgläser: Je größer der Kamm, desto mehr Hormon im Hahn. Spätere Versuche, Männern mit erschlaffter Männlichkeit zu helfen, indem man ihnen »Affendrüsen« einpflanzte, schlugen fehl.

*Nach der Kastration bleibt vom einst stolzen Hahn (A) nur ein schüchterner Kapaun (B) übrig.*

B

Man kann auch Mädchen kastrieren, dann bleiben Brust und Becken kindlich. Erwachsene Frauen dagegen kastrieren sich jeden Monat selbst, wenn die Produktion des Östrogens sinkt. Östrogen kommt vom griechischen Wort *oistros*, was Hornisse bedeutet. Bzzzz! Kühe werden panisch beim Anblick von Hornissen, Frauen machen diese Biester dagegen hibbelig. Heißt es oft, ein Mann laufe hinter seinem Schwanz her, so könnte man sagen, eine Frau folgt ihrer Hornisse. Biologen sagen Hormon dazu, aber Hornisse klingt besser, bildhafter und beseelter. Sie ist das Tier, das hübsche Mädchen in schwiemelige Liebesfilme treibt, in Dessousläden, in die Disco oder in die Arme von Männern, die das Jucken zu lindern versprechen. Dafür büßen sie dann mit Windelwechseln, Naseputzen, dem Besuch von Elternabenden und dem Bezahlen von Reitstunden, bevor die Östrogenproduktion endlich nachlässt und Ruhe einkehrt.

Doch Hormone wirken nicht nur auf das weibliche Geschlechtsleben. Sie haben auch Einfluss auf die Körpertemperatur, die Hautempfindlichkeit, die Pickelproduktion und, nach Auskunft von betroffenen Männern, auf die Laune. Das alles schwankt mit dem weiblichen Zyklus auf und ab. Sogar das Geruchsvermögen ist davon abhängig; Frauen riechen in der Mitte ihres Zyklus' am besten, dann, wenn der Östrogengehalt am höchsten ist. Der Franzose Jacques LeMagnen versuchte deshalb, die Nase zu einem empfängnisverhütenden Mittel umzufunktionieren und kreierte zu diesem Zweck in den 50er Jahren eine Testreihe, bei der die Probanden an Fläschchen mit mehr oder weniger konzentrierten Duftstof-

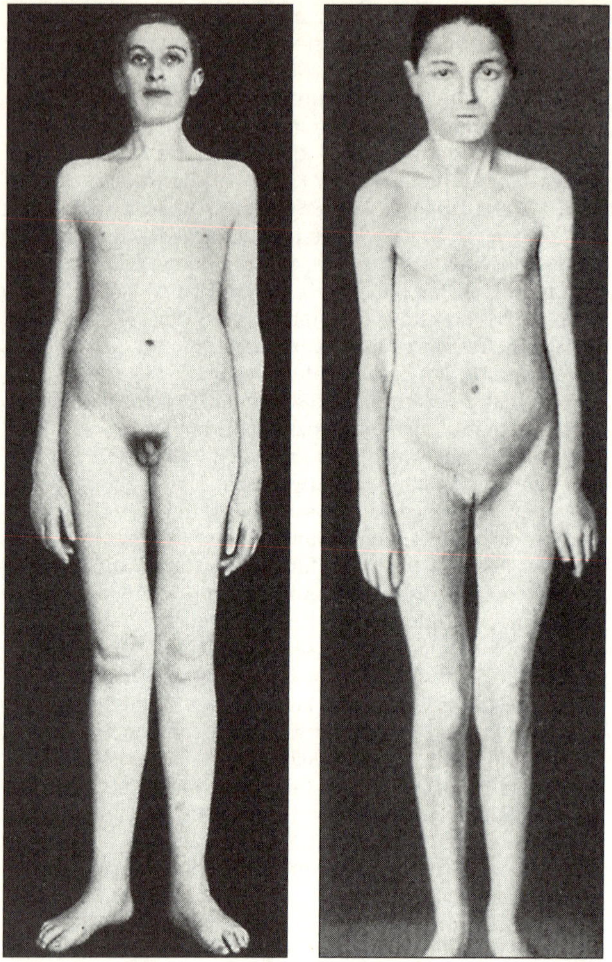

*Nach der Kastration im Kindesalter (links) werden die Arme und Beine extrem lang, während die Geschlechtsorgane verkümmern (eunuchoides Längenwachstum); bei unterentwickelten Geschlechtsdrüsen (rechts) passiert Ähnliches (Infantilismus).*

fen riechen mussten. »Sehr zuverlässig war diese Methode nicht«, berichtet der Biologe Henk Hellema. »Und wehe, die Frau war erkältet.« Ein noch deutlicherer Verweis auf den Zyklus ist die Kriminalitätsrate. Zwar sind Frauen gemeinhin nicht sonderlich kriminell veranlagt. Brav wie sie sind, begehen sie zehnmal weniger Gesetzesüberschreitungen als Männer, das heißt: während der unblutigen drei Wochen. In der vierten, der Blutwoche, begehen die Frauen fast alle ihre Sünden. Ertappt ein Ladendetektiv eine Ladendiebin, liegt die

Chance, dass sie gerade ihre Tage hat, weit über dem Verhältnis 1:4, wie es nach der Statistik zu erwarten wäre.

Es gibt auch Männer mit Zyklus. Viele Tiere sind nur für eine kurze Zeit des Jahres rollig, läufig, brünstig oder hitzig. Die übrige Zeit sind sie sozusagen kastriert. Das bewahrt sie vor einer Menge Theater. Viele dieser Männer ziehen ihre Hoden sogar ganz ein. Warum sollte man sie auch offen und nackt herumbaumeln lassen, wenn sie nicht benötigt werden? Die Tiere sind für eine bestimmte Zeit des Jahres enthaltsam, um zu vermeiden, dass die Jungen in die Kälte oder die Trockenzeit hinein geboren werden. Ihr Kalender sind die Hormone. Bricht die Ruhezeit an, werden die Männer abgeschmückt wie Christbäume: Hirsche werfen das Geweih ab, Enteriche verlieren ihre grünen Hälse, Stichlinge verblassen. Kurz: Sie sehen ihren Jungen immer ähnlicher. Tatsächlich fallen viele Tiere außerhalb der Paarungszeit in ihre Kindheit zurück; mit einem Seufzer der Erleichterung können sie jetzt endlich wieder normal sein. Jetzt fallen sie auch kaum noch auf. Nach einem Frühling voller unaufhörlichem Gezwitscher und Getriller kehrt mit dem Sommer eine wohltuende Stille ein. Bis zum nächsten Frühling. Warum auch sollte ein Vogel singen, wenn es nutzlos ist? Viel zu gefährlich. Im Fernsehen wird es allerdings nie still. Die Tiere dort bauen Nester und versorgen die Jungen wie die Wahnsinnigen. Ein anständiger mitteleuropäischer Vogel macht so etwas nur im April, Mai, Juni und Juli; das restliche Jahr genießt er seine großen Ferien, meist im warmen Süden. Und während dieser Ferien kommt der Unterschied zwischen Männern und Frauen kaum zum Tragen. Die Hormonspiegel sinken bis auf den Nullpunkt.

Es gibt Tiere, die kommen das ganze Jahr über ohne Geschlechtshormone aus. Larven. Jungen. Kinder. Ein Mensch wird nur ein einziges Mal hitzig, in seiner Pubertät; aber dann bleibt er es gleich ein ganzes Leben lang. Das ist enorm anstrengend. Als Kompensation bleibt er vor der Pubertät von der Wirkung der Geschlechtshormone weitgehend verschont. Nur ein Zehntel der bei Erwachsenen üblichen Konzentration von Testosteron bzw. Östrogen findet sich im Blut von Kindern. Das reicht auch. Ein Kind kann mit seinen Geschlechtshormonen so viel anfangen wie mit einem Glas Cognac und einer Zigarre, und auf Sex hat es so viel Lust wie auf ein Schnäpschen. Das kommt schon noch, würde meine Mutter sagen.

Der Begriff »Hormon« wurde erstmals 1902 verwendet, drei Jahre, bevor Freud in seinen *Drei Abhandlungen zur*

*Sexualtherapie* unseren Kindern den Sex aufhalste. Dass Freud in der Entdeckung des Hormons nicht sofort einen Gegenbeweis für seine Theorie erkannte, kann ihm nicht vorgeworfen werden, weil das erste offizielle Hormon das Sekretin war, das der Darm ausscheidet, um die Bauchspeicheldrüse zu erhöhter Produktion anzuregen. Wohl kaum eine Drüse trägt weniger zur Erregtheit eines Liebespaares bei als die Bauchspeicheldrüse. Freud ahnte jedoch, dass »die sexuelle Erregung auf Chemie gründete«. Er schreibt in seiner dritten *Abhandlung*:

> Wir dürfen nun glauben, dass im interstitiellen Anteil der Keimdrüsen besondere chemische Stoffe erzeugt werden, die, vom Blutstrom aufgenommen, die Ladung bestimmter Anteile des Zentralnervensystems mit sexueller Spannung zustande kommen lassen <...>.

Hätte Freud nicht sofort erkennen müssen, dass hier ein Widerspruch vorliegt: eine kindliche Sexualität ohne Vorhandensein eines kindlichen Sexualhormons? Das eine ist doch wohl schlecht ohne das andere möglich, oder doch?

Der englische Physiologe Ernest Starling benannte seine Entdeckung nach dem griechischen Wort *hormao,* was so viel bedeutet, wie »ich bringe in Bewegung«, heute würde man »Gaspedal« dazu sagen. Dennoch ist ein Hormon kein Schalter. Die Ausschüttung von Hormonen hat keineswegs immer Folgen, die vorhersagbar sind. Hormone schaffen vielmehr Atmosphäre, bringen den Körper für ein bestimmtes Verhalten in die passende Stimmung. Doch ob es tatsächlich dazu kommt, hängt ganz von den Umständen ab, vom Nervensystem und schließlich auch noch von anderen Hormonen, die möglicherweise momentan überhaupt nicht in der Stimmung sind. Würde man einen heutigen Spezialisten danach fragen, ob ein Hormon das Verhalten steuert oder das Verhalten das Hormon, bekäme man, wie der Physiologe Stephan Schoesch vermutet, nur ein verächtliches Lachen und ein trockenes »Ja« zur Antwort.

Alle innerkörperlichen und außerkörperlichen Einflüsse zusammengenommen ergeben einen Cocktail aus Hormonen, der, wie ein üblicher Cocktail, mal besser gelingt und mal schlechter. Wer davon aber am meisten in Erregung versetzt wird, das sind die Forscher. Je besser sie die Hormone voneinander unterscheiden, benennen, einteilen und in ihrer Wirkung voneinander abhängig machen können, desto unentwirrbarer scheint alles zu werden. Wenn auch inzwischen unstrittig ist, dass das Sexualhormon und der Sex viel miteinander zu tun haben, heißt das noch lange nicht, dass man vom Hormon gleich geil wird. Ein Mann, dem das Testosteron fast aus den Ohren spritzt, kann seine Erfüllung im Kartenlegen finden, während einer, dem die Eier fast zu Rosinen verschrumpelt sind, jede Frau vergewaltigt, die ihm über den Weg läuft. Jedes Mal, wenn ein Sexualtäter wieder sein Unwesen treibt, schreit die Gesellschaft nach Kastration, und manchmal wird dem Geschrei auch stattgegeben, chirurgisch oder chemisch; ob es etwas nützt, ist allerdings umstritten. Einer der Gründe, warum man heute nur noch selten auf Eunuchen trifft, liegt darin, dass durch den Eingriff die Frigidität keineswegs gewährleistet ist. So einfach lässt sich das Feuer nicht löschen. Dass auch bei Frauen der Sex nicht direkt von der Hormonkonzentration abhängig ist, zeigt sich daran, dass sich Schwankungen im Hormonhaushalt nicht eindeutig im Sexualleben einer Frau widerspiegeln.

Dennoch sind Geschlechtshormone für das Sexualleben von äußerster Wichtigkeit. Ohne Hormone kein Sex. Ohne Hormone gäbe es nicht einmal verschiedene Geschlechter. Es gäbe zwar Menschen mit einer XX- oder einer XY-Chromosomengarnitur, doch bräuchte man ein Mikroskop, um den Unterschied festzustellen. Das Geschlecht ist durch die Gene festgelegt, aber es bedarf der Hormone, um dieses erkennbar zum Ausdruck zu bringen. Ohne Zimmermann ist ein Architekt machtlos.

Wie bestellt man ein Mädchen? Man sagt: »Bitte ein Mädchen, ohne alles.« Ohne Zutaten wird ein Klumpen Embryozellen von allein zu einem Mädchen. Will man einen Jungen, sind Extrainstruktionen nötig: das Y-Chromosom. In den ersten fünf Wochen bildet sich im Embryo die Keimdrüse. Ohne Zutun wird daraus ein Paar Eierstöcke. Mit dem Y-Chromosom aber bilden sich Hoden. Ein Mann ist also nur eine launische Erbkrankheit. Hat sich die Keimdrüse für eine der beiden Existenzen entschieden, ist die Aufgabe der Geschlechtschromosomen erledigt. Um aus dem Mini-Wesen einen Mann oder eine Frau mit allem drum und dran zu machen, sind jetzt die Hormone gefragt. Bei der Geburt kann jeder zwischen den Beinen des Babys erkennen, wie die Würfel gefallen sind. Ein kleiner Junge muss quasi während der ganzen Schwangerschaft in Testosteron getränkt werden. Zudem sind die Kinder, egal welchen Geschlechts, den Geschlechtshormonen ihrer Mütter ausgesetzt. Das ist auch der Grund dafür, dass die Babys, ob Junge oder Mädchen, bei der Geburt manchmal kleine Brüste haben, aus denen sogar Milch aus-

*Als Babys sind Mensch und Tier die reine Unschuld.*

treten kann, die so genannte Hexenmilch. Die weiblichen Hormone versiegen nach der Geburt rasch, bei den Jungs dauert es etwas länger, aber nach ein paar Monaten ist auch das vorbei. Zu behaupten, die Keimdrüsen kochten in den nächsten zwölf Jahren auf Sparflamme, wäre übertrieben; mehr als ein Betriebsflämmchen ist es nicht und das flackert nicht einmal. Vom Laufstall bis zur ersten Gymnasialklasse schlägt die Konzentration kein einziges Mal aus, weder nach oben noch nach unten. Einen besseren Beweis gegen Freuds Postulat von den drei sexuellen und einer asexuellen Phase gibt es nicht. Es ist undenkbar, dass ein Wechsel von einer Phase zur anderen sich nicht durch Schwankungen im Hormonhaushalt nachweisen ließe. Die Hormone haben das letzte Wort: Das Kind ist unschuldig.

Kinder treiben keinen Sex. Lieber gehen sie spielen, und zur Not spielen sie Sex: Vater und Mutter oder Doktor. Das ist auch nicht lustiger als Cowboy und Indianer oder Kaufladen, hat aber einen großen Vorteil: Man muss dafür kein Spielzeug kaufen. Im Gegensatz zur Plastikpistole oder der Puppe hat man das Spielzeug für das Doktorspiel bei der Geburt schon mitbekommen. Und ein schöneres Spielzeug als den eigenen Körper gibt es sowieso nicht: Immer zur Hand, und aufräumen braucht man ihn auch nie.

Erwachsene Menschen haben oft Mühe, das kindliche Spiel im Spiel zu erkennen. Sehen sie, wie ein junger Löwe hinter seinem Schwanz herrennt oder eine Katze hinter einem Papierknäuel, dann heißt es gleich, der Kleine übe für die spätere Jagd. Junge Antilopen spielen nicht Fangen, sondern Gefangenwerden; die Bestimmung ihrer Existenz ist es, verfolgt zu werden, nicht zu verfolgen. Wofür das jetzige Spielen später mal taugen soll, kümmert einen kleinen Löwen oder eine junge Antilope aber herzlich wenig. Sie üben ihre Muskeln und Sprünge nicht für später, sondern für jetzt, einfach zum Spaß. Sie spielen. Auch einen Jungen interessiert nicht, was der Pimmel später mal machen soll; für ihn zählt, was er jetzt damit anstellen kann.

Ist die Evolution schon so weit, dass sie den Kindern bei der Geburt Spielzeug mitgibt? Natürlich nicht. Dafür ist Spielzeug viel zu teuer. Dieser Pimmel hat eine Funktion, und zwar als Gießkanne. Es sagt viel über die Erwachsenen aus, dass sie bei »Penis« zuerst an die Funktion denken, wofür er in einem von zehn Fällen eingesetzt wird. Es wäre vernünftiger, ihn für eine pinkelnde Gießkanne zu halten, mit der man sich paaren kann, statt für eine stets paarungswillige Gießkanne, mit der man auch noch pinkeln kann. Die ersten Lebensjahre ist der Penis ein privates Abwasserrohr, und wer nicht aufpasst, bei dem ist er es in den letzten Lebensjahren wieder. Wie auch immer, das Organ hat mit seiner Doppelfunktion weniger Schwierigkeiten als sein Herrchen. Doppelfunktionen sind ganz normal. Der Körper ist voll davon. Mit dem Mund kann man essen und sprechen, die Füße können gehen und schwitzen, und mit der Nase kann man riechen oder sie in die Angelegenheiten anderer Leute stecken. Manchmal fällt eine Funktion auch weg; dann ist es praktisch, wenn noch eine übrig bleibt. Zum Beispiel bei den Brustwarzen.

Warum haben Männer Brustwarzen? Diese Frage stellen mir die Leute bei Lesungen oft; meistens sind es Frauen, und häufig haben sie etwas Triumphierendes dabei im Blick. Früher wusste ich nicht, was ich darauf antworten sollte, doch heute stelle ich einfach eine Gegenfrage: »Warum tragen Frauen Hosen mit einem Hosenschlitz?« Dann kriegen die Frauen meist den Mund nicht mehr zu. Hosenschlitze bei Damenhosen sind nämlich nicht logisch. Als die Frauen sich Ende der fünfziger Jahre an den Hosen vergriffen, hatten die den Schlitz nicht vorn, sondern seitlich, was meine kindliche Jungenphantasie hinsichtlich der weiblichen Anatomie zu den abstrusesten Vorstellungen anregte. Später verrutschte der Schlitz nach vorn, aus Sparsamkeit, nehme ich an, weil die Hose so in einem einzigen Modell auf den Markt gebracht werden konnte – und zwar mit Hosenschlitz, weil den die Männer nun einmal brauchen, und zwar vorn. Dass die Männer Brustwarzen haben, zeugt von der gleichen Sparsamkeit des Fabrikanten, in diesem Fall der Natur. Weil Frauen nun einmal Brustwarzen brauchen, haben Männer sie auch, wenn auch nicht ganz in der gleichen Qualität.

Der Penis ist ein Doppelorgan *par excellence*. Man kann mit ihm, wie gesagt, pinkeln und sich paaren. Doch hat er die Mängel eines Schweizer Armeemessers. Man kann sich nicht gleichzeitig damit die Nägel schneiden und einen Fisch schuppen. Genauso wenig kann man mit einem Pimmel pinkeln, der aufs Paaren eingestellt ist, oder sich mit ihm paaren, wenn er gerade zum Pinkeln geneigt ist.

Ein Kind setzt seinen Pimmel so ein wie ein Mann seine Brustwarzen. Beide sind empfindlicher als man denkt. So hat man mehr davon als nur das Gepinkel. Ach, ja, schauen, wer am weitesten kann, geht auch noch damit. Pinkeln meine ich. Mit den erwachsenen Geschlechtsorganen hat ein Jungenpimmel oder eine Mädchenspalte so wenig gemein wie eine Buchattrappe mit einem echten Buch. Wer glaubt, ein Pimmelchen sei ein richtiger Penis, verwechselt das Äußere mit dem Inhalt. Er funktioniert noch nicht. Aber herzeigen kann man ihn trotzdem, und das tun Kleinkinder zuweilen peinlich gerne. Wie man sich als Erwachsener dem kindlichen Zeigedrang gegenüber am besten verhält, weiß der flämische Schriftsteller und Filmer Eric de Kuyper: Mit Respekt. Und Respekt bedeutet manchmal einfach Schweigen. »Nicht am Tisch«, kommentierte die Mama den exhibitionistischen Anfall eines ihrer Kinder. Und damit, so meint Eric de Kuyper, traf sie »voll ins Schwarze«.

Nach Freud wird der Mensch angetrieben vom Hunger nach Sex. Kinder haben keinen Sex, was also treibt ein Kind an? Wo liegt die schier unerschöpfliche Energiequelle hinter dem ganzen Geschrei und Gerenne, der Gier, dem Nie-still-sitzen-können und der Selbstverständlichkeit, sich auf jede Herausforderung einzulassen? Gibt es außer Geltungsdrang, Wachstumsschüben, Neugier und grenzenloser Lebenslust noch andere Triebfedern, die sich mit dem Sex messen können? Ein Kind nach seiner Lust zu fragen hieße, es nach seinem Leben zu fragen. So wie das Leben der Eltern sich nur um Sex dreht, dreht sich das Leben eines Kindes ums Essen. Was hat das Essen, was der Sex auch hat? Worin gleichen sich das Vergnügen am einen und das Vergnügen am anderen? Im Spaß am Ekligen. In der Scheiße. Scheiße hat sich stets der wärmsten Anteilnahme des Kindes erfreut. Schon in der Wiege bietet die Scheiße Trost und Halt. Im Gegensatz zu Deutschland wurden und werden in den Niederlanden viele Gedichte darüber geschrieben. Zwar haben die Zeitungen

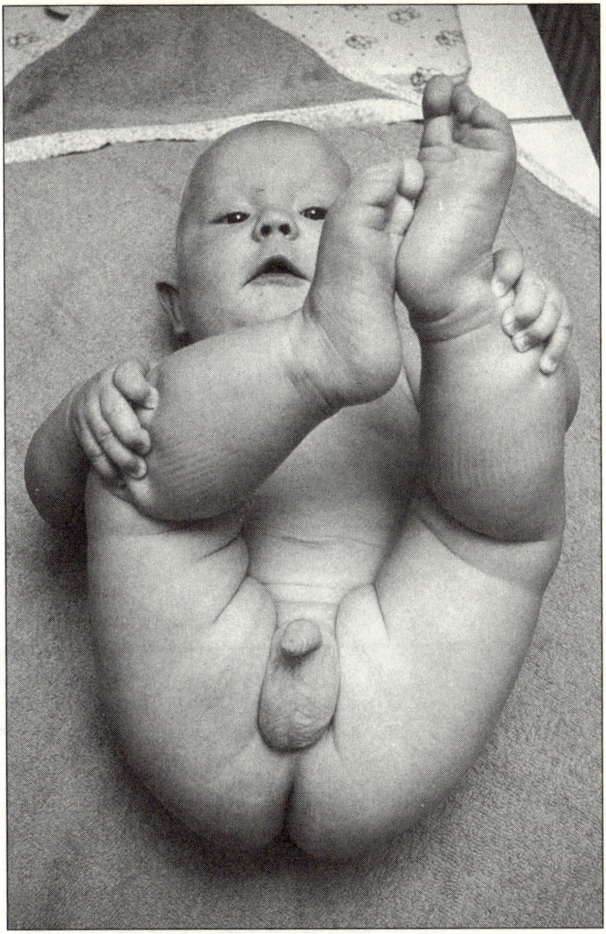

*Das Etikett ist deutlich, aber es bezeichnet noch gar nichts.*

neben der Kochrubrik noch keine Scheißerubrik eingerichtet, aber Scheißen ist ein nicht weniger großes körperliches Vergnügen als das Essen. Anleitungsbücher oder Vereine brauchen wir nicht, um es zu lernen: Es ist kinderleicht. Und es ist kreativ, man erschafft etwas dabei.

Scheiße steht aber nicht in hohem Ansehen. Wer als Arzt etwas erreichen will, stürzt sich nicht auf die Gedärme, sondern auf Herz und Blut. Blut vergießen wir Niederländer für die Königin und das Vaterland, doch wer dreht zu Ehren seines Landesfürsten schon eine Wurst? Seit jeher betrachten

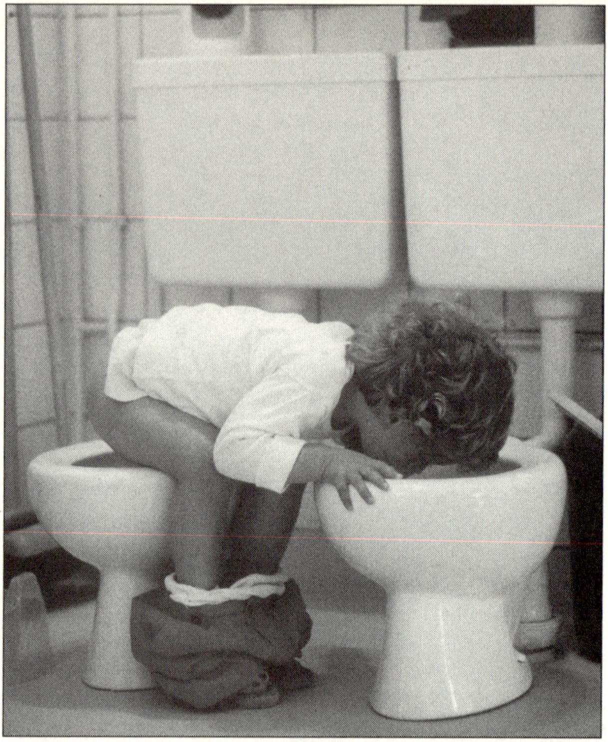

*Scheiße erfreut sich stets des wärmsten Interesses der Kinder.*

wir das Herz als den Motor unseres Körpers und das Blut als unseren Lebenssaft, dabei dient das Gefäßsystem nur dem Transport. Doch Transportsysteme sind oft überschätzt – man denke nur an die Staus auf den Autobahnen –, und wer das Herz für den Antrieb der Körperökonomie hält, verwechselt die Ölpumpe mit der Zentralheizung. Nicht der Bluttransport ist die Hauptsache des Körpers, sondern die Verdauung. Ein Mensch ist ein wandelnder Darm, ausgestattet mit einem Gehirn zum Steuern und mit Geschlechtsorganen, um neue wandelnde Därme zu produzieren. Die Kindheit ist die einzige Lebensphase, die den Darm vom Anfang bis zum Ende, von oben bis zum unvermeidlichen Unten gebührend zu schätzen weiß.

Scheiße ist nicht nur eklig wie die Sexualität, sie hat mit ihr auch noch ein anderes kindliches Vergnügen gemeinsam: die Heimlichkeit. Auf der Suche nach den Quellen des Glücks gehen die Erwachsenen oft achtlos an diesem einfachen Weg zur vollen Zufriedenheit vorbei. Ich selber habe das Herrliche am Heimlichen mit der Muttermilch aufgesogen. Wir waren nämlich katholisch, und das konnten in früheren Jahrhunderten die Niederländer nur heimlich sein. Wir wussten also schon immer, dass alles, was man heimlich tut, doppelt so schön ist. Vor allem, wenn es eklig war. Während unsere Eltern im Bett heimlich schmutzige Dinge taten, lasen wir heimlich schmutzige Bücher. Auf der Schule erzählten wir uns Witze über Scheiße, so wie wir Erwachsenen uns heute welche über Sex erzählen. Genauso eklig, genauso heimlich, mit dem gleichen Vergnügen. Doch für das Kind bleibt das eine Notlösung. Wo findet man in der heutigen, dem Sex ergebenen Welt etwas Gutes über Scheiße? Warum lassen wir unseren sexlosen Kindern nicht ihre eigene Form der Pikanterie? Wo sind die Buchverlage mit einem Scheiße-Programm, wo der Kinderkanal mit *brown movies*?

## 6
# Wissen fressen

Kinder kommen nur selten unter Menschen. Ihre Welt wird von Tieren bewohnt. Auf den Pullovern, am Laufstall, in ihren Fäustchen und über den Betten sitzen, stehen, liegen, hängen Bärchen, Küken, Elefantchen. Vor dem Zubettgehen erzählt Papa noch von Kätzchen und Pinguinen. Kinderbücher sind Tierbücher. Viele der Tiere aus der Kinderwelt sind streichelzahm, flauschig und weich. Umso auffälliger ist der weltweite, anhaltende Erfolg einer Raupe. Vom Bilderbuch der *Raupe Nimmersatt* sind seit 1969 in der ganzen Welt Millionen Exemplare verkauft worden, obwohl in der Geschichte von Eric Carle im Grunde nichts passiert. Die Raupe kriecht aus dem Ei, die Raupe frisst Apfel, die Raupe frisst Birne, die Raupe frisst Pflaume, die Raupe frisst Erdbeere, die Raupe frisst Orange, die Raupe frisst Schokoladenkuchen, Eis, Bonbon, eine Scheibe Käse, ein Stück Wurst, einen Lolli, ein Stück Obstkuchen, ein Würstchen, ein Stück Kuchen, ein Stück Melone und ein grünes Blatt. Danach ist sie groß und dick. Sie baut einen Kokon und wird ein Schmetterling. Die Erklärung dürfte darin liegen, dass die Kinder in der Raupe vieles von sich selbst erkennen. Larve liest Larve. Larve frisst und frisst und frisst.

Raupen fressen so viel, dass sie ganz müde davon werden; ab und zu müssen sie eine Pause einlegen. Ihr Fresstrip ist eine unaufhaltsam in Lichtgeschwindigkeit dahinrasende Mehrstufenrakete. Braucht die Raupe des Ringelspinners (*Malacosoma neustria*) zum Verzehr ihres ersten Baumblattes drei Entwicklungsstadien, so verdrückt sie allein im vierten Stadium ein weiteres Blatt zur Gänze, um dann im fünften und letzten Wachstumsstadium sieben komplette Blätter zu vertilgen. Bis dahin hat sie fünfzehntausendmal ihr eigenes Gewicht gefressen. Zu Tausenden in einem rie-

*Erst kurz vor dem Verpuppen hat die Raupe endlich genug.*

sigen selbst gesponnenen Zelt lebend fressen Ringelspinnerraupen ein junges Bäumchen im Nu kahl. Danach verziehen sie sich zum nächsten Bäumchen. So entlauben sie jährlich in Amerika mehrere Zehntausend Hektar Wald. An manchen Stellen sind sie in solchen Massen unterwegs, dass der Verkehr aus den Fugen gerät. Im Jahre 1891 hatte *The Evening Star* gemeldet:

> Die Gleise der Carolina Central Railroad waren kürzlich von einer zentimeterdicken Schicht Raupen bedeckt. Die Räder der Lokomotiven drehten durch, als wären die Gleise mit Öl geschmiert. Der gesamte Zugverkehr kam während einer Dauer von drei Tagen zum Erliegen. Um das Moorgebiet, aus dem die Raupen offensichtlich schlüpften, zu überwinden, mussten die Lokführer ihre ganzen Sandvorräte opfern. Augenzeugen berichteten, dass die Gleise, die Schwellen und das Moor unter einer Masse von Millionen zerquetschter Raupen verschwanden, die einen unerträglichen Gestank verbreiteten.

In Europa beschert der Wollspinner (*Lymantria monacha*), auch Nonne genannt, den Baumzüchtern zuweilen schlaflose Nächte, denn dessen Raupen können sich ein Gebiet von mehreren Zehntausend Quadratkilometern zur Brust nehmen. Eifrige Biologen haben nachgezählt, dass die auf Nadelgehölze spezialisierte Raupe des Kieferspinners (*Dendrolimus pini*) bis zur Verpuppung achthundert Nadeln verspeist. Es ist nur ein einziger Fall bekannt, in dem sich die Fresssucht der Raupen als nützlich erwies. Die Australier hatten in den zwanziger Jahren des 20. Jahrhunderts mal wieder eine falsche Pflanze in ihr Land eingeführt, den Feigenkaktus (Gattung *Opuntia*), den sie als lebende Hecke einzusetzen gedachten. Doch die Pflanze überwucherte alles, und so importierten die Australier nach der Pflanze auch den dazugehörigen Schädling aus Südamerika, die Kakteenmotte (*Cactoblastis cactorum*). In wenigen Jahren hatten deren Raupen Australien sauber gefressen, und die Schafzucht war gerettet.

Doch längst nicht alle Pflanzen werden in Raupe umgesetzt. Etwa die Hälfte ihrer Nahrung scheidet die Raupe ungenutzt wieder aus. Wenn die Raupen des Kleinen Frostspanners sich mal so richtig über eine Eiche hermachen, dann rieselt es auf das dürre Laub am Fuß des Baumes, als schütte sich ein Wolkenbruch aus, und nach einer Attacke von Nonnen liegt die Raupenkacke unter dem Baum bis vier Zentimeter hoch. Da haben es die Minierraupen schwerer. Diese kleinen Raupen, zu denen allerlei Arten gehören, leben in engen Gängen, die sie in die Blätter bohren. Wird der Abfall nicht weggeschafft, häufen sich die Kötel im Gangsystem an, was hübsche Muster ergibt, woran ein Biologe wiederum die Unterart bestimmen kann.

Seit der Mensch die Landwirtschaft erfand, ist das Paradies für Insektenlarven das Getreidesilo. Kein Feind weit und breit, konstante Temperatur und Fressen im Überfluss. Oft ist der Weizen sogar schon mundgerecht zu Mehl vermahlen. Der einzige Nachteil ist die Trockenheit; Mehl ist fünfzigmal trockener als ein Apfel. Doch auch dagegen haben die Mehlwürmer, die Larven der Mehlkäfer (*Tenebrio molitor*), ein Mittel; sie ziehen die Feuchtigkeit, die der Nahrung fehlt, einfach aus der Luft. Schätzungsweise ein Zehntel des vom Menschen angebauten Getreides beanspruchen Insektenlarven für sich. Doch nicht allein die Menge zählt. Eine Raupe braucht nur mal kurz am Mantelstoff zu kosten, und es ist passiert: Die Motten sind drin.

Von gesunden Kindern wird erwartet, dass sie ihren Eltern »die Haare vom Kopf fressen«. Wie bei den Raupen geschieht das etappenweise; im ersten Halbjahr gedeiht das Kind auf wundersame Weise mit nur etwas Milch. Aber diese Milch ist auch etwas Besonderes. Sie ist, neben dem Ei, die einzige tierische Nahrung, die tatsächlich dazu bestimmt ist, verzehrt zu werden. Ein Beefsteak war nicht dazu gedacht, auf einem Teller zu liegen, sondern sollte die Hinterbeine einer Kuh antreiben, und auch die Schweineleber sollte ursprünglich nicht in Form von Wurst aufs Brot geschmiert werden, sondern das Blut des Schweins zu entgiften. Wie nahrungsreich ein Ei ist, wird klar, wenn daraus geschlüpft wird. Ein Küken passt wie maßgeschneidert hinein. Ein Ei voller Dotter wurde in ein Ei voller Küken verwandelt, und es ging dabei so gut wie nichts verloren. Noch schöner ist das bei einer Forellenlarve zu erkennen, deren Dottersack durchsichtig an ihrem Bauch hängt. Je kleiner der Dottersack wird, desto größer wird das Fischchen, bis schließlich nach fünf Wochen der Dotter verbraucht ist und der Kleine sich nun selbst um sein Futter kümmern muss. Das Pendant zum Ei ist in der Pflanzenwelt der Samen: im Grunde auch ein Embryo mit einem Haufen Fressen drum herum. Deshalb sind Samen, wie etwa Erdnüsse, auch so nahrhaft. Zu Butter verarbeitet sind sie besonders gut für heranwachsende Kinder, was nicht heißen soll, dass dabei alle Erdnussbutter in Kind umgesetzt wird. Ein Großteil der Nahrung dient nicht dem Wachstum, sondern der Bewegung. Ein Erwachsener wächst nicht und muss trotzdem essen. Das meiste Essen verbrennt der Mensch schlichtweg, um Energie zu produzieren und sich warm zu halten.

»Iß, damit du groß wirst!«, kriegt ein Kind immer wieder zu hören, wenn es seinen Teller nicht leer isst. Doch auch Kinder wachsen vom Essen nur wenig. Zwar wird anfangs noch ein Viertel der Kalorien fürs Wachsen aufgewendet, doch bei einem Zweijährigen sind es dann nur noch fünf Prozent. Kinder essen einem die Haare vom Kopf, weil sie so klein und aktiv sind. Kleine Menschen haben eine relativ große Körperoberfläche, die die Wärme nur schlecht speichert. Ein kleiner Körper verlangt auch effizientere Bewegungen: Hopsen statt gehen, keine Gemächlichkeit vorschützen, sondern die Treppe hinunterstürzen wie ein Wasserfall. Die ungezähmte Energie von Kindern nährt sich Kalorie für Kalorie aus Brei, Chips und Nutella. Biologen haben die Faustregel entwickelt, dass hundert Kilo Nahrung nötig sind, um zehn Kilo Tier zu produzieren; das bedeutet eine Konversion von 10:1. Würde ein Kind zehn Kilo Nahrung tatsächlich in ein Kilo Körpergewicht umsetzen, wäre es bald so groß wie ein Elefant. Die Konversion 100:1 kommt also der Wirklichkeit schon näher. Von jedem Kilo Nahrung landen beim Kind 990 Gramm als Abfall in der Luft oder im Klo. Wachstum und Esslust halten sich also keineswegs die Waage. Doch dass Wachsen ohne Nahrung nicht möglich ist, zeigt sich bei Unterernährung. In Gambia tritt diese oft während der Regenzeit auf, und eine Untersuchung ergab, dass fünf- bis neunjährige Kinder in dieser Zeit zwei Zentimeter weniger wachsen als zu erwarten wäre. Schlimmer noch als Regen aber ist Krieg. Während des Zweiten Weltkriegs war das Wachstum japanischer Kinder deutlich gestört; es sollte bis 1953 dauern, ehe die Mädchen wieder normal wuchsen, und bei den Jungen war es sogar erst 1956 so weit.

*Von zwanzig Löffelchen ist nur eines fürs Wachsen, der Rest wird umgesetzt in Wärme, Freude und Quengelei.*

Kinder können sehr wählerisch sein – das Apfelmus muss unbedingt von einer bestimmten Marke stammen –, doch manche Raupen sind noch schlimmer. Neben Arten, die alles fressen, gibt es welche, die nur eine einzige Pflanze mögen, und selbst davon nur einen bestimmten

*links: Großer Moorbläuling*

*rechts: Pimpernelle*

Teil. Hat man die Raupe bestimmt, dann kennt man auch die dazugehörige Pflanze oder umgekehrt. Das geht nur, weil Raupen ausgezeichnete Botaniker sind, wenn auch sehr spezialisierte. Sie erkennen Pflanzen nicht nur an Geruch und Geschmack, sondern auch an Farbe und Struktur: behaart oder nicht, hart oder weich, saftig oder trocken. Raupen der Gattung *Acidalia* durchtrennen erst bestimmte Blattnerven ihrer Nahrungspflanze (*Pterophora*) und warten, bis das Blatt verwelkt ist, bevor sie es fressen. Andere Raupen sterben lieber, als etwas Neues auszuprobieren. In den Niederlanden verschwand der Große Moorbläuling (*Maculinea teleius*), weil seine Raupe zuerst nur die Samen der Pimpernelle (Gattung *Sanguisorba*), auch Wiesenknopf genannt, frisst und danach nur die Larven der Knoten-Ameise (*Myrmica scabrinodis*), weshalb er auch Heller Wiesenknopf-Ameisenbläuling heißt. Gewissermaßen als Entschädigung für den Kindermord im Ameisenbau scheidet die Raupe des Schmetterlings eine Art Honig aus, den die Ameisen sehr mögen. Schließlich verpuppt sie sich inmitten der Ameisen und verlässt den Bau als Schmetterling. Doch Lokalitäten mit der richtigen Ameise und der richtigen Pimpernelle und das zur richtigen Zeit des Jahres wurden immer seltener, bis der Bläuling ausstarb. Er wurde vor kurzem mit viel Mühe wieder ausgewildert.

Damit eine wählerische Raupe ihren Willen kriegt, muss sie als Ei auf der richtigen Pflanze abgelegt worden sein. Woher aber weiß ein Schmetterling, welches die richtige Pflanze ist? Er selber frisst doch etwas völlig anderes als seine Raupe. Besitzt ein Schmetterling also doch so etwas wie eine Erinnerung an seine Raupenzeit? So wie es viele alte Leute gegen Ende ihres Lebens wieder in ihre alte Heimat zieht, kann man Schmetterlinge beobachten, die vorher nur die schönen Far-

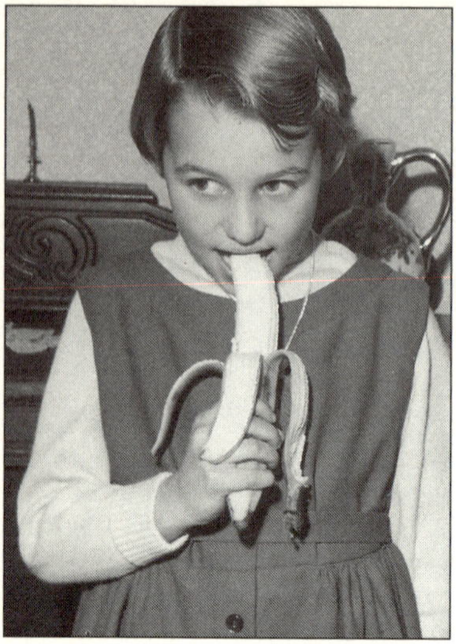

*Eine Larve hat noch keine Hintergedanken.*

ben der nektarreichen Blüten registrierten und nun plötzlich vom Grün der Blätter angezogen werden, auf denen sie als Raupe gelebt haben. Schmetterlinge, deren Raupen mehrere Blattarten zu ihren Nahrungsquellen zählen, legen ihre Eier dennoch meist auf der Pflanzenart ab, auf der sie selbst herangewachsen sind. Irgendwie werden Geschmacksvorlieben von der Raupe an den Schmetterling weitergegeben. Erinnerung, so wie wir das kennen, ist das nicht. Es ist viel besser. Und es geht über bloße Geschmacksfragen hinaus. Eine Mücke muss zum Wasser zurück, in dem sie als Larve lebte, ein Raupentöter findet plötzlich Raupen attraktiv, die er selber längst nicht mehr frisst, und eine Ameisenkönigin gründet zuerst einen ganzen Staat, um sich fortpflanzen zu können, wie es sich geziemt.

Jeder Nachteil hat einen Vorteil. Es mag für ein wählerisches Tier noch so unangenehm sein, die einzig wahre Nahrungspflanze aufzutreiben, doch dafür hat es das Tier hinterher umso leichter. Denn wohlschmeckend und gesund sind in diesem Fall identisch. Seine Lieblingspflanze weist genau die richtige Mischung von Fetten, Eiweißen und Kohlenhydraten auf, die es braucht, und auch an Vitamin- oder Mineralienmangel wird es nicht leiden. Das gilt auch für Tiere, die sich ausschließlich von einer einzigen Tierart ernähren, wie zum Beispiel die Menschenlaus (*Pediculus humanus*). Doch selbst wenn die Speisekarte einer Tierart verschiedene Posten aufweist, ist ein Ernährungsberater überflüssig. Ob man als Löwe Antilope oder Ziege frisst, ist hinsichtlich der Nährwerte ziemlich egal. Hauptsache, sie sind Pflanzenfresser. Denn die Vitamine nimmt ein Löwe ausschließlich über das Grünfutter im Magen seines Opfers auf. Ihre Katze macht es übrigens genauso. Während wir Möhren essen müssen, um nachts gut sehen zu können, hält unsere Katze sich lieber an Mäuse, die die Möhren schon für sie gefressen haben.

Für den Fleischfresser besteht das wesentliche Problem nicht darin, welches Tier er sich als Nahrung wählt, sondern darin, ob er es auch zu fassen kriegt. Auch Pflanzen können sich gegen ihre Fressfeinde wehren – mit Gift, Stacheln oder

Warnstoffen; aber weglaufen, abtauchen oder davonfliegen ist nicht drin. Wenn die Larve eines Raubfisches ihren Dottersack aufgebraucht hat, zeigt sich, ob sie jagen kann. Im Fall der Blaumaräne (*Coregonus wartmanni*) geht es um Planktonkrebse. Anfangs erbeutet sie bei hundert Versuchen vielleicht gerade mal drei Stück, doch für die geborene Jägerin ist es nur eine Frage der Übung, bis sie die Quote auf 20 Prozent steigert.

Auch bei einer Katze ist der Jagdtrieb angeboren, doch im Gegensatz zur Maräne braucht sie Jagdunterricht. Das zeigt sich, wenn man ein Katzenjunges zu früh von der Mutter wegnimmt. Mit etwas Glück fängt es als erwachsene Katze mal eine nicht allzu kluge Maus, weiß aber nicht, wie es sie töten soll, wenn seine Mutter ihm das nicht zeigen konnte. Eine gute Mutterkatze bringt hin und wieder eine lebende Maus mit nach Hause und lässt die Kinderchen damit üben. Auch Meeresraubtiere wie Delphine müssen das Jagen erst lernen. Das ist einer der Gründe, weshalb Raubtiere eine wesentlich längere Kindheit haben als Pflanzenfresser.

Eine lange Kindheit kommt auch bei unserer Art von Tieren vor, bei den Allesfressern. Ein Mensch ist wie ein Schwein; er frisst von allem etwas und von vielem nichts. Ein anderer Allesfresser, die Ratte, frisst nach Meinung des Biologen und Schriftstellers Maarten 't Hart »alles, was nicht stahlhart ist oder zurückbeißt«. Ein Kammerjäger schluckt schwer daran, dass kein Tier sich so schwer vergiften lässt wie die Ratte; selbst das herrlichste Gift lässt sie, einmal misstrauisch geworden, einfach stehen. Ein Allesfresser ist wählerisch. Weil ihm die ganze Welt als Fressen zur Verfügung steht, muss er darauf achten, vom einen nicht zu viel und vom anderen nicht zu wenig abzubekommen. Ein Mensch muss mindestens achtundvierzig essentielle Nährstoffe aufnehmen; das sind die Stoffe, die der Körper nicht selbst aus einfacheren Stoffen synthetisieren kann. Fehlt einer dieser Stoffe, wächst man nicht mehr richtig. Aber woher soll ein Ferkel oder Bärchen wissen, was es fressen muss? Das lernt es von seiner Mutter. Ein Allesfresser frisst im Prinzip nur, was er seine Mutter hat fressen sehen. Auf diese Weise entstanden die nationalen Küchen mit Gerichten wie dem typisch Holländischen Pot oder dem mexikanischen Chili con carne. Was der Bauer nicht kennt, frisst er nicht. Es stimmt zwar, dass wir seit einem halben Jahrhundert immer exotischer essen, doch eine Gewohnheit haben wir beibehalten: Es muss ein richtiger Chinese sein, ein originaler Türke oder ein echter Thailänder. Auch wenn wir selbst unsere Mutter das nicht haben essen sehen, wichtig ist, dass es die Mutter von irgendjemandem gegessen hat. Doch alle Mütter in Nord, Süd und Ost zusammen genommen werden es nicht schaffen, den Bewohner von West dazu zu bringen, die reichhaltigste aller Nahrungsquellen zu verzehren: Larven.

Bewohner der westlichen Hemisphäre verhungern lieber, ehe sie eine fette Larve essen. Das zeigte sich besonders im Hungerwinter 1944/45, als so mancher ins Gras biss und in Friedhofserde begraben wurde, in der es vor saftigen Engerlingen nur so wimmelte. Engerlinge sind Insekten, Insekten sind gruselige Viecher, und gruselige Viecher isst man nicht. Zu viele Beine. Warum aber essen die Bewohner der westlichen Hemisphäre dann Krabben, Krebse und die noch insektenhafter aussehenden Garnelen? Weil wir das gelernt haben. Wüstenbewohner mögen keine Garnelen, sie essen lieber Heuschrecken. Roh oder gegrillt – ganze Völker leben davon. Wird die Ernte von Heuschrecken vernichtet, bleiben immer noch die Heuschrecken. Im Sahel weigerten sich die Bauern, ihre Hirse mit Insektiziden zu besprühen, weil die Heuschrecken ihnen auf dem Markt mehr einbrachten als die Hirse.

Heuschrecken, Ameisen, Bienen und Termiten werden auch deshalb gern gegessen, weil sie leicht und in großen Mengen zu fangen sind. Ganze Mückenschwärme werden zu Kuchen verbacken, aber auch Grillen, Wanzen und Zikaden sind beliebt. Alles in allem stehen auf der Welt ungefähr fünfzehnhundert Insektenarten auf den Speiseplänen. Es gibt ein Volk, das genau weiß, wie es ist, Schmetterlinge im Bauch zu haben: die Aborigines. Im Winter sammeln sie in den Grotten und Felsspalten des Bogongebirges Nachtfalter, sengen ihnen in heißer Asche Beine und Flügel ab, und drehen dann Frikadellen daraus oder zermahlen sie zu Mehl, um Chips damit zu backen. Ein Großteil der Insekten verzehrenden Menschen zieht allerdings die Raupen den Faltern oder Schmetterlingen vor. Raupen sind zarter, und man kann sie mit Haut und Haaren essen. Auch andere Larven werden den erwachsenen Insekten vorgezogen, denn sie haben die richtige Konsistenz: innen

*Schildwanzen sind für manche wie Chips und Erdnussflips.*

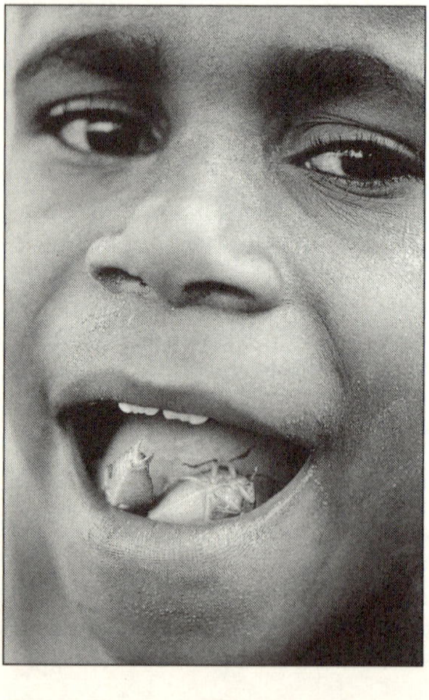

zart und rundherum eine nicht zu harte Kruste, ungefähr so wie bei einem gut gelungenen Soufflé. Gebraten werden sie dann schön kross. Am besten zieht man sie vor dem Frittieren durch eine Panade aus geschlagenem Ei und Semmelbrösel und serviert sie mit etwas Zitronensaft.

Vollgepropft mit Materialien, wie sie ist – sie muss schließlich ein erwachsenes Insekt zusammenbauen –, gibt es an einer Larve mehr zu kauen als an einem erwachsenen Tier. Wo Palmen stehen, jagt die Bevölkerung den Palmbohrer (*Rhynchophorus palmarum*), wo Sago wächst, ist der Sagowurm eine beliebte Jagdbeute, den man in Indonesien in Grillbuden am Straßenrand als Snack oder zu Eintopf verarbeitet zu schätzen weiß. Den Wurm jagt man nach Gehör. Dazu klopft der Jäger auf einen umgestürzten Baumstamm wie an eine Tür und lauscht, ob sich im Inneren etwas bewegt. Ist das der Fall, hackt er den Wurm mit der Machete heraus. Im südlichen Afrika sind die Raupen des Nachtpfauenauges (Familie *Saturniidae*) so begehrt, dass die Preise von herkömmlichem Fleisch ins Bodenlose stürzen, wenn die Raupenzeit anbricht. Bei der Raupenernte, bei der man die Tiere lediglich von den Bäumen und Häuserwänden zu pflücken braucht, stecken sich die Frauen immer wieder eines der Tiere in den Mund, nachdem sie ihm geschickt die Eingeweide herausgezogen haben. Was übrig bleibt wird in der Sonne getrocknet und als Mopaniwurm verkauft.

Das Leben der Lappen ist bekanntermaßen eng mit dem ihrer Rentiere verbunden. Die Carib-Indianer der Hudsonbay in Kanada leben in ähnlich enger Weise von und mit ihren Karibus, gehen in ihrer Liebe allerdings noch weiter. Die Karibus leiden oft unter Rückengeschwülsten, die die Indianer ausdrücken wie einen ganz gewöhnlichen Pickel. Doch anstelle von weißem Talg kommt dabei die Larve der Rinderdassel (*Hypoderma lineatum*) zum Vorschein. Der Indianer isst das begehrte, direkt unter der Karibuhaut parasitierende Tier meist sofort und roh, doch wenn das Karibu ohnehin geschlachtet werden muss, lässt man die Larven, wo sie sind, und kocht sie einfach mit.

In einer Flasche Mescal oder Tequila findet man häufig den so genannten Agavenwurm, der in der Natur auf der Pflanze lebt, aus der der Schnaps gewonnen wird: auf der Agave, einer mexikanischen Wüstenpflanze. Es handelt sich dabei aber gar nicht um einen Wurm, sondern um die Raupe des Dickkopffalters (Familie *Hesperiidae*), und in der Flasche ist er, um die Echtheit des Getränks zu gewährleisten und den Männern Gelegenheit zur Demonstration ihrer Männlichkeit zu

***Aus Rache für ihre Zerstörungsarbeit an der Agave landen die Larven im Agavenschnaps (Mescal).***

geben: Ein richtiger Macho verdrückt nach dem Schnaps den Wurm gleich mit, obwohl man in Mexiko damit kaum einen Blumentopf gewinnt. Dort nämlich werden Verwandte des roten Agavenwurms als Vorspeise oder als Füllung von Tacos serviert. Im Gegensatz zum roten Agavenwurm aus der Flasche ist der weiße eine Delikatesse und kann leicht fünfzig Euro pro Kilo kosten.

In der westlichen Kultur hat der Verzehr von Insekten kaum Tradition. Während die meisten Untertanen des Britischen Empire sich an Insekten gütlich taten, beschränkten sich die Briten auf *scones* und *black puddings*. Die Verwunderung darüber fand ihren trefflichsten Ausdruck im Titel des immer wieder aufgelegten Werks *Why not eat insects?* (1885). Der Autor Vincent Holt schreibt: »Diese Insekten fressen alles, aber auch wirklich alles, was grün ist, und wir Bauern müssen hungern. Nun, denn! Esst doch die Insekten, schlagt Euch die Bäuche mit ihnen voll!« Und weiter:

> Die Vögel sind vernünftiger als wir. Sie wissen den fetten Maikäfer als Nahrung zu schätzen. Die anmutigen Saatkrähen genießen es, auf einer Wiese hinter dem Pflug herzustaksen und sich die zarten Larven aus der Erde zu picken.

Holt zitiert zur Unterstützung seiner These Erasmus Darwin, den Großvater von Charles:

> Ich habe eine Hausmaus beobachtet, die einen Maikäfer fraß, indem sie sein Inneres aushöhlte, und es heißt, dass auch Puten und Saatkrähen das tun; woraus ich schließe, dass der Maikäfer wie die Heuschrecken und Termiten des Ostens bei richtiger Zubereitung genießbar sein müssen. Vermutlich ist die Larve des Maikäfers, der große Engerling, den die Saatkrähen hinter dem Pflug so gerne aufpicken, nicht weniger schmackhaft als die Larve, die man in Westindien Grugru nennt, oder eine große Raupe, die dort auf der Palme lebt. Beide werden gegrillt gegessen.

Bei Erasmus Darwins Grugru handelt es sich um die fette Larve des Rüsselkäfers (*Calandra palmarum*), die so groß werden kann wie der Daumen eines Menschen; bei ihrem Anblick, so Holt, läuft den »Negern« das Wasser im Mund zusammen. Und was »Neger« und »Hottentotten« können, das sollte doch auch einem Engländer möglich sein. Warum es nicht mit unseren Kohlraupen versuchen? Was könnte mehr Vergnügen bereiten, als die Tiere auf einem Bett aus jenen Kohlblättern zu servieren, die sie sonst aufgefressen hätten? Zur Not kann man sie, so schlägt Holt vor, auch als *Larvae Pontiae à l'Hottentot* auftischen.

Seit dem Erscheinen von Holts Buch sind die Argumente für den Insektenverzehr nur noch zahlreicher geworden. Saftiges Larvenfleisch ist mindestens so nahrhaft wie das von Kuh und Schwein. Es ist eiweißreicher und macht nicht dick. Raupenfleisch enthält viel Eisen und Lysin, eine Aminosäure, die bei Pflanzen nicht vorkommt. Äßen wir Insekten, bräuchte man nicht derart viel Insektizide zu sprühen, was wiederum der Umwelt zugute käme. Warum sollten wir Schlupfwespen auf Raupen loslassen, wenn man sie selber mag. Was wären wir für ein wirksames biologisches Bekämpfungsmittel! Millionen Kühe und Schweine bliebe ein elendes Leben in der Massentierhaltung erspart. Der Verzehr von Insekten hat nur gute Seiten.

Warum ekeln wir im Westen uns nur so vor diesen Tieren? Vereinzelt sieht man schon mal jemanden ein Insekt verspeisen – meist im Fernsehen, wenn nachrichtenmäßig Saure-Gurken-Zeit herrscht. Doch das geschieht allein in der Absicht, den Fernsehzuschauer zu schockieren. Dass der Betreffende etwas dabei schmeckt, ist eher unwahrscheinlich; er ist viel zu sehr damit beschäftigt, seinen Widerwillen zu überwinden. Objektiv betrachtet schmecken Insekten – wie auch Meerschweinchen oder Ratte oder Kaninchen oder Huhn – nach Hähnchen; Käferlarven weisen oft den Geschmack von gebratenem Speck auf und Larven aus dem Wasser schmecken nach Fisch. Aber wer ist in Geschmacksfragen schon objektiv? Als echte Allesfresser sind wir sehr konservativ, immer voller Angst, etwas Neues könnte uns schlecht bekommen. Allem Geschwafel vom modernen und abenteuerlichen Essen zum Trotz verkaufen unsere Metzger noch immer dieselben fünf Tiere wie im Jahre Null. Was wir eine abwechslungsreiche Küche nennen ist nichts anderes als das Immergleiche in diversen Zubereitungen.

Diese Beschränkung hat einen Grund: Wir sind keine Jäger, sondern Bauern. Es ist wesentlich billiger und einfacher, ein Kilo Rindfleisch herzustellen als ein Kilo Wild zu erjagen, sei dieses Wild nun eine Wildsau oder eine Kohlraupe. Die westliche Zivilisation ist auf die Landwirtschaft gegründet. Im Westen essen wir keine Insekten, weil wir unsere Zeit besser nutzen können. Insekten werden vor allem in den wärmeren Teilen der Welt gegessen, wo aufgrund des Klimas und der entsprechenden Krankheiten großes Vieh nur schlecht gedeiht. Die Menschen dort haben keine andere Wahl. Doch sind sie einmal auf den Geschmack gekommen, behalten sie die Gewohnheit bei; und so essen sie auch ohne Not Insekten, aus reinem Vergnügen. Wir fangen erst gar nicht damit an und bewegen uns in einem Teufelskreis: Wir essen keine Insekten, weil sie uns nicht schmecken, und sie schmecken uns nicht, weil wir sie nicht essen.

***Junge und alte schwarze Aaskäfer* (Phosphuga atrata) *auf einer toten Eidechse.***

Vielleicht würde es helfen, wenn man die Insekten züchtete. Das fiele dann unter die Landwirtschaft. Die Züchtung von Insektenlarven ist so alt wie der Weg nach Rom. Vom großen Enzyklopädisten Plinius dem Älteren aus dem ersten Jahrhundert wissen wir, dass ein echter Feinschmecker gerne Cossus verzehrte. Zu welchem Käfer diese Larve gehörte, darüber sind sich die Gelehrten nicht einig – heutzutage wird mit *Cossus cossus* der Weidenbohrer bezeichnet. Fest steht jedenfalls, dass der antike Cossus vor dem Verzehr mit Mehl und Wein fett gemästet wurde. In dieser Hinsicht hat sich nicht viel geändert. Auch in Züchtereien im Westen werden Millionen Insektenlarven mit Mehl aufgezogen. Diese Mehlwürmer ernähren zwar vorwiegend Reptilien in Terrarien, Fische in Aquarien und Vögel in Volieren, aber auch der Mensch verschmäht sie nicht. Es gibt kaum noch einen entomologischen Kongress ohne Mehlwürmer auf der Menükarte. Selbst auf Ironie versteht sich der Mehlwurm: Getrocknet und zu Mehl vermahlen lässt sich ein schönes Brot aus ihm backen; ja, der Mehlwurm an sich schmeckt schon wie Vollkornbrot.

Doch wird es noch lange dauern, bevor wir lieber Wurm essen als Mehl. Wer isst schon freiwillig Insekten? Na, Sie doch! Und zwar mit offizieller Billigung des Verbraucherschutzministeriums. Nach den Richtlinien der amerikanischen Food and Drug Administration (FDA) sind pro Kilo Rosenkohl 400 Blattläuse erlaubt, und eine Tasse Rosinen darf zwanzig Insekten beherbergen, das heißt konkret: einzelne Beine oder Fühler, die sich insgesamt auf zwanzig Insekten belaufen. Würde sich jeder an dieses amerikanische Gesetz halten, hätten Sie auf ihrem Butterbrot außer Marmelade oder Erdnussbutter auch noch 56 Stück Insekten. Das Essen ganz aufzugeben, ist auch keine Lösung. Um absolut zu vermeiden, je ein Insekt zu verspeisen, müsste man das Atmen einstellen, vor allem beim Fahrradfahren mit offenem Mund: ein Mauersegler ist nichts dagegen.

Ein Kind lernt, um zu essen, und isst, um zu lernen. Es lernt mit einem Organ, das einen großen Teil seines Körpers in Beschlag nimmt: mit dem Gehirn. Bei der Geburt ist ein Kind ein Kopf auf Füßen, ein richtiger Kopffüßler. Kopf und Gehirn schießen in den ersten Jahren ins Kraut wie Kohl. Wenn es in die Schule kommt, ist der Körper erst zu 40 Prozent entwickelt, das Gehirn allerdings hat schon 90 Prozent seiner Endgröße erreicht. Steckt man ein Mädchen bei der Einschulung in den Mantel seiner Mutter, ersäuft es darin, doch Mamas Hut steht ihm schon ganz ordentlich. Dieses doch recht

große Gehirn braucht eine Menge Energie. Ein gutes Viertel der aufgenommenen Nahrung ist für das Gehirn bestimmt. Wenn beim Kleinkind die Zähne durchbrechen, kommt auch das Gehirn auf Touren. Von jetzt an ist alles nur noch eine Frage des Aufladens. Während die Zähne Kalorien bunkern, frisst das Gehirn Wissen in sich hinein. So groß später die Lust auf Sex ist, so groß ist sie jetzt aufs Essen oder aufs Wissen. Oft ist sogar die Wissbegier der stärkere Antrieb. Das Kind isst jetzt häufig seinen Teller nicht leer, weil es ständig abgelenkt wird, oder anders gesagt: Nicht einmal Kartoffelbrei mit Soße kann gegen geistige Nahrung ankommen. Sind Köpfchen wie Bäuchlein prall gefüllt, muss die Neugier gereizt werden. Das geht am besten mit Spielen.

*Auch Essen muss man erst lernen.*

Kinder lernen spielend. Spielen heißt, man weiß nicht, wozu es gut ist, aber es ist nett. Und das Nette daran widersetzt sich, so schreibt Johan Huizinga in seinem *Homo ludens* (1938; dt. *Vom Ursprung der Kultur im Spiel*, Reinbek 1987), jeglicher »Analyse oder logischen Interpretation«.

> Das Vorhandensein des Spiels ist an keine Kulturstufe, an keine Form von Weltanschauung gebunden. Ein jedes denkende Wesen kann sich die Realität Spiel, Spielen, sogleich als selbständiges, eigenes Etwas vor Augen führen, sogar wenn seine Sprache kein allgemeines Begriffswort dafür besitzen sollte. Das Spiel lässt sich nicht verneinen. Nahezu alles Abstrakte kann man leugnen: Recht, Schönheit, Wahrheit, Güte, Geist, Gott! Den Ernst kann man leugnen, das Spiel nicht.

Spielen heißt, etwas tun, ohne zu wissen, was man tut. Vater und Mutter kann man nur spielen, wenn man nicht genau weiß, was Vater und Mutter eigentlich tun. Junge Raubtiere spielen Räuberspiele ohne Raub. Dreizehnjährige Mädchen streicheln ihr Pony mit einer Gebärde, die unsereiner augenblicklich und voller Eifersucht als zutiefst erotisch empfinden würde, und doch liegt kein Gränchen Sex darin. Dass etwas ein Spiel ist und kein Ernst, kann man ziemlich sicher an der Unermüdlichkeit erkennen, mit der es betrieben wird. Eine Spaßjagd dauert so lange wie die Verspieltheit. Eine wirkliche Jagd ist mit einem Satz erledigt: ein Wolf hechtet nur ein einziges Mal auf ein Schaf, ein zweites oder drittes Mal gibt es nicht. Doch zum Hund gezähmt, bringt er das Stöckchen endlose Male zurück, nur damit es Herrchen zum tausendsten Mal wieder wegwirft. Das macht das Spiel mit einem Hund zu einem so aussichtslosen Unterfangen. Genauso wie das Spiel mit einem Kind. Bei Erwachsenen dagegen ist die Verspieltheit längst pervertiert zu Kunstkritik, Ballbesitz und roter Karte.

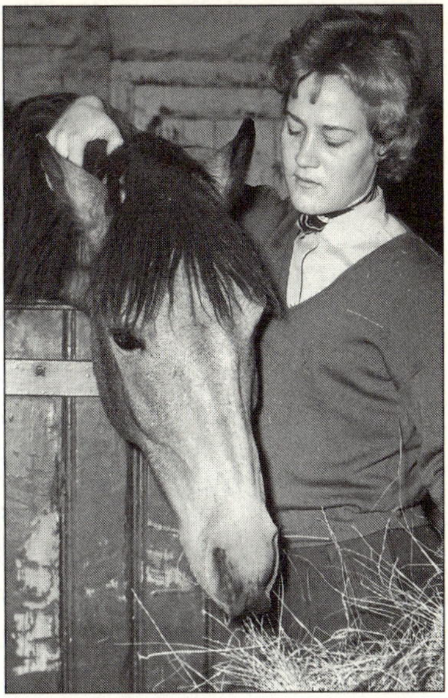

*Kein Mann wird von einer Frau so bedingungslos geliebt wie ein Pferd von einem Backfisch.*

Lernen ist für ein Kind so selbstverständlich wie für einen Vogel das Fliegen. Es spielt mit seinem Gehirn. Und danach muss es, wie Guus Kuijer in seinem Buch *Het geminachte Kind* (Das verachtete Kind) sagt, in die »Kinderverarbeitungsfabrik« – in die Schule.

> Wie die Schule es immer wieder schafft, aus einem lernbegierigen Kind einen gleichgültigen Notenjäger zu machen, das ist die traurige Geschichte der systematischen Verachtung des Kindlichen. In unserem Herzen wissen wir alle, dass die Schule, sie kann noch so »modern« sein, ein Folterinstrument darstellt, mit dessen Hilfe den Kindern die Kindlichkeit ausgetrieben wird, weggestraft und begraben unter einem tödlichen und unveränderlichem Wissen.

Auf der Schule wird die Neugier abgewürgt. Dort bekommt man Antworten auf Fragen, die man sich nie gestellt hat, und bleibt dabei auf den wirklich brennenden Fragen sitzen, bis das Flämmchen nur noch flackert und schließlich erlischt. Die Schule behandelt jeden wie ein Gefäß, in das etwas hineingetrichtert werden muss, und nicht wie einen Schwamm, der sich von selbst voll saugt, solange man seine Löcher nicht mit Unsinn verstopft. Es ist eine Sache der schieren Unmöglichkeit, ein Kind vom Lernen abzuhalten, doch die Schule schafft das ohne Probleme. Setzt man einem Kind nämlich Wissen vor, das es nicht will, dann protestiert es nicht minder heftig als bei Rosenkohl oder Fenchel. Das soll kein Freibrief sein, um nur die so genannten Spaßfächer wie Sprachen, Geschichte und Erdkunde zu lehren und die lästigen Naturwissenschaften auszuschließen. Ganz im Gegenteil. Man kann auch Spaß an Fragen entwickeln, auf die man selber nie gekommen wäre. Im Idealfall liegt der Spaß nicht im Lernstoff, sondern im Lernen selbst. Kinder kennen das genüssliche Heureka des plötzlichen Durchblickens so gut wie wir. Sie wissen genau, was das aufleuchtende Lämpchen über dem Kopf einer Comicfigur bedeutet. Plötzlicher Durchblick ist ein Genuss, der sich für den Erwachsenen durchaus mit einem Orgasmus vergleichen lässt. Und da Kinder aufgrund der fehlenden Geschlechtshormone das nicht nachfühlen können, sei ihnen dieser Ersatzgenuss vergönnt.

Doch kann man dieses Vergnügen auch ohne Schule erlangen. Schulunterricht heißt, zu entdecken, was schon längst entdeckt ist; nur außerhalb der Schulmauern hat man ab und zu noch die Illusion, dass man von selber hinter etwas kommt. Kleine Professoren, wie ich einer war, wissen das. Sie saugen sich erst nach der Schule mit dem Wissen aus Sachbüchern und Fernsehsendungen voller wissenswerter Dinge voll. Zur fröhlichen Wissenschaft begebe man sich in die Kinderabteilung der Buchhandlung, Versuchs-Chemikalien hole man sich nicht in der Drogerie, sondern im Spielzeugladen, und über Dinosaurier lernt man alles in den Kindersendungen im Fernsehen. Sollten wir also die Schule abschaffen? Ivan Illich, ein äußerst origineller Denker, vertrat 1971 genau diese Ansicht. Nur durch die Abschaffung des Schulsystems und der Lehrpflicht könne man es dem Menschen austreiben, Unterricht mit Lernen, Prüfungen mit Entwicklung, Zeugnisse mit Kompetenz und Eloquenz mit dem Vermögen, Neues zu sagen zu verwechseln. Nutzt das alles den hundert Millionen Kindern, die täglich irgendwo auf der Welt mit Büchern und einem Apfel im Ranzen zur Schule gehen? Aber sicher. Woran man das menschliche Wohlergehen auch misst, am Reichtum, an der Zufriedenheit, am Frieden, der Gesundheit oder der Lebenserwartung, immer wieder schneiden Personen mit höherer Ausbildung besser ab. Es kann also gar nicht genug Unterricht geben. Aber er müsste sich tief greifend ändern. Vielleicht würden die Kinder der Welt die Schule weniger hassen, wenn man sie dort nicht wie Schmetterlinge behandelte, sondern wie Raupen.

Mit, nach, nebst, samt,
bei, seit, von, zu und zuwider,
entgegen, außer, aus,
gemäß und gegenüber,
schreibt man mit dem Dativ nieder.

Bedürfte es eines Beweises dafür, dass Hassgefühle die Merkfähigkeit vergrößern, dann bestünde er aus dieser Eselsbrücke aus meinem Deutschunterricht. Noch nach vierzig Jahren kann ich sie fehlerlos herunterrasseln, als würde ich morgen abgefragt. Was waren uns die Kasus- und die unregelmäßigen Pluralbildungen zuwider. Wie hassten wir jeden kleinen Deutschen, der so lässig konjugierte und mit »schweren Wörtern« nur so um sich schmiss. Was bildete dieser Angeber sich eigentlich ein? Wie kann ein kleines Kind etwas derart Kompliziertes wie die menschliche Sprache beherrschen und das auch noch auf Französisch oder Deutsch?

Zu meiner Schulzeit gab es noch keine Gastarbeiter. Die einzigen, die damals Niederländisch sprachen, waren Niederländer. Inzwischen ist Holland multikulturell. Je mehr Einwanderer sich an meiner Muttersprache versuchen, desto deutlicher höre ich, wie schwierig sie eigentlich ist. Kein Wunder, wenn nun die Einwanderer neidisch auf die niederländischen Kinder sind und sich fragen, woher diese Wichte die merkwürdigen Laute holen und woher sie wissen, wo das Hilfsverb hin muss? Umgekehrt begreifen viele gebürtige Niederländer nicht, dass jemand, der nur schlecht ihre Sprache spricht, nicht gleich ein Hohlkopf sein muss, und reden mit ihm wie eine Grundschullehrerin mit ihren Schülern oder eine Krankenschwester mit ihren Kranken.

Diese spezifische Sprache, oder besser: diese spezifischen Töne haben einen Namen: Mammanisch. Das ist das unbeholfene Gestammel, durch das Mütter Kontakt zu ihren Kindern aufnehmen; seine Kennzeichen sind ein wiederkehrendes U-tütütütü und die unzureichende Trennung der einzelnen Worte voneinander in einer Girlande von Klängen, die man in einer wirklichen Sprache einen Satz nennen würde. Dass ein erwachsener Türke oder Marokkaner sich beleidigt fühlt, wenn man ihn so antüttelt, ist kein Wunder; ein Wunder dagegen ist, dass ein Kind trotz des mütterlichen Geschrabbelbrabbels überhaupt vernünftig sprechen lernt, und zwar die Sprache, die zu allem Überfluss auch noch Muttersprache heißt.

Von Lernen im althergebrachten Sinn kann denn auch keine Rede sein. Die eigene Muttersprache lernt man nicht,

*Sprache lernt man ohne Hilfsmittel; sie stellt sich von selber ein.*

man schnappt sie auf. Sprache ist einem gegeben wie das Wachsen und die Gesundheit; Sprache kriegt man wie man einen Busen kriegt oder den Stimmbruch. Die einzige Bedingung dafür ist, dass man die Sprache von klein auf immer wieder zu hören bekommt. Belohnungen sind überflüssig, und selbst durch allerschwerste Strafen könnte man kein gesundes Kind davon abhalten, sich seine Muttersprache anzueignen. Es gibt Kinder, die nicht essen wollen, und Kinder, die nicht gehorchen wollen, doch sprechen wollen sie alle. Die Kunst liegt nicht darin, ein Kind zum Sprechen, sondern es wieder zum Schweigen zu bringen. Kaum hat es das Wort »Mund« gelernt, hört es auch schon, dass es ihn halten soll.

Angenehm ist das nicht. Nicht zu reden ist für ein Kind so schwierig, wie freiwillig auf das Gehen zu verzichten oder seinen Herzschlag anzuhalten. Sprachbeherrschung hat weniger mit Erziehung zu tun als mit Biologie; müsste man die Sprache einem Ministerium zuordnen, dann nicht dem Unterrichtsministerium, sondern dem Gesundheitsministerium. Ein gesunder Mensch kommt mit allem zur Welt, was er zur Ausübung der Sprache braucht; er hat, wie der amerikanische Sprachwissenschaftler Noam Chomsky sagt, ein angeborenes Spracherwerbsvermögen. So wie unsere Gedärme schon bei der Geburt mehr über Chemie wissen als wir selbst auf dem Sterbebett, beherrscht das Nervensystem eines Krabbelkindes jene Spielregeln der Sprache, nach denen die Gelehrten auf der ganzen Welt immer noch suchen. Es braucht nicht viel, um das Spiel auch wirklich spielen zu können. Jeder Sprachfetzen, den ein kleines Kind auffängt, wird vom Nervensystem beschnuppert und – wenn für gut befunden – in die Universalgrammatik aufgenommen.

So mühsam man das Stricken oder Bridgespielen erst erlernen muss, so leicht brodelt die Sprache in einem hoch. Mit Intelligenz hat das wenig zu tun. Fast jeder, selbst wenn er dumm ist, lernt ausgezeichnet sprechen. Fehler werden zwar gemacht, doch Katastrophen sind das keine, denn Sprachwissenschaftlerinnen wie Jacqueline Frijn und Ger Haan behaupten, wenn auch vielleicht mit einiger Übertreibung, dass »jeder Satz, der produziert wird, neu ist«. Und weil es so ist, dass auch der Zuhörer meist genauso gut mit der Sprache umgehen kann wie der Sprecher, führen kleinere Fehler selten zu größeren Missverständnissen. Der Wortschatz des einen mag weniger umfangreich sein als der des anderen, der womöglich auch noch einer weniger gebildeten Schicht angehört, doch die dem Maul des Volkes abgeschaute Sprache ist für ihren Erfindungsreichtum bekannt, auch wenn dieser sich im Erfinden von Flüchen erschöpft.

Niemand ist zu dumm, um seine Sprache zu erlernen. Warum aber sprechen Tiere dann nicht? Warum müssen wir uns immer nur das Geschnatter dieser einen Art, der des Menschen, anhören? Das Reich der Menschen ist eine winzige Enklave inmitten eines riesigen Reichs der Tiere. Auf der Erde zu unseren Füßen kreuchen Tausende von Würmern, am Meer ist die Zahl sämtlicher Badegäste an allen Stränden der Welt nahezu Null, verglichen mit der Zahl sämtlicher Fische und Garnelen, die darin leben, und in der Luft kommt ein einziges Flugzeug auf Millionen von Vögeln. Um die Tiere besser kennen zu lernen, schicken wir Aufklärer aus – Biologen, Förster, Sielmänner und Grzimeks – doch fast alle kommen sie enttäuscht zurück: Man kann mit denen nicht reden! Ob die was zu verbergen haben?

Seit Menschen auf der Erde das große Wort führen, versuchen sie die Tiere zum Reden zu bringen. Mit allen Mitteln will die Wissenschaft den Tieren unsere Sprache einbläuen, bei den Delphinen angefangen. Seit den sechziger Jahren hält man diese Tiere für im Wasser lebende Gelehrte. Das sind sie nicht, auch wenn in den Vereinigten Staaten so manches Ballspiel als Universitätsstudium durchgeht. Dann waren die Affen an der Reihe. Weil ihnen ein geeigneter Kehlkopf fehlt, können die sich genauso wenig artikulieren wie ein Delphin.

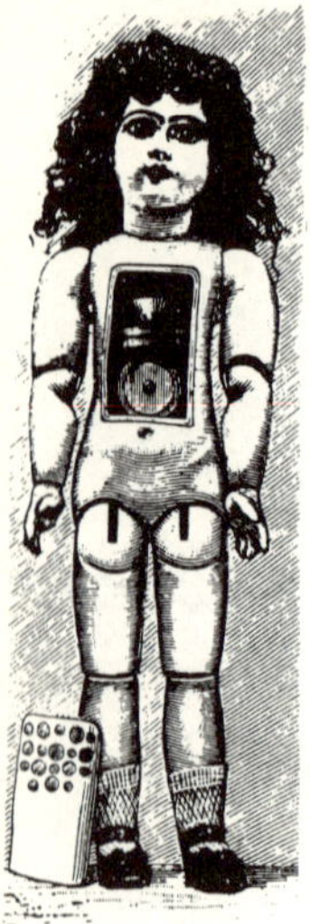

*Die Sprachmaschine ist schon bei der Geburt vorhanden.*

Doch dann stellte sich heraus, dass man ihnen Gebärdensprache beibringen konnte, was schon aus dem einen Grund möglich ist, weil sie im Gegensatz zu den Delphinen über Arme verfügen. Geistreiche Gespräche hat man mit den Tieren noch nicht geführt, geschweige denn, dass man je einen guten Witz von ihnen gehört hätte – den ultimativen Beweis für einen kreativen Umgang mit Sprache. Noch dazu könnte dieser Gebärdensprachenunterricht unter Umständen ein Fall für den Tierschutz sein: Ein einziger vollständiger Satz in Gebärdensprache hoch oben in den Baumwipfeln ausgeführt, und der Affe donnert zu Boden. Von uns erwartet man ja auch nicht, dass wir uns mit unseren Stimmbändern an den Ästen festhalten, weshalb also sollen sich Affen mit den Händen unterhalten?

Es geht auch ohne Gebärden. Und zwar mit Computern und Plastiksymbolen. Man hat es zuerst mit Schimpansen versucht, doch die blieben gleich in der ersten Klasse sitzen. Um endlich mal einen Affen in die zweite Klasse versetzen zu können, nahm sich die Forscherin Sue Savage-Rumbaugh vor zwanzig Jahren den schlauen kleinen Neffen des Schimpansen vor, den Bonobo. In einer Fernsehreportage ist zu sehen, dass Bonobo Kanzi sich ganz wacker schlägt. Er erledigt verschiedene mündlich erteilte Aufträge zur Zufriedenheit der Forscherin, rührt auf ihr Geheiß im Topf, bricht Zweige für das Feuer ab und legt den Schlüssel in den Kühlschrank. Schaut man aber genauer hin, dann kann man eine Hand erkennen, die auf den Topf und die Zweige deutet. Und was ist so besonders intelligent daran, einen Schlüsselbund in den Kühlschrank zu legen? Nie sieht man Kanzi einen Auftrag erfüllen, ohne dass die Auftraggeberin in unmittelbarer Nähe ist. Nie kann man beobachten, wie Kanzi sich mit Artgenossen unterhält. Auch wenn wir nicht gerade zum Start zurück müssen, doch weiter als bis zur Bad- oder Hafenstraße sind wir nicht gekommen.

Und doch liegt in den Forschungen mit Kanzi der Schlüssel zum Tiersprache-Problem verborgen, und zwar gerade in dem Aspekt, der mich bei dieser Reportage so ungemein irritierte. Sue Savage-Rumbaugh behandelt Kanzi nicht wie einen genialen Affen, sondern wie einen zurückgebliebenen Menschen. Sie prunkt mit ihrem Bonobo wie eine trotz allem stolze Mutter, die ihren kleinen Mongoloiden dem Volk zeigt. Seht her, er ist fast so klug wie wir! Er ist fast wie ein Mensch, ihm fehlt nur ein kleines Stückchen dazu. Es ist dieselbe erniedrigende Haltung, die ein Erwachsener einem Kind gegenüber einnimmt, jedem Kind gegenüber, ob Mongoloide oder nicht. Statt im Bonobo einen Menschen zu sehen, der nicht sprechen kann, könnte man ihn auch als den Weltmeister im Bäumeklettern betrachten oder als einen hervorragenden Schlichter von Streitigkeiten mit dem Hilfsmittel Sex. Unter den Bonobos wird nämlich ein Zwist nicht lange bekakelt, sondern die Streithähne versöhnen sich nach kurzer Zeit mit einem kurzen Liebesakt. Dass sie keine Sprache haben, liegt nicht an ihrer Dummheit, sondern daran, dass sie einfach keine brauchen.

Affen reden nicht wie wir, weil es ihnen nichts bringt. Sie vermitteln vieles über den Geruch, wie übrigens die meisten Säugetiere. Geruch haftet länger im Gedächtnis als unsere Worte, und für die sozialen Kontakte ist ihnen das Flohen lieber als das Plappern. Die einzige Tierart, die jämmerlich eingehen würde, wenn sie nicht von morgens bis abends quasseln könnte, ist unsere. Die Sprache ist das Kennzeichen des Menschen, so wie ein Rüssel zum Elefant und ein Nashorn zum Nashorn gehört. Die Chance, dass ein anderes Tier unsere Sprache inklusive Artikel und Verben lernen kann, ist so groß wie die Chance, dass ein Elefant uns beibringt, wie man zu einem Rüssel kommt. Tiere reden nicht, weil sie nichts zu sagen haben, die meisten Leute dagegen reden, um genau diese Tatsache zu verschleiern. Jeder Mensch durchläuft ein Stadium, in dem dies buchstäblich die Wahrheit ist. Der Psychologe S. Rombouts führte bereits im Jahre 1919 als »zweiten Grund« für das Schweigen eines Neugeborenen an, »dass das Kind absolut nichts zu sagen habe«. »Reden setzt einen Seeleninhalt voraus, und der fehlt dem neugeborenen Kind vollkommen.« Selbst wenn ein Neugeborenes über die anatomische Hardware fürs Sprechen verfügte, was es nicht tut (Rombouts erster sprachverhindernde Grund), so wäre das Nervensystem zu diesem Zeitpunkt noch gar nicht in der Lage, das Sprachrohr mit sinnvollen Informationen zu füttern. Eine Situation, die der von Erwachsenen in ihren Chat-Rooms vergleichbar ist; dabei werden Computernetzwerke benutzt, die Raketen ins Weltall schicken könnten, hier jedoch lediglich das Gekakel kopfloser

*Worte und Redewendungen verändern sich wie die Mode, doch Kinder bleiben Kinder.*

Hühner transportieren. Kurz nach der Geburt ist ein Kind zum Reden zu dumm, aber schlau genug, es aus diesem Grund zu unterlassen. Doch das hält nicht lange vor. Während das Gehirn an der Außenwelt ersten Halt sucht, setzt ein halbjähriges Baby die Muskeln des Sprechapparats so willkürlich ein wie die seiner strampelnden Beinchen. Zuerst weint es nur, doch bald wird es »lallen, flüstern und blasen, brummen und quacken, summen und quietschen, planschen und brummeln, grunzen und winseln, zwitschern und zwatschern, spucken und zischen«. So jedenfalls beschreibt es der Sprachwissenschaftler Jac. Van Ginneken in seinem Buch *De roman van een kleuter* (Der Roman eines Kleinkinds, 1917). Doch so schwierig es ist, aus dem Babygebrabbel von damals oder heute klug zu werden, so unmöglich ist ihm zu entnehmen, ob es von einem Hottentottenbaby oder einem Baby aus Hintertupfing verursacht wird. Lange bevor der erste zusammenhängende Satz ausgesprochen wurde, hatten die Menschen schon sämtliche Laute hervorgebracht, die je in eine Sprache der Welt Eingang fanden, mal abgesehen vom typischen Baby-Gelalle, das leider in keine einzige Erwachsenensprache aufgenommen wurde. Nach einem halben Jahr sind dann bei dem Winzling allmählich die Züge jener Sprache zu erkennen, die einmal daraus werden soll – nicht an den Worten, sondern an der Intonation. Eine Melodie kann das Kind auf seinem Instrument noch nicht spielen, aber es klimpert schon ordentlich darauf herum.

Hier klinken sich taube Kinder aus. Die eingebaute Sprachmaschine kann ohne Input von außen nicht anspringen; es bleibt beim Stottern eines startenden Motors. Dass ihre Maschine aber genauso hungrig ist wie die eines hörenden Kindes, zeigt sich, wenn man dem Kind statt Worte Gebärden zur Verfügung stellt. Das Sprechen mit ihnen lernt das taube Kind genauso schnell wie das hörende die gesprochene Sprache, und zwar in ganz ähnlichen Entwicklungsetappen des Wissens und Begreifens. Und das heißt: explosionsartig. Meist vergeht ein Jahr, bis ein Menschenkind die ersten Worte spricht, doch danach lässt einen die Wachstumskurve des Wortschatzes eher an Überbevölkerung oder Krebs denken. Kommen im ersten Halbjahr nach dem ersten winzigen Wort 25 Worte hinzu, sind es in den nächsten sechs Monaten schon 250. Zwischen dem zweiten und sechsten Lebensjahr verzehnfacht sich die Wortkenntnis auf 2500, was für ein normales Gespräch schon ausreicht. Während der Wortschatz wächst und wächst (beziehungsweise bei tauben Kindern der Gebärdenschatz), vervollkommnet sich die Grammatik – wenn auch nicht geradlinig von gut über besser und noch besser bis hin zu sehr gut. Das Kind geht dabei nach seiner eigenen Logik vor. Unregelmäßige Steigerungen werden zu einer bestimmten Zeit beharrlich verregelmäßigt; anstelle von »besser« sagen die Kinder »guter«. Ihnen zu erklären, dass »guter« falsch ist, hat keinen Sinn; es ist, als müsste ihre Sprachmaschine erst selber herausfinden, dass Unregelmäßigkeit durchaus legitim sein kann. Auch in den Tiefenstrukturen wenden Kinder während der Sprachentwicklung offensichtlich für eine Weile ihre eigenen Sprachgesetze an; und das ist zu vergleichen mit vorübergehenden Entwicklungserscheinungen ihrer Körperanatomie, die auch auftauchen und wieder verschwinden. Die Sprache der Kinder ist larval.

Die Geschwindigkeit des Spracherwerbs ist der beste Hinweis darauf, dass das Lernen einer Sprache eine ganz besondere Art des Lernens ist. Zahlreiche einfachere Dinge lernt man weder so schnell noch so gut. Frijn und de Haan führen zum Vergleich unser Verhalten im Verkehr an: »Das Kind, das die Sprache lernt, ist dabei äußerst erfolgreich. Dagegen kann jemand, der jahrelang Fahrunterricht hatte, noch immer eine Gefahr auf den Straßen darstellen.«

Doch wie das explosionsartige Wachstum der befruchteten Eizelle irgendwann im fertigen Menschen sein Ende findet, so ist auch die Sprachentwicklung eines Tages abgeschlossen. Natürlich kommen immer noch Worte hinzu, auch weil die sich verändernde Gesellschaft dies erforderlich macht; die aber wird sich das Kind dann auf die übliche Art und Weise aneignen müssen, mühsam und ausgerechnet auf der Schule. Ein aufgeweckter Grundschüler in den Niederlanden oder in Deutschland schaut sich den Stundenplan mit seinen Fächern an und findet da außer Rechnen und Geschichte auch das Fach Niederländisch bzw. Deutsch. »Niederländisch« sagt sich das niederländische Kind, »Deutsch?«, fragt sich das deutsche, »das kann ich doch schon längst!« Niesen steht ja auch nicht auf dem Stundenplan.

Ist ein Kind erst einmal auf der Schule, ist es aus dem Sprachparadies vertrieben. Während die Worte ihm bisher einfach zuflogen, sich die Sätze von selber bildeten, stehen jetzt Diktate und Satzanalysen an. Die braucht ein Kind, um später eine fremde Sprache lernen zu können. Da aber ist allein die Aussprache schon ein Problem. Auf die Frage: »Sprechen Sie Deutsch?«, lässt sich schon aus dem »ain biesjen« des Niederländers die Antwort entnehmen. Ach, hätten wir doch in einer deutschen Wiege gelegen, dann müssten wir uns jetzt nicht so quälen, klagen wir Niederländer. Von dem Augenblick an, als unsere Ohren sich für das Niederländische entschieden, hat es sich unser Kehlkopf mit allen anderen Sprachen verscherzt. Klänge, die in der eigenen Sprache nicht vorkommen, werden die meisten nie mehr richtig aussprechen können; man braucht nur an das englische »th« zu denken.

Es ist, als stecke ein sadistisches Komplott dahinter: Gerade dann, wenn die Kinder das Vermögen, eine Sprache wie von selber zu erlernen, endgültig verloren haben, erhalten sie auf der Schule Unterricht in Sprachen, die jetzt zu Recht Fremdsprachen genannt werden. Das ist, als hacke man jemandem zuerst das Bein ab, bevor man ihm das Gehen beibringen will. Was es als Kleinkind von selber aufgenommen hätte, muss ihm jetzt mühsam eingetrichtert werden. Doch offensichtlich ist der Trichter verstopft, denn wie sehr man sich in der Schule auch anstrengt, über das Niveau des nächstbesten *native-speak*er-Kleinkindes wird man in der neuen Sprache kaum je hinauskommen. Daraus müsste man eigentlich den Schluss ziehen, dass der übliche Sprachenunterricht pure Zeitverschwendung ist. Kindern sollte man Fremdsprachen beibringen, solange ihr Gehirn noch empfänglich dafür ist: und das heißt, vor dem achten Lebensjahr. Es müsste verboten werden, dass die Kindergärtnerinnen dieselbe Sprache sprechen wie die Mütter der Kinder. Es ist einfach jammerschade. Ein Kind müsste konstant zwei oder drei Sprachen ausgesetzt sein, dann würde es diese Sprachen müheloser und besser lernen als mit jedem noch so großzügigen Sprachenstipendium irgendwann später.

Und warum wird das nicht gemacht? Warum wurde ich auf der Schule jahrelang mit deutscher und französischer Grammatik gequält? Weil die Lehrer nicht einsehen wollen, dass Kinder in vielerlei Hinsicht – auch in sprachlicher – anders sind als Erwachsene. Erwachsene können keine Sprache lernen, Kinder schon. Erwachsenen eine Sprache beibringen zu wollen, ist als wollte man eine Raupe das Fliegen lehren. Der Raupe fehlen die Flügel des erwachsenen Schmetterlings, dem menschlichen Erwachsenen die kindliche Sprachlernfähigkeit. Er hat sie verloren. Größer werden bedeutet nicht, immer mehr von etwas zu bekommen. Während der Entwicklung schlägt man immer wieder Wege ein, die einen von anderen endgültig wegführen.

Alles hat seine Zeit. Biologen sprechen von kritischen Phasen. Eine solche kritische Phase ist die Zeit, in der ein Hund beschließt, ein Hund zu sein, oder eine Katze sich selbst als

Katze erkennt. Das geschieht, wenn die Tierchen ungefähr vier bis acht Wochen alt sind, nicht früher, aber auch nicht später. Gänse lassen sich nicht so lange Zeit damit. Die Versuche des Nobelpreisträgers Konrad Lorenz sind berühmt. Seine im Brutkasten ausgebrüteten Gänschen folgten ihm artig im Gänsemarsch, ganz wie sie von Natur aus ihrer richtigen Mutter gefolgt wären. Offensichtlich waren sie vollkommen überzeugt, in Lorenz eine Gans vor sich zu haben, oder aber sie hielten sich selbst für kleine Nobelpreisträger. Wissenschaftlich ist das von höchstem Interesse und menschlich sehr ergreifend, doch die Bedeutung dieser Prägungsphase ist im Falle von Hund und Katze für uns viel wichtiger. Wer sich einen anhänglichen Hund oder eine gemütliche Katze wünscht, um mit ihnen vor dem offenen Kamin zu sitzen, der nehme sich ein junges Tier, das während seiner kritischen Phase häufig Umgang mit Menschen gehabt hat. Sonst nämlich erhält man unwiderruflich das, was man einen falschen Hund oder eine streunende Katze nennt. Das Band zwischen einem Menschen und seinem Schoßtier beruht auf einem Missverständnis. Das hört sich zwar irgendwie gemein an, aber seien Sie ehrlich: Für Sie ist Ihr Hund oder Ihre Katze doch so sehr Mensch, wie Sie für ihn oder sie ein Mittier sind, oder etwa nicht? Warum sonst sprechen Sie in der Menschensprache zu ihrem Haustier? Die Liebe zwischen Mensch und Tier beruht auf einer Sprachenverwirrung, doch immerhin auf der wunderbarsten Sprachenverwirrung, die sich denken lässt.

Ein Mechanismus, der auf Liebe hinausläuft, muss schon sehr machtvoll sein. Vermutlich brennt sich die Prägung deshalb so tief ins Gehirn ein, weil die Reize zu einem Zeitpunkt auf die Hirnregionen einwirken, wenn diese sich gerade voll in der Entwicklung befinden. Auf ähnliche Weise werden auch Sinnesorgane und Gehirn aufeinander abgestimmt, damit sie ein möglichst wahrheitsgetreues Bild der Wirklichkeit liefern können. So wie unsere Gehirne durch Sprache gereizt werden müssen, muss ein kleines Katzengehirn bald nach der Geburt einem optischen Reizfeuerwerk ausgesetzt sein, sonst wird es nie richtig sehen können. Bietet man dem Gehirn einer reizarm herangewachsenen Katze im Nachhinein die optischen Reize zur Verarbeitung an, nützt das nichts mehr.

Während es bei Katzen noch einigermaßen vertretbar erscheint, sie aus wissenschaftlicher Neugier in ihrer Entwicklung zu stören, ist das beim Menschen anders. Wer beweisen möchte, dass ein Mensch, der nie eine menschliche Stimme gehört hat, auch nie sprechen lernt, kann nicht einfach eine Neugeborenenstation unter akustische Quarantäne stellen. Muss er auch nicht, denn das Experiment ist bereits mehrere Male unabsichtlich durchgeführt worden, und zwar von Eltern, die ihre Kinder direkt nach der Geburt in der Wildnis aussetzen.

Diese Kinder wurden von Tieren aufgezogen und »Wolfskinder« genannt. Das Besondere ist, dass sie nach ihrem Auffinden nie mehr richtig sprechen lernten. Allen Bemühungen zum Trotz stammelten sie nur oder reihten eine Hand voll Worte sinnlos aneinander. Die meisten machten den Eindruck geistiger Zurückgebliebenheit, und es war unmöglich festzustellen, ob sie nicht sprachen, weil sie tatsächlich geistig behindert waren, oder ob sie in ihrer geistigen Entwicklung zurückgeblieben waren, weil sie nie sprachen. Diese Entscheidung fällt noch schwerer bei Kindern, die von ihren Eltern stark vernachlässigt und eingesperrt wurden, wie beispielsweise das Mädchen namens Genie. Im Alter von zwanzig Monaten wurde sie von ihrem psychotischen Vater in ein leeres Zimmer verbannt und erst zwölf Jahre später, 1970, daraus wieder befreit. Obwohl sie bis dahin nie auch nur ein Wörtchen Sprache gehört hatte, lernte sie dann zwar Worte, doch mit der Grammatik blieb sie auf Kriegsfuß.

Erst vernachlässigen und dann einsperren, das ist genau das, was unsere Gesellschaft mit den Kindern macht. Erst versäumt sie es, ihnen während der kritischen Phase Fremdsprachen beizubringen, und dann sperrt man die Kinder ein, um sie ihnen mit edukativer Gewalt einzubleuen. Dabei ist die Existenz einer solchen kritischen Phase beim Menschen allgemein bekannt, wenn auch nicht auf die Sprache bezogen, sondern auf das Schwimmen. Fast jeder hat im Fernsehen schon einmal ein schwimmendes Baby gesehen. Es ist ja auch faszinierend. Erst sieht es aus, als wolle da jemand sein Baby ersäufen, und dann schwimmt dieses Wesen, das noch nicht laufen, ja nicht einmal krabbeln kann, mit unerwarteter Grazie aus den Armen seiner Mutter. Das widerspricht so sehr allen Erwartungen, dass man den Trick dabei erst in den dreißiger Jahren des vorigen Jahrhunderts entdeckte. Man darf das Kind nicht so zu Wasser lassen, als wolle man es baden, denn dann fängt es mit Sicherheit an zu strampeln. Lässt man es dagegen mit dem Gesicht voran ins Wasser gleiten, bleibt es ruhig, hält von selber den Atem an und führt Schwimmbewegungen aus. Allerdings ist dringend davon abzuraten, diesen Versuch mit dem eigenen Baby im nächstbesten Chlorschwimmbad zu starten, doch wer sein Kind in

der richtigen Haltung in die Luft hält, wird sehen, dass es sofort anfängt, mit Armen und Beinen zu rudern.

*Landfisch oder Wasseraffe?*

Stammtischbiologen sehen darin den Beweis, dass der Mensch vom Fisch abstammt, wobei sich einmal mehr zeigt, dass das biogenetische Grundgesetz noch immer durch die Köpfe der Leute spukt. Auch der Gedanke, dass das Baby mit dem Schwimmtrieb noch das Fruchtwasserleben in den Knochen hat, drängt sich auf. Aber im gebärmütterlichen Planschbecken gibt es nicht viel Platz zum Schwimmen, und den Atem braucht ein Baby dort nicht anzuhalten, solange es am Sauerstofftropf des Mutterkuchens hängt. Manche Forscher sehen im Babyschwimmen – neben der Existenz des Babyspecks – ein weiteres Argument für die Theorie, dass der Mensch im Grunde ein Wasseraffe sei, und sich erst durch ein

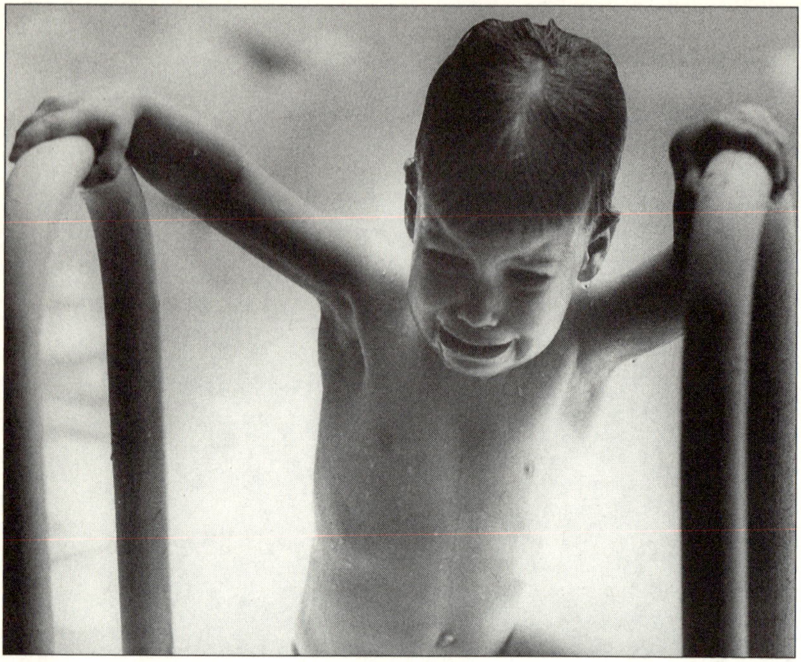

*Wer kein Baby mehr ist, lernt das Schwimmen nur noch mit Mühe.*

Leben an der Küste in den wahren Menschen verwandelt habe. Es ist tatsächlich so, dass die Muskelkoordination des frühkindlichen Körpers sich besser zum Schwimmen als zum Laufen oder Krabbeln eignet. Der ideale Moment also, um den Freischwimmer zu machen. Das aber passiert nicht. Wieder eine talentreiche Periode, die ungenutzt verstreicht. Zudem ist sie schon vorbei, bevor man überhaupt einen Gedanken daran verschwenden kann. Wer sein fünfmonatiges Baby zu Wasser lässt, muss mit einer Panikattacke rechnen. So jung das Kind auch ist, dafür ist es schon zu alt. Später wird es dann unter Angst und Tränen seinen Freischwimmer machen, den es sich als Baby eigentlich schon längst verdient hätte. Wenn es nicht unglückseligerweise vorher ertrunken ist.

Manchmal fragt man sich, was das für Leute sind, die in fernen Ministerien die Schulpläne aushecken. Man scheint sich zwar die Köpfe darüber zu zerbrechen, was gelehrt werden soll, doch kaum einer denkt über den richtigen Zeitpunkt nach. Den Kindern müsste der Lernstoff dann geboten werden, wenn sie ihn brauchen – also keine Literatur vor dem zwölften Lebensjahr, sondern stattdessen Musik. Der Unterricht für manche Fächer beginnt in vielen Fällen leider erst, wenn das Interesse daran bereits verschwunden ist. Diese Zeitverschiebung wird das Kind nie mehr aufholen können. Am schmerzlichsten tritt das bei der Biologie zutage. Ich sage das nicht, weil Biologie zufällig meine Disziplin ist, sondern weil niemand das Problem zu erkennen scheint. Nur in der Biologie ist das Kind ähnlich vorschulreif wie in der Sprache. Knirpse, die noch keine Gabel von einem Messer unterscheiden können, geschweige denn ein Dreieck von einem Kreis, deuten zielsicher auf die Bilder von Löwe, Tiger, Panda, Bär, Nashorn oder Nilpferd, wenn man sie danach fragt. Biologie haben Kinder mit der Muttermilch aufgesogen, und irgendwie leuchtet das auch ein. In der Zeit, als unsere Vorfahren noch mit nackten Ärschen durch die Wälder rannten, war, abgesehen von einer gewissen Verständigungsmöglichkeit, auch das Wissen über die verschiedenen Tierarten lebenswichtig. Kleine Kinder mussten wissen, welche Tiere gefährlich waren, sonst wurden sie nicht groß.

Und so bin ich der Meinung, dass man Kindern genau in dem Alter, in dem sie so leicht eine Fremdsprache erlernen würden, auch das Fach Biologie auf den Lehrplan setzen sollte. Vielleicht hängen diese beiden Systeme sogar irgendwie zusammen: Konkrete Begriffe wie Tiernamen beispielsweise bilden oft die Basis für abstraktere Begriffe, wie es etwa das Rechnen mit den Fingern für die höhere Mathematik ist. Und jedes bekannte Tier hat eine emotionale Bedeutung, es ist quasi eine Metapher auf vier Beinen. Dieses wunderbare Talent der Kinder, rasch allerlei Tiere auseinander halten zu können, wird von den Eltern meist in sehr fahrlässiger Weise in falsche Bahnen gelenkt. In seiner Sucht nach Tieren verdirbt sich das Kind den Magen an den üblichen Bilderbüchern, in denen statt echter Bären, Spechte und Enten, Teddybären, Woody Woodpeckers und Donald Ducks abgebildet werden, die einzige Ente der Welt, die zum Schwimmen eine Badehose anzieht. In diesen Büchern legen Hasen Eier, Ferkel spielen Geige oder Flöte, und Frösche sind, wie jedes Kind weiß, Prinzen, die man erst noch küssen muss. Inmitten einer Prozession aus Wichtelmännchen, Elfen und Hexen wird ein Kind im empfänglichsten Alter mit einer Phantasiemenagerie konfrontiert, die es im Leben nie mehr vergessen wird.

Das Ergebnis davon sind zwei vollkommen unterschiedliche Faunen: die echte und die im Kopf, wobei die letzte, die fiktive Fauna sich als ungleich stärker erweist als die reale. Würden ich Sie mitten in der Nacht wachrütteln und Ihnen das Wort »Bär« ins Ohr flüstern, dann erschiene vor ihrem geistigen Auge kein blutrünstiges Raubtier, sondern ein lieber Teddy mit einem Honigtopf in den Pfoten; riefe ich »Hase« wär's der Osterhase und beim »Schwein« kein Schinken auf Beinen, sondern Schweinchen Dick. Bilder, die einem während des empfänglichen Alters immer wieder vorgelegt werden, prägen sich nun einmal tiefer ein als spätere wissenschaftliche Daten. Der Biologielehrer kann einem Leid tun, der die Kinder erst dann bekommt, wenn ihre Gehirne schon so voll mit den Teddys und Osterhasen sind, dass ein echtes Tier gar nicht mehr hineinpasst.

Vielleicht ist es gerade dieser Mangel an biologischer Einsicht, der die Schule zu der ineffizienten und unangenehmen Institution macht, die sie ist. Nichts ist sich gegenseitig so sehr im Weg wie Kind und Schule. Einem Menschen über zehn noch eine Fremdsprache oder Biologie beibringen zu wollen, grenzt an Kindesmisshandlung. Die Weisheit, die die Kinder früher mit dem Löffel gefressen hätten, müssen sie sich jetzt mühsam mit Messer und Gabel zu Munde führen. Wenn es ein Alter gibt, in dem einem die Sprache mehr als schnuppe ist, dann ist dies das schulpflichtige Alter. Angegraute Großkotze lassen sich in langen Leserbriefen gern über Rechtschreib- und Stilmängel aus, junge Großkotze haben andere Dinge im Kopf. Vom Literaturunterricht ganz zu schweigen. Das ideale Alter, Kindern die Liebe zur schönen Literatur beizubringen, liegt so zwischen fünfunddreißig und vierzig. Zu der Zeit sind sie allerdings längst von der Schule runter. Der Durchschnittsmensch verbringt ein Viertel seines Lebens auf der Schule, und das reicht ihm auch. Entschieden verdächtig, wer längere Zeit dort bleibt: die Lehrer.

Manche Kinder brauchen kaum zur Schule zu gehen. Die stecken in ihrer Disziplin mit Leichtigkeit die besten Erwachsenen in die Tasche. Mozart fing mit fünf an zu komponieren und war bei seinem ersten Konzert noch keine sieben. Der englische Gelehrte John Stuart Mill war schon im Alter von zwölf ein Philosoph, sechs Jahre zuvor hatte er eine Geschichte der Stadt Rom verfasst. Aber auch eine Wunderkindheit hat ihre Grenzen. Neben der Musik (Mozart, Beethoven, Mendelssohn-Bartholdy) und der Mathematik (Pascal, Huygens, Euler) brillieren Kinder nur in wenigen Bereichen. Tänzer-, Bildhauer- oder Dichterwunderkinder sind kaum zu finden, und abgesehen von seiner speziellen Begabung ist und bleibt ein Wunderkind ein Kind. Das galt auch für Mozart, der im Alter von acht Jahren eine Konzerttournee durch England unternahm und dort vor dem vermögenden und vielseitig dilettierenden Juristen Daines Barrington spielte.

> Ich muss zugeben, dass ich den Vater verdächtigte, es mit dem wahren Alter des Knaben nicht so genau zu nehmen, obwohl dieser nicht nur sehr kindlich aussah, sondern auch alles tat, was Kinder üblicherweise tun. Als eine Katze ins Zimmer kam, wo er mir gerade vorspielte, sprang der Junge sofort hinter seinem Cembalo hervor, und es dauerte eine geraume Zeit, bis wir ihn wieder dazu veranlassen konnten, hinter dem Instrument Platz zu nehmen. Außerdem hüpfte er bisweilen mit einem Stock zwischen den Beinen durchs Zimmer und tat so, als wäre er ein Pferd.

***Wunderkind oder Kindesmisshandlung?***

Wenn ein Wunderkind so aussieht, dann ist jedes Kind ein Wunder. Oder ist es vielleicht keines, dass ein Kind, noch bevor es sich selber die Schuhe zubinden kann, eine Sprache inklusive Grammatik und Witzen beherrscht? Und dass es davon auch noch gern Gebrauch macht. Das ist wohl das Wundersamste überhaupt daran. Früh übt sich, was ein Wunder werden will.

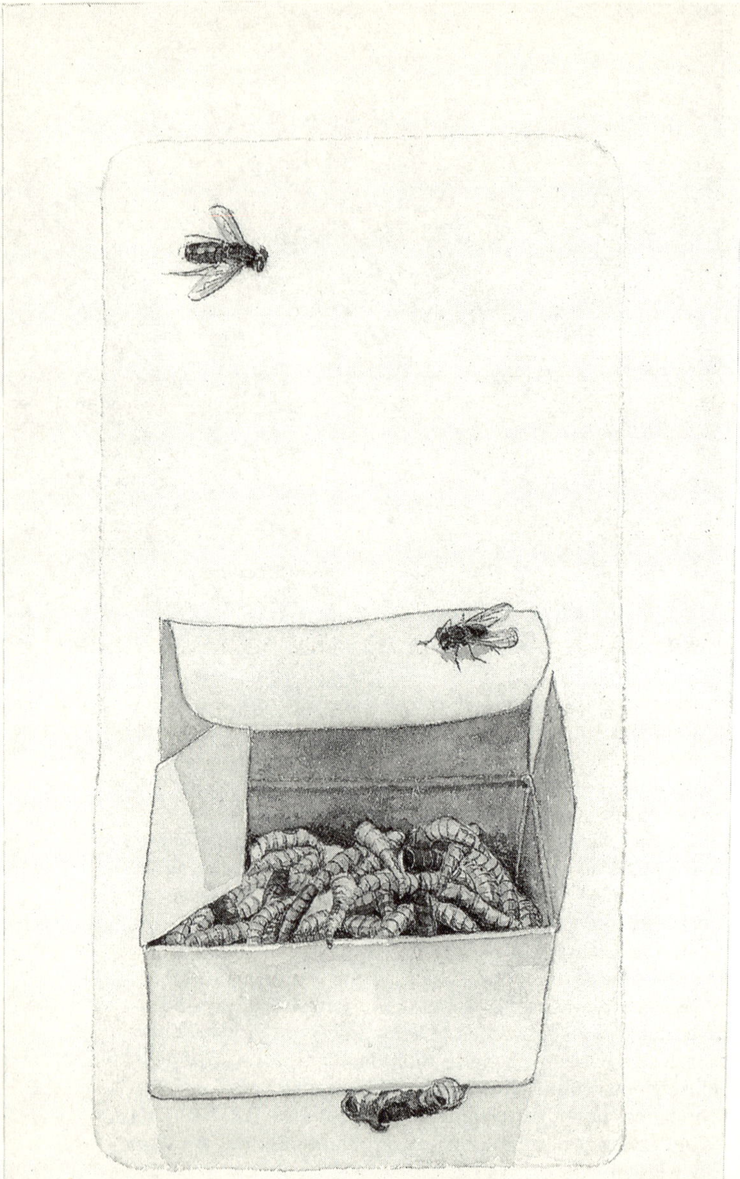

# 7
# Die Verpuppung

Kinder werden groß. Das ist jammerschade. Man hat sich ein Kind angeschafft, weil man ein Kind wollte, und dann hat man plötzlich einen Menschen am Hals. Was soll man damit?

Dass es passiert, dieses Großwerden, das weiß man. Dass man trotzdem erschrickt, kommt daher, weil es so plötzlich geschieht. Gestern noch war man der Vater eines Kindes, heute steht da eine Frau, der man nachpfeifen würde, würde sie einen nicht Papa nennen. Stolz auf ihre Wohlgeratenheit, beschämt über das eigene Beinah-Begehren, erinnert man sich an ihre Kindheit, die auf einmal so lange her ist. Und ich habe sie noch auf dem Schoß gehabt, sagen die Bekannten voller Respekt über das Wesen, das geradewegs vom Himmel gefallen zu sein scheint. Aus der Tochter ist eine Frau geworden. Der Sohn ist wahrhaftig Mensch geworden. Doch das Kind ist tot.

Wie plötzlich? Hat man wirklich nichts gemerkt? Das Kind hat einen totalen Umbau hinter sich, der unter den eigenen Augen, im eigenen Haus vor sich ging, und man hat nichts davon bemerkt, weil es ganz allmählich geschah. Ungefähr so, wie beim legendären Frosch in einem Topf voll Wasser, das man so zum Kochen bringt, dass das Wasser immer nur ein kleines bisschen wärmer ist als im Augenblick davor – der Frosch merkt nichts davon und sieht deshalb auch keinen Grund, aus dem Wasser zu springen. Bis es zu spät ist. Er ist gekocht.

Väter merken deshalb so wenig vom Umbau ihrer Kinder, weil der Verkauf während des Umbaus weitergeht. Es gibt zwar kleinere Beschwernisse, Unannehmlichkeiten sogar, doch die wischt man beiseite, als handele es sich um eine Baustelle auf dem Bürgersteig, bis schließlich der neue Laden feierlich eröffnet wird und man begossen wie ein Pudel in der Ecke steht, das Glas Sekt unangetastet in der Hand. Was ist da eigentlich passiert?

Jedes Jahr verpuppen sich auf der Welt 500 Millionen Kinder – plopp! plopp! plopp! plopp! – wie Popcorn in einer heißen Pfanne. Was einem wie ein Wunder vorkommt, nämlich dass ein Kind so plötzlich zum Menschen wird, ist ganz normal und völlig natürlich. Dass wir es mit unserem Verstand so wenig begreifen können, liegt vor allem an unserem Verstand. Für den ist und bleibt so eine Metamorphose etwas Unnatürliches.

*Natura non facit saltus*, schrieb Carl von Linné. Das übernahm er von Aristoteles, und Charles Darwin bediente sich bei beiden: Die Natur macht keine Sprünge. Die Entstehung der Arten ließ sich Darwins Meinung nach nur als Summe unendlich vieler kleiner Veränderungen erklären, Jahrhundert für Jahrhundert, Millennium für Millennium, Epoche für Epoche. Wer Zeit genug hat, könnte Schritt für Schritt, doch gaaanz vorsichtig und gaaanz langsam, aus einer Mücke einen Elefanten machen. Von dieser Vorstellung der Allmählichkeit zeigten sich Darwins Zeitgenossen ungemein fasziniert; die erste Auflage seines Werks *On the Origin of Species* (*Von der Entstehung der Arten durch natürliche Zuchtwahl*) war schon am Erscheinungstag, am 24. November 1859, ausverkauft. Das träge Tempo der Evolution war Balsam für die Seele der Viktorianer, die seit einiger Zeit durch revolutionäre Umtriebe beunruhigt waren. Das Wort »Evolution«, das Darwin selbst übrigens vermied, verwandelte sich von einer Tempobezeichnung zum Motto des Darwinismus, etwa so wie in der klassischen Musik aus einem *andante* oder *allegro* oft der Name des Stückes wurde. Viele Viktorianer sahen ein, dass in der Verteilung von Geld und Land grundlegende Reformen nötig waren, trösteten sich aber mit der Vorstellung, dass die Mühlen der Natur so langsam mahlten wie ihre eigenen. Vielleicht lag darin auch der Grund für die unglaublich hohen Verkaufszahlen von Darwins letztem Buch, *The Formation of Vegetable Mould Through the Action of Worms (Die Bildung von Humus durch die Tätigkeit von Würmern, mit Beobachtungen ihrer Gewohnheiten)*. In wenigen Wochen wurden bei seinem Erscheinen 1881 mehrere tausend Exemplare verkauft. Darwin beschrieb darin, wie Regenwürmer Bissen für Bissen und Kötel für Kötel die Erde fruchtbar hielten und dabei ganze Tempel unterminierten, die dann erst durch Ausgrabungen wieder zu Tage kamen.

Im nachdarwinschen Jahrhundert gerieten seine Anhänger mit ihrer alles erklärenden Korinthenkackerei in Schwierigkeiten. Wenn eine Art tatsächlich Schritt für Schritt an den Linien der Allmählichkeit entlangschlendert, dann müsste jeder dieser Schritte auf dem Weg zum Status einer neuen Art von Vorteil sein. Es ist schwierig genug sich vorzustellen,

*Mensch im Puppenstadium.*

dass ein Reptil auf dem Weg zum Reich der Vögel vor Freude, endlich einen halben Flügel abbekommen zu haben, ganz außer sich gerät; noch viel schwieriger aber ist es zu erklären, welchen Vorteil ein 9/16tel Flügel gegenüber einem 7/16tel haben soll. Angesichts der zahlreichen Übergangsstadien zwischen den Arten stellt sich auch die Frage, warum man diese nicht in den vielen überfüllten Fossilienkellern der Naturkundemuseen wieder findet. Eine beliebte Ausrede war bisher, dass das genealogische Archiv nicht vollständig sei; so ein Archiv müsse mit einem Buch verglichen werden, von dem nur noch wenige Seiten mit wenigen Zeilen und nur wenigen Worten erhalten seien. Doch warum nach einer Ausrede suchen, wenn man gar keine braucht? Warum festhalten an der Vorstellung, dass evolutionäre Veränderungen allmählich stattfinden müssen? Weil Menschen alles verabscheuen, was sie plötzlich erschüttern könnte.

1972 eröffneten zwei amerikanische Paläontologen, Stephen Jay Gould und Niles Eldridge, mit ihrer *punctuated equilibria* den Angriff auf die Evolutionstheorie. Ihrer Meinung nach entstanden viele Arten nicht Schritt für Schritt, Gramm für Gramm, Haar für Haar, sondern plötzlich und unvermittelt, vergleichbar dem Ausbruch eines lange ruhenden Vulkans. Und so präsentieren die Fossilien sich auch: Nach einer dicken Erdschicht mit der Art A findet man in der nächsten Schicht nur die Art B, ohne auch nur eine Spur des Übergangs. Man kann sich eine Tier- oder Pflanzenart vorstellen, als wäre sie eine schweigende Mehrheit, die alles so lange wie möglich beim Alten belässt, bis sich schließlich eine kleine Gruppe von Revolutionären absplittert, um nicht viel später, unter Umständen nach dem Sturz des alten Regimes, selbst in einer neuen, nicht minder starren Gewohnheit zu verharren. Der britische Geologe Derek Ager verglich Geschichte, und zwar egal an welchem Ort der Welt sie sich ereignet, mit »dem Soldatenleben, das aus langen Perioden der Langeweile und kurzen Perioden größten Schreckens besteht«. Während dieser Langeweile, diesem Schlummer, dieser Ruhepausen passiert durchaus etwas mit den Soldaten, dem Vulkan, der Tier- oder Pflanzenart; doch die winzigen darwinschen Schritte führen mal in diese, mal in jene Richtung, mal nach vorn, mal nach hinten, nach links oder rechts – und dadurch letztlich nirgendwohin. Bis dann eine kleine Veränderung auftritt, die große und dazu noch günstige Folgen hat. Eine kleine Schaltung an den Genen, die die Nase oder das Gehirn ein Stück weiterwachsen lassen, reicht aus, um aus einem Nullachtfünfzehn-Säugetier einen Elefanten oder einen Menschen zu machen. Je früher ein Gen im Embryo aktiviert wird, desto größer ist möglicherweise sein Einfluss. Ein Beispiel dafür sind die Hox-Gene, die bestimmen, an welcher Stelle etwas wächst. Spielt man mit diesen Genen herum, kann man leicht eine Fliege züchten, deren Beine am Kopf wachsen. Vertauscht man das Hox-Gen einer Fliege mit dem eines Salinenkrebses, dann wachsen der Fliege die vielen Beine des Krebses, und der Krebs muss sich mit den wenigen der Fliege begnügen.

Die schlagartige Evolution halten die meisten Biologen im

Moment für die Triebkraft hinter der Entstehung von neuen Arten. Das ist, wenn auch nicht unbedingt eine Rehabilitation, so doch ein Trost für den französischen Naturforscher Georges Cuvier (1769-1832), der die Geschichte der Erde als

*Gustave Doré:*
**Die Sintflut.**

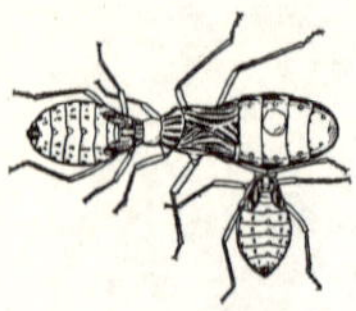

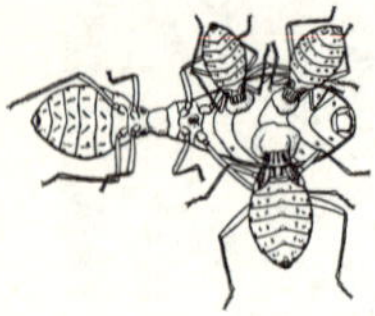

*V. B. Wigglesworth fügte larvale und erwachsene Wanzen (Gattung* Rhodnius*) aneinander, damit sie ihre Hormone austauschten – eine gute Darstellung des Durcheinanders einer Pubertät.*

eine Reihe von weltweiten Katastrophen betrachtete, von denen uns zumindest eine – die Sintflut – noch erinnerlich ist. Fossilien waren Opfer einer solchen Katastrophe. Ein Jahrhundert lang belächelt – wer braucht schon Katastrophen, um die Geschichte der Welt zu erklären –, lässt die Katastrophentheorie der Wissenschaft mehr Spielraum: Nicht alles muss den Linien der Allmählichkeit entsprechend verlaufen. Gesetzt den Fall, dass der Lebenslauf der Erde sprunghaft zu nennen ist, dann kann sich auch der Mensch von den Gesetzen der allmählichen Entwicklung befreien. Es braucht nur ein wenig Umgewöhnung, will man das eigene Kind unter dieser Perspektive betrachten, doch dann fügt sich das Bild rasch zusammen. Auch ein Menschenleben ist eine Folge von Katastrophen, und die schlimmste davon ist die Pubertät.

Bevor ein schlummernder Vulkan ausbricht, wird er, wie man das nennt, »aktiv«. Es grummelt leise in ihm, an manchen Stellen tritt Rauch aus, Seismologen legen eine neue Rolle Papier in die Meßapparatur ein. Dennoch ist jeder Ausbruch immer wieder eine Überraschung. Die gesamten Vorbereitungen dazu finden unter der Erde statt, allen Blicken entzogen und nie so beunruhigend, dass man sich wirklich Sorgen machen müsste. Ehe eine Raupe als Schmetterling ausbricht, zieht sie sich hinter eine Mauer, zwischen totes Laub oder unter die Erde zurück und verpuppt sich. Eine Raupe oder einen Schmetterling bekommt man, allen Unkenrufen der Umweltschützer zum Trotz, hin und wieder zu Gesicht, doch wer hat wann seine letzte Puppe gesehen? Für die durchschnittliche Hausfrau ist eine Puppe nicht mehr als ein flaumiger Dreckfleck, der beim Öffnen einer selten benutzten Tür zum Vorschein kommt. Leute, die keiner Fliege etwas zuleide tun können, geschweige denn einem Schmetterling, kennen beim Anblick einer Puppe nur eine Reaktion: den Mopp. Draußen in der Natur bekommt ein aufmerksamer Spaziergänger Puppen höchstens in Form von weißen Körnern zu sehen, die Ameisen von hier nach da tragen. Und als müsste die Verwirrung noch gesteigert werden, werden diese Puppen, die auch als Futter für Fasane und Aquariumfische dienen, Ameiseneier genannt. Selbst unter Entomologen gilt das Puppenstadium als das am wenigsten erforschte. Zwar gibt es Entomologen, die Puppen sammeln, so genannte *pupa-diggers*, doch tun sie das vor allem deshalb, um die daraus schlüpfenden Schmetterlinge unbeschädigt vom Leben in freier Natur aufpieksen zu können.

Ihrer larvalen Verteidigungswaffen beraubt und noch nicht

mit denen des Erwachsenenstadiums ausgestattet, haben Puppen keine andere Wahl, als sich zurückzuziehen. So denken pubertierende Teenager auch. Die beste Waffe, die einem Kind zur Verfügung steht, um die Eltern zu steuern, ist sein Talent, sie zu rühren. Doch diese Waffe funktioniert, sachte gesagt, bei pubertierenden Teenagern nicht mehr besonders gut, und gleichzeitig sind sie noch nicht stark genug, es mit den Eltern aufnehmen zu können. Deshalb ziehen sie sich in ihr Jugendzimmer zurück, das sich sowieso meist auf dem Dachboden oder sonst wo befindet, nur weit weg von der künstlich auferlegten Häuslichkeit. Inmitten von Postern und anderen Pubertätsinsignien kapseln sie sich ab – physisch durch geschlossene Türen, psychisch durch Undurchdringlichkeit –, und bereiten sich auf ihre Wiedergeburt vor. Für die normale Welt sind sie so unauffindbar wie eine Schmetterlingspuppe für einen Schmetterlingssammler. Ähnlich wie die Übergangsstadien in der Evolution hinterlassen sie dabei auffallend wenig fossile Zeugnisse. Wer, älter geworden, in seinem Fotoalbum blättert, findet kaum Fotos von sich als Teenager. Kinderfotos gibt es jede Menge, Erwachsenenfotos ebenfalls, doch als Teenager hat man sich offensichtlich ungern fotografieren lassen. Wer will auch mit aufs Foto, wenn er sich für den Hässlichsten der Klasse hält? Ein Teenager auf einem Foto ist so etwas wie eine Frau mit Lockenwicklern oder ein Mann im Unterhemd.

Die Pubertät ähnelt dem evolutionären Entwicklungssprung einer Art: Nicht vorwärts, nicht rückwärts, weder nach links noch nach rechts und schon gar nicht freiwillig, sondern geschubst. Es ist ein Sprung in die Tiefe. Man weiß, dass man irgendwo landen wird, aber wie? Ein Fallschirm wäre nicht schlecht. Ein Fallschirm gewebt aus Seide. Ein Produkt aus Angst und Verzweiflung.

Seide, das ist das Panzergewebe, in dem sich die Teenager von Nachtfaltern verschanzen. In ihren Seidenkokons sind sie nahezu unantastbar. In der Seide verbindet sich geringes Gewicht mit Stärke; ein Seidenkabel ist belastbarer als eines aus Stahl. Zudem kühlt Seide im Sommer, wärmt im Winter und fängt kein Feuer. Die Menschheit, ohnehin eifersüchtig auf den Schmetterling, sucht den Glamour und den Glanz der Seide. Der Seidenspinner (*Byomix mori*) ist neben der Honigbiene (*Apis mellifera*) das einzige unter Abermillionen Insekten, das es zum Haustier gebracht hat. Ökonomisch betrachtet, übertraf er die Honigbiene sogar, bis dann die Naturseide Konkurrenz von der Kunstseide erhielt.

Die Überlieferung besagt, dass die chinesische Prinzessin

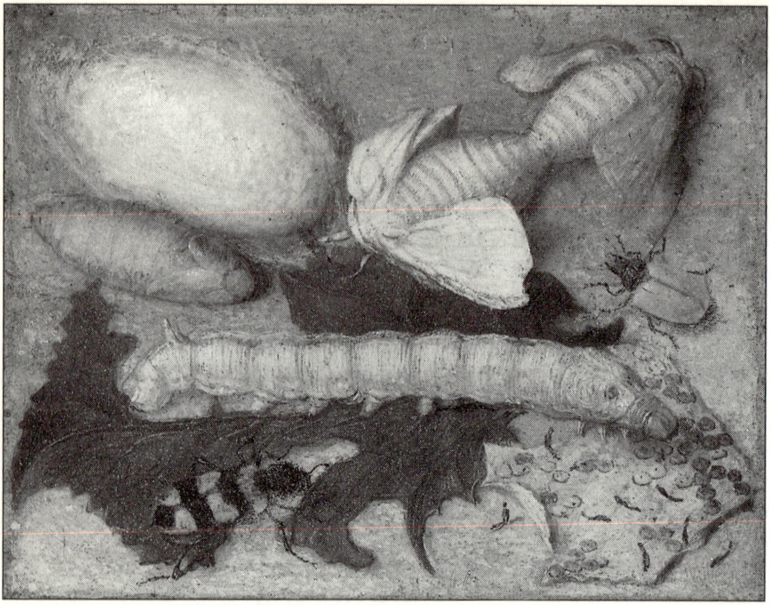

*Georg Flegel (1566-1638):* **Metamorphose der Seidenraupe.**

Hsi-Ling-Shi im Jahre 2640 vor unserer Zeitrechnung versehentlich einen Seidenkokon in ihre Tasse Tee fallen ließ. In der Flüssigkeit löste sich ein Faden, und die Seidengewinnung war erfunden. Von nun an wurden die Larven der Seidenraupe vom Menschen in Watte gelegt, und die daraus sich bildenden Teenager landeten in der Hölle des heißen Dampfbads. Von China kam die Seidengewinnung nach Japan. War man im fernen Osten eifersüchtig auf den Schmetterling gewesen, so war der Westen eifersüchtig auf den Osten, weil der sein Geheimnis nicht preisgeben wollte. Seide nannte man damals »das weiche Gold«. Die Eier wurden schließlich an die Westgrenze des großen Reiches geschmuggelt, und die Kreuzzüge brachten dann die Seidengewinnung endgültig in den Westen. Henri II. von Frankreich trug bei seiner Krönung im Jahr 1547 als erster König Europas Seidenstrümpfe. Dafür hatten die königlichen Weber Hunderte von im Lande selbst gezüchteten Kokons verbraucht. Zu diesem Zweck war der weiße Maulbeerbaum (*Morus alba*) nach Frankreich importiert worden, da die Raupen des Seidenschmetterlings den in Europa wegen seiner schwarzen Früchte beliebten schwarzen Maulbeerbaum (*Morus nigra*) ebenso verschmähten wie jeden anderen Baum. Um nicht weiterhin teure Seidenstoffe importieren zu müssen, legten die Europäer viele Maulbeerbaumplantagen an, von den Tuilerien bis zum Buckingham Palast. Schweden zog nach. Auf Betreiben von keinem Geringeren als Carl von Linné wuchsen im 18. Jahrhundert Zehntausende von Maulbeerbäumen in der Nähe von Stockholm und der Universitätsstadt Lund. Auch die Niederlande wollten nicht zurückstehen, und »Patriotische Ökonomen« machten sich für die vaterländische Seide stark. Man züchtete Bäume, bis sie Samen lieferten, und testete verschiedene Raupenrassen.

Alles vergeblich. Immer wieder wurden durch Krankheiten wie Pébrine, im Verein mit dem düsteren Klima hiesiger Breiten, ganze Plantagen zerstört. Auch wenn es Louis Pasteur gelang, den Verursacher – einen Einzeller – zu entlarven, blieb die Seidenzucht eine asiatische Angelegenheit mit einer Dependance in Italien. Gegen die Fresssucht der Raupen war kein Kraut gewachsen; ein Pfund Raupen vertilgte zehn Tonnen Blätter. Zwar entschieden sich die Bäume schließlich doch zu gedeihen, aber es gelang einfach nicht, dass saftige Blätter genau dann zur Verfügung standen, wenn die Raupen schlüpften. Einheimische Sorten wurden ausprobiert und wieder verworfen: Entweder ließ sich die Seide nur schwer abwickeln, oder die Raupe verspann zu viel Haar hinein. Am Ende dachte man sogar daran, Seide aus Spinnfäden zu gewinnen. Ein Spinnfaden ist zehnmal dünner als ein Raupenfaden und außerdem doppelt so stark. 1710 erklärte die Académie française den Plan für gescheitert. Die Spinnen waren nicht davon abzuhalten, einander aufzufressen, und das bei rund 27 500 Kreuzspinnen pro gewonnenem Pfund Seide, einmal ganz zu schweigen von der Menge der Fliegen, die zu ihrer Fütterung gefangen werden mussten.

Selbst in Japan gibt die Seidenzucht im Moment nicht viel her. Die japanischen Teenager weigern sich, ihr Taschengeld für Kimonos auszugeben oder gar darin herumzulaufen. Man kann es ihnen nicht einmal verdenken. Objektiv betrachtet, besteht der göttliche Stoff von Königen und Kaisern aus nichts als Raupenspucke. Im Gegensatz zu Spinnen, die eine spezielle Spinndrüse besitzen, müssen Raupen die Seide mit ihren Speicheldrüsen produzieren. Die Seidenraupe speichelt damit aber immerhin 15 Zentimeter Faden pro Minute zusammen, und der kann eine Gesamtlänge von mehr als einem Kilometer erreichen.

Einige Nachtfalter sehen, wie viele Mücken und Wespen übrigens auch, diese enorme Investition von Zeit und Material nicht ein. Sie geben ihre Kokons in Auftrag. So wie jeder moderne Vogel sich sein Vogelhäuschen vom Menschen zimmern lässt – wer hat schon mal eine Kohlmeise mit Hammer und Nägeln durch die Luft fliegen sehen? –, so beauftragen Gallmücken und Gallwespen damit einen Zimmermann oder, besser noch, das Bauholz oder, am allerbesten gleich den Baum selber. Auf Befehl von Fliegen oder Wespen – oder von anderen Insekten, aber auch Milben – bauen Bäume mit Hilfe ihrer Blätter oder auch anderen Teilen gehorsam eine Idealbehausung, und zwar je nach Bewohner und je nach Baum ein ganz bestimmtes Modell. Ein darauf spezialisierter Biologe kann von der Form der Behausung auf den Bewohner so gut wie auf den Baum schließen. Es gibt warzenartige Gallen, nussförmige, geschwulstartige und urnenförmige. Manche sind so schön, dass man Perlen daraus macht; der Aquarunastamm in Peru beispielsweise trägt Ketten aus Tausenden von Gallen.

In der Galle selbst führt die Wespe oder Fliege ein Schlaraffenleben. Rund herum hängen griffbereit zarteste Pflanzenzellen, prall wie Trauben voller Nährsaft, der aus der ganzen Pflanze hierher umgeleitet wird. Dieses Privatschlaraffenland ist umhüllt von einer harten Wand, die häufig Gerbsäure aufweist, welche Vögel zwar widerlich finden, die dem Menschen aber um so interessanter erscheint. Mit Eisenoxydulsalzen versetzt, bildet die Gerbsäure einen blauschwarzen Niederschlag, den die Menschen Tinte nennen. Meine ganze Schulzeit hindurch konnte ich meine Augen nicht von der Fensterbank wenden, auf der ein riesiges Glas mit KLUTMANN GALNOTEN SCHOOL-Schreibtinte stand. War man

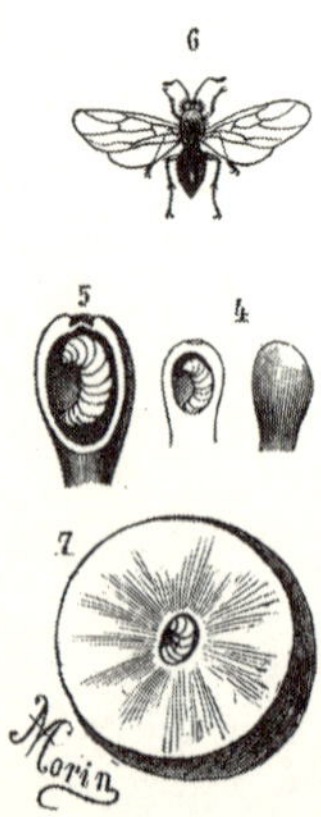

*Die Larve (7) der Gemeinen Gallapfelwespe* (Cynips scutellaris) *(6) wird befallen von der schmarotzenden Zehrwespe der Pteromaline-Familie* (Torymus regius) *(2). Die Eichenzapfen-Gallwespe* (Cynips gemmae) *(3) lebt als Larve in einer Kammer (4, 5) der Eichenzapfengalle. Ebenfalls auf der Eiche lebt auch der Kleine Changeant oder Eichenschillerchen* (Thecla quercus) *mit seiner Larve (8).*

besonders artig gewesen, durfte man sein Tintenfässchen in der Schulbank damit füllen – ein Vergnügen, dem ich bis heute meine Obsession für das Füllen kleiner Gläschen verdanke. Weil diese Tinte sich nur äußerst schwer entfernen lässt, war ein Gerichtsprotokoll früher erst dann rechtsgültig, wenn es mit Gallustinte geschrieben war, was bei der *United States Treasury*, der Bank von England, den deutschen Kanzleien und der dänischen Regierung bis weit ins 20. Jahrhundert hinein noch Pflicht war.

Wie aber überredet ein Insekt einen Baum nur zu dem Irrsinn, ein Haus für es zu bauen? Die Meinungen darüber gehen auseinander. Fest steht, dass ein Blatt erst dann anschwillt, nachdem das Insekt ein Ei hineingelegt hat. Das Tier kann ohne Galle zwar nicht wachsen, doch ohne Tier wächst auch keine Galle. Offensichtlich stimuliert das Ei oder das Eierlegen die Pflanze durch chemische Stoffe. Das Insekt übernimmt die Kontrolle über die Pflanzengene, die den Zellbau steuern. Stirbt es, stellt die Galle ihr Wachstum ein. Genau das tut sie auch, wenn das Insekt sich verpuppt. In vielen Fällen steht dann der Winter vor der Tür, und die Galle ist hart wie eine Holzmurmel geworden. Um sich daraus zu befreien, muss sich das geschlüpfte Tierchen durch die Gallenwand nagen, das heißt, wenn es nicht schon als Larve damit angefangen hat. Es gibt aber auch Insekten wie den Nachtfalter *Cecidoses eremitus*, die ihre Wirtspflanzen dazu kriegen, eine Galle mit Deckel zu bauen, der sich just zum richtigen Zeitpunkt von selber öffnet. Zu einem Klo hat es dagegen noch kein Insekt gebracht. Viele Gallinsekten müssen ihren Kot bis kurz vor der Metamorphose aufsparen und dann alles auf einmal raushauen, eine Schweinerei, die mit dem hübschen lateinischen Namen *Meconium* bezeichnet wird.

In abgefallenen Galläpfeln, die man auf Waldwegen findet, klafft oft dort, wo der frühere Bewohner seinen Unterschlupf verließ, ein kleines Loch. Meist ist es ausnehmend klein. Das ausgeschlüpfte Tier ist bei weitem nicht so groß, wie zu erwarten wäre – eine Überraschung, die auch junge Väter überkommt. Denn auch beim Menschen gibt es eine verblüffende Diskrepanz zwischen der Schwellkraft eines geschwängerten Frauenbauches und dem Kind, das am Ende daraus hervorschlüpft. Obwohl das Gebären die radikalste Art des Abnehmens ist, verliert die Frau durch die Geburt kaum mehr als ein Drittel des Gewichts, das sie während der Schwangerschaft zugelegt hatte. Um ein drei Kilo schweres Kind auf die Welt zu bringen, nimmt eine Frau zwölf Kilo zu; das bedeutet, dass ihr neun davon oft bis weit nach der Geburt erhalten bleiben.

Wie kriegt ein Kind seine Mutter dazu, sich wie eine Wahnsinnige aufzublähen? So wie eine Gallwespe ihre Pflanze: mit chemischen Befehlen. Als Mutter tut man gut daran, diese Befehle zu befolgen, um ernsthaftes Unglück zu vermeiden. Es geht schließlich um das Fortbestehen der Art. Aber was hat ein Baum von seiner Gallwespe? Auf den ersten Blick liegen alle Vorteile beim Untermieter. Auf den zweiten Blick auch. Von der in wackeren Naturfilmen immer wieder gern beschworenen Symbiose kann hier keine Rede sein. Eine Gallwespe ist ein ganz ordinärer Parasit. Doch warum verausgabt sich ein Wirt derart für seinen Schmarotzer? Pflanzen, die so dämlich sind, sich für ihre Feinde aufzuopfern, verdienen es, innerhalb kürzester Zeit auszusterben. Darwin hatte darüber eine ganz entschiedene Meinung.

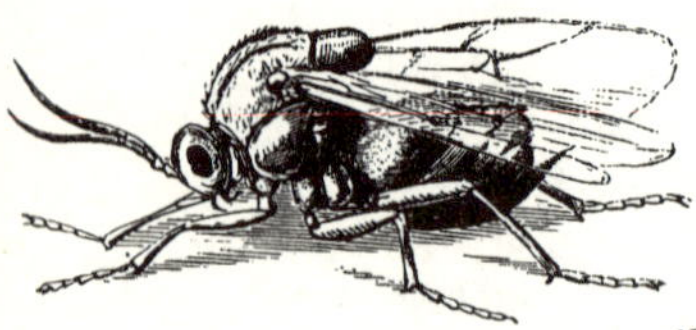

*Gallwespe.*

Und Biologen raufen sich die Haare. Wollen sie die Evolutionslehre retten, dann müssen sie sich einen Vorteil für die Pflanze einfallen lassen. Möglicherweise hat die Gallenbildung den Vorteil, den Schaden örtlich zu begrenzen. Statt dem fressgierigen Feind den ganzen Hof zu überlassen, sperrt man ihn in einen speziell dafür errichteten Schuppen ein. Doch diese These forderte den deutschen Professor Erich Becher schon 1917 zum Widerspruch heraus. Außerstande, die Galle und Darwin miteinander zu versöhnen, wischte Becher die landläufige Evolutionslehre zugunsten einer merkwürdigen Variante des Lamarckismus vom Tisch. Diese Variante ging davon aus, dass die Pflanze auf die eine oder andere Weise einen Vorteil durch ihren Mitbewohner haben müsse. Um es beiden Parteien Recht zu machen, führte Becher eine dritte Größe ein: das »überindividuelle Seelenwesen«.

Es ist leicht, Bechers Privat-Allmächtigen zu belächeln, doch wer es tut, sollte erst einmal eine bessere Erklärung für den wechselseitigen Profit von Pflanze und Plage parat haben. Dem modernen Menschen springt vor allem die Ähnlichkeit der Galle mit einem Krebsgeschwür ins Auge. In beiden Fällen schwellen Zellen und teilen sich wie verrückt. Warum aber legt eine Pflanze sich solche Geschwüre zu? Eine gute Frage für ein Tier wie den Menschen, der auf den kleinsten Insektenstich oder den winzigsten Parasiten mit Beulen, Pickeln, Kapseln und anderen Geschwüren reagiert. Das Missverhältnis zwischen der kleinen Gallwespe und der großen

Galle ist nicht weniger krass als das zwischen einem Wespenstich und der sich anschließenden Schwellbeule, mal gar nicht zu reden von dem ganzen Theater drum herum. Für Krätzmilben legen wir sogar bereitwillig Laufgräben in unserer Haut an; Parasiten werden, damit unsere Abwehr nicht dran kann, von uns höchstselbst in den Eingeweiden eingekapselt. In meiner Studentenzeit nannte man so etwas »repressive Toleranz«. Unser Körper glaubt, mit Beulen und Kapseln die Gefahr in Grenzen zu halten, doch die Gefahr benutzt die bereit gestellten Beulen und Kapseln als Ferienhäuser, Arbeitszimmer oder Geburtskolonien.

Dennoch verfügen viele Pflanzen über eine größere Er fahrung mit gutartigen Geschwüren als wir. Sie bilden die Höhepunkte ihrer Existenz. Genau besehen ist auch eine Frucht nichts anderes als ein Geschwür, nährreich im Innern, nach außen geschützt, gebildet als Reaktion auf den darin hausenden Samen. An nichts erinnert uns der Anblick von Wespen in der Galle mehr als an Samenkörner im Kerngehäuse eines Apfels. Es sei denn, an das Kind im Bauch der Mutter.

Auch dem Anatomen Marcello Malpighi, Vater der Gallenkunde im 17. Jahrhundert, drängte sich dieser Vergleich auf:

> Die Natur hat den Insekten und unvollkommenen Tierchen die Pflanzen zum fetten Erbteil zugesprochen, nicht nur, damit sie mit ihnen das tägliche Dasein fristen, sondern sie auch noch zwingen können, für die auf ihnen abgelegten Eier die Rolle der Gebärmutter und sogar der nährenden Brüste zu spielen.

Der Unterschied zwischen einer Pflanze und einem Menschen besteht darin, dass die Pflanze mit dem Ausschlüpfen der Wespe den Quälgeist für immer los ist; Menschen dagegen werden ungefähr zwölf Jahre nach der Geburt des Kindes mit der Wiedergeburt der Plage konfrontiert. Um den Schaden in Grenzen zu halten, stellen sie dem pubertierenden Teenager ein eigenes Zimmer zu Verfügung.

In der Abgesondertheit dieser Galle vollzieht sich die Metamorphose des Menschen. Hier entwickeln sich Pickel und Brüste, hier wird das Leid der ganzen Welt zur Ohnmacht zusammengeballt, hier schwärt eine Wunde, die nur die Zeit heilen kann. So wie die Seidenraupe zuerst den Kokon baut, den sie als Puppe nicht mehr herstellen könnte, sind die ersten Anzeichen einer Veränderung zunächst nicht am Teenager selbst zu entdecken, sondern in seinem Zimmer. Noch bevor die ersten Pickel auftauchen, lange vor dem Knospen der Brüstchen, quellen geheime Schubladen über.

Die Frage, wer das Pubertätszimmer baut, die Eltern oder das Kind, ist so schwierig zu beantworten wie die nach dem Bauherrn der Pflanzengalle. Eltern stellen den Raum und das Geld zur Verfügung, doch um ein Pubertätszimmer einzurichten, muss man unter akuter Geschmacksverirrung leiden, und da kann kein Kind und kein Erwachsener mithalten. Das muss auch so sein. Mit Wandfarbe in Tönen, die sonst keiner kauft, malert sich ein Teenager aus seiner Kinderzeit hinaus – doch was an ihre Stelle treten soll, ist noch nicht ganz klar. Wenn ein Zimmer ein Spiegel dessen ist, was sich im Kopf des Bewohners abspielt, dann muss man um den Geisteszustand der Teenager ernsthaft fürchten. Ihr Zimmer ist kein Himmel und keine Hölle, es ist eine Vorhölle, ein Läuterungsberg, das Fegefeuer. Die Geborgenheit eines Nestes ist hier tabu, doch wie kann man der Geborgenheit eines Kokons Gestalt verleihen?

Das Wichtigste an einem Gemälde ist der Rahmen. Mit ihm sondert man von der Wirklichkeit einen kleinen Bereich ab, in den der Rest der Welt nicht eindringen kann. Das Wichtigste an einem Kokon sind die Wände; auch wenn sie nicht wie etwa ein Nest dafür da sind, ein gemütliches Innenleben zu ermöglichen, dienen sie doch immerhin dazu, Bedrohungen von außen abzuwehren.

Oft glaubt man, die Puppe sei ein Ruhestadium. Und tatsächlich ist ihr von außen auch nur wenig anzumerken. Eine Ausnahme bildet die mexikanische Springbohne. Von außen betrachtet ist sie eine Bohne wie alle anderen, bis sie plötzlich wie irr auf dem Tisch hin und her zu hüpfen beginnt, was einem einen völlig neuen Einblick in die Pflanzenwelt verschafft. Von einem Gummi oder irgendwelchen sonstigen mechanischen Mittelchen ist nichts zu entdecken, auch keine Öffnung, durch die irgend etwas in die Bohne hineingesteckt hätte werden können. Nein, die Bohne arbeitet ausschließlich mit Natur. In ihr befindet sich die Puppe des Nachtfalters *Carpocapsa saltitans*, des mexikanischen Vetters unseres Apfelwurms. Als Raupe wächst das Tier von Anfang an mit der Bohne mit und höhlt diese aus bis auf eine dünne Außenhaut. Derart satt gefressen, verpuppt sie sich schließlich, und aus der Bohne ist eine Springbohne geworden, die in diesem Zustand nun wochenlang zum Verkauf angeboten werden kann. Mit dem Hinterleib an die Bohne gekrallt, fängt die Puppe zu gegebener Zeit an, mit dem Kopf gegen die Außenwand zu stoßen. Das sieht aus, als sei eine in Seide gewickelte Mumie zum Leben erwacht und mache sich bemerkbar, um aus ihrem Sarg befreit zu werden. Was unserem

*Die Musik der eigenen Pubertät vergisst man sein ganzes Leben lang nicht mehr.*

Apfelwurm mit einem Apfel nicht gelingen kann, schafft sein Vetter *Carpocapsa* mit Leichtigkeit: Seine Wohnstatt fängt an herumzuhüpfen. *Mexican jumping beans* werden als Juxartikel oder Souvenirs millionenfach verkauft.

Auch Mückenpuppen sind bemerkenswert beweglich, doch in der Regel sind die Außenseiten von Puppen auffällig unauffällig. Man kann nur raten, was im Innern vor sich geht. Teenagerzimmer bilden keine Ausnahme von dieser Regel. Die Metamorphose im Innern entzieht sich unserem Auge – unseren Ohren dagegen leider nicht. Denn die Metamorphose des Menschen findet unter lauter Musikbegleitung statt: *popular music*, Verpuppungsmusik, Popmusik. Die zehnte Auflage des Van-Dale-Wörterbuches aus dem Jahre 1976 umschreibt die Popmusik als eine »bei jugendlichen und unreifen Personen beliebte moderne Unterhaltungsmusik«. Darüber hat sich der Kolumnist Piet Grijs damals ungeheuer geärgert. Nichts erregt die Gemüter so sehr wie die Wahrheit. Zur Zeit, als Piet Grijs pubertierte, hieß Popmusik noch anders. Jazzmusik war modern, von Amateurlexikographen umschrieben als »Musik, die von brillanten Musikern gespielt wird, welche zwar gleichzeitig, doch alle ihr eigenes Stück spielen«.

Popmusik ist Pubertätsmusik. Womit hat die Menschheit diesen Lärm nur verdient? Warum sind wir von allen zehn Millionen Tierarten die einzigen mit derart lauten Puppen? Schmetterlinge werden nicht gebeutelt von der Lärmlast ihrer Puppen, Engerlinge geben, bis sie Käfer sind, keinen

*Bei keiner einzigen Tierart verläuft die Verpuppung so laut wie beim modernen Menschen.*

Mucks von sich. Warum also wir? Der einzige Trost ist, dass Menschen in der Pubertät über weitaus bessere Ohren verfügen als Kinder oder Erwachsene, sodass es am Ende die Teenager selbst sind, die unter ihrer Lieblingsmusik am meisten leiden. Bei einem Kind sind die Flimmerhärchen im Gehörorgan noch nicht ausreichend entwickelt, beim Erwachsenen sind viele von ihnen schon wieder abgestorben, und zwar die für die hohen Töne zuerst.

Die Tatsache, dass Teenager in dieser Zeit mehr Lärm verarbeiten, als sie den Rest ihres Lebens zu hören bekommen, deutet auf die enge Verbindung von Musik und Pubertät hin. Das ist jedenfalls bei den Vögeln so. Vögel sind der Trost aller Teenager. Während wir mit einem Schlag unsere Pubertät los sind, durchleben Vögel sie jeden Frühling von neuem. Dann brechen sie wieder aus in diesen übereifrigen Gesang, der uns so lebenslustig in den Ohren klingt. Was wir aber für fröhliches Gezwitscher halten, ist in Wirklichkeit nichts anderes als der Klagegesang von Millionen Vogelteenagern im Kampf mit ihren Hormonen. Ach, liebten unsere Teenager doch solche Musik! Deren Pubertätsmusik muss jedoch einen doppelten Zweck erfüllen: Sie muss für die momentan junge Generation so attraktiv sein wie sie für die vorangegangene abstoßend ist. Zur Sicherheit gibt es aber auch noch den Lautstärkenregler.

Könnte man nicht nur in das Zimmer eines Teenagers blicken, sondern auch in ihn selbst, wäre man überrascht. Denn dort tobt der Hexenkessel nahezu lautlos. Gewebe werden gebildet, Organe umgreifend renoviert, ein ganz neues Organsystem wird unter Gerüsten aufgezogen, es muss später die Fortpflanzung gewährleisten. Den Blutzellen müsste es eigentlich auf ihrer Reise durch den Körper die Sinne so verwirren wie dem Stammbesucher eines Kaufhauses, das eine totale Reorganisation durchmacht. Im Innern kocht und brodelt es, und selten ist das Wort »fieberhaft« zutreffender gewesen. Die Kinderabteilung wird geschlossen, im Keller arbeitet man mit aller Macht an einem Sexshop, und das Gehirn wird von Grund auf neu programmiert. Der Körper ist ein einziger Operationssaal, und eine Menge Organe kommen gleichzeitig unters Messer. Doch eines bleibt unseren Teenagern zum Glück erspart: Sie müssen nicht, wie Peter Pan, gleichzeitig auch noch fliegen können.

Von Puppen und Schmetterlingen wird verlangt, ein Abwasserrohr in ein Flugzeug zu verwandeln, und dazu brauchen sie Flügel. Sie stellen bei der Metamorphose das größte Problem dar. Beine, Augen, Fühler, Gedärme können von Häutung zu Häutung mitwachsen, aber etwas so Kompliziertes wie einen Flügel einfach nur mithäuten zu lassen, geht nicht. Weil sie stabil und gleichzeitig leicht sein müssen, bestehen Flügel aus der äußersten Panzerhaut (*Cuticula*) eines Insekts. Die normalerweise darunter befindliche Schicht, die Epidermis, fehlt bei den Flügeln; dabei ist genau sie für die Bildung der Cuticula verantwortlich. Verliert ein Insekt seine Flügel, kann es keinen Ersatz erwarten. Im Lauf der Zeit haben die geflügelten Insekten dafür zwei Lösungen entwickelt. Bei Heuschrecken, Kakerlaken, Libellen, Blattläusen und Wanzen zieht sich die Flügelbildung über das ganze Larvenstadium hin. Schon als Larven besitzen diese Tiere Flügelstümpfe, die bei jeder Häutung größer werden. Deshalb sehen diese Larven ihren Eltern auch ein bisschen ähnlich. Den Larven sind die Flügelstümpfe allerdings nur im Weg, fliegen können sie damit noch nicht.

Schmetterlinge, Käfer und Fliegen gehen rigoroser vor. Sie haben ein Puppenstadium entwickelt, durch das sie den Umbau in einem Ruck erledigen können. Das Ergebnis ist verblüffend. Während an einer Raupe beim besten Willen keine Flügel zu entdecken sind, scheint der fertige Schmetterling dann fast ausschließlich aus Flügeln zu bestehen. Dennoch entstehen die Flügel nicht einfach aus Nichts. Schon im Ei, also noch bevor das Insekt Raupe ist, sind Zellen vorhanden,

A B C

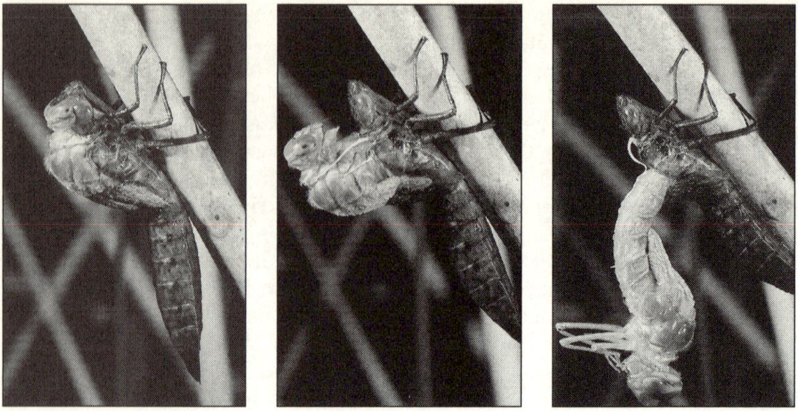

die dazu bestimmt sind, Flügel zu werden. Bei sämtlichen Insekten mit vollständiger Metamorphose (mit Puppe also) liegt die Flügelanlage innen; die Flügelstümpfe ragen ins Innere des Körpers hinein wie ein umgekrempelter, blind endender Jackenärmel. Erst in der Puppe wachsen sie sich zu richtigen Flügeln aus, die nach dem Schlüpfen dann nur noch aufgepumpt werden müssen.

Woraus werden diese Flügel gemacht? Ein Menschenteenager isst, als stünde er ständig kurz vor dem Verhungern; vor allem die Männchen lassen ganze Brotlaibe im Nirgendwo verschwinden. Ein Insekt dagegen frisst als Puppe überhaupt nicht. Ihre einzige Nahrung ist sie selbst. Eine Puppe frisst die Larve, die sie war, um den Schmetterling, der sie sein wird, bauen zu können. Von einer Raupe bleibt kein Krümel übrig, der Schmetterling braucht auf nichts zu verzichten; in einer einzigen Raupe befindet sich gerade genug Material für einen einzigen Schmetterling. Es ist fast zu phantastisch, um wahr zu sein. Und es braucht schon einen wunderbaren Schriftsteller wie Belcampo, um das Ganze richtig erfassen zu können.

In einer von Belcampos Geschichten kommt ein Mann zum Arzt, weil er sich den Arm abnehmen lassen möchte. Obwohl der Arm gesund ist. Merkwürdig. Der Arzt stellt fest, dass dem Mann bereits der andere Arm und beide Beine fehlen. Noch merkwürdiger. Der Mann erklärt, er habe die fehlenden Körperteile gegessen. Einfach so, weil sie so köstlich schmeckten. Und nun bitte er den Arzt, ihm mit dem letzten verbliebenen Gliedmaß zu helfen, denn allein komme er an diese Delikatesse nicht heran. Der Doktor ist einverstanden. Ende der Geschichte.

D

E

*Eine Libelle schlüpft. Die Larve klettert aus dem Wasser (A) und wartet, bis die Rückenhaut aufplatzt (B). Die erwachsene Libelle schlüpft heraus und bleibt kopfüber hängen (C). Nach einer halben Stunde sind die Beine ausgehärtet, und die Libelle pumpt ihre Flügel auf (D). Auch nachdem der Hinterleib bereits hart geworden ist (E), bleiben die Flügel noch eine Weile verklebt.*

Diese unheimliche Erzählung ist mehr als eine Warnung vor allzu intensivem Nagelkauen. Wie die Geschichte von Kopf und Torso nun weitergeht, wäre zwar spannend, doch ist das Schicksal der verzehrten Gliedmaßen nicht weniger fesselnd. Tief in den Eingeweiden des Helden der Geschichte zersetzen sich die zerkauten Arme und Beine zu Eiweißen und Aminosäuren, Molekülen und Atomen. Ein Teil davon wird im übrig gebliebenen Körper gelagert und dient als Energiequelle, der Rest dient dem Wiederaufbau und der Restaurierung. Arme und Beine verwandeln sich in Blutzellen, frisches Darmgewebe oder in ein nigelnagelneues Stück Oberhaut. Ein Mensch macht keine Unterschiede zwischen Kalbfleisch, einem Hühnerbein oder Menschenfleisch; aus allem bildet er Neues. Und zwar jeden Tag, vor allem, wenn er gerade auf Diät ist. Wo, glauben Sie, bleiben denn die Kilos, die Sie abnehmen? Der größte Teil davon wird verbrannt, schwebt als Kohlensäuregas über Ihrem Haupt und ist mit schuld am Treibhauseffekt. Ihr Bäuchlein oder Ihre runden Hüften kommen dem Körper gerade recht, um an anderer Stelle zur Instandsetzung herangezogen zu werden.

Ein hübsches Stück Arbeit! Und doch lässt sich gegen die physiologischen Meisterleistungen des eigenen Körpers auch einiges an Kritik vorbringen. Warum fertigt er aus den amputierten Armen und Beinen nicht einfach neue? Ein zusätzliches Stück Hintern kann zwar nicht schaden, aber nichts braucht ein Körper doch so dringend wie Arme und Beine. Oder – wenn wir schon dabei sind – zur Abwechslung vielleicht mal Flügel. Das klingt für Menschenohren wie Sciencefiction, doch bei Insekten ist das gang und gäbe. Jede x-be-

*Ein Kleiner Fuchs* (Aglais urticae) *beim Schlüpfen.*

liebige Fliege kann das. In einer einzigen Büchse Maden, die man für einen halben Euro im Anglerladen kauft, vollzieht sich ein vielfaches Wunder. Man kann zusehen, wie eine Made nach der anderen sich verpuppt und aus den Puppen Fliegen werden. Der Trick dabei ist, dass eine Made im Grunde aus zwei Wesen besteht. Schon im Embryonalzustand haben sich die Zellen in zwei Gruppen geteilt. Die größere Gruppe bildet die eigentliche Larve, während die kleinere Klumpen von erwachsenen Zellen formt, die so genannten imaginalen Knospen. Die Fliege befindet sich somit schon von Anfang an in der Made, der Schmetterling ist in der Raupe, wenn auch nur als Keim. Während die Larvenzellen stetig wachsen, und zwar mehr durch Streckung als durch Teilung, verharren die Imagozellen im Ruhezustand. Bis zum Puppenstadium, aber dann sind sie nicht mehr aufzuhalten. Die erwachsenen Zellen, die sich im Gegensatz zu den Larvenzellen sehr gut teilen können, geraten in einen Wachstumsrausch, der der Larve zum Verhängnis wird. Von innen heraus verflüssigt sie sich zu dicker Sahne.

Unter dem Mikroskop betrachtet, sieht diese Sahne eher aus wie eine Suppenmahlzeit. In der klaren hellgelben Flüssigkeit treiben Fettzellen im Stadium der Verwesung, umringt von Fetttröpfchen und anderem Zellinhalt, dazu noch einige Blutkörperchen. Von dieser Suppe ernährt sich zuerst die Puppe und dann die Fliege bzw. der Schmetterling. Es ist, als würde man einen alten Pullover aufribbeln, um daraus einen neuen, hübscheren zu stricken oder gar eine Mütze. Diese oder jene Verzierung kann man beibehalten, vielleicht brauchen auch nur die kurzen Ärmel verlängert zu werden. Die Puppe, die die Raupe zum Schmetterling umarbeiten möchte, muss sich vor allem die Muskeln vornehmen, das Fettgewebe und den Magen-Darm-Kanal. Manche larvalen Muskeln kann sie einfach übernehmen, andere müssen vollkommen aufgelöst werden, weil der Schmetterling keine Verwendung dafür hat. Flügelmuskeln hatte die Raupe nicht, also müssen die von Grund auf neu geschaffen werden. Zu beobachten, wie sich bei der Metamorphose eines Insekts aus dem Chaos, wie es die Puppe darstellt, ganz von allein ein Muskel bildet, findet der Entomologe Snodgrass »höchst mysteriös«. Wie von unsichtbarer Hand geführt, horten sich vereinzelt umherirrende Muskelzellen an der richtigen Stelle zusammen, wo sie auf ein Nervensignal hin anfangen, zu einem Muskel zusammenzuwachsen.

Die Suppe in der Puppe ist für viele Schmetterlinge die letzte Mahlzeit. Bei Arten wie der Mehlmotte (*Ephestia kuehniella*) zum Beispiel endet der Darm im Nichts, weil diese Arten sowieso keine Nahrung mehr zu sich nehmen. Andere Arten wie der Ringelspinner essen zwar auch nicht, besitzen aber dennoch ein vollständig ausgebildetes Verdauungssystem, was darauf hinweist, dass sie als Schmetterlinge erst spät in ihrer Evolution aufs Essen verzichtet haben. An der Außenseite einer Puppe lassen sich die Segmente des zukünftigen Schmetterlingskörpers oft schon gut erkennen, wie auch die Augen, die Fühler und die Flügel. Die Puppen der Schwärmer (Familie *Sphingidae*) besitzen eine spezielle Scheide für die noch unaufgerollte Rollzunge des fertigen Schmetterlings.

Beim Umbau der Raupen zum Schmetterling werden die Hinterleibsbeinchen überflüssig. Die Vorderbeinchen entwickeln sich zu schlanken Schmetterlingsfüßen, ungefähr so wie die Stampferchen eines Menschenbabys, die sich in der Pubertät zu langen Stelzen auswachsen, über die der Teenager dann dauernd stolpert. Die Füße waren zum Glück schon lange vorher groß genug. In einem Bekleidungsgeschäft kann man recht gut verfolgen, in welchen Schüben ein Teenager wächst. Zuerst braucht er größere Schuhe, dann werden die Hosenbeine zu kurz, denn Wade und Oberschenkelknochen setzen erst ein halbes Jahr nach den Füßen zum Wachstumsspurt an, der daraufhin die Hüften und den Brustkasten erfasst, bevor er in den Schultern endet. Auch wenn der Teenager nach einiger Zeit nicht mehr aus seinen Hosen herauswächst, werden ihm Mäntel und Jacken noch eine Weile regelmäßig zu eng.

Ein Teenager weiß nicht, was mit ihm passiert. Endlich wird man groß und ist linkischer als je zuvor. Ständig wird an einem herumgemeckert, weil man überall dagegen rumpelt, die Türen schlägt und die Treppen rauf- oder runterstolpert. Als ob man etwas dafür könnte. Dabei sind nur die Muskeln dem Gewicht noch nicht gewachsen, und das heißt, man wächst buchstäblich über seine Kraft hinaus. Es ist, als müsste man einen Erwachsenenkörper mit den Muskeln eines Kindes bewegen. Auch die Koordination hinkt hinterher, wie bei einem Auto, das einen leistungsfähigen Motor, aber eine

*Transvestit.*

schwache Lenkung hat. Die Organe wachsen in der Pubertät zwar recht ordentlich, doch nur selten im angemessenen Tempo. Ein hoch aufgeschossenes Ohr ist kein Problem, wird aber ein Auge zu lang, folgt daraus Kurzsichtigkeit. Der Blick wird unscharf, das Auge versucht, sein Wachstum anzupassen. Wer jetzt zu oft auf eine plane Fläche wie ein Buch oder die Schultafel schaut, macht das dem Auge unmöglich, und es wächst ungleichmäßig.

Jungs und Mädchen wachsen in der Pubertät buchstäblich auseinander. Erst schießen die Mädchen in die Höhe mit der Folge, dass sie eine Weile größer sind als die gleichaltrigen Jungs. Die aber holen den Rückstand kurze Zeit später mehr als auf. Der Unterschied in den Hormonhaushalten äußert sich auch in den Einzelteilen. Schultern wachsen vor allem durch männliche Hormone (Testosteron), Hüften durch weibliche (Östrogen). Auch der raffinierteste Transvestit verrät sich, wenn nicht durch breite Schultern, dann durch einen Mangel an Hüften – und das selbst im Dunkeln oder bei dichtem Nebel.

Dass die weiblichen Hüften so auffällig sind, verdanken sie dem angehäuften Fett. Während der Pubertät werden die Mädchen doppelt so fett wie die Jungs; am Ende bestehen sie zu einem Viertel daraus. Aus diesem Grund ist Schwimmen auch eine der wenigen Sportarten, in denen Frauen wirklich gut sind. Die meisten setzen ihr Fett jedoch nicht dazu ein, um besser schwimmen zu können, sondern um einen Mann zu verführen. Dicke Brüste und runde Hüften geben zu erkennen, dass sie sich gut fortpflanzen können. Vor allem dem Wachstum ihrer Brüste widmen die weiblichen Teenager einen großen Teil ihrer Aufmerksamkeit. Kein Wunder, dass das Entsetzen groß ist, wenn sie merken, dass die eine Brust sich schneller entwickelt als die andere. Das sieht recht komisch aus, auch wenn man nicht erwarten kann, dass die Teenies diese Art von Humor mit einem teilen. Obwohl Fett im Übermaß die ganze Figur einer Frau verderben kann, hat es den Zweck, ihr zum gewünschten Sanduhrprofil zu verhelfen. Außerdem macht es das Gesicht weicher. Weil die Schädelknochen unterschiedlich schnell wachsen, wird das Gesicht, bei Jungs wie bei Mädchen, eckiger und spitzer, wenn auch bei den Mädchen nicht ganz so arg. Das Fett mildert die schärfsten Kanten ab.

In der Pubertät lassen sich die Geschlechter auch über das Gehör besser auseinander halten. Bei den Jungs wächst der Kehlkopf stärker als bei den Mädchen; das ergibt längere Stimmbänder und eine tiefere Stimme. Frauen mögen das, denn je tiefer eine Stimme, desto länger die Stimmbänder und desto größer und stärker vermutlich der dazugehörige Mann. Der größere Kehlkopf eines Mannes verrät sich durch den Adamsapfel. Das erklärt auch die Vorliebe der Transvestiten für Halstücher. An der tiefen Stimme stören sich jedoch die wenigsten. Männer mögen tiefe Stimmen bei Frauen genauso wie Frauen bei Männern. Dem Stimmenforscher Wim Daniëls zufolge liegt das daran, dass man tief, heiser und Frau allgemein mit sexueller Erregung assoziiert, was im Showbusiness von weiblichen Größen wie Greta Garbo, Zarah Leander und Eartha Kitt weidlich ausgenutzt wurde. In den Niederlanden haben wir die Moderatorin Tosca Hoogduin, deren Timbre ein Journalist beschrieb als »die Stimme mit der warmen Herzlichkeit einer Krankenschwester und der zurückhaltenden Erotik einer Stewardess, die sich nach männlicher Übermacht sehnt«.

Das Unangenehme an der Pubertät ist, dass man nie weiß, wie sie ausgeht. Eltern befürchten das Schlimmste, ganz zu schweigen vom betroffenen Teenager selbst. Wird aus ihm das hübsche Gebäckstück, das ins Konditoreischaufenster darf, oder das misslungene Teilchen, das der Bäcker sich in der Backstube selber in den Mund stopft? Die meisten Schüler sind wenig zuversichtlich. Die Hälfte der Mädchen halten sich für das hässlichste Mädchen der Klasse. Schön ist wahrlich anders: dieser unebenmäßig aufgeschossene Körper, an dem an den verrücktesten Stellen plötzlich Haare sprießen. Aus den Achselhöhlen wabern ungekannte Gerüche. Mit einem bisschen Glück wächst sich alles wieder aus, doch wenn man Pech hat, wird alles nur noch schlimmer. Erst freut man sich über den ersten kleinen BH und sieht dann die Körbchengrößen in beängstigendem Maße anwachsen. Jungs, die sich vom ersten Schrecken erholt haben, sind stolz auf ihre Erektionen – he, er funktioniert ja! Doch wenn sich ihr Organ schon beim geringsten Anlass regt, sind sie nicht mehr so gut darauf zu sprechen.

Und dann diese Pickel. Ausgerechnet jetzt, wo man sie am wenigsten brauchen kann. Pickel sind eben besonders absto-

ßend, wenn man besonders anziehend zu sein wünscht. Außerdem befinden sie sich auf dem größten und schönsten Geschlechtsorgan: der Haut. So hässlich Hodensäcke und Schamlippen sind, voller Knubbel und Falten, so verführerisch ist gesunde Haut: zum Küssen. Ein potentieller Partner, der die Augen nicht von einem lassen kann, beurteilt dabei auch die Glätte der Haut. Jeder kann an der Außenseite ablesen, ob das Drinnen darunter gesund ist und somit geeignet, ihm die eigenen Gene anzuvertrauen. Ein Mensch verkauft sich, nicht anders als ein Obstbauer seine Pfirsiche, durch die Qualität seiner Haut. Ein Junge mit Pickeln wird verschmäht wie ein fauler Apfel. Voller Verzweiflung richten die Teenager ihre Augen auf die Popstars an ihren Wänden. Popstars haben keine Pickel. Ist der Schöpfer ein Sadist? Sendet er einen Pickel genau dann auf einen herab, wenn man endlich allen Mut zusammengenommen hat, die hübsche Blondine anzusprechen? Hoffentlich nicht. Und trotzdem ist es kein Zufall, dass das fleischliche Verlangen und die eiternden Bläschen sich gleichzeitig regen. Sie reagieren auf dieselben Hormone.

*Pickelgesicht.*

Kinder haben keine Akne. Dafür sind sie zu jung. Pickel sind entzündete Talgdrüsen. Die haben Kinder zwar auch, nur funktionieren sie bei ihnen noch nicht, genauer gesagt nicht mehr, und zwar seit der Geburt. In der Gebärmutter scheiden diese Talgdrüsen vom dritten Monat an eine weiße Fettschicht ab, die *vernix caseosa,* die den ganzen Embryo überzieht und seine Haut gegen das Fruchtwasser schützt. Nach der Geburt sind die Talgdrüsen überflüssig und fallen in einen tiefen Schlaf, aus dem sie erst in der Pubertät wieder erwachen, und zwar auf den Weckruf der Geschlechtshormone hin. Die Talgproduktion wird auf einen Schlag um das Fünffache gesteigert. Talg ist ein Sekret; es dient dazu, die Haut geschmeidig und böse Bakterien in Schach zu halten, doch nach Meinung einiger Forscher und der meisten Teenager richten die Talgdrüsen mehr Schaden an als Nutzen. Unter dem Einfluss der Hormone produzieren sie derart viel Talg, dass die Drüsenöffnung sich verstopft. Es bildet sich ein

Pfropfen aus Talg und Schmutz, in dem sich Hautbakterien wie das *Propionibacterium acnes* regelrecht aalen, bis der Pfropfen sich entzündet und von selbst aufplatzt, sollte der Mitesser nicht schon vorher ausgedrückt worden sein.

Der Nutzen davon ist nur schwer einzusehen. Vielleicht sind die Talgdrüsen ähnlich rudimentäre Organe wie die Weisheitszähne oder der Steiß und haben ihre Funktion längst eingebüßt. Bei Tieren sorgen die verschiedenen Fettsäuren im Talg für den charakteristischen Duft, an dem sich die Artgenossen erkennen, doch sind charakteristische Körperdüfte das letzte, worauf ein moderner Teenager scharf ist. Unter seinen Achseln duftet es schon charakteristisch genug.

Die wichtigste Funktion der Pickel ist, dass sich auf sie problemlos alle Unsicherheiten der Pubertät projizieren lassen. Wäre man diese ekligen Dinge doch erst mal los! Aber wie? Kosmetika lassen die Mitesser nur noch stärker blühen. Ein

*Beim Menschen geschieht das Entpuppen in Gruppen.*

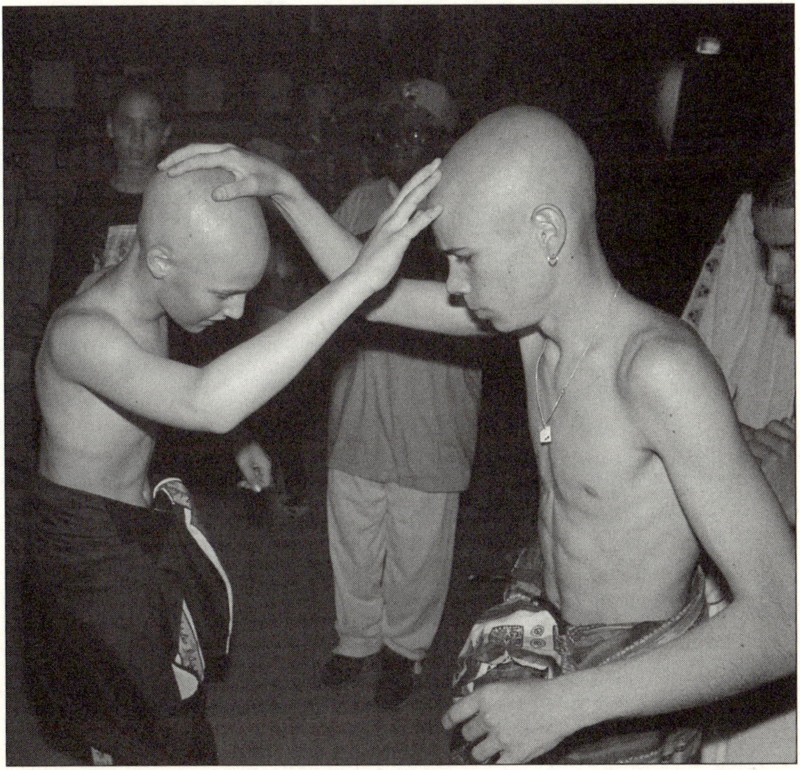

römischer Hofarzt empfahl im 4. Jahrhundert, zur Pickelbekämpfung das Gesicht mit einem Tuch abzudecken, sobald man einer Sternschnuppe ansichtig werde. Im 18. Jahrhundert schien Heirat das probate Gegenmittel zu sein – wer heiratet, masturbiert nicht, und wer nicht masturbiert, bekommt keine Pickel –, aber wer heiratet schon ein Pickelgesicht? Trotz aller Wundermittelchen wäre für Jungs die Kastration das einzige sichere Mittel gegen Pickel. Kastraten haben keine Pickel. Genau wie Popstars.

Wofür soll man sich als Teenager entscheiden? Clearasil oder Kastration? Da ist guter Rat teuer. Während Entschlusslosigkeit und Selbstmordneigung sich die Waage halten, kündigt sich eine Lösung an. Das Problem der Pubertät löst sich – wie der Winter und die Zugverspätungen auch – von selbst. Sie geht einfach vorbei. Ganz im Gegensatz zum Alter. Während das Alter unerbittlich auf den Tod hinausläuft, macht die Pubertät freiwillig dem Später-wenn-ich-groß-bin Platz. Falten werden immer mehr, Pickel immer weniger. Alles, was man braucht, ist ein Quentchen Geduld. Doch hier liegt der Hase im Pfeffer. Für einen Teenager dauert die Pubertät eine halbe Ewigkeit. Während der Pubertätsratgeber seinem jugendlichen Leser versichert, dass diese Phase vorübergeht und das Glück auf jeden wartet, dass die Pickel verschwinden und man später darüber lachen wird, fühlt dieser sich einsam und verlassen. Jaap Goedgebuure hat 1991 in der Einleitung zu seiner Anthologie *De eeuwige Puber* (Die ewige Pubertät) geschrieben:

> Fast jeder in diesem gesegneten Alter zwischen zwölf und sechzehn steht mit der Welt auf Kriegsfuß. Man glaubt, zu empfinden, was noch keiner empfunden hat, was man denkt, hat keiner je gedacht. Erwachsene verhalten sich, als wohnten sie auf einem anderen Planeten, und Altersgenossen hinken in ihrer Entwicklung, verglichen mit einem selber, Lichtjahre hinterher oder haben einen Vorsprung, den man selber nie mehr einholen wird. Niemand ist einsamer als ein pubertierender Teenager. Niemand ist mehr in sich versunken. Teenager erleben die Leere mit der Intensität eines meditierenden Geistlichen. Teenager haben ständig den Hörer neben dem Apparat liegen oder sind falsch verbunden.

Jedes Individuum muss durch die Pubertät wie jeder Schmetterling durch sein Puppenstadium; dass Schmetterlinge dieses Verpuppen und Entpuppen schon seit Jahrmillionen betreiben, nimmt der Metamorphose heute nichts von ihrer

Dramatik. Die Reste einer Larve sind in der Puppe eingesperrt mit ihrem ärgsten Feind auf engstem Raum: mit den Keimen eines Schmetterlings.

Anders als in anderen Lebensphasen fehlt in der Pubertät die Möglichkeit, sich selbst kennen zu lernen. Wer bin ich?, fragt sich der Teenager voller Verzweiflung. Es ist ein Elend, nicht zu wissen, wer man ist. Wie soll man dem Unbekannten entgegentreten? Zwischen Tür und Angel von Kindheit und Erwachsensein ist man für eine Weile niemand. Wer man heute ist, ist man morgen schon nicht mehr – ein Zustand, den man seinem ärgsten Feind nicht wünscht. Und dieser ärgste Feind, der ist man selber. Man stolpert nicht nur über die eigenen Füße, sondern vor allem über die eigenen Gedanken. Innerhalb eines Jahres sieht man die Welt plötzlich von einem Standpunkt aus, der zehn Zentimeter höher liegt als zuvor, und doch ist das nicht der wirkliche Grund dafür, warum plötzlich alles so anders aussieht. Geistig befindet man sich im gleichen Chaos wie eine Eisenbahngesellschaft nach der Privatisierung. Einfache Aufgaben wie das Erkennen von Gesichtern gelingen einem nicht mehr so gut. Selbst später, wenn alles vorbei ist, erinnert man sich an die Puber-

*Teenager, die in Erwartung des Erwachsenwerdens einen Joint rauchen.*

tät als an eine Zeit, von der man sich kaum noch ein schlüssiges Bild machen kann.

Und doch sollte gerade so eine Phase einem zu neuen Einsichten über sich verhelfen. Zur Einsicht beispielsweise, dass man in erster Linie ein biologisches Wesen ist und durch seine Art genauso determiniert wie der Gartenrotschwanz aus dem Vogelführer. So wenig sich ein Vogel der Pflicht entziehen kann, eine bestimmte Anzahl von Eiern zu legen, so wie es der Führer ihm vorschreibt, kann ein Mensch sich der verwirrenden und beschämenden Lebensphase der Pubertät entziehen. Wie soll aus dem Kind sonst ein Mensch werden? Es bleibt einem nichts anderes übrig, als es zu akzeptieren. Das kann sehr trostreich sein. Wem das Beispiel des älteren Bruders oder der älteren Schwester nicht hilft, sich mit der unvermeidbaren Pubertät abzufinden, sollte in die nächste Zoohandlung gehen und sich eine kleine Büchse mit Mehlwürmern kaufen. Mehlwürmerzüchten ist die einfachste Art der Viehzucht und der Haltung von Gartenkresse auf der Fensterbank als Vorbereitung zu den höheren Sphären der Gärtnerei vergleichbar. Man beobachte also, wie der Mehlwurm sich zum Mehlkäfer verwandelt, beobachte, welche Metamorphose er durchläuft, beobachte, wie der Mehlwurm Selbstmord verübt, um den Käfer in sich wahr werden zu lassen.

Nach dem Straßenverkehr ist Selbstmord die häufigste Todesursache bei Teenagern. Dass er nicht an erster Stelle steht, liegt an der Entschlusslosigkeit, die diese Lebensphase kennzeichnet. Bei Selbstmord denkt jeder sofort an soziale Härtefälle: allein erziehende Mütter, die selber noch erzogen werden müssen, gestrandete Delphine oder Lemminge, die sich von den Klippen stürzen. In Wahrheit ist der Selbstmord eine vernünftige Angelegenheit, solange er auf Zellniveau stattfindet. In jeder Lebensstunde zelebrieren Millionen unserer Körperzellen einen Massenselbstmord. Allerdings nicht aus Verzweiflung, sondern um Platz für neue Zellen zu schaffen. Auch in einer Stadt kann nur gebaut werden, wenn vorher etwas abgerissen wurde.

Ein Mensch steht in seinem Leben zwar tausend Todesängste aus, aber er stirbt nur zweimal. Das zweite Mal ist es einfacher, denn dann hat man es endgültig hinter sich. Das erste Mal geschieht es, wenn das Kind in einem stirbt, und einen schlimmeren Tod als einen Kindertod gibt es nicht. Wie ist das, wenn das Kind in einem stirbt? Es ist schwierig, sich in die Gefühlswelt eines Teenagers zu versetzen. Dabei ist jeder von uns selbst einmal einer gewesen. Aber es ist wie mit der Geburt, man hat es vergessen. Das muss eine enorme Umgewöhnung erfordert haben, dieser Umzug vom warmen Mutterkörper in die kalte Außenwelt, aus dem Wasser in die Luft, die Nabelschnur durchtrennt, die Lungenatmung im letzten Augenblick aktiviert. Die meisten Menschen haben mit der Geburt das größte Ereignis ihres Lebens auch schon hinter sich.

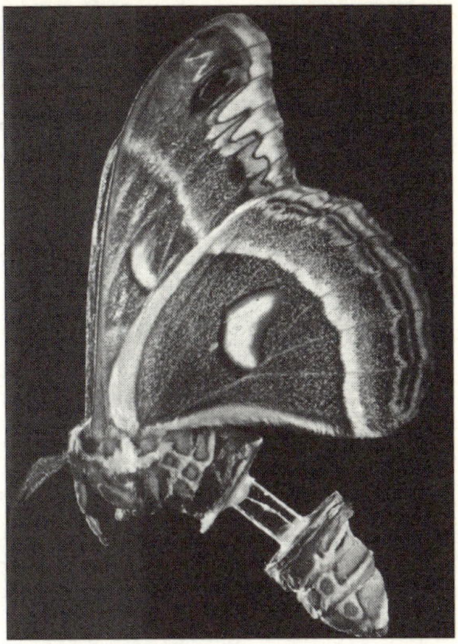

*Die Puppe eines Cecropiaschmetterlings wurde in zwei Hälften geschnitten. Sie blieben durch einige dünne Gewebestränge, die in einem Plastikröhrchen verliefen, miteinander verbunden. Beide Hälften durchliefen eine Metamorphose, doch der erste Flug wurde zur Katastrophe: Die Verbindung riss, der Schmetterling stürzte ab und starb.*

Wie empfindet man eine derart einschneidende Veränderung? Gar nicht, jedenfalls nicht in diesem Maße. Dass man sich verändert, merkt man erst daran, dass die Welt um einen herum sich verändert, so wie man bei einer Zugfahrt den Eindruck hat, dass nicht man selber an der Landschaft, sondern die Landschaft an einem vorbeiflitzt. Man fühlt sich nicht älter werden, höchstens etwas müder. Was man aber merkt, ist, dass der eigene Vater sich verändert, dass aus dem Helden von einst ein alter Sack geworden ist und aus dem heimatlichen Hafen Mutter ein Kaffeewärmer, Schulfreunde haben sich in Konkurrenten verwandelt, und statt mehr Zukunft kriegt man nur mehr Vergangenheit. Die einzigen, von denen man Verständnis erwartet, sind die Schicksalsgenossen. In der Pubertät werden innige Freundschaften geschlossen in der heiligen Überzeugung, dass dem Rest der Welt nicht zu vertrauen ist. Wie die Überlebenden eines Atomangriffs drängelt man sich aneinander im Glauben, dass da draußen noch lange Unheil drohen wird. Langeweile stellt sich ein. Nichts und niemand, kein zum Tode Verurteilter und kein Laternenpfahl langweilt sich intensiver als ein Teenager. Wie ein Kartoffelsack hängt er in der Schulbank, miesepetrig fährt er mit seinen Eltern zum letzten Mal in Urlaub. An Reizbarkeit fehlt es dem Teenager nicht, an den passenden Reizen dafür um so mehr. Für Sex ist der noch unreife Körper noch nicht empfänglich, kindischen Spielen fühlt er sich entwachsen.

Wie schlägt man als Teenager die Zeit tot? In westlichen Ländern beschäftigen Teenager den Geist mit Musik und den Körper mit Tanzen oder aber einer perversen Abart davon, dem Sport. Popmusik ist bestens geeignet für das, was die Pädagogin Wilhelmina Bladergroen, die Nestorin der niederländischen Kinderpsychologie, als »das Phänomen des

Schwärmens« beschreibt, Sport dagegen ist etwas, bei dem ein Teenager sich so richtig verausgaben kann. Jugendgruppenleiter, aber auch Generäle haben seit Jahr und Tag ihre Freude daran, wie ein angenommener »Energieüberschuss« durch Sport in die richtigen Bahnen gelenkt werden kann. Allerdings ist fraglich, ob der Weg, die Pubertät mit Hilfe des Sports hinter sich zu bringen, auch für Mädchen ideal ist. Denn Sport fanatisch betrieben – und Teenager neigen sehr dazu, fanatisch zu sein –, verlängert die weibliche Pubertät.

Um Neues schaffen zu können, muss man vom Chaos ausgehen. Chaos, so hieß der Zustand der Welt vor der Schöpfung. Was geschaffen wurde, war weniger Materie als Ordnung. So chaotisch einem Körper und Geist eines Teenagers während der Pubertät auch vorkommen, so ordentlich verläuft der Prozess tatsächlich. Das geht auch gar nicht anders, denn Anfang und Ende liegen schließlich fest. Was als Kakophonie erscheint, folgt einer strengen Orchestrierung. Für den Teenager, der sich mittendrin befindet – und für seine Eltern nicht minder –, mag das Ganze der komplette Wahnsinn sein, aber dieser Wahnsinn hat Methode.

Was bringt ein Kind zu dem Entschluss, sein sorgloses Dasein gegen die Pubertät einzutauschen? Wann findet eine Raupe, dass sie genug gefressen hat, um endlich ans Fliegen zu denken? Der erste Anstoß stammt nicht von den Hormonen. Eine Raupe muss sich verpuppen, wenn der Baum, der sie nährt, seine Blätter zu verlieren droht oder das Wetter sich ändert. Ein Mensch dagegen pubertiert schlicht aufgrund seines Wachstums. Hat der Körper ein bestimmtes Ausmaß erreicht, öffnet sich der Hormonhahn, und die Pubertät nimmt streng nach Drehbuch ihren Lauf. Bei Insekten kommt das Neue ganz von selber in Gang, dann, wenn das Alte versiegt. Ein Insekt bleibt eine Larve, solange es mit dem Jugendhormon voll gepumpt wird, das ein paar Drüsen direkt hinter dem Gehirn absondern, die *corpora allata*. Das hält die imaginalen Knospen in Schach. Versiegt die Produktion dieses Jugendhormons, ist das Schicksal der Larve besiegelt, und sie kann sich nur noch verpuppen.

Experimentell ist der Beweis einfach zu erbringen. Verabreicht man einer Larve konstant das Jugendhormon, wird sie nie erwachsen. Dieses Experiment wird täglich in großem Maßstab durchgeführt, und zwar in der Landwirtschaft. Zahlreiche Pestizide bestehen aus nichts anderem als Hormonen, welche dafür sorgen, dass die Insekten ihr ganzes Leben auf dem Spielplatz verbringen und sich von Discos fern halten. Im Labor häuten sich die Larven unter stetiger Gabe des Jugendhormons so lange, bis aus ihnen Riesenlarven geworden sind. Enthält man ihnen dagegen das Hormon vor, verwandeln sie sich in Minierwachsene. Ob Männchen oder Weibchen, darüber entscheidet bei Insekten der Mangel an spezifischen Hormonen, beim Menschen dagegen eine Extradosis. Auf Befehl der Hirnanhangdrüse, der Hypophyse, produzieren die Hoden Hormone, die nicht nur den Körper, sondern die Hoden selbst zur Hormonproduktion stimulieren und so Körper und Geist gewissermaßen unter Drogen setzen. Und allmählich denkt der Geist Dinge, die zu denken ihm bisher vollkommen unwichtig erschien.

Entscheidend ist das Timing. Im Tierreich sind es äußere Reize wie die Länge der Tage, der Stand des Mondes oder die Höhe der Flut, die dafür sorgen, dass alle Larven synchron erwachsen werden. Auf diese Weise wird weder eine einzige Sekunde noch eine einzige Samenzelle verschwendet. Bei sich geschlechtlich fortpflanzenden Pflanzen reifen Spermatozoiden und Eizellen gleichzeitig, sodass ein reifes Pollenkorn auf fruchtbaren Boden fällt. Aber das ist nicht immer so. Bei den Rohrkolben (*Typha*) – das sind die Teichzigarren, die man sich als Kind in den Mund steckte – reifen Männchen und Weibchen nacheinander. Das eine Geschlecht sitzt am Stengel über dem anderen, deutlich zu unterscheiden wie zwei Zigarren an einem Stiel. Würden sie gleichzeitig reifen, würde die Pflanze sich selber befruchten; das aber ist biologisch gesehen unerwünscht, da die Grundeigenschaft der Sexualität gerade darin besteht, die Eigenschaften zweier verschiedener Individuen miteinander zu vermischen. Das ist logisch. Schwieriger zu begreifen ist allerdings, warum beim Menschen die verschiedenen Geschlechter zu verschiedenen Zeiten reifen.

Mädchen sind früher reif als Jungs. Ihr Schamhaar sprießt durchschnittlich neun Monate früher, und in der geistigen Entwicklung haben sie einen Vorsprung von bis zu zwei Jahren. Während Jan und Volker noch keinen Gedanken an ihr erstes Brusthaar verschwenden, schwellen bei Carla und Anna-Eva schon die Brüstchen. Mädchenträume von blonden Prinzen lassen sich nur schlecht vereinbaren mit Jungenträumen von roten Mofas – ein einzigartiger Fall schlechten Timings. Anderswo in der Natur ist das besser geregelt. Keine einzige rollige Katze und auch keine läufige Hündin hat je auf das Heranwachsen des männlichen Partners warten müssen.

Nur Carla und Anna-Eva befinden sich für eine Weile in dieser Verlegenheit. Wohin jetzt nur mit den erwachenden

*Mädchen sind früher reif als Jungs.*

Gefühlen? Zwei Jahre warten, bis Jan und Volker endlich Nintendo und Skateboard satt haben? Das ist wohl ein bisschen viel verlangt. Ältere Jungs kennen sie nicht, denn die gehen in höhere Klassen und halten eine Zwölfjährige für ein Baby. Pop-Idole machen das Leid der Pubertierenden etwas erträglicher, wenn auch nicht sehr. Aber es gibt eine Lösung. So herzlos Mutter Natur bei der Entwicklung von Männern und Frauen eine zeitliche Kluft von zwei Jahren zwischen die Geschlechter schlug, so gnädig hat sie diese wieder geschlossen. Mit dem Pferd. Mit Manegen voller Pferde. Zwölfjährige Mädchen sitzen die Zeit, bis die Pickel ihrer Schulfreunde endlich erblühen, auf dem Rücken ihrer Pferde aus. Hier finden sie

Trost. Zu Hause werden die Poster von Robbie Williams und Eros Ramazotti überklebt mit den Postern der neuen Konkurrenz: Blazing Saddle, Archibald II und Silverstreak. Nicht in der Waldpflege, sondern im Teenagertrost liegt die Zukunft des Pferdes. Liebevoll striegeln die Carlas und Anne-Evas auf der ganzen Welt ihre Rösser und lassen ihre vierbeinigen Geliebten beschlagen, bis sie alt genug sind, um einem männlichen Exemplar ihrer eigenen Art die Socken waschen zu dürfen.

»Willst du mein Pferd sein?«, fragt Anne-Eva eines Tages unschuldig den Jungen mit dem hübschen Haar. Der will durchaus. »Das Pferd heißt Leo«, sagt sie, »nach meinem Klassenlehrer.« Zu ihrem Erstaunen sagt sie es tatsächlich; und zum ersten Mal seit drei Jahren ist sie nicht mehr stolz darauf. Das Pferd kennt das mittlerweile, und es ist ihm egal. Es ist eine Stute.

Das Ende der Pubertät kommt so allmählich, wie sie begonnen hat. Und trotzdem plötzlich. Mädchen entdecken plötzlich die Jungs. Jungs entdecken plötzlich den Playboy. Und Eltern haben auf einmal einen Mann oder eine Frau zusätzlich im Haus. Jetzt muss es nur noch der Rest der Welt erfahren. Man könnte Geburtskarten verschicken, doch die meisten Völker besitzen ein anderes Mittel der Verkündigung: die Ini-

*Ponys sind früher reif als Mädchen.*

*Rembrandt:* **Die Beschneidung Jesu.**

tiation. Die Auswahl ist groß. Ein Stapel *National Geographics* erfüllt einen mit Dank, nicht Mitglied eines dieser fremdländischen Völker zu sein, die noch an ihren alten Gebräuchen festhalten. In den meisten Fällen ist es nämlich nicht nur mit der Ankündigung getan, dass man von jetzt an zu den Erwachsenen zählt, man muss es auch noch beweisen. Das kann beispielsweise dadurch geschehen, dass man sich die Vorderzähne ausschlägt, Wochen allein im Urwald verbringt oder sich Löcher in diverse Körperteile bohren lässt.

Da der Übergang eindeutig etwas mit Sexualität zu tun hat, bieten sich die Geschlechtsorgane geradezu an. Sowohl Jungs als auch Mädchen werden beschnitten. Bei Mädchen werden die Schamlippen ganz oder teilweise entfernt, bei Jungs die Vorhaut. Das Land mit den meisten Beschneidungen sind aber erstaunlicherweise die USA. Hier legen sich Millionen Jungs jährlich unters Messer, mit der Folge, dass zwei Drittel aller amerikanischen Männer keine Vorhaut besitzen. Doch nicht das finden die fremden Völker so befremdlich, sondern die Tatsache, dass die Beschneidung gleich nach der Geburt erfolgt, meist im Krankenhaus und ganz routinemäßig, etwa so wie in der Krankenhausküche den Bohnen die Spitzen abgezwickt werden. Bei den meisten Beschneidungsvölkern dagegen wird ein Mordstheater um den Akt veranstaltet, und es geht nicht ohne Gesang, Tanz und vor allem Schmerzen ab. Das alles tut man, um erwachsen zu werden. Denn es gehört sich einfach nicht, ohne Hauen und Stechen ganz unauffällig aus der Puppenhaut zu kriechen.

Die Rituale, die in der zivilisierten Welt den Übergang vom Kind zum Menschen markieren, sind zwar weniger ausschweifend, aber nicht unbedingt weniger blutig. Manche können sogar tödlich sein wie etwa die Wehrpflicht. Einige Sitten und Gebräuche ziehen andere nach sich, wie in den Niederlanden das Ritual der Abitursfeiern die Zeremonien bei der Aufnahme in die Studentenbünde. Ich selber habe einfach meinen Namen geändert. Wenn einen etwas zum Kind stempelt, dann ist das der Name, den man bei der Geburt zugewiesen bekommt. Um den Übergang zu einer neuen Existenz zu markieren, nannte ich mich von meinem 17. Lebensjahr an Midas, wusste allerdings nicht, dass in Amerika eine bekannte Auspuffmarke so heißt. Ein Beispiel mehr für die Unbeholfenheit von Teenagern. Aber es hätte schlimmer kommen können, ich hätte ja auch auf Abrazzo verfallen können.

Wenn endlich alle Rituale und Zeremonien erledigt sind, bricht unter den jungen Leuten das Balzen und Paaren aus. Randvoll mit Hormonen wie sie sind, scheucht die einzig wahre Libido sie in die Disco, von der Disco ins Bett und vom Bett schließlich zum Wohnungsmakler, wo man sich nach einem Reihenhäuschen mit Vorgarten erkundigt. Endlich wieder Vater und Mutter spielen. Genauso ein Sack werden wie Papa und so eine Trutschel wie Mama. Und tolle Teenager machen.

Im Garten des Reihenhäuschens zwängt ein Schmetterling sich aus der Puppenhaut und – es ist ein Nachtfalter – aus dem Kokon. Das letzte Stück des Hinterleibs aus der Beklemmung der Pubertät zu befreien ist die reine Tortur. Das letzte Andenken an seine Jugend lässt er mit einem tüchtigen Tropfen Puppenscheiße fallen. Er fühlt, wie sich seine Flügel versteifen. Noch ein paar Schläge zur Probe und er steigt auf, endlich erwachsen, und flattert hinein ins Licht der Gartenlampe von Ikea.

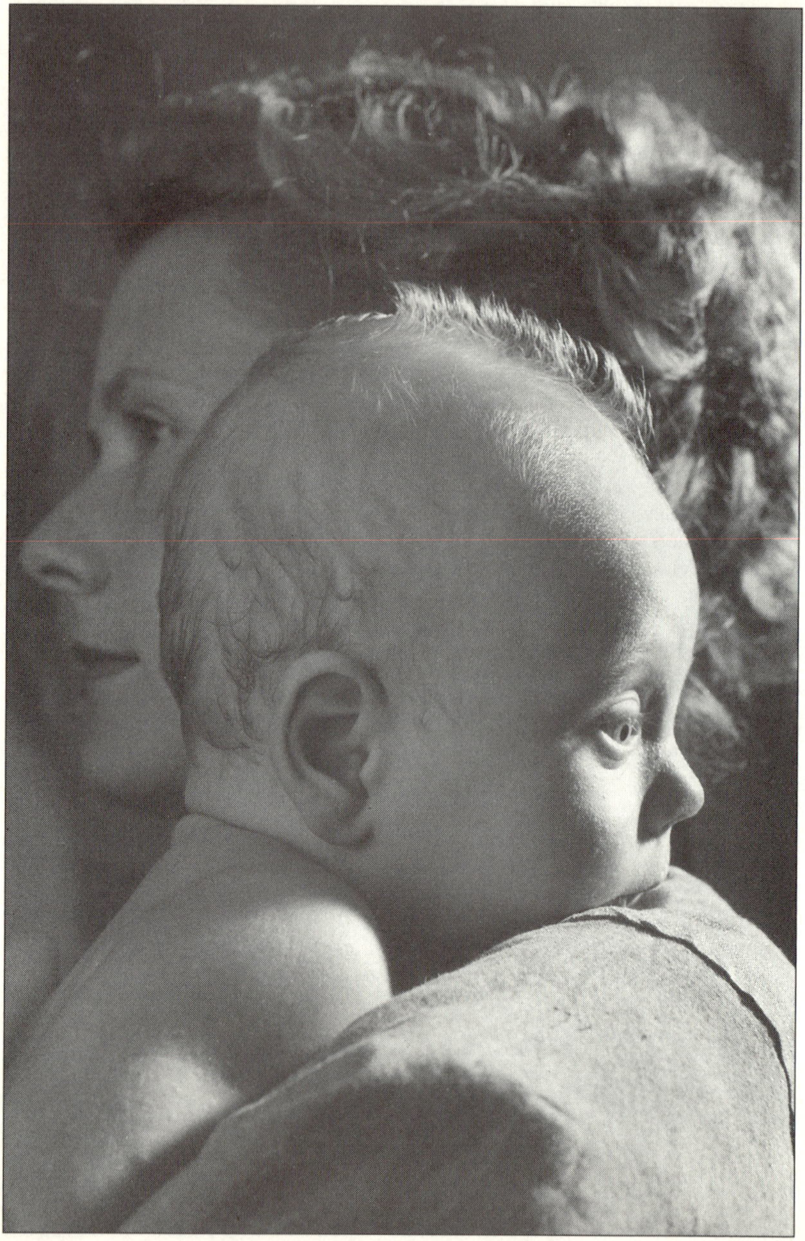

# 8
# Die Generationenkluft

Geschichte war bei uns zu Hause noch eine übersichtliche Angelegenheit. Es gab zwei Zeitalter: vor dem Krieg und nach dem Krieg. Vor dem Krieg war alles besser, es gab noch richtige Autos, und die Männer waren galant. Und alle lebten noch. Nach dem Krieg war der Wurm drin. In den Häusern, den Preisen, der Schokolade und den Kindern natürlich. Dass wir unsere Teller nicht leer aßen, kam daher, weil wir den Krieg nicht miterlebt hatten. Wir Kinder waren Nachkriegspfusch. Die zwei Zeitalter hatten zwei Generationen hervorgebracht. Und die von nach dem Krieg war die eindeutig schlechtere.

Gegen Ende der fünfziger und Anfang der sechziger Jahre flackerte der Generationenkonflikt so richtig auf. Eine wunderbare Zeit. Nie wieder war die Welt so übersichtlich. Es gab zwei Parteien: die alten Leute und die jungen, die von vor dem Krieg und die von danach, die Erwachsenen und die Larven. Man brauchte sich nicht für eine Partei zu entscheiden, das Alter bestimmte, ob man ein alter Sack war oder ein junger. Von einem alten Sack wurde erwartet, dass er reaktionär war, alles wieder aufbauen wollte und die jungen Säcke verabscheute, die nur die Revolution predigten, bis zwölf in den Betten lagen und dauernd diese Musik hörten, die die alten Säcke auf die Palme trieb, wodurch die Generationenkluft schön tief blieb. Niemand hat diesen Konflikt besser dokumentiert als Peter van Straaten mit seinem Zeitungscomic Vader & Zoon (Vater und Sohn). Der Rest der Welt begnügte sich mit diversen Fernsehserien.

*Vader & Zoon* wurde 1987 eingestellt. Van Straaten war der Meinung, der Konflikt sei ausgetragen. Doch wo ist die Kluft der Generationen dann geblieben? Versiegt im Geldstrom des Sozialstaates? Von den Müttern wegretuschiert, die so schlank sein wollen wie ihre Töchter? Oder wurde sie gar überbrückt? Wohl kaum. Dafür wurden Klüfte nicht geschaffen. Klüfte wurden geschaffen, um Berge zu gebären. Landschaft ist eine wunderbare Metapher für das Leben, denn jede Landschaft, und sei sie noch so lieblich hügelig, wird geprägt

*»Worüber soll ich mich denn heute ärgern?«*

*»Ich hab's! Über die heutige Jugend!«*

von Diskontinuität. So wie in der geologischen Geschichte Erosionen und Glättungen immer wieder durchbrochen wurden, weil sich neue Gebirge türmten und neue tiefe Schluchten klafften, so wütet der Streit zwischen den Generationen seit Jahrhunderten, ja Millionen von Jahren. Es gab ihn noch bevor es den Menschen gab, und es wird ihn auch noch geben, nachdem der letzte Mensch längst an seinem Hochmut erstickt ist. Ein vor und ein nach dem Krieg gibt es weder für die Konflikte zwischen den Generationen, noch zwischen Mann und Frau, denn zwischen den Generationen und Geschlechtern herrscht Dauerkrieg. Es ist ein Kampf ohne Sieger und ohne Friedensschluss. Und sind die Kinder endlich aus dem Haus, bringt der Friede kein Glück. Denn Glück, ja, da ist etwas von vor dem Krieg.

Das Bild mag noch so friedlich scheinen: eine Mutter hinter dem Kinderwagen im Park, der erste sonnige Frühlingstag, die Vögel voller Drang zum Nestbau. Und dennoch verfolgen die Parteien vor und hinter dem Bügel des Kinderwagens ganz unterschiedliche Interessen. Äußerlich scheinen Mutter und Kind vom selben Fleisch und Blut zu sein, doch in Wirklichkeit haben sie nur die Hälfte der Gene gemeinsam. Der Biologe Robert Trivers, selber ein Kind des großen Generationenkonflikts, wies schon in den siebziger Jahren darauf hin, dass die Interessen von Mutter und Kind nur zur Hälfte übereinstimmen und zur anderen Hälfte differieren. Zu dem Zeitpunkt, an dem Mutter und Kind mit dem Kinderwagen unterwegs sind, hat der Kampf längst begonnen. Ist die Befruchtung der Eizelle aus dem Blickwinkel der Frau eine Liebestat, ist sie vom Baby aus betrachtet so etwas wie eine Kriegserklärung.

Während ein Kind bis in die sechziger Jahre hinein für eine Art Müllschlucker gehalten wurde, der nur mit mütterlicher Liebe angefüllt zu werden brauchte, bis daraus ein Mensch wurde, sind die Kinder von heute eher etwas wie ein riesiger

Staubsauger. Wenn die Mutter sich noch nicht wirklich handfest um das Kind kümmern kann, in ihrem Bauch also, hat das wachsende Leben schon alles selbst in die Hand genommen. Mit seinen Hormonen kontrolliert es ihren Körper – die reinste chemische Kriegsführung. Innerhalb einer Woche nistet sich der blutjunge Embryo in der Gebärmutter ein, und zwar auf eine Weise, die stark an die Bildung eines Magengeschwürs erinnert. Mit Hilfe eines Enzyms greift er die Gebärmutterwand an und setzt seine Gemeinheit so lange fort, bis sich ein Loch gebildet hat, in das er hineinpasst. Dort fängt der Wurm dann an zu wuchern. Während er sich in das Gewebe seiner Mutter hineinfrisst, zapft er mehr und mehr ihrer Blutgefäße an, um sie auszusaugen.

*»Ja, Papa, ist die nicht furchtbar… Ich könnte mich auch den ganzen Tag drüber aufregen.«*

*»Um Gottes willen… er holt mich ein.«*

Es gibt Säugetiere, die begnügen sich mit den Säften, die die Gebärmutter ausscheidet, Halbaffen zum Beispiel. Menschen geben sich damit nicht zufrieden. Aus dem Menschenembryo schießen kleine Tentakel in die Mutter hinein, um sich an ihrem Blutstrom zu laben. Es sieht nur so aus, als unterstütze die Mutter das Kind aktiv beim Wachsen, doch in Wirklichkeit hat sie gar nichts zu melden. Das Kind bringt die Blutgefäße der Mutter zum Anschwellen, sodass die Mutter, wie David Haig erklärt, »den Strom der Nahrungsstoffe zum Mutterkuchen nicht steuern kann, ohne ihr eigenes Gewebe auszuhungern«. Der Embryo dreht an den Hähnen der Blutzufuhr, bestellt die von Embryonen so heiß geliebten eingelegten Gurken und versetzt die Mutter in den Wahn, dass ihre Hoffnung gut ist. Doch nicht die Mutter gibt, sondern das Kind nimmt. In ihrem Bauch befindet sich ein Parasit.

In dem Maße wie der saugende Ausbeuter wächst, werden die Schäden, die er verursacht, immer gravierender. Irgendwann ist er so groß, dass seine Wirtin sich nur noch im Watschelgang vorwärts bewegen kann. Ein paar Wochen länger in ihrem Bauch, und es wäre ihr sicherer Tod. Dennoch würde das Kind am liebsten noch eine Weile dort bleiben. Es ist noch lange nicht fertig für die Welt da draußen. Hier hat man den Generationenkonflikt in nuce. Er endet in einem Kompromiss, der beiden Parteien die größte Überlebenschance einräumt. Doch auch außerhalb des Bauchs geht das Aussaugen dann munter weiter, jetzt allerdings mit Hilfe von stark konzentriertem Blut: mit Milch. So fließt das Leben vom einen in den anderen. Um die Milchquelle zu ködern, lacht der Wicht. Wenn das nicht hilft, kreischt er los. Vorwurfsvoll blickt das Kind die Mutter an und plärrt. Mutter gibt nach. Ach, warum hat sie nicht einen kleinen Schimpansen auf die Welt gebracht oder einen Pavian? Ein Menschenbaby ist das einzige Primatenbaby, das richtig heult und beim Stillen die Mutter anschauen kann. Mutter hat sich ihren eigenen Boß geboren.

Man kriegt das Kind nicht, sondern das Kind kriegt einen. Es verdonnert die Mutter zu Diensten: Putzfrau, Köchin und, wenn es krank ist, Krankenschwester. Das Kind ist ein trojanisches Pferd, das man sich unter rauschhaftem Empfang von Glückwünschen als Liebesbeute ins Haus holt, bis einem dann der Schreck in die Glieder fährt, wenn man sich klar wird, dass es sich hier nicht um einen vorübergehenden Besuch handelt. Dieser Besuch setzt sich fest. Das Einzige, was ein Kind nicht kann, ist, einen entlassen. Fast zwanzig Jahre lang wird das Kind außer ein Quell des Glücks und der Liebe auch einer von Kummer und Sorgen sein. Ein Kind kostet alle Kraft – und viele Stangen Geld.

Früher gab es Läden, in denen alles nur einen Viertelgulden, also 25 Cent kostete. Als Kind habe ich mir dort ab und zu ein Zauber-Ei gekauft. Wenn man dieses Ei ins Wasser legte, schlüpfte nach einer Weile ein ganzer Garten voll grellbunter Blumen. Das gefiel mir sehr. Heute gibt es kaum noch etwas für zwanzig Cent zu kaufen, bis auf eine Sache: ein Ei. Der größte Zaubertrick der Welt, ein wunderschönes glattes Ding, aus dem ein echter Vogel schlüpfen kann, der wieder ein so schönes glattes Ding hervorbringt – und das alles für ein paar Cent! Ganz so teuer ist das Leben also doch nicht.

Ein Ei kostet uns also fast nichts. Doch was kostet es den Vogel, der es legt? Er muss viel investieren, denn das Ei bringt ein Zehntel seines eigenen Gewichts auf die Waage. Ist es gelegt, muss es bebrütet werden, und wenn die Jungen geschlüpft sind, beginnt für den Vogel, frei wie er angeblich ist, das ganze Theater erst so richtig: all das Fressen, das herbeigeschafft werden muss. Einen Vogel, der ungefähr vier Eier im Jahr legt, kostet jedes einzelne Ei gut und gerne ein Zehntel seines Jahreseinkommens. Während ein Mensch für ein Ei nicht mal ein tausendstel Prozent seines Jahreseinkommens hinlegen muss, kommt für den Vogel sein Ei rund zehntausendmal teuerer zu stehen. Viele Vögel überlegen es sich deshalb gut, bevor sie sich ans Legen machen. In Jahren mit wenig Nahrung, wenn ihr Einkommen also gewissermaßen niedrig ist, sind ihre Gelege kleiner als sonst.

***Dein Kind schwimmt in deinem Geld.***

Anderer Leute Kinder sind uns billig, aber die eigenen sind uns so teuer wie den anderen Leuten die übrigen. Auch unsere Kinder kosten uns an die zehn Prozent unseres Jahreseinkommens. Pro Stück. Ein durchschnittliches Kinderpaar hat bei Ablieferung auf dem Heiratsmarkt ein Viertel bis eine halbe Million Euro gekostet. Nicht die Frau, sondern das Kind ist des Mannes Rippe. Die meisten Menschen kratzen sich wenigstens mal kurz am Kopf, bevor sie ein paar Hunderttausend Euro ausgeben. Doch die Anschaffung eines Kindes ist für viele lediglich eine Frage von ein paar verschwommenen Minuten bei Kerzenlicht, einem Glas Wein in Griffweite und, wenn man noch nicht mit dem Rauchen aufgehört hat, einer Zigarette danach. Außerdem ist Zeit Geld. Die ganze Zeit, die man den Kindern opfert, könnte man in seine Karriere stecken. Oder in andere Kinder. Eltern haben noch andere Sorgen. Kinder nicht. Ein Kind will versorgt werden, auch wenn das auf Kosten der restlichen Familie geht. Seine Aufgabe scheint darin zu bestehen, den Eltern auf die Nerven zu gehen. Ein Kind, das seine Eltern in Ruhe die Zeitung lesen lässt, versteht sein Metier nicht.

Was für die Mutter gilt, gilt auch für die Geschwister: Auch mit ihnen hat man nur die Hälfte der Gene gemeinsam. Immer wieder stoßen die verschiedenen Interessen aufeinander, was zu heftigem Bruderzwist führen kann. Denn mit sich selber hat man immerhin 100 Prozent der Gene gemeinsam, und die gehen unbedingt vor. Und Bruderzwist kann auch zu Brudermord führen. Die Welt war kaum erschaffen, da erschlug Kain den Abel; nicht viel später setzte sich in der Bibel das Recht des Erstgeborenen auf recht brutale Weise durch. Dennoch finden Gemetzel innerhalb einer Familie nur im Tierreich statt. Tiere haben auch mehr davon. Im Gegensatz zum Menschen, der auch die saftigste Leiche auf dem Schlachtfeld liegen lässt, verzehren Tiere ihre Artgenossen. Hechte leben während ihrer Kindheit und Jugend vor allem von Hecht. Die älteren Jungen fressen die jüngeren Jungen und diese die Allerjüngsten. Das scheint eine recht uneffiziente Art der Fortpflanzung zu sein, und doch gibt es Hechte genug. Die Sieger wachsen extrem schnell, denn von nichts wächst ein Hecht besser als von Hecht: In diesem Fleisch befinden sich genau die richtigen Eiweiße und Vitamine, und das auch in der idealen Zusammensetzung. Außerdem profitieren große Hechte auf diese Weise von den Fliegenlarven, die nur die ganz kleinen verdrücken. Und es ist noch immer besser, die eigene Familie wird von der eigenen Art aufgefressen anstatt von einer fremden. So bleibt alles hübsch in der Familie.

Das Erste, was eine schlüpfende Kaulquappe zu Gesicht bekommt, ist höchstwahrscheinlich eine andere Kaulquappe, Brüder oder Schwesterchen vielleicht – was die Kaulquappe aber nicht daran hindert zuzuschnappen. Geschwistermord hilft dem kleinen Schlächter so rasch wie möglich über sein gefährliches Larvenstadium hinweg, und je eher er mit dem Morden beginnt, desto größer sind seine Überlebenschancen. Aus der Eikapsel der Gottesanbeterin – die als Kannibalin berüchtigt ist – schlüpfen ungefähr hundert kleine Larven, die einen derartigen Hunger aufeinander haben, dass im Nu nur noch eine einzige, dafür aber auch recht fette Gottesanbeterinnenlarve übrig ist. Manche Haie können nicht einmal warten, bis sie geboren werden. Ein Haiembryo frisst schon in Mamas Bauch seine Geschwister auf, sodass er als wohlgenährtes Einzelkind auf die Welt kommt.

Ein Nest voller Eulen erinnert einen an ältere Fotos von Großfamilien, nicht weil die Jungen so zahlreich wären – es sind vier oder fünf, mehr nicht –, sondern weil sie in der Größe ansteigen wie die Orgelpfeifen. Eine Eule legt ihre Eier nicht auf einmal, sondern im Abstand von mehreren Tagen.

*Schleiereulenküken* (Tyto alba) *wie die Orgelpfeifen.*

Da sie aber mit dem ersten Ei sofort zu brüten beginnt, sind ihre Jungen unterschiedlich alt. Beim Füttern ergattert sich das kräftigste Küken deshalb auch das meiste Fressen, für das zweite bleibt weniger übrig, und die Nesthäkchen müssen sich mit dem Rest begnügen. Gibt es keine Reste, stirbt der Benjamin, zum großen Vergnügen der Geschwisterchen, die endlich mal was zum Nachtisch kriegen.

Bei Raubvögeln, Möwen und Störchen kommt Ähnliches vor. Vater und Mutter unternehmen nichts dagegen. Bei den Seeottern (*Enhydra lutris*) klauen die Väter den Jungen das Fressen, das die Mutter gesammelt hat. Unter Umständen nehmen sie sogar ein Junges als Geisel. Das alles widerspricht der menschlichen Moral, die den Schutz der Schwachen gegen die Starken vertritt, und ebenso auch unserer Christenpflicht, die es erfordert, gerade die verirrten und verlorenen Schafe zu lieben, und doch ist das für den Fortbestand der Art nicht unbedingt ein Nachteil. In Zeiten des Mangels ist es besser, es überleben einige, als dass alle sterben. Diese Methode leuchtet vor allem auch beim Hören des von unserem seligen Komiker Drs. P. besungenen Totenritts (*Troika hier, Troika da*) ein, (Eingeholt haben uns die Wölfe, hungrige sind's, deren zwölfe). Die von Wölfen bedrohten Eltern entschließen sich auf der gefährlichen Fahrt durch die sibirischen Wälder, den hungrigen Bestien ab und an ein Kind zum Fraß vorzuwerfen (»Und Sonja dann? – Nee, Sonja nicht – sie hat so schöne blaue Augen./ Weshalb der kleine Pjotr muss dran glauben!«). Es ist ihre einzige Chance, Omsk lebend zu erreichen.

Oder soll man als Elternteil selber aus der Troika springen, um die Kinder zu retten? Das würde besser der landläufigen Vorstellung entsprechen, nach der eine Mutter stets ein sich selbst aufopferndes Wesen ist, das nach dem Vorbild von Mutter Natur das Wohl ihrer Kinder über das eigene stellt.

***Das Symbol für die Aufopferung der Mutter ist der Pelikan, der seine Jungen mit dem Blut aus der eigenen Brust zum Leben erweckt.***

> Und wird den (Tier)müttern auch der Magen aufgerissen, und ist ihr ganzes Elend vom Nachwuchs verschuldet, ihre Liebe lässt ihr Leiden vollkommen vergessen. Sie denken nicht an sich selbst, ihr eigenes Wohl kümmert sie nicht. Wie die Tiere wird auch eine Frau von diesem Instinkt beherrscht (Jean-Emmanuel Gilibert, Arzt, 1770).

Natürlich gibt es in der Natur Mütter, die sich für ihre Brut aufopfern. Vor allem Bärinnen scheinen sehr kurz angebunden zu sein, wenn sie Junge haben. Es gibt sogar Tiere, die sich von ihren Jungen auffressen lassen, wie die australische Spinne *Diaea ergandros*. Die mästet sich, nachdem sie normale Eier gelegt hat, mit großen unbefruchteten Eiern fett und lässt sich dann von ihren unersättlichen Rackern allmählich aufsaugen, zuerst die Beine, dann die Eier, die sich wie ihr ganzer Körper verflüssigen.

Diese Art Selbstaufopferung ist typisch für Mütter, die sich nur ein einziges Mal in ihrem Leben fortpflanzen. Für andere Mütter kann es von Vorteil sein, an ihr eigenes Wohl zu denken: Sie fressen ihre Kinder. Millionen Menschen auf der ganzen Welt haben solche Rabenmütter zu Hause, der Gemütlichkeit wegen mitten auf dem Wohnzimmertisch prunkend, in einer mit Wasser gefüllten Glaskugel: Guppys (*Poecilia reticulata*). Wie bei zahlreichen Haien ermöglicht ein komplizierter physiologischer Mechanismus es auch den Guppys, die kleinen Larven bereits im Mutterleib schlüpfen zu lassen. Dort sind sie noch eine Weile vor der Außenwelt sicher. Doch irgendwann müssen sie in die Welt hinaus. Die Mutter katapultiert die Minifischchen aus ihrem Leib und dreht sich augenblicklich um, um die selbst produzierten Wunder gleich aufzufressen. Der Erdbeerfrosch (*Dendrobates pumilio*) frisst seine Kaulquappen zwar nicht, füttert seine Brut aber mit Kaulquappeneiern. Ein- bis zweimal die Woche stattet die Fröschin den Jungen einen Besuch ab und hinterlässt ein kleines Gelege. Die Kleinen wissen genau, wie sie ihre Mutter durch eine Art Balztanz dazu bringen können, Eier für sie zu legen.

Beim Cortez-Riffbarsch (*Stegastes rectifraenum*) sorgt das Männchen für die Brut, doch das Weibchen zahlt dafür einen hohen Preis, denn das Männchen frisst während des Babysittens rund 5 Prozent der Eier auf. Biologen haben dafür allerlei Erklärungen ersonnen, doch höchstwahrscheinlich treibt ihn einfach der Hunger dazu. Ähnlich verhält es sich bei den Mehlkäfern, die sich bei Nahrungsmangel ohne Skrupel an ihren Larven und Puppen vergreifen, was umso gemeiner ist, da diese sich nicht verteidigen können. Etwas mehr Verständnis bringt man für die Wespe (*Polistes versicolor*) auf, die ihre eigenen Larven frisst, wenn Raubkäfer über ihr Nest herfallen. Genetisch betrachtet, müssen die Larven sogar froh sein, wenn sie nicht von fremden Käfern, sondern von ihrer Mutter gefressen werden; denn auf diese Weise erhöhen sie die Chance der Mutter, beim nächsten Mal ihre Gene weitergeben zu können, wenn auch erst im Körper ihrer Halbgeschwister.

Eine Mutter, die ihre Kinder auffrisst, ist so etwas wie ein Hund, der sich in den Schwanz beißt, ein Schriftsteller, der sein eigenes Buch verbrennt oder ein Bürger, der um Steuererhöhung ersucht, kurz: verkehrte Welt. Die eigenen Nachkommen als Notration, das ist ein merkwürdiger Grund, Kinder zu bekommen. Aber gibt es einen anderen? Früher wurde diese Frage kaum gestellt. Kinder zu bekommen war eine Selbstverständlichkeit. Heutzutage aber wird es geradezu von uns verlangt, weil es ohne Kinder später nicht mehr genügend junge Menschen gibt, um die alten zu versorgen. Statt der Furcht vor der Überbevölkerung geht nun die vor der Vergreisung um. Die Alten müssen mit Jungen verdünnt werden, dann hat man vielleicht weniger Probleme mit ihnen. Doch auf diese Weise löst man den Altenüberschuss nicht. Durch einen extra Schwung an Jungen wächst die Bevölkerung; also muss gleich wieder ein zweiter Schwung Junge geboren werden, um den ersten Schwung im Alter versorgen zu können, und so weiter, bis der Sozialstaat einmal um die ganze Erde herum ist.

Es gibt nur einen einzigen guten Grund, Kinder zu bekommen, und das ist die Fortpflanzung. Sich fortzupflanzen ist schlecht für einen selber, aber gut für die Art. Arten, die sich nicht fortpflanzen, verschwinden in der Versenkung – man hört nichts mehr von ihnen. Das ist der indirekte Beweis dafür, dass unsere Species, von der man doch eine ganze Menge hört, über eine große Neigung zur Fortpflanzung verfügt. Aber das sieht nur so aus. Nicht einmal die Evolution kriegt so etwas hin. Fortpflanzen ist auf Dauer gefährlich, Gebären

*Früher war nur eine große Familie eine gute Familie.*

kann tödlich sein. Jede Sorge, die man seinem Nachwuchs angedeihen lässt, geht auf das Konto der eigenen Vernachlässigung. Um uns zur Fortpflanzung zu bewegen, wählt die Evolution einen Umweg: Sie verteilt ihre Prämien, nicht aufs Gebären, sondern auf die Paarung. So lange es einer Art schleierhaft bleibt, dass aus der Lust des Paarens die Last des Gebärens erwächst, braucht sich die Evolution über diese Art keine Sorgen zu machen. Und bis auf eine einzige Ausnahme ist ihr das auch gelungen. Getrieben von Paarungslust führen sich die Tiere zuweilen tatsächlich so auf, als hätten sie nichts anderes im Sinn als den Fortbestand der Art. Einzig der Mensch ist klüger – und auch dümmer. Mit einem Rattenschwanz von Kindern rackert er sich ab wie keine andere Species auf der Welt.

Tiere sind mittelständische Kleinbetriebe. Richtige Arbeitstiere. Sie werden nie wissen, was Überfluss ist. Es ist nie genug für alle da. Hier ein Gramm mehr, da ein Pfund weniger, so kratzen sie ihr Auskommen zusammen. Das ganze Leben lang plagen sie sich ab, in der Hoffnung, eines der Kinder werde eines Tages das Geschäft übernehmen und es besser haben. Sich fortpflanzen ist eine Möglichkeit, der nächsten Generation die Hoffnungen aufzuhalsen, die man selber nie erfüllen konnte. Evolution ist eine Familienangelegenheit: Die Familie lebt für das Geschäft, um vom Geschäft zu leben. Aber eine Goldgrube wird es nie. Je mehr Kinder man aufzieht, desto größer ist die Chance, dass eines davon später den Laden weiterführt. Zu viele aber dürfen es auch wieder nicht sein, weil sonst die Belastung zu hoch wird, und das Geschäft bankrott geht, bevor man es weitergeben kann. Wie viele Kinder also sollte man am besten haben? Was wäre klug? Klug wäre es, in den Traditionsgeschäften nachzufragen. Das sind Geschäfte, die seit zwei, drei Jahrhunderten florieren, während die meisten Betriebe nicht einmal das fünfzigste Jubiläum schaffen. Nur in der Natur findet man Geschäfte, die so gut wie seit Ewigkeiten existieren. Die meisten Arten gibt es seit rund einer Million Jahren. Die Kakerlake dagegen bringt es auf fast 200 Millionen Jahre und hat sich in dieser Zeit auch kaum verändert. Genau besehen, ist die ganze Natur ein einziger multinationaler Konzern, der sich seit drei Milliarden Jahren auf dem Markt hält. Ohne Unterbrechung. Sie als Mensch stammen, wie ich auch, direkt vom ersten Wirbeltier ab, welches wiederum in direkter Linie mit der ersten lebenden Zelle verwandt ist. So manches Personal wurde entlassen, die Abteilungen werden permanent renoviert, doch die Pleite hat noch nie gedroht. Ein Geschäftsmann, der wissen will, was vernünftig ist, sollte die Natur zurate ziehen.

Und, was sagt die Natur? Wie viele Kinder sind notwendig, um sich fortzupflanzen? Die Antwort erinnert an die Lektionen eines weisen Rabbis oder Zenmeisters. Die Antwort lautet: egal. Es ist egal, wofür man sich entscheidet. Hauptsache, man entscheidet sich. Auch hier tritt das Prinzip der Alternativstrategie in Kraft: Es ist gut, viele Kinder zu haben, aber wenige zu haben ist auch gut. Ob man sich sehr gut um nur wenige Kinder kümmert oder schlecht um sehr viele, ist egal, wenn am Ende wenigstens eines übrig bleibt, das sich fortpflanzt. Als Erster stellte dies 1962 R.H. MacArthur klar, der drei Jahre später dann in Princeton eine Professur für Biologie erhielt.

Menschen tun so, als wäre es normal, zwanzig Jahre lang zwei bis fünf Kinder auszubrüten. In Wirklichkeit ist das eine extrem lange Zeit für extrem wenige Kinder. Es gibt nicht viele Tierarten, die für so wenig derart viel Sorgfalt aufwenden. Aber es funktioniert, und dafür gibt es momentan sechs Milliarden Beweise. Das Kümmern setzt schon lange vor der Paarung ein. Die weibliche Keimzelle wird wie ein kostbares Kleinod im Innern des weiblichen Körpers bewahrt. Für einen Mann ist es nicht einfach, in diese Festung einzudringen. Ausführliche Rituale und längere Rangeleien sind erforderlich, damit in einer Wolke aus Parfum und Schweiß ein spezielles Organ in die Frau gesteckt werden kann, um den Samen so nahe wie möglich an die Eizelle zu bringen. Das muss deshalb so umständlich vor sich gehen, damit der Samen unterwegs nicht austrocknet. Meerestiere brauchen sich darüber nicht den Kopf zu zerbrechen. Die meisten spritzen ihren Samen einfach ins Wasser. Die Chance, dass dieser dort auf eine Eizelle der gleichen Art trifft, ist zwar minimal, doch was macht das schon, wenn die Menge der Samen jedes Mal mehrere Millionen Einzelzellen umfasst und das Weibchen mit der Anzahl seiner Eizellen dem männlichen Samen in nichts nachsteht. Während ein weiblicher Kabeljau manchmal immerhin zehn Millionen Eizellen mit sich herumschleppt, bringt es die Achatschnecke (*Achatina achatina*) im Laufe eines Lebens auf eine Milliarde Eier. Auf eine Samenzelle mehr oder weniger kommt es dabei nicht an. Das Meer ist denn auch so etwas wie ein riesiges Becken voll verdünntem Sperma. Aber lassen Sie sich dadurch nicht die Ferien verderben.

Um die Chance auf eine Begegnung der Keimzellen zu vergrößern, versuchen manche Meerestierarten, ihren Ausstoß von männlichen und weiblichen Samenzellen zu synchronisieren, und zwar mit Hilfe von Sonnen- oder Mondphasen. Ansonsten aber wird dieses kostbare Gut seinem Schicksal überlassen. Mütter von Muscheln oder Kabeljau sind richtige Rabenmütter. Man kann auch ruhigen Gewissens eine Rabenmutter sein, wenn man für einen riesigen Überschuss an Eiern sorgt. Ein Achatschneckenmädchen muss schließlich nicht zu den Reitstunden oder zum Ballettunterricht. Mit demselben Recht können Achatschneckenmädcheneltern uns für Rabeneltern halten, weil wir so unverantwortlich wenig Nachkommen produzieren.

Zu den Landtieren mit viel Nachwuchs und wenig Pflege zählen Heuschrecken, Lemminge und Wasserflöhe. Diese Tierarten haben herzlich wenig miteinander gemeinsam. Der Verwandtschaftsgrad ist also nicht entscheidend, denn innerhalb einzelner Tiergruppen finden die verschiedensten Fortpflanzungsstrategien Anwendung. So gibt es beispielsweise Frösche, die ihre ellenlangen Laichgirlanden dem Schicksal überlassen, während andere für ihre Brut sorgen wie ein Vogel. Es gibt sogar einen Frosch, *Rheobatrachus silus*, der seine Jungen im eigenen Magen ausbrütet. Aber im allgemeinen wird die Entscheidung zwischen Quantität und Qualität aufgrund örtlicher Gegebenheiten getroffen, genauer gesagt, aufgrund wechselhafter örtlicher Gegebenheiten. In einer

*Bei so vielen Eiern wird wenigstens ein neuer Grasfrosch* **(Rana temporaria)** *das Erwachsenenalter erreichen.*

Wüste, wo es nur einmal im Jahr regnet, ist es ratsam, riesige Mengen von Nachkömmlingen in petto zu haben, um die kurzlebigen Oasen so schnell wie möglich zu bevölkern und von deren Aufblühen zu profitieren. Auf einem Korallenriff oder im tropischen Regenwald, wo Klima und Umgebung beständiger sind, hat es keinen Sinn, den Markt mit Kindern zu überschwemmen. So ziemlich jede Daseinsweise wird hier bereits genutzt, und eine Chance hat nur, wessen Jungen auf einen harten Konkurrenzkampf vorbereitet sind. Doch die Qualitätslieferanten und die der Massenproduzenten haben einer vom anderen so wenig zu befürchten wie Rolls-Royce von Volkswagen. Man kann sich gegenseitig nicht aus dem Markt drängen, wenn jeder einen anderen Markt bedient.

Und Märkte gibt es eine ganze Menge. Zwischen den extremen Anhängern von Qualitätsware wie Elefant und Mensch und ausgesprochenen Discountverkäufern wie dem Kabeljau existieren Zwischenformen. Zu ihnen gehören Maus und Kaninchen. Bei Säugetieren lässt sich die artgerechte Strategie meist am Äußeren der Weibchen ablesen. Ein Säugetierweibchen besitzt in der Regel ein oder zwei Zitzen mehr als es Junge wirft. Der Einling ist deshalb beim Menschen normal, von Natur aus fällt eine Zwillingsgeburt auf hundert Geburten. Das ist ein Relikt aus der Zeit, als unsere Vorfahren noch als Affen in den Bäumen lebten. Mit mehr als zwei Kindern im Bauch würde eine Frau früher oder später vom Baum fallen.

So wenig man ein kleiner Elefant oder eine große Maus sein

sollte, so wenig sollte man es sich einfallen lassen, schlecht für wenige oder gut für viele Jungen zu sorgen. Schlecht für wenige Jungen zu sorgen, führt zu schlechten Ergebnissen, gut für viele zu sorgen ist physisch eine Unmöglichkeit. *Les extrêmes se touchent.* Sowohl bei den Discount-Fortpflanzern wie bei den Maßarbeitern spricht vieles dafür, die Jungen unvollkommen wie eine Larve auf die Welt zu bringen. Eine Muschel müsste schon verrückt sein, wollte sie Millionen bis ins Detail perfekte Minimuscheln abliefern, wenn diese sowieso gleich en gros draufgehen. Die Muschel vertraut nicht der guten Fertigung, sondern der Statistik. Umgekehrt gebiert so manche Mutter ihre Kinder gerade deshalb unvollkommen, weil auf diese Weise noch Zeit bleibt, mit viel Pflege und Hege etwas ganz Prachtvolles daraus werden zu lassen. Eine so gute Mutter wie das Känguru, das seinem Jungen noch viele Monate nach dem Abstillen Zuflucht im Beutel gewährt, kann dieses ruhigen Herzens als stecknadelkopfgroße Unförmigkeit zur Welt bringen. Perfekte Raubtiere wie Katzen werden blind und hilflos geboren.

Und Menschlein? Kein einziges Tier hat eine so lange Kindheit und wird derart intensiv umhegt wie der Mensch. Je mehr die unbeholfene Larve menschliche Formen annimmt, desto weniger kümmert sich die Mutter darum. Aber selbst in einem Alter, in dem sogar ein Elefant endlich selbständig ist, wird ein Menschenjunges noch immer klein gehalten. Ich kann mich gut daran erinnern. Doch die schönste Kindheitserinnerung in dieser Hinsicht stammt nicht von mir, sondern von Martin Schouten, der sie in einem Jubiläumsbuch des Radio- und Fernsehsenders VARA erzählte.

»In den fünfziger Jahren«, so erinnert sich Schouten, »hatten alle Menschen eine solche Angst vor der Atombombe, dass ich was drum gegeben hätte, so ein Ding zu besitzen.« Das ist eine Erinnerung, auf die man eifersüchtig sein kann. Selten wurde das Gefühl der kindlichen Ohnmacht besser zum Ausdruck gebracht: Eine Atombombe! Genau das, was ein Kind braucht. Klein-Schouten brachte sein Anliegen in einer Kindersendung des VARA-Senders vor, die »Fragen erwünscht« hieß. Darin fühlte der Dirigent des Kinderchors *Roodborstjes* (Rotkehlchen) sich dazu berufen, naturwissenschaftliche Fragen für Kinder zu beantworten. Wochenlang musste Klein-Schouten auf die Antwort warten: »Also, lieber Martin, du willst also wissen, wie man eine Atombombe baut. Das ist sehr schwierig, Martin...«

So wurde man als Kind immer abgespeist. Solche Ohnmachtsgefühle, die hatte man außer bei den Onkeln mit den nassen Küssen nur noch in den weichen Armen der Mutter und während der Schrecknisse der Pubertät. Angeregt von meinen Comics und Jules Verne, träumte ich pausenlos von tödlichen Strahlen, abgerichteten Taranteln und anderen Racheinstrumenten, ohne dass es mir Erleichterung brachte. Los, ab ins Bett! Nicht einmal die Atombombe bot also einen Ausweg. Zu schwierig. Nichts für Kinderhände. Streng du dich erst mal in der Schule an.

Ein Kind weiß nur wenig über die Welt der Erwachsenen, aber das trifft auch umgekehrt zu. Die Erinnerung trügt und setzt übrigens gar zu gern eine rosafarbene Brille auf, die außerdem noch mit Vaseline verschmiert ist. Das Fotoalbum ist ähnlich barmherzig. Es gibt wesentlich mehr Fotos von Weihnachten oder Geburtstagspartys als von angsterfüllten Nächten, widerlichen Löffeln Lebertran oder Tellern voll klumpigem Brei. Warum sollte man schlechte Erinnerungen auch bewahren? In die Kindheit zurück kann man ja doch nicht mehr. Um das richtig begreifen zu können, hilft ein Gedankenexperiment. Stellen Sie sich vor, Sie dürften entscheiden, in welche Richtung ihr Leben weiter verlaufen soll: vorwärts oder rückwärts. Im ersten Fall würde alles so bleiben, wie es ist. Sie werden immer älter, mit dem Alter kommen die Gebrechen, man vereinsamt mehr oder weniger, wird vielleicht dement und stirbt. Nichts Besonderes also. Gewöhnen Sie sich ruhig schon mal daran, es bleibt Ihnen auch nichts anderes übrig – außer in diesem Gedankenexperiment. Probeweise dürfen Sie das Rad zurückdrehen. Sie tauschen also in Gedanken Ihre heutige Stellung gegen Ihren ersten Job ein, durchlaufen endlose Folgen von Prüfungen, empfinden erneut die Peinlichkeiten des ersten Mals, erleben die Hölle der Pubertät, schrumpfen zum Grundschüler, basteln im Kindergarten, kriegen die letzte schmutzige Windel als erste wieder umgelegt, werden in die Wiege gelegt und von dort in die Gebärmutter, wo Sie sich zur Eizelle zusammenballen, nur um dann am Ende auch so etwas wie tot zu sein. Ich weiß, wofür ich mich entscheiden würde. Für nichts in der Welt würde ich noch einmal freiwillig das Tal der Pickel durchschreiten, mich der Tyrannei der elterlichen Macht unterwerfen, der Untersuchungshaft der Schule, dem Pflichtsport, der Klaustrophobie der Gebärmutter – das ist ein Schicksal, schlimmer als der Tod, ein Ende ohne Erinnerungen.

Ich habe mich immer gewundert, woher diese extreme Lust an der Macht kommt. Mit Hilfe einer kleinen Bibliothek über die Evolutionslehre, etwas Phantasie und einer Portion

Stimmungsmacherei kann ein Biologe heutzutage das Spektrum des menschlichen Verhaltens durchaus erklären. Die Machtgier von Diktatoren aber, die lieber ihr Volk ausrotten als die Macht zu verlieren, Multimillionäre, die nachts wegen einer unfreundlichen Börse nicht schlafen können, und Aufsichtsratmitglieder, die unbedingt Aufsichtsratvorsitzender werden wollen, sind mir lange Zeit ein Rätsel geblieben. Bis ich mich dann an die Ohnmacht jenes Kindes erinnerte, das sich eine Atombombe wünschte. Auf der Schule hat der Lehrer das Sagen, zu Hause herrscht das elterliche Regiment. Ein Bett ist für ein Kind etwas, in das es viel zu früh hinein muss, ein Teller etwas, das unbedingt leer gegessen werden muss, das Fernsehen etwas, das man erst einschalten darf, nachdem man mit den Hausaufgaben fertig ist. Wer keine Macht hat, hat auch keine Rechte. Bei der Verfassung der Allgemeinen Erklärung der Menschenrechte dachte niemand an die Kinder. Zwar existiert seit 1989 ein Vertrag für die Rechte des Kindes, aber ein Recht auf Meinungsfreiheit ist darin nicht verbrieft. Das Alter – oder vielmehr der Mangel daran – ist im Gegensatz zu Rasse oder Glaube ein ausreichender Grund, das Kind benachteiligen und es zu mindestens zwölf Jahren Gefängnis in Klassenzimmern verurteilen zu dürfen. Ein Kind ist kein Mensch wie jeder andere. Es gibt zwar ein Jugendstrafgesetz, aber das gibt es auch nur deshalb, weil viele der Menschenrechte für Kinder nicht gelten.

Kinder kommen nicht so schnell ins Gefängnis. Nicht etwa, weil sie so unschuldig sind – wenn man nicht auf sie aufpasst, stecken sie seelenruhig das Elternhaus in Brand oder exekutieren den Hund mit einem elektrischen Schlag –, sondern weil man sie für unzurechnungsfähig hält. Ein Psychiater wird selten um ein Gutachten gebeten, ein Blick auf das Geburtsdatum genügt. Kinder sind zu jung, um Auto zu fahren, im Casino zu spielen, einen Porno zu drehen, zu wählen, zu rauchen, Kaninchen zu erschießen oder auf den Strich zu gehen. Wir brauchen das, die Kinder nicht. Wenn Kinder doch einmal ein Unglück verursachen, dann sind die Erwachsenen dafür verantwortlich. Allein schon dadurch, dass man sie für unzurechnungsfähig erklärt, wird der Mythos vom unschuldigen Kind aufrecht erhalten. So wird per Gesetz definiert, was jeder denkt und nur wenige auszusprechen wagen: Ein Kind ist verrückt. Meschugge. Ballaballa. Irre. Kurzum: Kindisch. Einem Kind gegenüber verhält man sich am adäquatesten, wenn man so tut, als hätte es nicht alle Tassen im Schrank.

So macht es ein Kind mit Ihnen ja auch. Und zwar zu

*Kinder kommen nicht so schnell ins Gefängnis.*

Recht. Es kann beim besten Willen nicht begreifen, was Mama und Papa da im Bett machen, weshalb Papa wie ein Rohrspatz fluchend über der Steuer sitzt, warum Mama so viel trinkt, und was an der Oper so schön sein soll. Während der Rest der Welt immer sinnvoller zu werden beginnt, wird das Unverständnis des Kindes gegenüber den eigenen Eltern zunehmend größer und kulminiert schließlich während der Pubertät, wenn jedes Kind mehr oder weniger davon überzeugt ist, dass seine Eltern verrückt sind, und sich fragt, ob es nicht besser sei, die Polizei anzurufen, um sie einsperren zu lassen. Aber die Gesetzbücher sind nicht von Kindern verfasst, und Elternschaft ist nicht strafbar.

Die Tatsache, dass Kinder keine Rechte haben, lässt einen an die Tiere denken. Hat die Hundehaltung vieles gemeinsam mit dem Kinderhaben, so hat die Kinderhaltung wiederum viel vom Hundehaben. Liebe kostet Macht. Das ist nicht fair, meint das Kind und schwört einen heiligen Eid: Wartet nur, bis ich groß bin! Gott sei Dank vergessen die meisten Menschen, wenn sie dann wirklich groß sind, dass sie jemals Kind gewesen sind. Aber es gibt auch welche, die ihren Eid einlösen. Sie greifen nach der Macht, wann immer sie ihrer habhaft werden können, und krallen sich daran fest wie Gipfelstürmer, die den Abstieg vergessen. Je größer die Macht, desto größer die Angst des Machthabers, sie wieder zu verlieren. Wachleute, Zäune und Maschinenpistolen sind nötig, um ihn gegen Terroristen zu schützen. Ich selber habe vor denen keine sonderliche Angst. Meine liebste Angstvorstellung ist die des schlauen Kerlchens in der Dachkammer, das im Besitz eines Chemiebaukastens und eines Computers ist und keine Lust hat, darauf zu warten, bis es endlich groß ist. So schwierig ist eine Bombe nun auch wieder nicht. Das sollten wir nicht vergessen, und ihre Explosion wäre nur die gerechte Strafe dafür, dass wir Erwachsenen die Existenz der Kinder so leicht vergessen oder leugnen. Denn auch wenn die Kluft nicht sehr breit ist, herrscht doch meist so dichter Nebel, dass man die andere Seite kaum erkennen kann, nicht die der eigenen Art und nicht die anderer Arten. Nehmen wir doch mal die Katze: Sie ist das Wundertier, das Mäuse fängt und Menschen um den Finger wickelt. Bei dem Wort »Katze« denkt jeder sofort an einen halben Meter Streichelfläche auf vier Pfoten, an zwei leuchtende Mandelaugen, die einen durchdringend ansehen. Nur selten drängt sich als erstes Bild ein neugeborenes Kätzchen auf, ein Häufchen Hilflosigkeit mit geschlossenen Augen. Wir wissen zwar, dass auch dieses Würmchen eine Katze ist, wir lieben es sogar, aber es kommt uns nicht wirklich in den Sinn (so wenig übrigens wie beim Anblick einer befruchteten Katzeneizelle unter dem Mikroskop) auszurufen: »Ach, schau mal, was für ein hübsches Kätzchen!« Bei dem Wort »Wolfshund« denkt kaum einer an einen Welpen, und bei »Schmetterling« keiner an eine Raupe. Wer einen Schmetterlingsstrauch in den Garten pflanzt, weil er sich an schönen Sommertagen am Geflatter erfreuen will, realisiert zu spät, dass Schmetterlinge aus gartenverzehrenden Raupen schlüpfen. Zum Glück ist der Schmetterlingsstrauch eine Ausnahme: Die Schmetterlinge sind verrückt auf ihn, doch die meisten Raupen lassen ihn links liegen. Raupen werden erst dann richtig wahrgenommen, wenn sie durch Schaden die allgemeine Aufmerksamkeit auf sich ziehen. Doch dann wissen wir meist nicht, welcher Schmetterling dazugehört. Wer weiß schon, wer oder was aus einem Holzwurm oder einem Mehlwurm schlüpft?

Auch bei unserer eigenen Art wird das Bild durch die erwachsene Form bestimmt. Denn was ist der Mensch? Ein Mensch ist jemand auf zwei Beinen, der den ganzen Freitagnachmittag »schönes Wochenende!« quakt, ausrastet, wenn er entlassen wird und stolz auf sein Auto ist. Jemand, der seinen Mund aufmachen darf, wenn große Menschen reden. Auf Nachfrage hin leugnen wir natürlich nicht, dass ein Kleinkind auch ein Mensch ist und dass Sie selber ein Mensch waren vom ersten Foto in Ihrem Album an – Sie waren schließlich schon damals aus demselben Fleisch und Blut wie jetzt. Doch in der Form liegt etwas Befremdliches, etwas, das einen davor zurückschrecken lässt, darin augenblicklich einen Artgenossen zu erkennen, geschweige denn, ihn so zu behandeln. »Kinders«, nannte Eric de Kuypers Mutter ihren Nachwuchs. »Das war nicht immer angenehm«, erinnert sich der Schriftsteller, »es konnte sehr erniedrigend klingen. Eigentlich wollten die Erwachsenen damit zum Ausdruck bringen, dass wir ›die anderen‹ waren.« Die eigene Familie ist nicht automatisch Deinesgleichen. Zu wissen, dass die Affen unsere nächsten Familienangehörigen sind, ist eine Sache, sie zum nächsten Familienfest einzuladen, ist eine ganz andere. Die Gitterstäbe im Zoo bleiben also vorläufig erhalten, die Zäune um die Schulhöfe übrigens auch.

Hans Christian Andersen hat in seinem Märchen *Das hässliche junge Entlein* diese Blindheit der anderen Generation gegenüber eindringlich geschildert. Das Entlein war so hässlich, dass selbst der Hund des Jägers es nicht beißen wollte. Verstoßen von seinen Brüderchen und Schwesterchen, von der Mutter buchstäblich verwünscht (»Wenn du nur weit fort wärst!«), sah es eines Abends, als die Sonne schön unterging, einen ganzen Schwarm herrlichster großer Vögel am Himmel fliegen, so schöne hatte es noch nie zuvor gesehen.

> Sie stiegen auf, so hoch, und dem hässlichen jungen Entlein wurde es seltsam zumute; es drehte sich im Wasser wie ein Rad rund herum, reckte den Hals hoch in die Luft nach ihnen aus und stieß einen so lauten und sonderbaren Schrei aus, dass es sich selbst davor fürchtete. Es wusste nicht, wie die Vögel hießen, auch nicht, wohin sie flogen, aber doch war es ihnen gut, wie es nie jemandem gewesen.

Ein bitterkalter Winter ging vorbei, und aus dem Entlein wurde ein Schwan. Und jeder konnte hören, dass er der schönste aller Vögel war, woraus Andersen die bemerkenswerte biologische Moral ableitete, dass es nicht schaden könne, »in einem Entenhofe geboren zu sein, wenn man nur in einem Schwanenei gelegen hat«. Man ist nicht, was man ist, sondern man ist, was man wird.

Während wir aus unserer Perspektive das Kind leicht übersehen, betrachtet das Kind die Welt unter einem anderen Blickwinkel. Würde ich zu einem Kongress über Kinder eingeladen und müsste mir etwas Interaktives einfallen lassen, dann ließe ich die Teilnehmer erst einmal allesamt auf dem Fußboden herumkriechen. Mit den Augen unmittelbar in Wiesenhöhe sieht man die Welt endlich einmal wie ein Kind. Vielleicht sitzen die Kinder deshalb so gern auf Papas Schultern. Unterm Tisch sieht die Welt ganz anders aus als drüber. Für einen Erwachsenen bedeutet ein Tischtuch Dekor oder Schutz vor Verschmutzung, für das Kind unter dem Tisch dagegen ist es, um Wilhelmina Bladergroen zu zitieren, ein nachgiebiges »Etwas«, das man hin- und herschaukeln lassen kann, woran man zupfen und woran man sich hochziehen kann. »Und da ist's auch schon passiert: Es wird dunkel, es klirrt und kracht, wütende Stimmen, womöglich eine Kopfnuß... Das Kind versteht nicht, welche Katastrophe es verursacht hat.« Über dem Tisch existiert für ein Kind nichts – das ist dumm. Doch für den Erwachsenen gibt es das Darunter nicht – und das ist noch dümmer.

Wenn das Kind dann läuft, wird die Welt schon um einiges menschlicher, doch noch lange nicht in dem Maß wie unsere. Zunächst kennt ein Kind beispielsweise noch kein »hinter sich«. Wir wissen auch nicht, ob es begreift, dass es gerade geht, wenn es geht. »Wir können uns die Erlebniswelt eines Kindes nicht mehr vorstellen«, erklärt Bladergroen, »denn wir sind keine Kinder mehr, unsere Erinnerungen daran sind verblasst. Unsere Wahrnehmung hat sich verändert und mit ihr unser Weltbild. Die Kluft zwischen Kind und Erwachsenem wird dadurch deutlich und mahnt uns zur Vorsicht.«

Vielleicht haben Sie ja noch Kleider aus Ihrer Kleinkinderzeit. Legen Sie doch mal eines der Röckchen oder eine der kleinen Hosen auf Ihren jetzigen Rock oder Hose. Seien Sie gerührt und froh, dass Ihre Kleider in den ganzen Jahren so präzise mit Ihnen mitgewachsen sind. Aber damit hat es sich auch schon. Dem Rest der Welt ist es schnurzegal, ob Sie größer geworden sind oder nicht. Häuser, Bäume und Straßen sind in der Regel so groß geblieben wie sie waren, und deshalb ist jeder, der das Haus, in dem er aufgewachsen ist, später wieder sieht, unweigerlich enttäuscht. Der Saal, in dem man als Prinz oder Cowboy so viele Abenteuer erlebt hat, ist nur ein kleines Wohnzimmer, der Geisterdachboden kann kaum mehr als einen Verschlag genannt werden, und der Wald besteht im Nachhinein betrachtet aus zwei Bäumen in einem Minigarten. Es scheint, als sei die Welt geschrumpft, doch in Wirklichkeit ist man selber nur größer geworden.

Es sei denn, Sie sind ein Zwerg. Für Zwerge ist die Welt

gleich groß geblieben. Zwerge können nirgends ran, sie werden über den Haufen gerannt und schlecht behandelt. Ein Zwerg realisiert, wie sehr die Welt auf Full-Size-Menschen ausgerichtet ist. Sein ganzes Leben lang und bei vollem Verstand erfährt ein Zwerg, wie es ist, ein Kind zu sein. Von dem Augenblick an, in dem sie laufen können, müssen Kinder sich mit Gegenständen für Erwachsene behelfen. Kleine Menschenkinder werden in Großemenschenhäusern gehalten, wo sie Großemenschenschritte auf Großemenschentreppen machen müssen, anstelle von Kinderbrei schon früh Großemenschenwürste vorgesetzt bekommen und von Großemenschenstühlen fallen. Garderoben? Da kommen sie nicht ran! Einkaufstaschen? Müssen sie über den Fußboden schleifen! Türklinken? Befinden sich immer außerhalb der Reichweite. Pimmelchen sind zu kurz und zu weit unten, um den Inhalt der kleinen Blase in ein normales Pissoir plätschern zu lassen, und die Küchenanrichte ist zu hoch, obwohl man schon jetzt beim Abtrocknen helfen muss. Das alles bedeutet es, Kind zu sein. Unnötig hilfsbedürftig stolpern unsere Kinder durch unsere Welt, die ihnen viel zu groß ist. Zwei Drittel der niederländischen Bevölkerung, die Erwachsenen, diskriminieren das dritte Drittel, die Kinder, indem sie ihm den eigenen Größenmaßstab auferlegen.

So wie Naturreservate letztlich vor allem darauf verweisen, wie sehr die Natur ansonsten misshandelt wird, gibt es in jedem Großemenschenland ausgeschilderte Kinderreservate – ein Schulbeispiel dafür ist die Schule selbst. Hier sind die Stühle nur einen Kinderhintern breit, hängen die Jacken auf Halbmast und passen mehr Pissoirs in eine Toilette, wenn auch, zugegeben, das Lehrerzimmer im Lehrerformat eingerichtet ist und eine Großemenschentoilette hat. Rund um das Kinderreservat herum klafft die Generationenkluft noch um einiges tiefer als überall sonst; Eltern helfen ihren Kindern jeden Morgen und jeden Abend – am liebsten mit dem Auto –, sie zu überwinden. Eigene Schulen, eigene Bücher und eigene Kleidergeschäfte für Kinder zeugen von einer Apartheidspolitik, der anderswo längst abgeschworen wurde. Abgeschworen nicht deshalb, weil das Trennen in Gruppen an sich schlecht wäre, sondern weil der andere damit zu einer anderen Art Mensch herabgewürdigt wird. Offensichtlich finden wir die Kinder apart genug, um ihnen ein eigenes Regime zuzuordnen. Tagsüber sitzen sie in der Schule, sorgfältig nach Klassen, Alter und Talent sortiert wie Kartoffeln nach Größe und Qualität. Außerhalb der Schule verbringen die Kinder ihre Zeit in anderen Homelands wie dem Sportclub oder, wenn sie krank

*Affenhaftes Lausen auch ohne Läuse.*

sind, dem Kinderkrankenhaus, wo sie dann wegen ihres geringen Alters dem Klinikclown ausgeliefert sind. Ebenfalls bezeichnend für Kinder und Jugendliche ist das Leben in Gruppen. In den Vereinigten Staaten, wo ein Erwachsener sich ohne Auto nackt fühlt, bewegen sich Kinder wie Prozessionspinnerraupen nur in Gruppen und per Schulbus von einem Ort zum anderen. In der Klasse, beim Baseball, im Zeltlager, in der Familie, nie ist ein Kind allein. Das Ergebnis davon sind Unselbständigkeit und Kopfläuse.

Die Niederländer füttern ihre Läuse vor allem mit ihren Kindern. Jedes Jahr werden auf der Grundschule bei einem von zehn Kindern Kopfläuse entdeckt. Das macht 150 000 Lausejungs und -mädchen. Mit Mangel an Hygiene hat das kaum etwas zu tun. Duschen, Baden, Shampoo: die Kopflaus findet das wunderbar. Sie muss lediglich für einen Moment ihre Atemöffnungen verschließen. Solange die Menschen glauben, auf einem sauberen Kopf gedeihe kein Ungeziefer, geht es der Laus prächtig. Am dankbarsten aber ist sie uns für die Einrichtung von Läusezüchtereien, die auch als Schulen oder Turnhallen genutzt werden.

Die Kopflaus (*Pediculus humanus capitis*) ist ein richtiger Sitzenbleiber. Die kleinen Klauen, mit denen sie sich an unseren Haaren festklammert, sind präzise auf uns eingestellt. Läuse im Kraushaar von Schwarzen haben flache Klauen, mit denen sie sich leichter am gelockten Haar festhalten, das im Durchschnitt flacher ist als das Haar von Weißen, weshalb diese Läuse mit runden Klauen haben. Schwarze Kinder in einer weißen Klasse leiden weniger unter den Läusen, weil die rundklauigen Tiere ihre Haare nicht fest genug umkrallen können. Die Läuseeier dagegen machen keinen Unterschied. Unverrückbar kleben sie am unteren Teil des Haars fest, auf nichts kann man sich so verlassen wie auf eine Nisse. Wenn es Zeit zum Schlüpfen ist, nach ungefähr neun Tagen, schwebt die Nisse aufgrund des Haarwachstums in einer Höhe von drei Millimetern über der Kopfhaut. Um sich aus der Eikapsel zu pressen, lässt die junge Larve einen tüchtigen Furz. Er besteht aus der Luft, die die Larve nach dem Durchbohren des Eideckels angesaugt hat. Während dreier Häutungen, die jedes Mal eine Blutmahlzeit notwendig machen, wird aus der jungen Larve eine erwachsene Laus. Doch verändert sie sich dabei nicht viel, außer in der Größe und der Farbe. Als Larve passt sie sich langsam der Haarfarbe von Wirt oder Wirtin an: Läuse auf Brünetten sind dunkler als Läuse auf Blondinen.

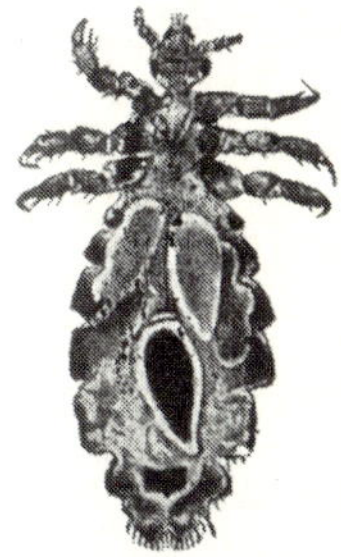

*Kopflaus.*

Im Gegensatz zur Kleiderlaus (*Pediculus humanus humanus*) ist die Kopflaus, die früher in Deutschland auch »Krankenlaus« genannt wurde, keine Überträgerin von Typhus. Am Anfang juckt sie nicht mal; das kommt erst später, wenn die Kopfhaut empfindlich wird. Und dann kann man froh sein, dass es Läuse sind und keine Motten. Motte und Laus leben wie die Made im Speck oder die Kuh auf der Weide, jedenfalls mitten in ihrem Fressen, das heißt im Menschen- oder Pulloverhaar, doch grasen sie unterschiedlich. Eine Laus grast mal hier, mal da, während die Motten so lange an derselben Stelle herumfressen, bis ein Loch entstanden ist. Säßen Motten in unserer Frisur, hätte die binnen eines Tages Löcher. Dankbar flögen die Motten nach ihrer Verpuppung davon, zu neuen Häuptern. Aber so weit ist es mit den Motten noch nicht. Noch müssen sie warten, bis ihr Wirt tot ist und zu einem Pul-

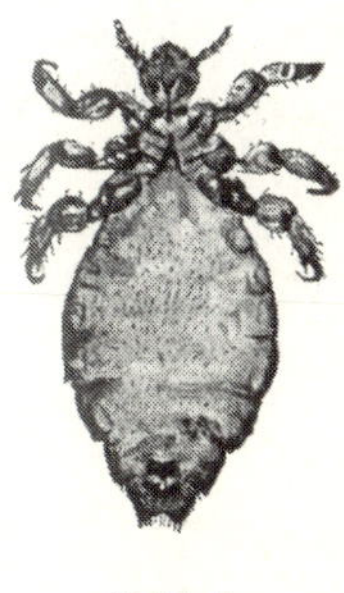

*Kleiderlaus.*

lover verarbeitet wird; lebende Schafe schütteln die Raupen zu leicht ab. Somit könnte man die Kopflaus auch als eine Motte betrachten, die gelernt hat, sich an ihrem Wirt bereits zu dessen Lebzeiten zu laben. Es kommt nur auf grifffestes Beharrungsvermögen an.

Ausgerechnet diese Seßhaftigkeit gefährdet die Verbreitung der Kopflaus. Dass wir unsere Kinder so zusammentreiben ist für die Laus ein Himmelsgeschenk. Wenn sie nicht schon in der Schulgarderobe einfach von Mütze zu Schal auf Kappe überspringt, dann wandert sie bei Sport und Spiel – Pädagogen fördern das nach Kräften – von einem Kopf zum anderen. Einzelne Läuse benutzen auch die Kopfhörer des Sprachlabors zum Umsteigen. In so einem Läuseparadies hat der Einsatz chemischer Kampfstoffe genau den gegenteiligen Effekt. Um die Viecher aus ihren Laufgräben zu locken, müssen wir uns aufs alte Handwerk besinnen: Nicht spritzen, sondern Unkraut jäten. Das Beste wäre, wir machten aus der Not eine Tugend und gingen wieder dazu über, uns gegenseitig zu lausen. Andere Affen lausen einander ja auch, und zwar stundenlang, zum Genuss des Einzelnen und dem Sozialwohl der ganzen Gruppe. In Nordindien habe ich selbst gesehen, wie genüsslich Mütter ihre Töchter entlausten, einfach so am Straßenrand. Und auch die zahlreichen alten europäischen Gemälde mit sich lausenden Menschen strahlen eine häusliche Wärme aus. Ein vages Gefühl beschleicht einen, irgendwie kommt einem dieses Lausen bekannt vor, und plötzlich fällt es einem ein: der Friseur! Oder dachten Sie, die Leute gehen zum Friseur, um sich die Haare schneiden zu lassen? Aber so schnell wird das nicht passieren, dass man sich in aller Öffentlichkeit gegenseitig laust. Man schämt sich für seine Läuse. Und warum? Natürlich wegen der einen Laus, die in den Niederlanden *schaamluis*, also Schamlaus, in Deutschland aber meist weniger verfänglich Filzlaus (*Phthirus pubis*) heißt. Dabei gehört diese Laus einer ganz anderen Art an und haust an Stellen des Körpers, die Kinder so nicht einmal haben. Und so halten sich selbst Läuse ängstlich an die Generationenkluft, die allerdings nicht ihre, sondern unsere Generationen trennt.

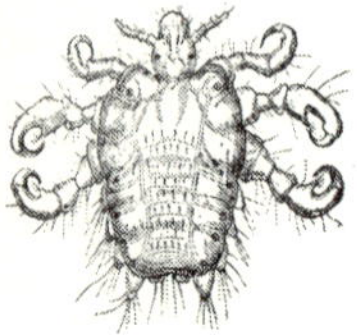

*Filzlaus.*

Die Kleiderlaus ist sowohl bei den Kindern als auch bei den Erwachsenen des Westens ausgerottet. Das ging sogar ohne Einsatz von Gift; Kleiderläuse können das Waschen und Bügeln der Kleider, in denen sie leben, einfach nicht leiden. Solange die Kleider von Kindern und Eltern in dieselbe Waschmaschine gesteckt werden, haben Kleiderläuse und Typhus bei uns kaum eine Chance. Die Waschmaschine ist aber auch so ungefähr das einzige, was Kinderkleider mit der Mode der Erwachsenen gemeinsam haben. Es muss für Kinder schon deshalb eigene Kleidergeschäfte und Sonderabteilungen geben, weil es so viele Größen gibt – ein übrigens vollkommenen unergründliches System. Viel wichtiger aber als die Größe ist der Geschmack. In der Regel werden Kinderkleider in einer Art Primärfarbskala angeboten, von der die Eltern glauben, dass Kinder sie schön finden. Die Farben sind so grell, dass man vermuten muss, die Eltern trauen ihren Kindern die Wahrnehmung von Nuancen nicht zu. Die Kinderkleider sind so geschnitten, dass sie in erster Linie den Eltern gefallen. Meist unterstreichen sie das Kindchenschema: weite Jäckchen und tief sitzende Hosenböden verstärken den Eindruck von Prallheit und kurzen Körpergliedern, eine dicke Mütze à la Calimero macht den Kopf noch runder, als er ist. Das Ganze ist eine sinnvolle Investition. Weil die Eltern die Kinder in den goldigen Kleidern noch niedlicher und rührender finden, fällt es ihnen weniger schwer, zu den Kindern drin nett und sorgsam zu sein.

*Entlausungsaktion mit DDT. Unicef, 1945.*

Und ganz als hätten Menschlein, die für normale Hosen zu kurze Beine haben, für normale Bücher auch zu kleine Köpfe, werden sie mit speziellen Kinderbüchern abgespeist, die ebenfalls die altbekannten Warnfarben aufweisen. Das Auffälligste an ihnen ist, dass sie von Erwachsenen geschrieben werden. Als wäre es kein Problem zu wissen, was in den Köpfen der Kinder vor sich geht, konfrontieren Erwachsene sie mit Vorurteilen, die sie selber gegen Kinder haben. So sollen Kinder beispielsweise mit einer überdurchschnittlichen Phantasie gesegnet sein. Schaut doch, wie faustdick sie es hinter den Ohren haben. Von wegen. Kinder haben keine Ohren, damit sie es dahinter faustdick haben, sondern dass man sie ihnen langzieht. Was wir für kindliche Phantasie halten, ist meist nur Unbeholfenheit; und lustig finden wir es meist nur deshalb, weil wir es missverstehen; so wie wir über die Katze lachen, die sich im Baum verstiegen hat, oder über den Pinguin, weil er so lustig watschelt. Wie um dieses Missverständnis noch zu steigern, geben wir unseren Kindern Bücher voller Phantasie, alles vorgekaut und zusammengemanscht von Erwachsenen. Unbeirrt verleihen Jurys Preise an Kinderbuchautoren und -autorinnen und loben ihre Phantasie. Mit Helden, die Iep und Kukel oder Bobbel heißen, kann man sich ganze Regale voller Kinderbuchpreise zusammenphantasieren.

Kinder verfügen nicht über Einbildungskraft. Hätten sie Phantasie, würden sie sich ihre Bücher selber schreiben. Doch dafür sind sie zu dumm. Bis jetzt ist alles nur Nachäfferei. Auch was die Zeichnungen betrifft, sind Kinderbuchverleger auf Erwachsene angewiesen. Ein Talent zur bildenden Künstlerschaft äußert sich frühestens nach der Verpuppung in der Pubertät. Es ist deshalb auch ein reiner Anfängerfehler, wenn viele Eltern und Großeltern die Kinder für ihre Zeichnungen loben, die sie von der Schule nach Hause bringen. Das lässt sich nie wieder gut machen. Ein endloser Strom von Zeichnungen wird folgen, die alle gelobt werden wollen, und die, um der Lüge die Krone aufzusetzen, vielleicht sogar noch aufgehängt werden – was dem Interieur nicht unbedingt zugute kommt.

Kinderzeichnungen können noch so hochgelobt, so farbenfroh und erfrischend sein, ich kenne kein ernsthaftes Museum, das damit eine Dauerausstellung beschicken würde. Würde sich wohl auch kein Hund anschauen, abgesehen von einem Psychologen oder Pädagogen, der dann mit Frau Bladergroen feststellen würde, »dass gerade aus ihren Zeichnungen hervorgeht, wie unbeholfen und diffus Kinder der Welt begegnen«. Gesetzt den Fall, dass Kinderzeichnungen tatsächlich die kindliche Erlebniswelt widerspiegeln, dann ist diese Welt ziemlich klischeehaft: die Sonne als lachender Strahlenkranz, Arme wie Stecken mit Harken daran, Wolken als Schäfchen, Schäfchen als Wolken. Schieben wir es auf die mangelnde Zeichentechnik. Der in den Museen oft vernommene Ausruf: »Das kann mein kleiner Bruder auch!«, ist ungerechtfertigt, und zwar nicht nur, weil die moderne Kunst dafür viel zu kompliziert ist, sondern weil der kleine Künstler in spe ein Stümper ist. Aber das ist egal. Kinderzeichnungen sind eine Äußerung der Liebe, nicht der Kunst.

Wie tief die Kluft zwischen Kinderbuchmachern und Kinderbuchlesern ist, zeigt sich am eindrucksvollsten an der Kinderjury für das beste niederländische Kinderbuch des Jahres. Zwischen Büchern, die den Kindern gefallen sollen, und Büchern, die ihnen wirklich gefallen, gibt es einen Unterschied, und dieser Unterschied ist offensichtlich riesig. Die Kinder-

*Giovanni Francesco Caroto (1480–1555):* **Porträt eines Jungen.**

jury von Schagen beklagte sich schriftlich bei der Jury der Großen, dass sie mit den zwei Büchern, für die sich die Erwachsenen entschieden hatten, »absoluuuut nicht einverstanden« seien. Die Kinder unterstellten den Erwachsenen, sie hätten eines der Bücher nur deshalb ausgewählt, weil es ein lehrreiches Buch sei. »Doch«, so fährt die Kinderjury fort, »wir mögen keine Bücher, die nur lehrreich sind. Das Buch *Wim* fanden wir furchtbar schlecht. Wir hoffen, dass Sie in Zukunft etwas mehr auf unsere Wünsche achten«. Noch leichter nachzuprüfen, dank der Allmacht der Einschaltquoten, ist die Vorliebe der Kinder für bestimmte Fernsehsendungen. Nach einer Erhebung der *Stichting Jeugdinformatie Nederland* verfolgen niederländische Kinder zwischen sechs und zwölf vor allem die Kindersendungen der öffentlichen Sender, doch dann folgen gleich die Privatsender mit ihren

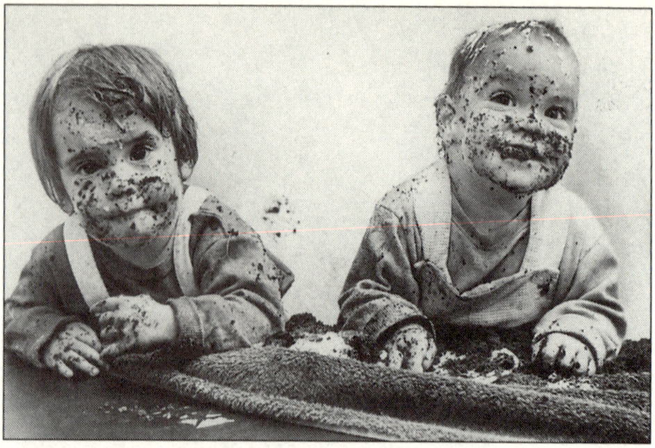

Schrottserien wie *Baywatch* und *Beverly Hills 90210*. Das Reservat, welches das niederländische Fernsehen, kommerzielle und öffentliche Sender zusammengerechnet, im Jahr 2000 für die Kinder bereitstellte, betrug 45 Stunden pro Tag, von denen ein Kind sich durchschnittlich 109 Minuten ansah. Trotzdem hatte es noch Zeit, Comics zu lesen.

Für Kultur brauchen Kinder kaum einen Fuß in die Erwachsenenwelt zu setzen. Es gibt so viele Zeichentrickfilme, dass man seine ganze Kindheit und Jugend vor dem Fernseher verbringen könnte; das Concertgebouw in Amsterdam organisiert spezielle Kindermatineen, um Kindern weiszumachen, dass es sich bei *Peter und der Wolf* um richtige Musik handelt. Einige Kindersendungen sind Ausgeburten des schlechten Geschmacks, und im Kinderkochrestaurant spielen Kinder in unappetitlicher Weise mit Essen herum. All das dient dazu, dass die Kinder den Erwachsenen nicht auf die Nerven gehen, und meistens funktioniert das auch. Meistens. Außer ein paar Mal pro Jahr, wenn Kinder nicht nur eigene Orte, sondern auch eigene Zeiten zu haben scheinen. Dann sind die von den Erwachsenen so befürchteten Oster-, Sommer- oder Herbstferien angebrochen. In Begleitung von Eltern oder Großeltern überschwemmen die Kinder in Massen alle öffentlichen, nicht für sie eingerichteten Institutionen, und zum ersten Mal lässt man den Gedanken zu, ob die Generationenkluft nicht vielleicht doch ein Segen ist. Während einer Kindermassenparty im Zug eine Zeitung lesen zu wollen, kann man vergessen: Kinder, wohin man schaut, und an allem fingern sie herum. Jetzt begreift man, dass Schulen nicht gebaut wurden, um Kindern etwas beizubringen, son-

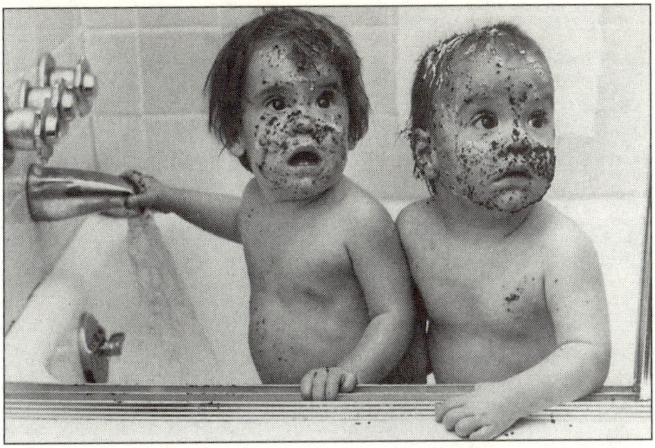

dern um die Gesellschaft vor ihnen zu bewahren, ungefähr so, wie die Gefängnisse dazu dienen, die Gesellschaft gegen Verbrecher zu schützen. Museen bringen für die Zeit der Schulferien ihre empfindlichsten Ausstellungsstücke ins Magazin.

Auch während des restlichen Jahres ist die Großemenschenkultur den Kindern gegenüber nicht besonders gastfreundlich. Obwohl viele etablierte Kunsttempel sich inzwischen auf Kinder eingestellt haben, reicht das nicht aus. Vereinzelt haben Museen Kinderabteilungen aufgebaut. Bücher und Filme sind strikt nach Alterskategorien getrennt, doch was nutzen solche Vorsichtsmaßnahmen in Zeiten, in denen Kinder sich elektronisch Zugang zu allem verschaffen können, was Gott verboten hat und die Kassen der Menschen klingeln lässt. Um ihren Bevormundungsdrang dennoch ausleben zu können, machen sich die Sender die Tatsache zunutze, dass Kinder meist zu anderen Tageszeiten aktiv sind als Erwachsene. Je erwachsener die Sendung, umso später wird sie gesendet, oft so spät, dass ein Erwachsener, der sich am nächsten Morgen um seine Kinder kümmern muss, sich diese gar nicht mehr anschauen kann. Für Filmer und Programmchefs hat das lästige Konsequenzen. Wenn je später der Abend gleichbedeutend ist mit schmutziger, muss der frühe Abend folglich sauber bleiben. Das habe ich als Fernsehjournalist am eigenen Leib erfahren. Wir hatten eine kurze Reportage über das Schlachten gedreht, in der in wunderschönen, beinahe abstrakten Bildern eine Kuh auf einem adretten (jedenfalls sauberen) Schlachthof getötet wurde, wie es pro Jahr in den Niederlanden Millionen Mal geschieht. Doch

*Mädchen mit ihrem Zukunftstraum: Barbie.*

unsere Reportage durfte nicht gezeigt werden, denn es war anzunehmen, dass zur vorgesehenen Sendezeit noch Kinder vor dem Fernseher säßen. Unser Einwand, dass in den Nachrichten eine halbe Stunde vorher, doch womöglich der eine oder andere Mensch abgeschlachtet werde, war für den Programmchef kein Argument. Ob wir denn nicht wüssten, fragte er uns, dass Kinder den Tod eines Tiers viel schlimmer finden als den eines Menschen?

Kinder dürfen weder alles hören noch alles sehen. Sie dürfen auch nicht überall hinein. Mit Schildern wie »Kein Eintritt unter achtzehn Jahren« halten Unternehmer ihre Geschäfte kinderfrei. Man müsse schließlich Rücksicht auf die kindliche Unschuld nehmen. Im Grunde ist so etwas ein Schuldbekenntnis, und deshalb versuchen viele Geschäfte, ohne diese Schilder auszukommen. Auch wenn vornehme Restaurants Kinder viel lieber gehen als kommen sehen, dürfen sie ihnen den Einlass nicht verwehren. Das wäre Diskriminierung. Ursprünglich war das für vornehme Restaurants auch kein Problem, denn ursprünglich waren vornehme Restaurants meist französische Restaurants, und in Frankreich hat man immer schon gewusst, wie Kinder sich bei Tisch zu benehmen haben: *Tais-toi!* Heutzutage lassen die Leute ihre Kinder zwischen den Tischen herumrennen, was den Restaurantchef ganz kirre macht. Aber wo gibt es noch den guten Ober, der im richtigen Moment ein Bein ausstreckt? Natürlich darf man so etwas nicht laut sagen. Es wird von einem erwartet, dass man sich dafür stark macht, künstlerische und kulturelle Institutionen für Kinder zu öffnen. Aber gerade aus diesem Starkmachen lässt sich ablesen, was die Museumsdirektion wirklich über Kinder denkt. Kinder halber Preis.

# 9

# Die ewige Jugend

*Mens sana in corpore sano*. Das stand in Großbuchstaben über der Eingangstür unserer Schule. Ein gesunder Geist in einem gesunden Körper. Was von beidem an unserer Schule mehr zählte, war deutlich zu erkennen: Die Turnhalle war um ein Vielfaches größer als die Schulbibliothek.

Über die Gesundheit ihres Geistes hört man Menschen nur selten klagen. Nur wenige geben offen zu, nicht ganz richtig im Kopf zu sein. Je niedriger der IQ, desto sicherer ist man, dass im Oberstübchen alles stimmt. Auf ihren Körper sind die Menschen meist weniger gut zu sprechen. Viele halten ihren Leib für die jämmerliche Heimstatt ihres gesegneten Geistes. Verblüfft starren sie in den Spiegel. Womit hat der Geist diesen erbärmlichen Schuppen verdient – ein Herr gehört ins Herrenhaus. Man klagt über mangelhaften Unterhalt und andere Beeinträchtigungen des Wohlbefindens. Wann gedenkt der Vermieter endlich etwas zu unternehmen? Warum reagiert er nicht auf unsere Reklamationen?

Das Problem ist, dass wir unser eigener Vermieter sind. Wir vernehmen unsere Reklamationen durchaus, doch können wir etwas daran ändern? Am liebsten würden wir in einen anderen Körper umziehen, der besser zu unserem Geist passt. Bis dahin muss man sich arrangieren. Kleinigkeiten reparieren, das Rückgebäude umbauen lassen, das Gesicht mit etwas Stuck verzieren oder den Balkon vergrößern. Vor einer umfassenden Renovierung schreckt kaum einer zurück. Und wenn das ganze Gewürge mit Lippenstift und Hanteln nichts mehr nutzt, muss ein Chirurg her. Mit demselben Leichtsinn, mit dem ein Existenzgründerpaar sein Etagenbüro zum Herrenhaus vergrößert, lassen Männer sich zu Frauen umfunktionieren und Frauen zu Männern. Männer kriegen den Pimmel weg und einen Busen dazu, Frauen die Brüste ab und einen Jockel dran. Die ärgsten Risse werden mit Hormonen zugekleistert. Es ist, als wollte man aus Fleisch Fisch machen und aus Fisch Fleisch. Und so sieht das Ergebnis dann auch aus. Wollen Sie diesen Mann zur Frau?

Weil in den Köpfen solcher Leute ein Durcheinander herrscht, stellen sie ihren ganzen Körper auf den Kopf. Den wieder auf die Füße zu stellen – das heißt, den Geist dem Körper anzupassen – kommt für sie nicht in Frage. In ihren Augen käme das einer geistigen Verstümmelung gleich. Also verstümmeln sie lieber ihren Körper. »Ich finde, Doktor Bergmans hat etwas gegen mich«, hörte ich einmal eine Umgebaute zur anderen Umgebauten sagen, »er hat mich viel zu untief gemacht.« Maarten 't Hart nennt die Vorstellung, man könnte in einem falschen Körper zur Welt gekommen sein, albern. »Als ob der Körper ein Auto und das Ich der Chauffeur wäre!« Die Tatsache, dass er – Maarten 't Hart – gelegentlich in Frauenkleidern herumläuft hat mit dem Wunsch, eine Frau sein zu wollen, nichts zu tun. Einer meiner Freunde teilt meine Meinung. »Maarten will überhaupt keine Frau sein«, sagte er. »Maarten will nur eine Schlampe sein.« Was nicht bedeutet, dass ein Mann niemals den Wunsch verspüren dürfte, eine Frau zu sein oder umgekehrt. Es macht einfach Spaß, sich vorzustellen, man würde in einer anderen Zeit, in einem anderen Land oder in einem anderen Körper leben. So etwas nennt man Romantik. Man darf nur nicht so dumm sein, diesen Wunsch in die Tat umsetzen zu wollen. Sobald man irgendwo anders wohnt, ist das nicht mehr woanders. Ehe man es sich versieht, sehnt man sich zum Normalen zurück, das jetzt als Anderes erscheint, während das ursprünglich Andere normal geworden ist. Ein paar Wochen Ferien reichen meist.

Viele Leute sehnen sich nach einem Körper, der anders ist und doch vertraut. Sie haben Heimweh. Sie sehnen sich nach dem Körper zurück, in dem sie als Kind gewohnt haben. Während ihre Kinder Vater und Mutter spielen, spielen Väter und Mütter Kind. Mit kurzen Hosen rennen sie hinter Bällen her, rasen auf Fahrrädern herum, ohne es eilig zu haben, und verdrücken beim Fernsehen ganze Tüten Chips. Erwachsene Frauen laufen, sobald Wetter und Mode es erlauben, in Klamotten herum, die für Zehnjährige bestimmt zu sein scheinen, manchmal sogar mitsamt den dazugehörigen Zöpfen, Kniestrümpfen und aufgetupften Sommersprossen. Das kann kindisch wirken, aber auch raffiniert. Eindeutiger liegt der Fall bei Männern in den besten Jahren und ihren kurzen Hosen. Knochige Knie und stoppelige Waden sind nicht unbedingt das, was man sich vorstellt, wenn man an einen Prinzen auf dem weißen Pferd denkt. Ein Mann in den besten Jahren mit nackten Beinen und einer Baseballmütze – mehr brauche ich nicht, um in Trübsinn und Depression zu verfallen.

Doch damit nicht genug. Meist sieht man die Baseball-Bemützten auch noch in jenen Dauerkindergeburtstagslokalen, wo sie Hamburger verzehren. Statt ihren Kindern die Bezeichnung und Benutzung verschiedener Besteckteile beizubringen, fingern sie in fettigen Verpackungen herum. Und wenn es sie mit ihrer Familie dann doch mal in ein richtiges Restaurant verschlägt, lassen sie das Dessert in Brand setzen. Zu Hause verstauben die Kristallgläser im Schrank, seit der Alkohol nicht mehr zu Munde geführt, sondern der Mund mit Hilfe eines Strohhalms so verlängert wird, dass man oral in der Cola oder im Milchshake herumquabbeln kann. Statt sich einfach den Magen zu füllen, oder das tägliche Brot zu ehren, hat man das Essen in *Fun* verwandelt. Sogar aus dem Kochen hat man ein Spiel gemacht, dessen Spielregeln von den Frauenzeitschriften immer wieder aktualisiert werden.

Bei den Eltern war es noch verboten, mit dem Essen zu spielen. Dafür war das Essen nicht gemacht. Zum Spielen gab es Süßigkeiten. Süßigkeiten ist leckere Nahrung, aus der man die Nahrung entfernt hat, bis nur noch das Leckere übrig war. Heutzutage isst jeder Niederländer hundert Gramm Süßigkeiten pro Tag. Das liegt an der Entdeckung spezieller Süßigkeiten für Erwachsene, einen Schokoriegel hier, einen Schokoriegel da, und über alles möglichst einen Schuss Ketchup. Pro Jahr verzehren die Niederländer Süßigkeiten in einem Gesamtwert von drei Milliarden Euro.

An jeder Straßenecke gibt es Spielzeugessen in Form von Eis. Handwerker, Großmütter und Generäle schlecken ihr Eis mitten auf der Straße. Ach, wie sind sie doch süß! So süß wie ein Baby an der Brust. Süß, der erste Geschmack in unserem Leben, der uns in Entzücken versetzte, gilt bei den Psychologen als der Geschmack des Trostes. Mit der sahnigen Süße gleitet ein Gefühl von Geborgenheit in uns hinein. Jeder Schleck ist sahniger und süßer als der vorige; weil das Eis sich langsam erwärmt, kann die Zunge den Geschmack besser aufnehmen. Je wärmer das Süße desto größer der Trost: Die süße Sahne ist darin nicht zu schlagen. Alkohol und Drogen sind überflüssig, solange es Sahnewaffeln, Windbeutel und Biskuit Charlotte gibt. Trost ist süßer als Rache. Leider wird man dick davon. Außer der Sahne wurde auch die fettarme Milch zum Renner, obwohl das Milchtrinken immer etwas Kindliches hat. Nach Meinung von Erich Wichman könnte diese »infantile Regression« sogar zu einer »Verkälberung« führen. Seiner Meinung nach laufen schon viel zu viele Milchtrinker herum, erkennbar an ihren »breiigen, geschwollenen Kinderballon-Gesichtern und den unausgetragenen, ungeborenen, kindischen, mondkälbischen Babyschädeln«.

Zum Glück geht es auch ohne Milch oder Eis. Sabbern reicht schon, um sich die Geborgenheit der Mutterbrust vorzugaukeln. Ein Erwachsener findet immer etwas, worauf er herumsabbern kann: eine Pfeife, einen zerbissenen Bleistift, den Bügel der Brille, zur Not muss der eigene Finger herhalten – heimlich. Meist sabbern wir ohne Süßes und Sabber, einfach mit nichts auf nichts. Luft auf Luft. Das heißt dann Plappern. Stecken Sie sich mal die Finger in die Ohren und schauen Sie sich um. Sehen sie all die plappernden Mäuler? All die Werthers Echten, nicht Werther und nicht echt –, diese endlosen Lippenbewegungen, das ständige Luftansaugen und -ausstoßen. Mit dem Computer plappert man nicht, man chattet. Das geht ohne Gesabbere, doch wie bei der Brust mit Knöpfen. An einem Knopf kann man drehen oder drücken, worauf etwas geschieht. Es kommt Milch raus oder das Licht geht an. Viele Apparate haben mehr Knöpfe als nötig, und wir drücken häufiger drauf, als es sinnvoll wäre. Das nennt man dann zappen. Zappen ist der letzte Trost, bevor wir zu Bett gehen. Und dazu dann noch was Süßes.

*Shirley Temple, 1932.*

Erwachsene sind eifersüchtig auf die Unbefangenheit eines Kindes. Ihre eigenen Spiele verderben sie sich mit Regeln, roten Karten und dem Kommerz. Auch die höchste Form des Spiels – die Kunst – wird sofort vernützlicht, als Art Déco, Architektur, oder, wie in den Museen auf einen Haufen geworfen, als Touristenattraktion. Einmal erwachsen, ist man für immer aus dem Kinderspielparadies vertrieben. Eltern betrachten ihre Kinder mit einem Blick voller Wehmut. Marina Warner sieht unsere heutige Zeit charakterisiert durch »eine kulturelle Verehrung, die das Kind, die eigene Kindheit und die kindliche Art verherrlicht und uns alle im Streben nach einer idealen Menschheit infantilisiert«. So wie wir in unseren Kulturlandschaften Reservate schaffen, um unserem Verlangen nach der verlorenen Natur Raum zu geben, tauschen wir ab und zu unser erwachsenes Leben ein gegen einen Besuch in den Reservaten unserer Kindheit, um uns kurz im warmen Bad der Widerruflichkeit zu suhlen. In Stadien, Spielhallen, Buchhandlungen, Eissalons und Quizsendungen spielen wir Kind, und wenn man ganz genau hinschaut, dann verhalten wir uns dabei genauso anrührend unbeholfen wie ein Kind, das Vater und Mutter spielt.

*Kind oder Puppe?*

Es kann kein Zufall sein, dass der Computer zuerst als Spielmaschine Einzug in die Wohnzimmer hielt. Hätte man mit ihm nur Nützliches veranstalten können, hätten wir ihn wahrscheinlich für zu teuer in der Anschaffung gehalten. Es gibt Leute, die spielen noch mit der Hand – Halma, Mau Mau – oder schauen zu, wie andere Menschen im Fernsehen spielen. Ich selber spiele Bridge. Nicht gut, aber gern. Es ist eines der wenigen Freizeitspiele, bei denen man die eigenen Kleider anbehalten darf. Zum Bridgespielen braucht man noch kein spezielles Trikot. Zum Fahrradfahren muss man einen Helm aufsetzen, als Jäger trägt man, wenn man einem Katalog für Jagdausstattung glauben darf, grüne Unterhosen. Während man zum Skifahren einen Skianzug und fürs Judo einen Judoanzug braucht, reicht beim Bridge ein Satz Karten.

Das Lieblingsspielzeug des erwachsenen Niederländers aber ist jenes, das er seit der Geburt besitzt: der eigene Körper. Damit kann man Sport treiben. Beim Sport jagt man dem eigenen Schwanz nach oder dem eines anderen. Einen runden Schwanz nennt man Ball. Sonntags rennen die Leute selber hinter Bällen her oder schauen anderen beim Geballe zu. Wo früher Tempel und Kirchen standen, ragen jetzt Stadien in den Himmel; Sportler werden wie Priester verehrt und wie Kaiser bezahlt. In Sportschulen und Fitness-Studios trainieren die Leute ihre Körper nicht, um schneller zu rennen oder höher zu springen, sondern um des Trainings willen. Der Mensch ist sein eigener Ball geworden. Mit der Stärkung der

Gesundheit hat Sport nur wenig zu tun. Es hat noch keiner beweisen können, dass man durch Sport gesund wird. Dass man sich dabei verletzen kann, ist allerdings erwiesen: Allein in den Niederlanden passiert das eine Million Mal pro Jahr. Normale Bewegung ist zweifellos sinnvoll, doch im Spitzensport bringen die Leute durch Doping und Training ihr Leben in Gefahr. Warum verstecken sich Sportler dann aber hinter der Gesundheit? Man legt doch auch kein Puzzle oder liest ein Buch, um seinen Cholesterinspiegel zu senken. Warum geben sie nicht zu, dass es einfach schön ist, zu spielen wie ein Kind, und am liebsten, wie beim Sport, in Kinderkleidern: kurzen Hosen, Kniestrümpfen, dämlichen Mützen und karierten Röckchen. Puzzlen und Lesen geschieht aber nach wie vor in langen Hosen.

Spiel ist Tun um des Tuns willen. Hunde spielen, wenn sie einem den Stock immer wiederbringen. Sie bringen ihn nicht, weil man ihn etwa braucht, sondern damit man ihn wieder wegwirft, sodass sie ihn wieder zurückbringen können in der Hoffnung, man werfe ihn gleich wieder weg. Hunde sind nicht ganz bei Trost und stecken uns damit an. Hunde verhalten sich bis ins hohe Alter wie Welpen. Als Wölfe waren sie noch bei Trost; erst wir haben sie irre gemacht. Wir haben den Wolf zum Hund domestiziert und den Hund zum ewigen Welpen. Immer wieder wurde nach dem kindlichen Verhalten selektiert, einmal, weil kindliche Tiere sich besser herumkommandieren lassen, dann aber auch, weil kindliches Verhalten so anrührend ist. Tiere, die sich verhalten, als wären wir ihre Väter und Mütter, spielen auf unseren Gefühlen wie ein Akkordeonspieler auf seinem Akkordeon. Und so teilen wir unser Zuhause mit einem Haufen infantiler Viecher: mit erwachsenen Raubtieren, die hinter Wollknäueln herjagen, um Futter betteln und sich über den Kopf streicheln lassen.

Die Verbindung zwischen Mensch und Katze wäre ohne Infantilismus nicht denkbar. Weil Katzen von Hause aus Einzelgänger sind, müssen sie, um sich mit dem Menschen arrangieren zu können, auf das einzige Sozialverhalten zurückgreifen, das sie kennen: das Verhalten als Kätzchen. In seiner Beziehung zur Katze übernimmt der Mensch die Rolle des Mitkätzchens oder – das ist häufiger der Fall– die der Mutterkatze. Sieht man in einem Film ein junges Kätzchen zielstrebig auf ein Ziel zulaufen, ohne dass dabei das Ziel zu sehen ist, so ist nicht zu unterscheiden, ob es auf einen Menschen oder auf seine Katzenmutter zurennt. Je zugeneigter eine Katze sich zeigen möchte, desto tiefer greift sie in die

Kiste ihres Kindheitsverhaltens. Mit hochgerecktem Schwanz kommt sie auf einen zu, leicht eingeknickt am Ende, den Körper in Schräghaltung, so wie ein Kätzchen, das von seiner Mutter etwas will. Sitzt sie einem auf dem Schoß, tritt sie mit den Vorderfüßen, als wollte sie die Zitzen aktivieren, oder miaut wie eine Kleinkindkatze. Um aus einem Tier ein Haustier zu machen, muss man es klein halten; wer groß geworden ist, will das Zuhause so schnell wie möglich verlassen. Das gilt für Mensch und Tier. Um in einem Haus wohnen zu können, mussten sich die Menschen sozusagen selbst domestizieren. Verglichen mit unseren Knüppel schwingenden Vorfahren, sind auch wir seit langem infantilisiert.

Um sich die Kindheit in Erinnerung zu rufen, gehen viele Eltern mit ihren Kindern in den Zoo. Den besucht man zuerst als Kind mit seinen Eltern, um ihn dann als Eltern mit den eigenen Kindern wieder zu besuchen; die Altersgruppe dazwischen hat anderes im Sinn, sie geht ins Kino oder in die Disco. Die beliebteste Zooattraktion für Eltern mit Kindern sind junge Tiere. Die Unwiderruflichkeit macht ihnen nicht zu schaffen. Das größte Problem moderner Tiergärten ist, dass die jungen Tiere älter werden. Früher war das anders; da wurde ein Tier im Garten selten alt. Doch Fütterung und Pflege sorgen heutzutage dafür, dass immer mehr Zoos Altersheimen ähneln. Will man sich ganz altmodisch an einem Zoo voller Jungvieh freuen, sollte man in den jämmerlichsten Privatzoo gehen, den man finden kann. Am besten eignen sich Märchenparks, da wissen die Leute noch, wie man Tiere beizeiten verrecken lässt. Wir normalen Zoogänger dagegen müssen uns mit einem infantilen Altbären begnügen, der wie ein Kind auf krummen Beinchen und mit heruntergerutschter Windel um Süßigkeiten bettelt.

Zu Hause braucht es nicht so weit zu kommen. Hier regiert der Teddy. Ein Teddy wird nie groß und hält einen selber klein. Vor einem Jahrhundert als Kinderspielzeug geboren, ist der Teddy schon längst zum Erwachsenentröster geworden. Kein Bär hat je so viel Liebe verbreitet und empfangen wie er; Plüsch und Sägemehl feiern Triumphe über Fleisch und Blut. Stellte der Teddybär bis vor kurzem noch eine Schwelle zum Erwachsenwerden dar – man ist nicht erwachsen, ehe man sich nicht von seinem Teddy verabschiedet hat –, gehört es mittlerweile fast zum guten Ton, sich in einem Haufen Teddys wie in einem Blumenmeer zur Schau zu stellen. Neben den angenagten Helden aus der eigenen Kindheit prunken nun teure Designbären und antike Exemplare. Im Bärenladen *Bimbo Exclusief* in Apeldoorn hat schon mancher Bärenlieb-

*Der Diplomchemiker Jason François Ruthra in seinem Bärenreich in Diemen.*

haber gut und gerne tausend Euro für ein Exemplar auf den Ladentisch geblättert. Liebe ist nun einmal unbezahlbar. »Schlicht eine Geste der Liebe«, nannte das amerikanische Ehepaar Volpp denn auch die 85 000 Euro, mit denen es 1989 bei Sothebys einen Steiffbären aus dem Jahr 1920 ersteigerte. Als Kind darf man auf so einen Bären nicht einmal mit dem Finger zeigen, und um im niederländischen Teddybärenclub Mitglied werden zu können, muss man über sechzehn sein. Zwar ist es einem Kind erlaubt, am Teddybärentag den Amsterdamer Zoo Artis zu besuchen, auch darf es an einem der Teddybären-Picknicks in England teilnehmen, doch beide Ereignisse würden nie stattfinden, wären sie nicht in erster Linie für Erwachsene gedacht. Kinder leben mit Teddybären, Erwachsene suhlen sich darin. Bärenliebe ist kein Kinderspiel. In England haben die Schwestern Barbara und Benita Brown ein *Home for Lost and Retired Bears* gegründet, in den Niederlanden schuf der pensionierte Diplomchemiker Jason François Ruthra in seinem Haus in Diemen ein wahres Bärenhausen. Teddys wie Barthold Barend Balder Zoetekauw van Dropjesdijk tot Pepermuntdam oder Priscilla Prinzessin van Pretpark tot Prentbriefkaart haben dort ihr Zuhause. Kinder schauen sich die Augen aus dem Kopf – und verstehen die Welt nicht mehr. Große Menschen werden immer früher kindisch, und die einzigen, die noch groß werden wollen, sind die Kleinen. So rangelt man ein ganzes Leben mit einem Körper, der nie der eigene ist.

Auch wenn der *Homo ludens* nicht ganz so ausgefallen ist, wie Johan Huizinga sich das vorgestellt hat, ist unsere Regierung doch höchst zufrieden mit ihm. Solange die Untertanen spielen, sind sie gefügig. Während wir mit unserem Teddybären auf dem Schoß uns im Fernsehen die Fußballeuropameisterschaft, eine Quizsendung, Wimbledon oder den staatlichen Diktatwettbewerb anschauen, baut die Obrigkeit die Deiche höher, zieht durch die letzten unberührten Naturgebiete neue Eisenbahntrassen für den Güterfernverkehr und baut die ganzen Niederlande zu einem einzigen Verkehrsknotenpunkt mit Golfplätzen aus. Tor! Finish! Europameister! Die Minister betrachten die mündigen Bürger mit gerührtem Blick. Wie brav sie sind! Wie artig!

In den Vereinigten Staaten kann die Regierung noch um einiges froher sein als bei uns. Dort ist man schon ein ganzes Stück weiter. Amerika ist ein Kinderparadies schlechthin: Die amerikanische Küche – süß und geschmacklos, aber bunt – stammt aus dem Kinderzimmer, und die Kultur ist eine reine Spielzeugkultur. Aus unserem ehrenvollen Nikolaus haben die Amerikaner Santa Claus gemacht, einen kindischen Zwerg, der ohne weiteres bei den ZZ Top einsteigen könnte. Jingle bell, jingle bell. Schließen Sie die Augen und denken Sie an Amerika, und Sie werden alles wie Zuckerstangen vorbeiziehen sehen: Musicals – Comics – Popstars – Wrestling – Cowboy-Autos – Camel Trophy. Wer in dieses Kinderparadies

*Miss-Baby-Wahl.*

hineingeboren wurde, hütet sich vor dem Wachsen. Solange in Amerika das Kind Kunde ist, ist es König. Und das ist es schon seit einer ganzen Weile. »Was mich an Amerika am meisten beeindruckt hat«, erklärte der Duke of Windsor, der 1936 an- und abgetretene König Edward VIII., »ist die Art, wie die Eltern ihren Kindern gehorchen.« Max Kohnstamm, der Sohn des berühmten Pädagogen Philip Kohnstamm, schrieb an seinen Vater 1938 aus Amerika: »Die Kinder sind hier unglaublich. Die Erwachsenen schleichen wie scheue, ängstliche Schatten durch die Häuser, in denen allmächtige Kinder-Diktatoren regieren. Dreijährige Kinder kontrollieren das Radio, und Fünfjährige wisecracken mit Freunden am Telefon. Ist der älteste sieben oder acht, beansprucht er das Auto für sich. Papa soll gefälligst zu Fuß gehen oder sich ein zweites kaufen. Wer gelernt hat, auf dem Boden zu sitzen, kann sich glücklich schätzen, denn die Stühle sind den Kindern vorbehalten.«

*Die Hauptstadt des Infantilismus ist Tokio.*

Doch trifft das nicht nur auf die USA zu. Wem die um sich greifende Infantilisierung in den Vereinigten Staaten Sorgen macht, sollte einmal nach Japan blicken. Die Bewohner Tokios erscheinen einem auf den Straßen so uniform wie Schulklassen auf Ausflugsreise. Erwachsene Frauen unterscheiden sich in der Kleidung kaum von Mädchen in Schuluniformen, dem Traum eines jeden Pädophilen. Auf den Hydranten der Feuerwehr – in Amerika das Symbol der Männlichkeit – stehen Feuerwehrfiguren, die direkt aus einem Kinderbuch zu stammen scheinen. Eine Nationalheldin der Japaner, eine Art Jeanne d'Arc, ist unser Nijntje, gezeichnet von unserem Dick Bruna. Dort heißt sie, wie in Deutschland auch, Miffy und ist überall abgebildet, wo noch kein Paddington oder Winnie Puh prangt. Alle drei repräsentieren einen weltweiten Trend hin zum Kinderbuch, das immer öfter auch von Erwachsenen gelesen wird. Vermutlich sind die Comics Schuld daran. Einst wurden sie nur Kindern geschenkt, inzwischen sind sie literarisches Grundnahrungsmittel für viele Erwachsene – vor allem in Japan.

Das Symbol für den weltweiten Triumph der Comics ist eine seit 1928 bedenklich mutierte Maus mit monsterhaften, kreisrunden Augen, die in Amerika geklont wurde. Seit ihrer Geburt als staksiges Klappergestell in *Steamboat Willy* ist Mickey Mouse einem Kleinkind immer ähnlicher geworden. Der Kopf wurde runder, die Augen größer, die Glieder molliger. Der Charakter passte sich an. Aus dem sadistischen kleinen Kerl in *Steamboat Willy*, der auf dem Euter einer Kuh Dudelsack spielte, wurde Mickey, der brave Bürger. Als Bürger im Kinderkörper ist Mickey Mouse zum Symbol der westlichen Zivilisation geworden. Inzwischen droht auch unserem Erdteil von einem Infektionsherd in der Nähe von Paris die Epidemie der Rundohrigkeit. Regelrechte Faunaverfälschung ist das. Vorerst wird sich die hörgeschädigte Maus nicht zurückdrängen lassen, und wer nicht mitspielt, kommt sich auf einmal uralt vor. Mit der Tatsache, dass alle um einen herum nur jünger zu werden scheinen, kann man leben, aber wenn selbst die Mäuse infantil werden, ist das der Anfang vom Ende. Was hat man noch in einer Welt zu suchen, in der sogar eine Maus gezähmt werden musste.

Der Kampf gegen den Comic ist längst entschieden. Hüter der Kinderseele wie Jacques Vos und Conny Meijer beantworteten bereits 1985 die Frage, was man tun solle, wenn das eigene Kind nur noch Comics liest, mit einem lässig-hilflosen: »Wenig!« Was von erwachsenen Comiclesern zu halten ist, sagen sie einem nicht, liefern aber einen wichtigen Anhaltspunkt: »Auch für den Erwachsenen kann es sinnvoll sein, Jugendliteratur zu lesen.« Dieser Rat wurde weidlich befolgt. Während man früher höchstens eine Mutter beobachten konnte, die sich ein Kinderbuch genauso verstohlen kaufte, wie der Vater das Pornoheft in die Aktentasche stopfte, gilt es heute als Zeichen für einen geschmeidigen Geist und ein junges Herz, sich Kinderbücher anzuschaffen. Geschäftsleute im Zug und feine Damen im Café lesen Kinderbücher von Joanne K. Rowling. Bei einer Wahl, zu der nur Personen über achtzehn Jahre zugelassen waren, schlug ein gewisser Harry P. mit seinem *Feuerkelch* den *Siegfried* eines auch in Deutschland hinlänglich bekannten Harry M. aus dem Rennen. Auch Isabel Allende, Nicci French und John Grisham wurden in der Publikumsgunst geschlagen. Die ganze Welt ist verpottert. Wer nicht mitmacht, ist ein Stinkstiefel. Das Kind ist die Norm geworden.

Dem Kind am nächsten ist die Frau. Ein Kind in eine Frau zu verwandeln ist weniger arbeitsintensiv als aus ihm einen Mann werden zu lassen. Während ein Mann eckig und eisern

Brigitte Bardot.

werden muss, mit tiefer Stimme und Stoppeln auf dem Kinn, kann eine Frau mit ihrer Nackt- und Weichheit zahlreiche Merkmale der Kindheit behalten. Eine Frau ist ein großes Kind. Männer mögen das Kind in der Frau durchaus. Große Augen, eine Stupsnase und Schmollmund gelten als sexy; Brigitte Bardot profitierte zu ihrer Zeit mächtig davon. Viele Männer nennen ihre Frauen liebkosend »Mädchen« oder »Baby«. So wecken sie das Kind in der Frau. Die Frau ihrerseits weckt den Vater im Mann. Und den Pädophilen. Aber auch der Mann selbst überlässt einen Teil seines Terrains dem Kind, das er einmal war. Ein Mann würde zwar auch heute nicht freiwillig einen Matrosenanzug tragen – es sei denn, er ist Matrose –, aber ein Polizeibeamter, einst eine mit Stiefeln und eindrucksvoller Mütze ausgestattete Vaterfigur, läuft in seiner Freizeit in Turnschuhen und Baseballmütze herum, als wäre er soeben einer Schülerfußballmannschaft entlaufen.

Um wieder wie ein Kind auszusehen, muss man wissen, wie sehr man sich seit Kindertagen verändert hat. Dabei kann man eine ganze Menge vom Plattfisch lernen. Ein Plattfisch ist – wie eine Seezunge oder Scholle auch – ein ziemliches Durcheinander. Was oben zu sein scheint, ist in Wirklichkeit die Seite. Doch ist das nicht von Anfang an so gewesen. Als Larve sieht eine Scholle oder Seezunge aus wie jeder andere Fisch. Prallrund schwimmt sie munter wie ein Hering herum, bis es passiert: Die Gedärme verknoten sich. Als Reaktion darauf wächst ihr das Maul schief, der ganze Schädel zieht nach, und der Körper wird flacher; aber nicht so wie bei einem Rochen, der den Eindruck macht, als hätte ihn der Schöpfer zwischen Bauch und Rücken plattgeschlagen, sondern so, als hätte Er-da-oben den Fisch seitlich durch die Nudelmaschine gedreht. Das Tier könnte an einen Mondfisch (Familie *Molidae*) erinnern, ließe er sich nicht auf die Seite fallen und schwämme davon. Und das ist noch nicht das Verrückteste. Das Verrückteste nämlich ist, dass während des Durchnudelns eines der Augen von einer Seite zur anderen wandert, sodass beide Augen der Scholle oder Seezunge am Ende auf einer Seite, der rechten, zu liegen kommen, die jetzt zur Oberseite geworden ist. Zeichnungen der verschiedenen Stadien der Larvenentwicklung zeigen, wie die Augen buchstäblich über den Kopf wandern. Das scheint wie ein Wunder, aber Sie selbst haben das auch vollbracht. Und zwar mit beiden Augen.

Als Sie noch eine Larve waren, befanden sich Ihre Augen auch an anderer Stelle als jetzt. Sie lagen viel tiefer in Ihrem Kopf, ungefähr in Höhe Ihres Mundes, der ebenfalls viel tiefer lag als jetzt. Im Mutterbauch wanderten Ihre Augen nach oben, ohne jedoch bei der Geburt schon dort angelangt zu sein, wo sie hingehören. Deshalb sehen Babys auch immer so komisch aus. Das ganze Gesichtchen scheint in der unteren Hälfte zusammengepresst zu sein, als würden Babys ständig unter einem Motorradhelm hervorlugen. Es dauert Jahre, bis die Augen an ihrem Bestimmungsort ankommen. Doch alles in allem ist das eine ganz ansehnliche Leistung Ihrer Augen. Und wie ist das zu schaffen? Durch Wachsen natürlich. Weil der Kopf von unten her schneller wächst als von oben, scheinen sich die Augen nach oben zu bewegen. Außerdem wächst der Kopf schneller als die Augen; also werden die, im Verhältnis betrachtet, immer kleiner, je größer das Kind wird.

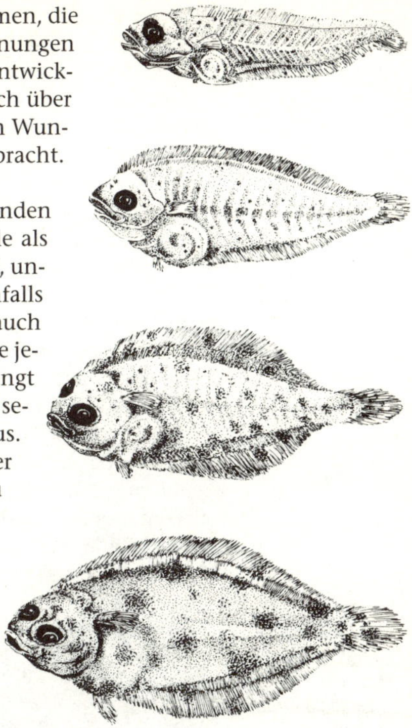

*Metamorphose eines Plattfisches. Mit dem Wachsen wird der Fisch immer flacher. Am Ende befinden sich beide Augen auf der gleichen Körperseite.*

Bei einem Plattfisch muss das eine Auge deshalb umrangiert werden, weil es sonst im Sand liegen würde. Das leuchtet ein. Aber warum wandert das menschliche Auge? Um zu verhindern, dass wir uns gegenseitig allzu nett finden. Je größer die Augen sind und je tiefer sie im Gesicht liegen, desto netter finden wir jemanden und umso inniger wollen wir ihn knuddeln. Die größten und am tiefsten im Gesicht liegenden Augen findet man bei Babys und Kleinkindern. Sie brauchen unsere Liebe auch am dringendsten. Zeitschriften über Schwangerschaft und Babypflege sichern sich eine hohe Auflage, indem sie Babys mit Wasserköpfen und Kulleraugen auf der Titelseite bringen. Um zu verhindern, dass wir auch unseren in die Jahre gekommenen Nachbarn über die Köpfe streicheln und in einer Tüttelsprache mit ihnen reden, weisen diese an unvorteilhafter Stelle kleine Schweinsäuglein auf. Prima Einrichtung, außer für junge Frauen, die ja gerade kopfgestreichelt und angetüttelt werden wollen. Mit Hilfe von Mascara vergrößern sie sich die Augen optisch auf Babygröße, und Lidschatten soll eine tiefere Lage suggerieren. So eine Göre mit tiefer gelegter Stirn nannte man früher Backfisch – eine junge Frau, die sich als Kind herausgeputzt hat, um fraulicher zu wirken.

*Mens juvenila in corpore juvenili*. Auch der Geist wird künstlich jung gehalten. Mit Hilfe der Schule und des Studiums. Eine akademische Erziehung dauert leicht bis zum vierundzwanzigsten Lebensjahr oder auch länger, wenn man dabei noch etwas von der Welt sehen möchte. Wer während der Arbeit an der Karriere die Hände frei haben will, ist dreißig, bevor er eine Familie gründet. Auf diese Weise wird die Larvenzeit gehörig in die Länge gezogen. Und oft besitzt auch die Zeit danach noch larvale Züge, zum Beispiel in Form der *éducation permanente*. Ein ewiger Student, ein altmodischer Junggeselle oder ein moderner Single nehmen nicht nur einen langen Anlauf, am Ende verzichten sie sogar ganz auf den Sprung. Es ist, als würde sich einer so lange mit der Suche nach dem passen-

*Die* **Palingenia longicauda** *ist Europas größte Eintagsfliege.*

den Reisebüro und dem Kofferpacken verzetteln, bis ihm die Lust aufs Reisen vergeht. So wird das Leben zur Generalprobe für ein Stück, das nie aufgeführt wird.

Ist man einmal erwachsen, kann man auch im Geist nie mehr Kind sein, und zwar, weil man genau das nicht mehr kann, was ein Kind vor allem auszeichnet: voller Erwartung zu sein. Ist man erwachsen, hat die Erfüllung jede Erwartung erdrosselt. Freude ist der Tod jeder Vorfreude. Die Vorfreude aber ist die schönste aller Freuden. Das jedenfalls ist die Meinung der Eintagsfliege (Ordnung *Ephemeroptera*). Abgesehen davon, dass sie ein primitives Insekt ist, ist die Eintagsfliege ein hoch entwickeltes romantisches Ideal, bei dem Leben und Liebe in einem einzigen leidenschaftlichen Moment zusammenfallen. Dichter haben es besungen, von Athen über Rom bis nach Plauen.

»Ach«, sprach 'ne Eintagsflieg' in Plauen,
»Wie herrlich ist das Morgengrauen,
Und wie beglückend ist die Stund',
In der das lodernd Sonnenrund'
Ganz still zum Horizont sich senkt.
Wär' mir doch noch ein Tag geschenkt!«

Dieses Gedicht von Kees Stip macht uns Menschen neuen Mut. Es ist doch tröstlich, dass auch Tiere keine Zeit haben. Ein einziger Tag! Selbst in unserer Wegwerfgesellschaft können wir es uns nicht vorstellen, dass jemand voller Eifer Milliarden solcher hübscher Tierchen wie die Eintagsfliegen zusammenbastelt, um sie nach nur einem einzigen Tag gelangweilt wegzuwerfen. Und wie ist es überhaupt, weggeschmissen zu werden? Wie fühlt sich so ein Eintagsleben an? Der Tag fliegt so rasend schnell vorbei, stellte sich Robert Chambers, ein Vorläufer von Charles Darwin, im Jahr 1844 vor, dass es dem Tier vorkommen muss, als stehe der Rest der Welt still.

> Man denke sich eine Eintagsfliege, die an ihrem einen Tag im April über ihrem Heimatteich schwebt und unter sich im Wasser Kaulquappen sieht. Später, an ihrem Lebensabend, wird sie, die eine Zeit ohne auch nur ein einziges Zeichen der Veränderlichkeit durchlebt hat, als Beobachterin gewiss nicht dafür geeignet sein, zu erkennen, dass die äußeren Kiemen dieses Wesens verdorren und durch innere Lungen ersetzt werden, dass es Beine bekommt, der Schwanz abfällt und das Tier sich schließlich auf dem Land niederlässt.

So oberflächlich ihr Wissen vom Leben um sie herum ist, so intensiv muss eine Eintagsfliege ihr kurzes Leben leben. Dieser einzige Lebenstag ist ein Leben voller Liebe, in dem sich die Leidenschaft eines gesamten Daseins konzentriert wie ein Fass Wein in einem Glas Cognac. Und dann der Tod. *L'amour* und *la mort* vereinigen sich in der Eintagsfliege zu *la mort douce*, dem Tod während des Liebesaktes, umringt von Tausenden zuckender Mitorgiasten. An einem schönen Frühlingsabend bilden alle Eintagsfliegen einer Gegend zusammengenommen ein Fortpflanzungspotential, wie wir es höchstens vom Wiener Debütantinnenball kennen. Doch wird bei den Fliegen die lodernde Leidenschaft an Ort und Stelle ausgelebt. Nur wenige Stunden nach dem Genuss ist das Wasser übersät mit Leichen. Gilbert Waldbauer, Entomologe an der Universität Illinois, erinnert sich an einen besonders dichten Schwarm:

> An einem Sommerabend im Jahr 1954 musste ich die Brücke über den Fluss Rock mit meinem Auto im Schritttempo überqueren, da sich über ihr ein unvorstellbar dichter Schwarm Eintagsfliegen versammelt hatte. Überall schwirrten Insekten, ihre Flügel weit gespreizt. Sie flogen so dicht, dass ich kaum weiter als einen Meter sehen konnte. Die Straßendecke war mit einer tückisch glatten, etwa daumendicken Schicht halb oder bereits ganz toter Fliegen überzogen. Die Eintagsfliegen wurden von den grell erleuchteten Schaufenstern einiger Geschäfte am Kopf der Brücke angezogen. Sie flogen immer wieder gegen die Scheiben, bis sie vor Erschöpfung auf den Bürgersteig fielen, wo sich schon Massen angesammelt hatten. Als ich am nächsten Morgen vorbeikam, waren es noch mehr geworden. Ein Bulldozer schaufelte sie gerade meterhoch in einen Kipplaster.

So ephemer eine Eintagsfliege in der Luft zu sein scheint, so zählebig ist sie sechsbeinig im Schlick des Polderlands. Statt nur den einen gewissen Tag lebt sie dort hundert oder gar tausend Tage, und mindestens 99 bzw. 999 davon außerhalb unseres Wahrnehmungsbereiches unter der Wasseroberfläche. Ganz prosaisch durchwühlt sie als Larve den Schlamm auf der Suche nach Verwestem oder Algen, bis der große und ach so kurze Tag anbricht. Auch historisch gesehen ist die Fliege kein Tagesereignis; Eintagsfliegen gehören zu den ältesten geflügelten Insekten und flogen schon vor mehr als 300 Millionen Jahren durch die Wälder des Karbon. Und genau wie die gleichaltrigen Libellen haben sie es nie gelernt, die Flügel flach auf dem Rücken zusammenzufalten. Sie sind ihnen deshalb auch konstant im Weg wie ein Regenschirm, der sich nicht mehr zusammenklappen lässt, was furchtbar lästig sein kann, wenn man sich irgendwo verstecken möchte. Doch das wollen Eintagsfliegen gar nicht; sie wollen sich nur paaren und dann sterben. Der Selbsterhaltungstrieb ist eher etwas für Larven, die auch in zahlreicheren Varianten vorkommen als die erwachsenen Tiere. So gibt es beispielsweise Larven, die sich im Schlamm eines Wassergrabens verkriechen; andere dagegen müssen dem brausenden Wasser eines Gebirgsbachs standhalten. Frei schwimmende Larven haben denselben Darmwasser-Strahlantrieb wie Libellenlarven.

Als Erwachsene fressen Eintagsfliegen nicht mehr; sie haben nicht einmal einen Mund, und ihr Darm ist nur mit Luft oder Flüssigkeit gefüllt. Sie selbst dagegen werden massenhaft gefressen. Ihre Sexorgien sind für Vögel und Fische ein gastronomisches Bacchanal. Der Eintagsfliegenspezialist James Needham war dabei:

> Am Ufer haben wir Rotkehlchen gesehen, mit dicken Hälsen und mindestens einem halben Dutzend Eintagsfliegenschwänzen im Schnabel. Spinnen fangen die Fliegen zu Tausenden in ihren Netzen. Libellen, die über den Schwärmen schweben, greifen sich so viele davon, wie sie Lust haben. Sie stürzen sich auf sie wie Habichte auf Tauben oder Wachteln. Ochsenfrösche lauern am Ufer auf ihre Chance. Wenn die Weibchen ins Wasser zurückkehren, um dort Eier abzulegen, ist dies das Zeichen für die Raubfische, ihre Angriffe wieder aufzunehmen. Forellen, Barsche, Hechte und viele andere Fische schnappen sie sich von der Wasseroberfläche oder springen sogar in die Luft, um sie zu fangen.

Angler missbrauchen die Vorliebe der Fische für Eintagsfliegen beim Fliegenfischen. In den angelsächsischen Ländern gilt das Knüpfen von künstlichen Fliegen als wahre Kunst und geht mit allerlei Fachsimpelei und Aberglauben einher. Auch hier unterscheidet man deutlich zwischen der eigentlichen Eintagsfliege (Imago) und dem geflügelten Stadium (Subimago). Die Subimago, das Stadium zwischen Larve und Imago, ist farblich nicht so schön und hat auch einen kürzeren Schwanz. Es ist die einzige Larve mit Flügeln. Den einen Tag, der auch der Subimago beschieden ist, nutzen die Tiere vor allem dazu, sich trocknen zu lassen.

Es scheint das Werk von Geisteskranken zu sein: Doch in diesem Irrsinn, sich nach einer Vorbereitungszeit von Monaten, ja vielleicht Jahren, den Vögeln und Fischen zum Fraß vorzuwerfen, liegt System. Sich selbst zur Schlachtbank zu führen kann eine gute Überlebensstrategie sein – wenn man zu vielen ist. Das Ausschwärmen findet in einer solchen Masse statt, dass die Feinde sich an den Tieren überfressen. Der Trick ist, dafür zu sorgen, dass der Feind den Bauch voll hat, zur Not mit einem selber. Während die Feinde sich am Viertel eines Schwarms fast zu Tode fressen, kann sich der Rest sorglos der freien Liebe hingeben. Panzer und Waffen sind überflüssig.

*Larve einer Zikade.*

Diese Sättigungsstrategie hat eine Zikadenart zur Kunst erhoben. Zikaden sind jene Tiere, die während des abendlichen Schlummertrunks im Südfrankreich-Urlaub ein ohrenbetäubendes Gezirpe veranstalten und von den Urlaubern durchweg zu Grillen herabgewürdigt werden. Was man hört, ist der Lockruf des Männchens an sein Weibchen. Nur selten bekommt man ein Tier zu Gesicht; geht man auf das Geräusch zu, löst es sich in Luft auf. Ganz anders liegt der Fall bei jenen Zikaden, die nur wenige Male pro Jahrhundert im Osten der Vereinigten Staaten zu hören sind. Nachdem sie siebzehn Jahre lang als Larven unter der Erde gelebt und sich dabei von Baum- und Strauchwurzeln ernährt haben, brechen sie plötzlich aus wie ein Vulkan. Kurz bevor die Insektizidenseuche die Umgebung von Chicago vergiftete – und in der Folge eine starke Umweltbewegung ins Leben rief –, krochen dort im Jahr 1956 eines Tages in einem Gebiet von mehreren 100 Quadratkilometern Dutzende von Zikaden pro Quadratmeter aus der Erde. Pro Hektar machte das an manchen Stellen fünf Millionen Tiere mit einem Gesamtgewicht von vier Tonnen. Die Sexparty fand unter dem Kreischen Tausender hysterischer orgasmierender Weibchen statt. Wenn Siebzehnjahrszikaden (*Magicicada septendecim*) leise zirpen, dann kommen sie dabei immer noch auf eine Lautstärke von achtzig Dezibel; das ist zehnmal lauter als das Summen einer Autobahn und mehr als ausreichend, um beim Flughafen anzurufen und sich zu beschweren. Der Krach soll die Vögel abschrecken, ist aber auf die Dauer so ineffektiv wie eine Rassel gegen ein Schwarm Stare im Kirschgarten. Über eine andere aktive Verteidigung verfügen die Zikaden aber nicht. Sie verstecken sich nicht wie ihre französischen Brüder, Camouflage ist für sie ein Fremdwort, Gift besitzen sie auch keines, und überdies schmecken sie köstlich. Sie verlassen sich schlicht auf ihre plötzliche Massenhaftigkeit, eine andere Strategie haben die Tiere nicht, doch sind sie der beste Beweis dafür, dass sie funktioniert. Die Vögel können gar nicht so viel fressen, wie sie kotzen wollen. Thomas Moore, Zikadologe an der Universität von Michigan, sah einen Star, der so voll gefressen war, dass er nicht mehr fliegen konnte. Beim Ausschwärmen der Zikaden im Jahr 1985 konnten sämtliche Enten, Seeschwalben, Möwen, Kuckucke, Spechte, Eichelhäher, Amseln und Rotkehlchen von Arkansas, nicht zu vergessen alle Waschbären, Hunde, Katzen, Mäuse und Eichhörnchen nicht einmal der Hälfte des Zikadenheers Herr werden.

Verglichen mit den Eintagsfliegen ist der Zyklus von siebzehn Jahren eine ungeheure Verbesserung. Um am besten vom plötzlichen Massenangebot an Nahrung profitieren zu können, müssten eigentlich auch die Feinde einen Lebenszyklus von siebzehn Jahren haben. So lange aber kann kein Tier warten. Um die Sache noch zu verkomplizieren, gibt es auch Zikaden mit einem dreizehnjährigen Zyklus. Vermutlich gehören sie derselben Art an wie die drei siebzehnjährigen (*Magicicada septendecim, M. cassini* und *M. septendecula*). Die Chance, dass die Arten irgendwann einmal aufeinander treffen und dann aus dem Rhythmus geraten, ist minimal: Das passiert rein rechnerisch nur einmal in dreizehn mal siebzehn oder zweihunderteinundzwanzig Jahren. Der einzige Feind, der gut genug zählen kann und lange genug lebt, ist der Mensch. In Zikadenjahren finden in Restaurants und Bars Wettessen statt, und Zeitungen und Zeitschriften drucken Rezepte für die schmackhafte Zubereitung. *Time* rät beispielsweise, die Tiere in Teig zu tunken, goldbraun zu brutzeln und mit etwas Cocktailsauce oder Sauerrahm zu servieren.

*Puppe einer Zikade.*

Wie aber bringt man eine Larve dazu, siebzehn Jahre unter der Erde zu verbringen? Mit schlechtem Essen. Die Larven der Zikaden zapfen wie Blattläuse den Saftstrom von Pflanzen an, sind also so genannte Pflanzensaftsauger, doch zapfen sie vom anderen Ende her. Anstatt die nährstoffreichen, von den Blättern kommenden absteigenden Gefäße bohren sie die aufwärts führenden Gefäßteile an. Der darin fließende Saft, Xylemsaft genannt, besteht zu 99 Prozent aus Wasser und nur zu einem Prozent aus Nährstoffen und ist damit dreißigmal nahrungsärmer als der Phloemsaft aus den absteigenden Gefäßen. Das ist nicht viel, wenn man noch wachsen muss. Mit 0,2 mg pro Tag wächst eine Larve der Siebzehnjahrszikade zweihundertfünfzigmal langsamer als eine gesunde Raupe. Auch wenn man ehrlichkeitshalber zugeben muss, dass es Xylemsaftsauger gibt, die schneller wachsen, muss man sagen, dass die Siebzehnjahrszikade eine der wenigen Tierarten ist, die die Unterernährung der Kinder zur Überlebensstrategie erhoben hat.

Eintagsfliegen und Siebzehnjahrszikaden können sich das

kurze Leben als Erwachsene erlauben, weil ihnen die Kinder ziemlich egal sind. Mit dem Eierlegen hat sich ihre Fürsorge erschöpft; die Eier müssen sich selber weiterhelfen. Menschen haben zwar ebenfalls eine Larvenzeit von ungefähr siebzehn Jahren, müssen danach aber mindestens noch mal so lange am Leben bleiben, um ihre eigenen Larven großzuziehen. Natürlich produziert ein Mensch nicht wie die Zikade gleich nach der Metamorphose selber Larven, doch wer seinem Kind lieber Mutter als Großmutter sein möchte, sollte damit allerhöchstens noch mal siebzehn Jahre warten. Nicht zufällig erhöht sich danach das Risiko auf erbliche Schäden in beängstigender Weise. Zur Sicherheit schaltet die Natur die weibliche Fruchtbarkeit nicht viel später ohnehin ab.

Ob man viele Kinder schlecht versorgt oder wenige gut, ist der Evolution egal, Hauptsache man ist konsequent. Eine konsequente Fortpflanzungsstrategie kann man etwa den Kaninchen kaum absprechen, doch am konsequentesten ist der Mensch. Er verfolgt die den Kaninchen entgegengesetzte Richtung und versorgt seine wenigen Jungen so lange und so gut wie möglich. Anatomisch betrachtet, ist die menschliche Larve zwar nicht so extrem wie eine Raupe, doch längenmäßig schlägt unser Larvenstadium alle Rekorde. Während die meisten Säugetiere so schnell wie möglich wachsen, um so schnell wie möglich der Konkurrenz eine aufs Maul hauen oder wegrennen zu können, hat der Mensch keine Eile. Ein erwachsener Mensch kann körperlich gegen einen Löwen oder einen Gorilla so wenig ausrichten wie seine Kinder. Also müssen wir uns an unser Gehirn halten. Ist es egal, ob man stark ist oder nicht, kann man genauso gut jung bleiben. Und genau das macht der Mensch. Zuerst sind wir sehr lange eine Larve, darauf folgt ein Erwachsenenstadium, das, verglichen mit anderen Affen, ziemlich kindisch wirkt. Dass wir unsere Kinder nicht für andere Wesen halten, wie Schmetterlinge ihre Raupen beispielsweise, liegt nicht daran, dass unsere Kinder schon so erwachsen aussehen, sondern daran, dass wir Erwachsenen so kindlich bleiben. Ein Marsmännchen, das zum ersten Mal auf der Erde landete, würde wohl auch die Erwachsenen für Larven einer noch unentdeckten Art halten. Vielleicht nähme er Sie oder mich mit, würde uns in einen Marszoo sperren und gespannt darauf warten, was dabei herauskommt. Da kann er aber lange warten.

Genau das passierte bei der Entdeckung des Axolotls (*Ambystoma mexicanum*). Bis ins 19. Jahrhundert hinein kannte man den Salamander nur aus der Beschreibung von Hernàndez, dem späteren Leibarzt Philipps II. von Spanien.

> In der Nähe der Stadt Mexiko findet man eine Sorte von Meeresfischen mit weicher Haut und vier Beinen gleich einer Eidechse, eine Spanne lang und einen Daumen dick, ›Axolotl‹ oder ›Wasserhund‹ genannt. Der Kopf ist flach und groß, die Zehen gleichen denen der Frösche. Die Farbe ist schwarz oder braun oder gefleckt. Das Tier trägt seinen Namen aufgrund seines ungewöhnlich possierlichen Verhaltens. Sein Fleisch ähnelt (geschmacklich) dem der Aale und ist gesund und wohlschmeckend; man bereitet es auf verschiedene Weisen zu.

Mit den großen Außenkiemen und dem flossenartigen Schwanz sehen Axolotls aus wie überdimensionale Larven normaler Salamander. Und so beschrieb Georges Cuvier sie auch. Aber von welchem Salamander sollten die Tiere die Larven sein? Wie unser Marsmännchen fing Cuvier einige Exemplare und wartete ab. Aber keine der Larven wollte sich in einen erwachsenen Salamander verwandeln, und so schloss der Anatom Anfang des 19. Jahrhunderts, dass die Tiere bereits erwachsen sein mussten. Cuvier rechnete sie von nun an zu den *Perennibranchiata*, einer Gruppe von Tieren, die er für den Übergang zwischen Fischen und Amphibien hielt, da sie das ganze Leben lang Kiemen besitzt. Das war der Stand der Dinge, als Auguste Duméril im Pariser Jardin des Plantes Axolotls züchtete. Die Tiere pflanzten sich fort mit Kiemen und allem drum und dran.

> Mitte September 1865 bemerkte Duméril an einem der Jungen eine höchst merkwürdige Veränderung: die quastenförmigen Kiemenbündel neben dem Rückenkamm und dem Schwanz verdorrten, die Kiemenspalte schloss sich, die Körperform veränderte sich und auf der dunkelfarbigen Haut entstand eine große Anzahl kleiner, gelblich-weißer Flecken.

Von diesem Zeitpunkt an war der larvale Axolotl seinen eigenen bis dahin geführten lateinischen Namen »Siredon« los, denn am erwachsenen Tier war eindeutig zu erkennen, dass das Tier der Gruppe der *Ambystoma* zuzurechnen war. Vom Jardin des Plantes aus eroberte der Axolotl die Aquarien der Welt, nicht weil die Tiere tatsächlich so possierlich sind – sie sind so aufre-

***1865 wurde die ewige mexikanische Larve (unten) zum ersten Mal zum erwachsenen Axolotl herangezüchtet (oben).***

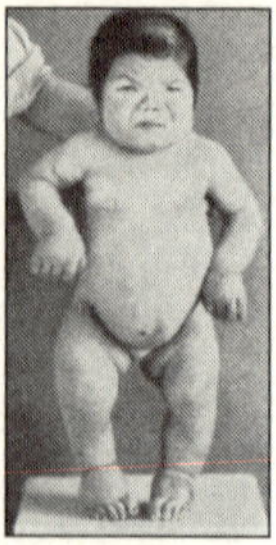

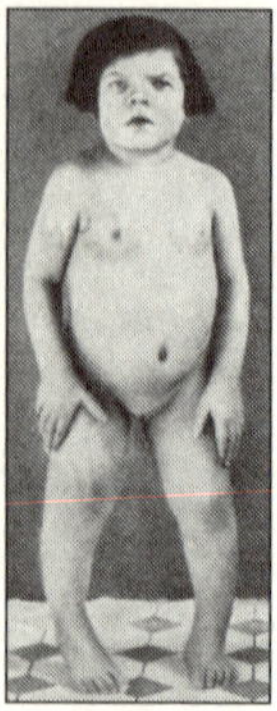

***Ein siebenjähriges Mädchen mit einer Unterfunktion der Schilddrüse vor und nach der Behandlung mit Thyroxin.***

gend wie ein dementer Goldfisch –, sondern weil ihre Haltung vollkommen unproblematisch ist. Im Gegensatz zu normalen Salamandern, die auch Land brauchen, reicht ein Kübel Wasser. Im Aquarium kam man dann auch dahinter, wie sich Axolotls aus dem Reich der ewigen Jugend vertreiben lassen. Man kann entweder das Gefäß dauernd hin und her bewegen oder bestimmte Stoffe ins Wasser schütten, doch am einfachsten ist es, man senkt allmählich den Wasserspiegel. Glaubt ein Axolotl, sein Wohnraum trockne aus, durchläuft er eine Metamorphose, um künftig auf dem Land leben zu können. In der Natur kommt dies durchaus vor. Auch wenn die Anzahl der Feinde im Wasser gefährlich ansteigt, sucht ein Axolotl das Heil an Land. Schon das Aussetzen von Forellen kann als Anlass genügen.

Axolotls verkörpern wie alle Amphibien das Sowohl-als-auch und haben dies zu einem schamlosen Opportunismus verfeinert. Gefällt es ihnen im Wasser, bleiben sie dort, ist das nicht der Fall, suchen sie das Land auf. Das ist nicht so leicht, wie es sich anhört, sie können nicht einfach einen Schalter umlegen. Ohne hormonelles Tamtam geht es nicht, und es gelingt auch nicht immer. Eine Schlüsselrolle nimmt dabei das Schilddrüsenhormon Thyroxin ein. Ein Mangel daran führt auch beim Menschen zu Wachstumsstörungen. Das ließ sich früher vor allem in Gebieten mit Jodmangel häufig beobachten, denn die Schilddrüse braucht Jod, um das Hormon zu produzieren. Ein Axolotl, der lebenslang Larve bleibt, stellt entweder kaum Thyroxin her oder sein Körper reagiert nur unzulänglich darauf. Ersteres könnte man auf jodarmes Wasser zurückführen, das zweite auf zu kaltes Gebirgswasser im Lebensraum des Axolotls. Manchmal bringt man die Larven dazu, erwachsen zu werden, indem man Jod oder Schilddrüsenextrakt ins Wasser gibt. Wirft man einer Kaulquappe Schilddrüsen zum Fressen vor, entwickelt sie viel zu früh Beine und wird zu einem Minifrosch; entfernt man ihr die Schilddrüse, wächst sie zur Riesenkaulquappe heran.

Das Erwachsenwerden unter Beibehaltung der larvalen Eigenschaften nennt man Neotenie. Ein Axolotl kann sich das nur leisten, solange sein Lebensraum sicher ist. Wie beim Menschen ist sein Infantilismus purer Luxus, beinahe schon dekadent, und sobald das Leben härter wird, muss er erwachsen werden. Schlechte Zeiten sind nichts für Teddybärengetüttel und *fun food*. Statt lange jung (neoten) zu bleiben, wird man in solchen Zeiten früh reif (progen). Der Unterschied ist scheinbar deutlich, oft aber irrt man sich. Sieht jemand jung aus, weil er zwar reif, aber wider Erwarten jung ist, oder erscheint er jung und im Grunde doch reif?

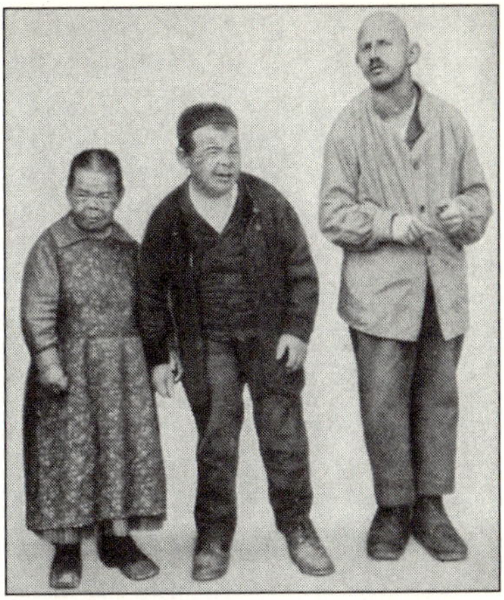

Der Axolotl ist bei weitem nicht der einzige, der sich nicht ans Buch des Lebens hält. Salamander machen ein Kuddelmuddel daraus. Außer neotenen Arten, gibt es auch extrem progene, also Arten, die nie jung sind. Olme (Familie *Proteidae*) und Aalmolche (Familie *Amphiumidae*) zum Beispiel überspringen das Larvenstadium ganz; die Hälfte aller Salamander kennt diese Art der direkten Entwicklung. In evolutionärer Hinsicht ist aber keine eindeutige Linie darin zu erkennen. Es ist, als hätten verschiedene Arten verschiedener Familien unabhängig voneinander entdeckt, wie der Metamorphoseschalter zu manipulieren ist. Manchmal sieht es so aus, als wäre der Schalter einfach nicht fachgerecht bedient worden, wenn beispielsweise die Kiemen zwar verschwinden, das Gebiss aber larval bleibt. Wenn sich unser gewöhnlicher Teichmolch (*Triturus vulgaris*) im Larvenstadium fortpflanzt, dann befindet sich in der Larve ein so gut wie erwachsener Schädel. Offensichtlich gibt es im Körper mehrere Schalter, oder besser gesagt, mehrere Schaltknüppel. Es ist auch nicht so, dass beim neotenen Tier sämtliche Eigenschaften (außer der Fähigkeit zum Sex) im Jugendstadium verharren. Jedes Teilstück hat sein eigenes Wachstumstempo, das man beschleunigen oder verlangsamen kann. Der wachsende Körper ist wie ein Uhrenladen, in dem nicht alle Uhren dieselbe Zeit anzeigen. Eine einzige Uhr braucht nur etwas vor- oder nachzugehen, um wichtige Termine platzen zu lassen oder zu unerwarteten Zusammentreffen zu führen. In ähnlicher Weise bietet die Ungleichzeitigkeit, das heißt die Heterochronie des Tieres unerwartete Möglichkeiten,

***In abgelegenen Berggegenden mit jodarmem Wasser gab es bis ins 20. Jahrhundert hinein zahlreiche körperlich und geistig Behinderte.***

***Armmolch* (Siren lacertina).**

mit minimalen Geschwindigkeitsveränderungen enorme Effekte zu erzielen.

Nehmen wir als Beispiel den Vogel Strauß. Dieses Tier haut hinten und vorn nicht hin, das sieht man auf den ersten Blick. Diese viel zu großen Füße, dieses vollkommen lächerliche Ei, und der Körper von einer Stromlinienförmigkeit, die zum Heulen ist. Nicht einmal fliegen kann er, die Federn erlauben das nicht. Er hat sie nur, um sie zu lassen oder um schräge Vögel, die zu den Folies-Bergères wollen, damit zu schmücken. Aber dafür muss man den Rest des Vogels wegwerfen. Der Vogel Strauß ist ein offenbar unerklärliches Phänomen, bis man ihn sich einmal durch ein umgekehrt gehaltenes Fernglas anschaut, ihn also nicht vergrößert, sondern verkleinert. Dann wird klar, dass der Strauß einfach ein überdimensionales Küken ist, ein wandelnder Riesenembryo. Küken, das sind die mit den Daunen, mit denen man nicht fliegen kann, die, deren Füße größer als ihre Flügel sind, die mit den merkwürdigen Hälsen und dem absolut disproportionierten Körper. Ein Strauß hat sich sämtliche Jugendmerkmale erhalten, und genau deshalb ist er so groß; er hat sich, wie es der Jugend geziemt, aufs Wachsen verlegt. Ein Strauß ist nie fertig. Er ist ein großes Baby, wenn auch eines mit einem zwanzig Zentimeter langen Pimmel.

Bei den Insekten finden sich viele Vögel Strauße unter den Wanzen (Ordnung *Heteroptera*). Viele erwachsene Wanzen begnügen sich mit ähnlichen Flügelstümpfen, doch wie bei normalen Vögeln sind diese bei normalen Wanzen ein Merkmal der Jungen. Weil sie kein Puppenstadium haben, werden Wanzen mit diesen Flügelstümpfen geboren. Sie werden bei jeder Häutung größer und bedecken bei der Imago schließlich den ganzen Rücken. Trotzdem kann man solche Stumpfflügler oft bei der Paarung beobachten, wobei es mir immer vorkommt, als trieben es da zwei erwachsene Menschen in kurzen Hosen miteinander. Ob sie fliegen können oder nicht, scheint den halbflügeligen Wanzen so egal zu sein, dass sie nicht auf die großen Flügel warten wollen, bevor sie sich paaren. Ob es sich bei ihnen um frühreife Larven handelt, oder aber wieder einmal um spätjunge Imagines, das sollen besser die Fachleute entscheiden.

Fachleute wie Karel Sláma, der in den sechziger Jahren aus Prag nach Harvard kam, um mit dem berühmten Caroll Williams zu arbeiten. Williams hatte sich schon als junger Biologe in den vierziger Jahren eingehend mit der Metamorphose des Cecropiaschmetterlings (Hyalophora cecropia) befasst. Um ihre Funktionsweise zu erforschen, kappte er die

Hormonzufuhr zu bestimmten Körperteilen, manchmal mit einem Bindfaden, manchmal tatsächlich mit dem Messer. Daraufhin entstanden Raupen, die sich zum Beispiel nur in der vorderen Hälfte verpuppten, und Puppen, die nur halb zum Schmetterling wurden. Zunächst jedoch hatte Karel Sláma einige Schwierigkeiten gehabt. Es wollte ihm einfach nicht gelingen, in seinem amerikanischen Labor die Feuerwanzen (*Pyrrhocoris apterus*) dazu zu bringen, sich zu vermehren. Dabei hatte er in seinem eigenen Land damit keinerlei Probleme gehabt. Was hatte die Tschechoslowakei, das Amerika nicht hatte? Oder umgekehrt.

Zuerst dachte Sláma, es würde am Futter liegen oder an den anderen Tieren im Labor. Doch nach langem Suchen stellte sich heraus, dass die Unterlage in den Zuchtbehältern daran schuld war. In Europa hatte Sláma anderes Papier verwendet als in Amerika. Also testete er die verschiedensten Papiere bis hin zu alten Zeitungen. Legte er die Käfige mit der *New York Times* oder dem *Wall Street Journal* aus, entwickelte sich aus dem fünften Larvenstadium kein erwachsenes Tier, sondern ein sechstes oder gar siebtes Larvenstadium. Mit der *Times*, die aus London kam, wuchsen die Wanzen dagegen normal. So rasch sich die Wanzen auf der englischen Zeitschrift *Nature* entwickelten, so halsstarrig weigerten sie sich, auf der amerikanischen *Science* erwachsen zu werden. Offensichtlich befand sich im amerikanischen Papier ein Stoff, der die Wanzen zwar größer werden ließ, aber nicht richtig groß. Später stellte sich heraus, dass der *paper factor* von der Balsamtanne stammte, die in Amerika hauptsächlich zur Papierherstellung verwendet wird. Ein im Holz befindlicher Stoff übte auf die Insektenlarven dieselbe Wirkung aus wie das Jugendhormon, das der Brite V. B. Wigglesworth bereits zu einem früheren Zeitpunkt entdeckt hatte. Wigglesworth schnitt bei seinen Experimenten den Wanzen den Kopf ab, doch so, dass sie nicht daran starben. So blieb das Hinterteil nicht nur am Leben, sondern es verpuppte sich auch sofort ohne den Bremsstoff aus dem Kopf. Inzwischen sind eine ganze Anzahl von Hormonen entdeckt worden, die bei der Häutung und der Verpuppung von Insekten eine Rolle spielen, doch Wigglesworths Wachstumshormon blieb der Hauptakteur. Solange der Körper davon durchtränkt ist, passiert mit einer Larve nur wenig. Sinkt die Konzentration, häutet sie sich in das nächste Larvenstadium hinein oder, wenn die Konzentration noch weiter abnimmt, verpuppt sich. Beim Schlüpfen ist vom Jugendhormon nichts mehr im Körper vorhanden.

Dem Menschen würde dieses Jugendhormon jedoch gar

nichts nutzen. Es wirkt nur bei Insekten. Unsere eigenen Hormone funktionieren nämlich genau andersherum: Wir werden unter ihrem Einfluss älter statt jünger. Es mag Eifersucht sein oder stinknormale Bösartigkeit, jedenfalls benutzt der Mensch das Jugendhormon, das ihm selbst in so schmerzlicher Weise abgeht, um die Insekten zu vernichten. Das in den amerikanischen Zeitungen und verwandten Stoffen vorhandene Juvabion verwendet er zur Herstellung von Schädlingsbekämpfungsmitteln. Flugzeuge versprühen diesen Jungbrunnen über die insektenbefallenen Landstriche in der Hoffnung, die Tiere mögen nie erwachsen werden, sich nie fortpflanzen und so zum Aussterben verdammt sein. Bei einer Wanze, die bespritzt wurde, tritt das Später-wenn-ich-mal-groß-bin niemals ein.

Mit Hormonen kann man ganze Arten ausrotten. Oder sie ins Leben zurückrufen. Ein Tröpfchen hier, eines dort, mal weniger, mal mehr, so schustert man sich dank unterschiedlicher Wachstumsgeschwindigkeiten einzelner Teile eine ganz neue Art zusammen. Das geht um einiges schneller, als wenn man sich Gen für Gen vorknöpfte. Eine neue Art hat der Mensch auf diese Weise zwar noch nicht hervorgebracht, doch neue Rassen sind ihm schon ganz gut gelungen. Dafür braucht man das Hormon nicht im Labor zu synthetisieren; die Tiere produzieren es selber. Allein durch Selektion auf die äußere Erscheinung hin haben Züchter durch die Jahrhunderte hindurch Hunderassen geschaffen, die sich auf den ersten Blick stärker unterscheiden als ein Eichhörnchen von einer Ziege. Viele von ihnen sehen aus, als wären sie im Welpenstadium stecken geblieben, mit ihren kurzen Beinen und der eingedrückten Schnauze. Neotene Rassen lassen sich leichter verhätscheln; je kindlicher sie aussehen, desto lieber will man sie versorgen. In dieser Hinsicht wären auch wir Menschen als Hätschelwesen für unseren Marsmenschen bestens geeignet. Unser ganzes Leben lang sehen wir kindlicher aus als unsere Mitaffen. Mit rundem Kopf und kurzem Kinn behalten wir lebenslang Eigenschaften bei, die andere Affen nur als Junge besitzen. Vergleicht man einen erwachsenen Menschen nicht mit einem erwachsenen, sondern einem neugeborenen Schimpansen, wundert man sich, dass die Evolutionstheorie nicht schon viel früher entdeckt wurde. Vieles von dem, was uns von den Affen unterscheidet, ist bei dem Baby-Chimp noch vorhanden.

Der Gedanke, dass der Mensch ein neotener Affe ist, ist schon mehr als hundert Jahre alt. Allerdings ist er jetzt, da bewiesen ist, wie wenig Affe und Mensch sich genetisch unterscheiden, aktueller denn je. 99 Prozent unserer Gene haben wir mit dem Schimpansen gemeinsam. Ist man weiterhin überzeugt davon, dass die eine Art vor und die andere Art hinter die Gitterstäbe gehört, muss zwangsläufig dieses eine Prozent Unterschied den Ausschlag geben. Wie erklärt man mit einer Nasenlänge Unterschied, dass unsere Gehirne fünfmal größer sind? Wie macht man aus einem neunundneunzigprozentigen Affen einen hundertprozentigen Menschen? Für die beste aller Erklärungen müssen wir ins Jahr 1918 zurück. Damals hielt der Anatom Louis Bolk einen öffentlichen Vortrag anlässlich des *dies natalis* der Amsterdamer Universität. Auf den ersten Blick war Bolk nur ein Schädelvermesser, wie es damals viele gab; unermüdlich erforschte er, wie sich kurz- und langschädelige, blau- und braunäugige Menschen über die Niederlande verteilten. Dennoch sollte der weltberühmte Gehirnforscher Cornelis Ubbo Ariëns Kappers später mit Recht Bolk als »den größten Anatomen« bezeichnen, »den die Niederlande nach Petrus Camper hatten«. Bolks Rede, die er später zu seinem Werk *Hersenen en cultuur* (Gehirn und Kultur) ausarbeitete, erwies sich als ein Schatz von Ideen. Wenn die Menschen vom Affen abstammen, so erklärte er, sei zu erwarten, dass sie vor ihrer Geburt dem Affen ähnlicher sind als danach. Doch in Wirklichkeit ist es genau umgekehrt: Der Affe sieht dem Menschen vor der Geburt ähnlicher als danach. Er kommt mit demselben kugeligen, kurzkinnigen Kopf auf die Welt wie der Mensch, und auch die

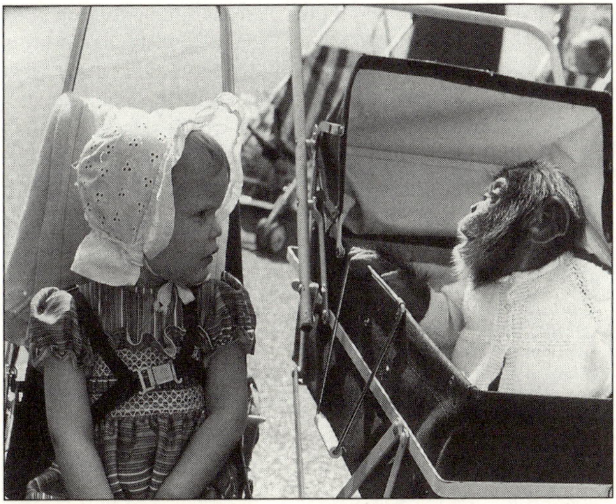

*In den ersten beiden Jahren ist der Schimpanse dem Menschen haushoch überlegen.*

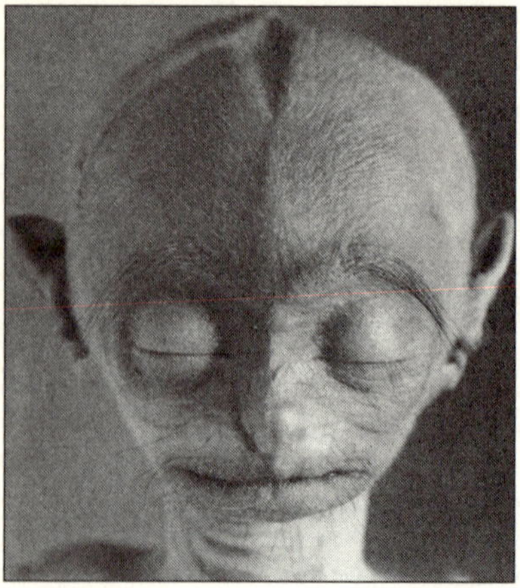

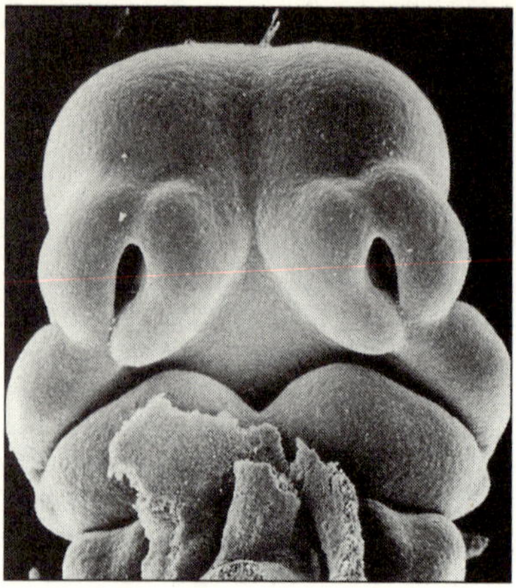

*(links): Gibbon (Gattung* Hylobates*) kurz vor der Geburt.*

*(rechts): Gesicht eines menschlichen Embryos im Frühstadium.*

dicken Augenbrauenbögen fehlen. Man könnte denken, wir bekommen als Embryos diesen Kugelkopf, um unser ganzes Gehirn darin zu verstauen; doch ein Affe beginnt genauso kugelrund und baut erst später nach der Methode Wintergarten und Erker Kinnlade und Augenbrauenbogen an.

> Beim erwachsenen Menschen liegen die Augenhöhlen in demselben Verhältnis im Schädel wie beim fötalen Menschen oder beim Kind, im Gegensatz dazu sind die Augenhöhlen des erwachsenen Menschenaffen nach vorn verschoben, sodass sie vor den Stirnhöhlen liegen. Aus diesem Grund muss von oben ein neues Dach gebildet werden. Und dieser Abschluss ist der stark entwickelte Knochenkamm, der den Schädeln der Menschenaffen einen so wilden Ausdruck verleiht. Während also, hinsichtlich der genannten Merkmale, Affenkind und Menschenkind einander ähneln, bilden sich die Unterschiede erst später heraus, und zwar nicht, weil sich etwa der Menschenschädel, sondern weil sich der Affenschädel verformt.

Während sich somit ein Affe nach der Geburt weiterentwickelt, bleibt der Mensch im Fötalzustand stecken. »Wenn ich das Grundprinzip meiner Ideen noch einmal krass zusammenfassen wollte«, schrieb Bolk 1926, »dann müsste ich sagen, dass der Mensch hinsichtlich der körperlichen Entwicklung ein zur Geschlechtsreife gekommener Primatenfötus ist.« Um seine Fötalisationstheorie zu erhärten, erstellte Bolk eine Liste von Eigenschaften, die wir zwar mit den jungen, nicht aber mit den erwachsenen Affen gemeinsam haben; so etwa die Nähte zwischen den Schädelknochen, die Position des Hinterhauptlochs unter dem Schädel, die Lage der Vagina, und, nicht zu vergessen, das Jungfernhäutchen. Eine erwachsene Frau hat nur wenig Freude an ihrem Häutchen. Hat sie es noch, dann hat sie meist ein Problem, hat sie es nicht mehr, kriegt sie möglicherweise eins. Es scheint unklug, einen Eingang, in den etwas hineingesteckt werden muss, zu verschließen. Das Häutchen scheint ein Relikt aus den Kindertagen zu sein, das der menschliche Körper während seiner Verjüngungskur zu entfernen vergisst. Auch das ist ein Preis, den der Mensch für das längere Wachstum seines Gehirns bezahlt. Bei der Geburt ist unser Gehirn lediglich zu 23 Prozent voll entwickelt, lange nicht so weit wie beim Schimpansen (40 Prozent) oder beim Rhesusaffen (60 Prozent). Auf ein größeres Gehirn ist der Geburtskanal der Mutter nicht ausgelegt. Also wächst das Gehirn außerhalb der Gebärmutter noch ungefähr ein Jahr mit embryonaler Geschwindigkeit weiter. Wer wissen möchte, was passieren würde, wenn ein Kind mit beinahe ausgewachsenem Gehirn auf die Welt käme, muss sich vorstellen, wie es wäre, das Kind an seinem ersten Geburtstag in den Mutterleib zurückzustopfen.

Während sich nach der Geburt bei uns das Gehirn allmählich der Endgröße nähert, wächst beim Schimpansen der Kiefer, und zwar vor allem beim Männchen. Unsere Frauen würden sich gewiss nicht in so einen affenartigen Unterkiefer verlieben, sie haben lieber einen Kerl mit Kinn. Kinne sind in der Tierwelt selten. Der moderne Mensch ist der einzige Affe, der über eines verfügt. Während der Affenkiefer in der Affenkindheit so rasant wächst wie Pinocchios Nase beim Lügen, nimmt der des Menschen nur sehr zögernd an Größe zu und außerdem nicht überall in gleichem Maße. Unten wächst der Kiefer rascher als oben, mit der Folge, dass er als Kinn unter

*Menschlicher als ein Schimpansenbaby (links) kann kein Tier aussehen. Erst später (rechts) entwächst uns der Affe.*

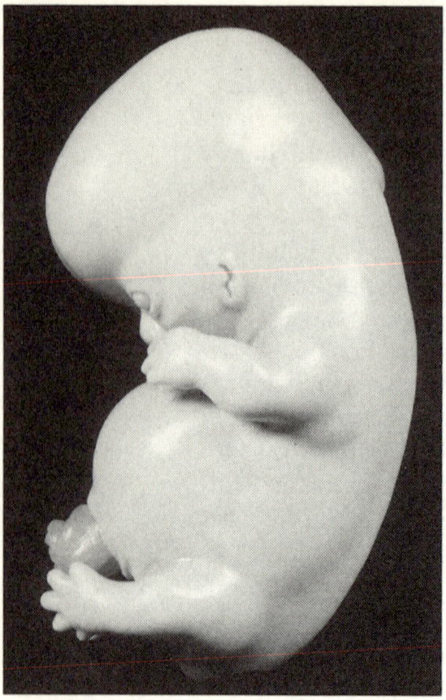

*Menschlicher Embryo, Wachsmodell zu Studienzwecken der deutschen Firma Friedrich Ziegler (1850–1900).*

den Zähnen hervorragt. Der Grund, weshalb der obere Teil des Unterkiefers nicht so schnell wächst wie der untere Teil, liegt nahe: weil er nicht viel zu tun hat. Ein Mensch hat weniger zu beißen als ein Affe. Die Zähne und die Kieferknochen schrumpfen. Am Ende, das heißt dann, wenn ein Mann sich mehr und mehr von Brei und krustenfreiem Weißbrot ernährt, sieht das Kinn dann ungeheuer willensstark aus.

Obwohl sich gegen Louis Bolk einiges einwenden lässt, erhielt er auch später noch viel Zustimmung, wie zum Beispiel von den Biologen Konrad Lorenz und Stephen Jay Gould. In der Literatur drang sein Gedankengut bis zu Aldous Huxley. In dessen Roman *After Many a Summer* (*Nach vielen Sommern*, 1939) ist der amerikanische Millionär Jo Stoyte auf der Suche nach der Unsterblichkeit – Geld spielt keine Rolle. Als er hört, dass es in England einen Grafen geben soll, der aufgrund einer bestimmten Diät das Alter von dreihundert Jahren erreicht habe, macht er sich mit dem angeheuerten Gelehrten Obispo auf die Suche nach ihm. Als sie ihn aufspüren, zeigt sich, was passiert, wenn man einem neotenen Affen, wie es der Mensch ist, genug Zeit lässt, weiterzuwachsen.

> »Das ist ein fötaler Menschenaffe, der Zeit genug hatte, erwachsen zu werden«, sagte Dr. Obispo endlich. »Verrückt, oder?« Er konnte sich ein Lachen nicht verkneifen. »Schau Dir sein Gesicht an!«, stammelte er. Mr. Stoyte packte ihn an den Schultern und schüttelte ihn. »Was ist mit ihm passiert?« »Nichts, nur die Zeit«, antwortete Dr. Obispo lässig. Er hörte nicht auf zu reden. Die Verzögerung der Entwicklungsgeschwindigkeiten … eines der Mechanismen der Evolution … je älter ein Anthropoide, desto dümmer … aber inzwischen konnte der fötale Anthropoide erwachsen werden … Der beste Witz seines Lebens! Ohne sich von seinem Platz zu erheben, pinkelte der Fünfte Graf auf den Fußboden.

Satire hin oder her, kaum jemand bestreitet, dass der Mensch sehr lange jung bleibt. Unsere Jugend ist länger als die der

Affen, und die der Affen ist schon beträchtlich lang. Fast ein Drittel unseres Leben widmen wir dem Wachsen. Kein einziges Tier ist so lange Larve wie der Mensch, und keines ist so klug. Das kann kein Zufall sein. Ein Mensch wird unwissend wie ein Embryo geboren, ist als Kleinkind hilflos wie ein Säugling und stirbt als kluges Kind. Nicht umsonst hatte die Neotenie nach Meinung des marxistischen Biologen J.B.S. Haldane schon in der Bibel ihren Propheten, in der Gestalt von Jesus Christus.

> Wahrlich, ich sage euch: Wenn ihr nicht umkehret und werdet wie die Kinder, so werdet ihr nicht ins Himmelreich kommen.

Glaubt man dem englischen Romanautor T.H. White, sprach Gott bei der Schöpfung bereits weise Worte über die Neotenie. In *The Once and Future King* (*Der König auf Camelot,* 1958) schuf Er alle Tiere zunächst als gleich aussehende Embryos. Der Reihe nach durften sie dann ihre Wünsche äußern. Das eine Tier wollte einen Panzer haben, das andere Stoßzähne, ein drittes ein warmes Fell, um dem Leben trotzen zu können. Der menschliche Embryo war der Letzte.

> »Lieber Gott«, sagte der Embryo, »ich glaube, Du hast mir aus Gründen, die Dir selber am besten bekannt sind, die Gestalt verliehen, die ich habe, und es wäre unklug, sie ändern zu wollen. Wenn ich wählen darf, möchte ich bleiben, wie ich bin. Ich will keines der Teile ändern, die Du mir gegeben hast, um sie gegen andere einzutauschen. Ich werde mein ganzes Leben ein wehrloser Embryo bleiben und mich bemühen, aus dem Holz und aus dem Eisen und den anderen Materialien, die Du mir freundlicherweise zur Verfügung stellst, ein paar einfache Werkzeuge herzustellen.« <...> »Ausgezeichnet«, rief der Schöpfer entzückt. »Kommt alle einmal her, ihr Embryos mit euern Schnäbeln und was-sonst-noch, und seht euch Unsern ersten Menschen an. Er ist der einzige, der Unser Rätsel gelöst hat <...> Du aber, Mensch <...> Du wirst wie ein Embryo aussehen, bis du ins Grab sinkst, doch all die andern werden aufgrund deiner Macht und Gewalt Embryos bleiben. Du wirst ewig unterentwickelt bleiben und doch stets Unserm Bilde gleichen und fähig sein, einen Teil Unserer Freuden zu verstehen. Teils tust du Uns leid, Mensch, teils aber haben Wir Hoffnung. Geh also hin und tu dein Bestes.

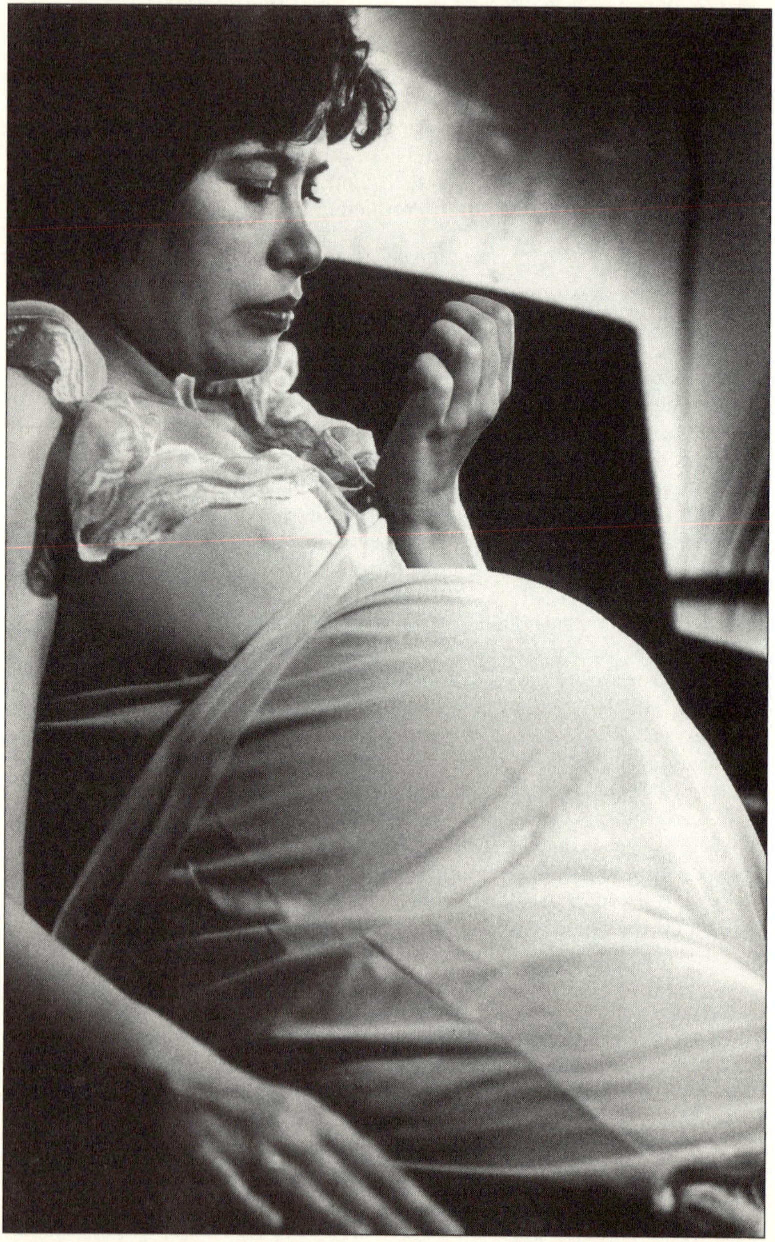

# 10
# Der Streichelzoo

Wie macht man aus einer Frau eine Mutter? Mit einem Kind natürlich. Innerhalb kürzester Zeit vollzieht sich die Metamorphose. Man kann zusehen wie eine Frau vermuttert, es fängt schon während der Schwangerschaft an. Je runder der Bauch, desto glänzender der Blick, wie man ihn sonst nur von Zeugen Jehovas oder Flugzeug-Spottern kennt. Ist die Schwangerschaft vorbei, kann das Baby endlich an die Brustwarzen heran und löst mit seinem Gesabber bei der Mutter den Ausstoß weiterer Versorgungshormone aus. Freunde, die bei den ersten Fotos von der Geburt nicht gleich Reißaus nehmen, fragen sich verzweifelt, wo ihre Freundin von einst denn geblieben ist. Einer dieser Freunde, Niek Barendsen, schrieb in der *Volkskrant*:

> War die junge Mutter bis vor kurzem einfach eine schöne Frau, hat sie inzwischen eine erschütternde Metamorphose durchgemacht, als wäre sie von der Straßenbahn überfahren worden. Wie beschwingt sie während der Schwangerschaft auch schwankte, jetzt hat sie den Gang eines betrunkenen Nilpferds. Die Vulva schlottert in der Kniegegend und die Klemmspannung des Schoßes ist gerissen wie das Gummi einer alten Unterhose. Aus dem Mund, einst innig begehrt, ist ein Aufbewahrungsort für Wäscheklammern geworden, ein Trampolin für Worte der Erschöpfung und des Bedauerns. Gespräche haben nur noch einen Inhalt: das Kleine. Die Geburt wird natürlich bis ins Detail ausgebreitet, als ginge es um die Invasion der Normandie. Junge Mütter sind Hohepriesterinnen des Wunders der Geburt, etwas das jede Paviandame lässig hinter einem Busch erledigt und dabei noch eine Banane schält.

Warum schafft sich eine Frau ein Kind an? Nicht etwa, weil sie ein Kind haben möchte – Kinder sind zu nichts nutz. Eine Frau schafft sich ein Kind an, weil sie Mutter werden möchte. Vor der Empfängnis macht sich eine zukünftige Mutter nicht groß Gedanken um das Kind, das noch nicht einmal im Universum existiert. Es geht nur um sie selbst. Ein Kind muss die

Wünsche seiner Eltern wahr machen. Als Vater und als Mutter stellt man etwas dar. Ein Kind erfüllt dieselbe Funktion wie ein Boot. Warum schafft ein Mensch sich ein Boot an? Nicht etwa, weil er für den Rest des Lebens daran herumwerkeln möchte, nicht um des Bootes willen, sondern weil er Kapitän sein möchte. Um des Menschen willen, also.

Früher war Mutterschaft eine Selbstverständlichkeit. War man Mutter nicht aus Berufung, dann aufgrund eines kleinen Missgeschicks; aber seit es die Pille gibt, ist Muttersein eine Form der Freizeitbeschäftigung, und zwar die effektivste, denn Freizeit hat man dabei keine mehr. Wer über den Sinn des Lebens nachgrübelt, sollte sich ein Kind anschaffen. Nicht, weil ein Kind dem Leben Sinn verleihen würde, sondern weil man mit Kind keine Zeit mehr zum Grübeln hat. Mit einem Kind braucht man sich nie zu fragen, was man als Nächstes tun soll. Töchterchen und Söhnchen wissen das nämlich ganz genau. Mit Kindern muss man immer irgendwohin, sie sind entweder irgendwo drin oder irgendwo drauf. Mag Mutterschaft aus Selbstverständlichkeit eine Gabe gewesen sein, als Hobby ist das Muttersein aus dem Ruder gelaufen. Teddybären sammeln oder Kakteen, meinetwegen auch Briefmarken, so etwas kann ich noch nachvollziehen, aber warum unter Schmerzen seinen eigenen Klotz am Bein gebären? Die Behauptung, eine Hündin müsse wenigstens einmal in ihrem Leben geworfen haben, ist so falsch wie die Behauptung, eine Frau müsse unbedingt Kinder haben. Auf die Frage, warum sie sich Kinder anschaffen, kennen viele Frauen nur eine Antwort: Wen soll ich sonst zur Schule bringen?

Was die Kombination aus Sinnlosigkeit und Erfüllung betrifft, so lässt sich das Bemuttern noch am besten mit einer anderen Tätigkeit ohne Sinn und Zweck vergleichen: mit der Gartenarbeit. Wie sehr einen die Blumenpracht im Mai auch mit Freude erfüllt, so zwecklos erscheint das ganze Unterfangen im Oktober, wenn der Garten sich in denselben Abfallhaufen verwandelt hat, der er im Februar schon einmal war. Ein Garten ist das von Amateuren nachgebastelte Paradies. Über eine Million meiner Landsleute besitzt Beete voller Spielzeugpflanzen. Aus Bäumen machten sie Koniferen, aus Eichen Eisenbahnschwellen, aus Eisenbahnschwellen ein Podest, aus Blumen Dahlien, aus Menschen Gartenzwerge und aus Maulwürfen den Volksfeind Nummer 1.

Die Natur wehrt sich gegen eine solche Gotteslästerung. Sie lässt Unkraut sprießen, sendet Schnecken und Schimmelpilze aus wie einstmals die ägyptischen Plagen. Ein Garten ist ein Schlachtfeld. Mit derselben Freude, mit der sich Mütter auf ihre Kinder stürzen, stürzen sich Gartenliebhaber in den Kampf. Schwitzend und keuchend pflanzen sie ein und pflanzen sie um, alte Frauchen plagen sich mit Schubkarren voller Mist wie früher die Moorarbeiterinnen, Frührenter zerschleißen sich ihre restlichen Bandscheiben. Mit all dem Geld und der Zeit, die wir in unsere Blumengärten stecken, könnte man ganz Holland mit biologischem Gemüse versorgen. Rund um die Häuser von reichen Schluckern liegen Rasenflächen, die von armen Schluckern kurz gehalten werden. Und nirgendwo eine Kuh. Gute Menschen pflanzen Sträucher, um Schmetterlinge anzulocken; die wiederum legen Eier, aus denen Raupen schlüpfen, die dann die Sträucher kahl fressen. Es läuft darauf hinaus, dass Menschen von denselben Blüten angelockt werden wie Schmetterlinge und Hummeln. Doch waren die Blumen ursprünglich nicht für uns bestimmt. Wir sind keine geflügelten Wesen, nur Fliegenhirne. Gärtnern ist beliebter als Stricken und Squaredance. Um Raum für Pflanzen zu schaffen, verzichten die Menschen beim Hausbau auf die Hälfte. Diese Hälfte wird dann zum Garten. Die Hälfte, die ihnen bleibt, die des Hauses, wird dann wiederum zur Hälfte von den Kindern in Beschlag genommen. Nur das Sammeln von Kindern ist derzeit noch beliebter als Gartenarbeit oder Internetsurfen. Auch im wildesten Weibe schlummert ein Muttertier, das sich für seine Brut schinden möchte und stolz Stapel von Pamperspaketen schleppt. Pro Kind und Jahr geht es dabei um ungefähr 1000 Kilo wohl gefüllter Windeln. Sämtliche Kinder der Niederlande zusammen liefern rund eine Million Kubikmeter schmutziger Windeln pro Jahr; das ganze Amsterdamer Fußballstadium wäre voll bis unters Dach und noch ein Häufchen obendrauf. Ob das ganze weggeworfene Papier gut für die Umwelt ist? Natürlich nicht, aber das gilt für das ganze Kind. Mutterschaft ist umweltschädlicher als jedes Auto- oder Speedbootrennen. Ein Kind verbraucht in seinem Leben Tonnen von Kartoffeln, ein Dutzend Autos, einen ganzen Tankwagen voll Benzin, Abwasserrohre für vierzigtausend Liter Urin. Wer sich kein Kind anschafft, kann ruhigen Gewissens Papier auf die Straße fallen lassen, braucht seinen Hausmüll nicht zu sortieren, kann Farbreste im Waschbecken entsorgen und selbst dann noch aufrechten Hauptes kinderreichen Umweltaktivisten in die Augen blicken.

Natürlich darf man das Mutterdasein nicht mit dem Gärtnerdasein vergleichen. Ein Kind ist keine Pflanze. Ein Kind ist ein Tier. Ein Säugetier. Mit der Tierhaltung hat die Kinder-

*Jersey City, 1926.*

haltung vieles gemeinsam, wenn auch nicht mit der im richtigen Zoo, sondern im Streichelzoo. Nichts ähnelt einem Zoo weniger als ein Streichelzoo, der eher wirkt wie eine Ferienkolonie für wohl genährte Hängebauchschweine. Ein modernes Kind ist ein ähnlicher Luxusartikel wie so ein Hätschelschwein. Musste ein Kind früher bei der Ernte helfen, Heimarbeit verrichten oder in den Minen schuften, so tragen die Kinder von heute so viel zum Bruttosozialprodukt bei wie ein lahmes Pferd. Warum wird jemand Mutter? Warum wird jemand freiwilliger Helfer in einem Streichelzoo? Weil er auf dem Misthaufen des Schuftens und Grübelns die Blumen der Liebe ernten möchte. Wer je den herzergreifenden Blick eines goldigen Menschleins oder putzigen Hängebauchschweins geschenkt bekam, sagt sich, dass es alle Mühen wert ist.

Genau besehen sind die Gemeinsamkeiten zwischen dem Halten von Kindern und dem von Tieren größer als die Unterschiede. Im Supermarkt gibt es für beide Kategorien eigene Regale. Weder die Büchsen und Verpackungen mit Hunde- oder Katzenfutter noch die mit Babynahrung finden sich in der Nähe des Menschenessens. Alles steht säuberlich getrennt voneinander, damit sich ja keiner vertut. Nestlé und Alete stehen so abseits wie Goldfisch- oder Meerschweinchenfutter. Pampers sucht man im Regal für Klopapier vergeblich, man findet sie öfter in der Nähe der Katzenstreu. Der Inhalt all der Gläschen, Kartons und Büchsen mit Babynahrung ist heutzutage so ausgewogen und geschmacklos wie die Tiernahrung. Ein Restaurant, in dem der Chefkoch derart die Eiweiß-, Fett- und Kohlenhydratgehalte in den Mittelpunkt seiner Bemühungen stellte, würde man unter lautem Protest verlassen, doch bei Papageien und Babys haben Ernährungsberater das Sagen. Es geschieht ja nur zu ihrem Besten.

Wie ein Hund muss auch ein Kind regelmäßig ausgeführt werden; oft schlägt man beide Fliegen mit einer Klappe und bindet die Hundeleine an den Kinderwagen. Angesichts eines Pudels oder Terriers kann man sich vorstellen, wie Kinder aussehen würden, könnte man sie wie Hunde züchten. Bei

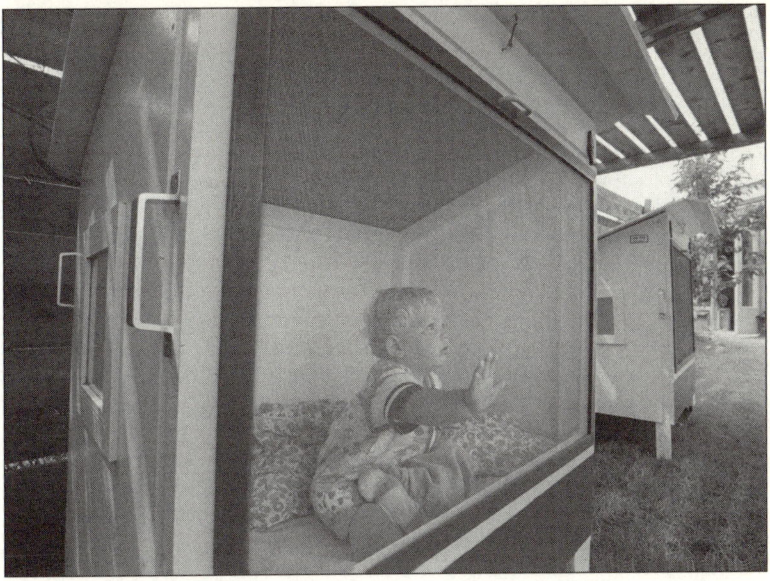

*Babyhäuschen im Freiluftkindergarten Bubbel in Tolbert.*

schönem Wetter sieht man die Frauen im Park mit Kinderwägen herumfuhrwerken wie Ameisen mit ihren Puppen. Der Kinderwagen ist ein Nest, so mobil wie ein Mobiltelefon, und für den Hund ist immer eine kleine Decke dabei. Überall und jederzeit muss dem Hauswolf und dem Hausmenschen ein sicheres Nest bereitet sein. Die Pflanze soll ihren Topf, der Hund seinen Korb, das Schwein seinen Stall und das Kind sein Zimmer haben. Während die Frau in ihrem Bauch noch an ihrem Kind herumbastelt, tapeziert ihr Mann schon das Kinderzimmer. Opa, Oma, Super- und Baumarkt schauen voll Entzücken zu. Kinder sind wie Katzen *machines à aimer*.

Seit Haustiere wie kleine Menschen behandelt werden, verhält man sich Hauskindern gegenüber immer öfter so, als wären sie Schoßtiere. Bei der Filmaufnahme eines Menschen, der mal einen Hund und mal ein Kind knuddelt, ohne dass das Knuddelobjekt im Bild wäre, ließe sich im Verhalten des Menschen kein Unterschied entdecken; man könnte unmöglich sagen, welches der Hundefilm und welches der Kinderfilm wäre. Eine Mutter geht mit dem Kind nicht viel anders um als mit ihrem Hund oder ihrer Katze: Sie redet auf taube Ohren ein, nimmt es auf den Schoß, verteilt Leckerlis und wiegt es (falls die Katze das zulässt) in den Armen. Es gibt eben nur eine Art von Liebe; der Unterschied liegt bestenfalls in der Intensität. Das gilt ganz sicher für die Mutterliebe. Mütterliches Verhalten hat Auswirkungen auf den Hormonhaushalt. Dasselbe Oxytozin, das die Milch in die Brüste schießen lässt, entfesselt die Glucke in der Frau. Es gibt kein spezielles Hormon für das Umsorgen von Kindern oder das von Katzen. Im Gegenteil: Oxytozin ist so alt, dass es schon existierte, bevor es Kinder oder Katzen gab, ja, sogar, bevor es Säugetiere gab, denen es Milch in die Brüste schießen lassen konnte. Bei den Diskusfischen sorgt Oxytozin dafür, dass sich der Hautschleim löst, von dem die Jungen sich ernähren; bei Taubenmüttern löst es die Bildung von Kropfmilch aus, bei Amphibien ist es an der Häutung beteiligt.

Was oft, und das fast bis zum Kitsch, zum heldenhaften Höhepunkt aller Mutterliebe erhoben wird, ist die sprichwörtliche Aufopferung: heldenhaft wegen der Selbstlosigkeit, kitschig wegen der stumpfsinnigen Blindheit, die damit einher geht. Beide Seiten dieser Medaille klingen ganz nach einem Propagandafilm des katholischen Verbandes zur Unterstützung kinderreicher Familien, des *Rooms-Katholieke Bond voor Grote Gezinnen*:

> Und die Mutter rackert sich ab, sorgt und tröstet und lauscht in der Nacht, ob ihr Kleines sie braucht. Nie legt sie die Hände in den Schoß. Die Mütter großer Familien, Heldinnen der Küche und des Waschzubers, haben stets die Kinder vor Augen. Die klaren Äuglein, die hohen Stimmen, wie sie den Mittagstisch erstürmen, die ohrenbetäubende Fröhlichkeit.

Die Mütter zeigen eine Aufopferungsbereitschaft, die stark religiös anmutet. Man opfert sich normalerweise einer Macht, die über einem steht, und erniedrigt sich durch eindeutige Verhaltensmuster wie Niederknien, den Kopf beugen und andere Bezeugungen der Liebe. So kann Gott erkennen, dass man es ernst meint, und wenn nicht Er es erkennt, dann die Umstehenden. Menschen opfern sich für ihren Gott, um ihn gnädig zu stimmen. Auf dass Er es regnen lässt oder auch nicht, die Ernte verdoppelt, den Feind vernichtet oder das Hühnerauge verschwinden lässt. Man bringt einem Untergebenen kein Opfer, das ist sinnlos. Männer begreifen das; die opfern Gott, wenn es sein muss, ihren eigenen Sohn, so wie Abraham es mit Isaak tat. Frauen dagegen opfern sich ihren Söhnen und Töchtern.

Warum opfert sich eine Frau für ihre Kinder auf? Das ist wie bei den Göttern: um ihre Kinder gnädig zu stimmen. Für die klaren Äuglein, die hohen Stimmen, das Erstürmen des Mittagstischs, die ohrenbetäubende Fröhlichkeit, dafür tut sie es. In den Augen des Mannes scheint das etwas wenig. Deshalb ersannen Minister und Präsidenten eine Extra-Ermutigung, und auch die breitere Öffentlichkeit wollte die Dankbarkeit der Kinder greifbarer ausgedrückt sehen. Noch vor dem Hackfleisch, den Tieren, dem Vater und dem Schweinefleisch bekam die Mutter ihren eigenen Tag, und zwar zuerst in Amerika. 1914 rief Präsident Wilson den *Mother's Day* zum Nationalfeiertag aus. Weil die Dinge damals noch nicht so schnell über den Atlantik zu uns herüber wehten wie heute, dauerte es bis in die dreißiger Jahre, ehe die Konditoren und die Blumenhändler Europas sich zum Muttertag bekehrten. In katholischen Ländern trafen Muttertag und Blütezeit günstigerweise mit dem Marienmonat Mai zusammen. Doch in den meisten Ländern besteht der Muttertag aus nicht viel mehr als einem misslungenen Frühstück und einem Blumenstrauß aus Aronstäben. In Deutschland nahmen sich die Nationalsozialisten des Muttertags an und propagierten ihn unter der Losung »Lasst Blumen sprechen«, die der Verband Deutscher Blumengeschäftsinhaber ersonnen hatte. Am deutschen Muttertag überreichte Adolf Hitler arischen Müttern, die sich ganz der Fortpflanzung hingaben, sogenannte Mutterkreuze. Kinderreiche Frauen in den besetzten Niederlanden mussten mit Generalkommissar Fritz Schmidt Vorlieb nehmen. Elegante Weiblichkeit war im Krieg nicht im Schwange, Mutterschaft war das Höchste, was die Frau erreichen konnte. Während der Mann auf dem Schlachtfeld kämpfte, sollte die Frau sich im Wochenbett für Volk und Vaterland opfern. Die Kanonen mussten schließlich gefüttert werden. In der Sowjetunion empfingen Mütter von zehn und mehr Kindern vom 8. Juli 1944 an den Orden der Mutter-Heldin. Müttern mit sieben, acht oder neun Kindern stand der Orden der Mutter-Ehre dritten, zweiten und ersten Grades zu.

*Muttertag.*

Der Krieg ist vorbei, doch die Mutterschaft genießt noch immer hohes Ansehen, vor allem die des sich aufopfernden

Typs. So lange die Familie als Grundstein der Gesellschaft gilt, sehen die Regierungen die Frau gerne mit dickem Bauch. Familien halten Mütter ruhig, Mütter sind selten aufmüpfig. Für das Kind ist die aufopfernde Mutterliebe ein Segen. Die Art verdankt der Mutter ihren Fortbestand. Aber wehe der Mutter, wenn die Kinder merken, dass sie die Opferbereitschaft der Mutter manipulieren können; dann gerät sie buchstäblich in Teufels Küche. Von nun an benutzt das Kind die Mutter als Klettergerüst, als Fußmatte, als Sklavin. Ihrem Gott im Himmel und ihrem Göttchen auf Erden ergeben, rackert die Mutter sich ab und schuftet bis zum Gehtnichtmehr. Je mehr Undank der Mutter Lohn ist, umso tiefer bückt sie sich, wie ein Hund, der sich nach jedem ärgerlichen Tritt seines Herrchens umso verzweifelter an dessen Bein schmiegt.

***Eltern suchen verzweifelt Rat bei Erziehungswissenschaftlern.***

Stellen Sie sich vor, es passiert Ihnen tatsächlich: Sie kriegen ein richtiges Kind, eines aus Fleisch und Blut. Was soll man damit? Wie hält man sich ein Kind? Was kriegt es zu essen? Wie führt man es aus? Alles Fragen, die einem Angst machen können. Wer ein Kind kriegt, weiß schon von allein, was er damit anfangen soll, sagte meine Mutter, nur was für ein Ende es damit nimmt, weiß keiner. Was soll man mit einem Kind? Eine Gebrauchsanweisung liegt nicht bei. Für Tiere gibt es genügend Bücher, die sagen, wie man es am besten macht: *Der gehorsame Hund* oder *Wie halte ich einen Hamster?* Oder *Wissenswertes über das Süßwasseraquarium*. Ratgeber für Kinder gibt es durchaus, von Jean-Jacques Rousseaus *Emile* bis hin zu Dr. Spock und dem äußerst erfolgreichen *Oei, ik groei* (*Oje, ich wachse*, 1998). Doch alle diese Bücher widersprechen sich, und zwar am liebsten diametral. Heißt es im einen, man müsse streng sein, wird im anderen das Gegenteil gefordert. Verweist das eine auf die Bedeutung des Ödipuskomplexes, erklärt das andere dieses Phänomen für nicht existent. Rousseau war der Ansicht, der Mensch sei gut, wie er aus den Händen des Schöpfers komme, verdorben werde er erst in den Händen des Menschen – und erfand da-

mit im 18. Jahrhundert die antiautoritäre Erziehung. Alles Unsinn, behauptet der niederländische Pädagoge M.J. Langeveld und beruft sich auf Erasmus von Rotterdam, der verkündet hatte, dass Menschen nicht geboren, sondern gebildet würden. Dagegen wiederum wehrt sich Guus Kuijer: »Erziehen ist keine anständige Angelegenheit. Man soll mit den Menschen leben, nicht sie erziehen; soll mit ihnen reden, anstatt sie zu verhören; soll versuchen, sich gut auszudrücken, anstatt darzulegen; soll versuchen, sich selbst vieler Dinge bewusst zu werden, anstatt anderen etwas bewusst machen zu wollen. Erziehen ist unhöflich, pedantisch und bürgerlich.« Und deshalb ist der niederländische Autor Carmiggelt auch der Meinung: »Wer ein Herz hat, wird darin nicht sonderlich erfolgreich sein.« So ist das mit Büchern von Spezialisten; ein Spezialist kann sich von anderen Spezialisten nur dadurch unterscheiden, dass er andere Theorien vertritt. Aber welche Theorie stimmt dann? Was sagt Solms dazu?

Das fragten die Tiere in *Erik of Het klein insectenboek* auch den keinen Erik Pinksterblom, der für die Schule einst *Solms Kleine Naturgeschichte* auswendig gelernt hatte.

Von allen Seiten stürzten die Tiere auf ihn zu, beladen mit Eiern und Puppen.
»Herr Pinksterblom! Herr Pinksterblom! Wollen Sie mal kurz schauen? Sind das *gute* Eier? Wann werden sie schlüpfen? Muss ich sie in die Sonne oder in den Schatten legen?« Es war ein Gedränge und Geschrei, dass ihm Hören und Sehen verging. Eine junge Ohrwurm-Mutter hielt ihm ein mageres Larvlein vors Gesicht. »Herr Pinksterblom!«, rief sie flehend. »Wollen Sie ihn sich mal kurz ansehen? Er schaut so merkwürdig! Ich trau mich nicht, ihm etwas zu essen zu geben, bevor ich Sie um Rat gefragt habe. Was soll ich ihm geben?«
»Meine Damen«, sagte Erik, der durchaus begriffen hatte, dass das alles Mütter waren, »wenn Sie auf mich hören würden, wäre das sehr schlecht. Sie machen es schon richtig, genau wie es im Solms steht. Ja, ich habe sogar bemerkt, dass sie es viel besser tun. Machen Sie also alles so, wie Sie es für richtig halten und wie Sie es schon immer gemacht haben. Haben Sie das Bedürfnis 40 Eier zu legen, dann tun Sie das ruhig. Denken Sie nicht: Sind das vielleicht zu viele? Sieht das nicht komisch aus, so ein großer Haufen? Kümmern Sie sich nicht darum, was Solms dazu sagen würde, denn alles was Sie tun, steht genauso im Solms. Und wenn es nicht dort steht oder sogar etwas anderes, dann haben *Sie* trotzdem recht. Sie da, meine Dame, geben Sie mal Ihre Larve her… Was haben Sie ihr denn bisher gegeben?«

»Blattläuse«, flüstert der Ohrwurm, »aber ich weiß nicht, ob –«
»Ausgezeichnet!«, sprach Erik, »geben Sie ihm Blattläuse und nichts als Blattläuse. Das ist das Einzige, was dem Kerlchen fehlt.«

Warum braucht ein Mensch Spezialisten, um etwas zu tun, was die Menschheit schon Hunderttausende von Jahren tut? Weil er sich unsicher fühlt. Und das nicht ganz ohne Grund. Ein Mensch, der kaum einen Goldfisch am Leben halten kann, fragt sich, wenn er auf einmal sein eigen Fleisch und Blut in den Armen hält, mit einiger Berechtigung, worauf er sich da nur eingelassen hat. Weil man weiß, wie wenig man aus seinem eigenen Leben gemacht hat, ist die Verantwortung für das Leben eines anderen objektiv betrachtet auch viel zu groß. Es ist der pure Hochmut. Über den Daumen gepeilt, trägt die eine Hälfte der Menschen zur Besserung der Welt bei, die andere Hälfte zu ihrer Verschlechterung. Und wer garantiert einem, dass das eigene Kind zur ersten Hälfte gehört? Weil es seiner Mutter ähnlich ist? Weil es gut erzogen wird? Vernünftige Eltern stellen sich darauf ein, dass ihr Kind vielleicht Chirurg oder Professor wird, aber keiner rechnet damit, dass sich das eigene Kind als Mörder entpuppt oder als gewalttätiger Ehemann.

Je höher die Erwartungen, desto tiefer die Enttäuschung. Manche Eltern merken durchaus, dass ihr Kind allen Bemühungen zum Trotz ein Ekel bleibt. Man strengt sich an, man liest Bücher darüber, opfert dem Kind sein halbes Leben, und trotzdem bleibt die Eiterbeule eine Eiterbeule. Was ist schief gegangen? Ist man selber so eine Eiterbeule? Oder Oma vielleicht, der Bruder, oder eine Um-ein-paar-Ecken-Kusine? Eiterbeulerei ist erblicher, als man denkt. Gibt es überhaupt etwas, das nicht erblich ist? Bis vor kurzem nahm man an, dass Leute Inzest begehen, weil sie selber Inzestopfer waren. Tatsächlich ergaben Untersuchungen, dass Menschen, die ihre Kinder missbrauchen, als Kinder selbst von Vater oder Mutter missbraucht worden waren. Allerdings ist die Weitergabe dieser Veranlagung durch Vererbung ebenfalls denkbar. Neueste Forschungen gehen darin sogar noch weiter. *Nature* ist stärker als *nurture*. Ob eineiige Zwillingsbrüder zusammen oder getrennt, in einer sozialen oder einer asozialen Familie aufwachsen ist egal: Sie werden beide gleich brav oder missraten. Herkunft lässt sich nicht verleugnen. Nicht in guter und nicht in schlechter Hinsicht. Dass Kinder von anständigen Eltern meist anständig sind, verdanken sie nicht einer Erziehung zur Anständigkeit, sondern der anständigen Abkunft: Sie haben ihre Anständigkeit geradewegs geerbt. Es ist wie mit dem Altwerden. Man kann noch so gesund leben, aber der sicherste Weg, alt zu werden, ist es, Eltern zu haben, die es auch geworden sind.

Ist angeboren tatsächlich so viel ausschlaggebender als angelernt? Zieht *nurture* gegenüber *nature* in jeder Hinsicht den Kürzeren? Das hängt davon ab. Wenn man unter *nurture* (angelernt) nur die Erziehung der Eltern versteht, dann trifft das zu. Die Eltern können sich noch so sehr bemühen, gegen den Einfluss der Gene zu erziehen, es bleibt vergeblich. Offensichtlich haben sie mit ihren Genen genug an ihre Nachkommen weitergegeben. Aber ein Kind ist mehr als das Produkt seiner Eltern. Die amerikanische Autorin Judith Rich Harris behauptet, die meisten Pädagogen würden einen dritten Erziehungsfaktor übersehen. In ihrem 1998 erschienenen, Aufsehen erregenden Buch *The Nurture Assumption* (*Ist Erziehung sinnlos?* 2000) bringt sie einen Erzieher ins Spiel, mit dem niemand gerechnet hatte: die anderen Kinder. Altersgenossen (*peers*) im Kindergarten und in der Schule prägen die Persönlichkeit eines Kindes stärker als die Eltern. Ein englischer Gentleman verhält sich nicht wie ein Gentleman, weil die Eltern ihn so erzogen haben – das Kind wurde sowieso geradewegs aus der Wiege vom Kindermädchen übernommen, dann in die Hände der Gouvernante gegeben und endete im Internat –, sondern weil er zwischen Gentleman-Aspiranten aufwuchs. Noch deutlicher zeigt sich dies in der Sprachbeherrschung. Obwohl viele Türken und Marokkaner in den Niederlanden nur unzureichend Niederländisch sprechen – mit den Türken in Deutschland und der deutschen Sprache verhält es sich genauso –, beherrschen deren Kinder die Dialekte von Amsterdam und Groningen bzw. Kölsch und Berlinerisch meist fehlerlos. Sie haben es von ihren Freunden auf der Straße gelernt. Selbst wenn Judith Rich Harris übertreiben sollte, ist anzunehmen, dass der Einfluss der elterlichen Erziehung gegen null tendiert, verglichen mit der Kombination aus erblicher Veranlagung und der Erziehung durch die Kumpel.

Man kann also ruhigen Gewissens den einen oder anderen Elternabend ausfallen lassen: Wenn Ihr Sohn eine Nervensäge ist, wird er es auch bleiben. Und keine tausend Handarbeitsstunden werden eine frivol veranlagte Tochter auf den Pfad der Tugend zurückbringen. Ob sie wohl geraten, beschließen die Kinder letztlich selbst. Was sie aber ganz gewiss nicht anstreben, ist es, prima Erwachsene zu werden; sie wollen einfach prima Kinder sein. Deshalb hören sie auch weniger auf ihre Eltern als auf andere Kinder um sie herum. Die

gehören schließlich ihrer eigenen Art an. Und das ist nicht die unsere.
Es ist nicht leicht zu akzeptieren, dass die eigenen Kinder einen als Eltern nicht zur eigenen Art zählen. Doch was die können, können wir schon lange. Zählen Sie die Gören doch einfach auch nicht zu uns. Und wenn man sich schon eine fremde Art ins Haus holen will, vergrößert sich plötzlich auch die Auswahl. Sie könnten sich doch auch für einen Hund oder eine Katze entscheiden, oder wie wäre es mit einem Meerschweinchen? Sie wären nicht die ersten. Wo einst eine Wiege stand, steht heute in so mancher Wohnung ein Katzenkorb; ein Kindertöpfchen ist weit seltener zu finden als ein Katzenklo. Je niedriger im letzten Jahrhundert die Geburtenrate in den Niederlanden ausfiel, desto mehr Haustiere gab es. Auf diese Weise blieb die Anzahl der Familienmitglieder konstant – und alle Bedürfnisse waren gestillt. Warum, glauben Sie, legen sich die Menschen ein Tier zu? Ein niederländisches Meinungsforschungsinstitut ermittelte vor einigen Jahren dafür die Gründe. Genannt wurden folgende Motive: Weil ich Tiere mag. Damit ich Gesellschaft habe. Damit ich jemanden zum Spielen habe. Dieselben Argumente bekommt man übrigens von Leuten zu hören, die sich lieber ein Kind zulegen.

Im Vergleich mit Kindern schneiden Haustiere eindeutig besser ab. Gemochtwerden ist ihre Spezialität, und mit dem Leisten von Gesellschaft verdienen sie sich ihren Unterhalt. Sie spielen noch in einem Alter, in dem der Sohn längst aus dem Haus ist und die Tochter mit dem eigenen Nachwuchs alle Hände voll zu tun hat. Will man jemanden im Haus haben, der immer jung bleibt, sollte man sich für eine Katze oder einen Hund entscheiden. Das klingt wie ein schlechter Rat, wenn man bedenkt, dass deren Kindheit nur fünf Prozent ihrer Lebenserwartung ausmacht, gegenüber 30 Prozent bei uns Menschen. Aber Katzen und Hunde verhalten sich ihr ganzes Leben lang wie die Kinder. Sie jagen Bällen hinterher, als wären es Mäuse, erklären einen Stock zu ihrer Beute, betteln um Leckerlis, begleiten einen im Korb auf dem Gepäckträger überallhin und lassen sich von Tanten ohne Murren über den Kopf streicheln. Wir danken es ihnen und behandeln sie das ganze Leben wie unsere Kinder.

Heutzutage jedenfalls. Früher, als Katzen und Hunde noch für ihr Fressen arbeiten mussten – Mäuse fangen, Verbrecher beißen, Hasen apportieren –, behandelte man sie wie Personal; seit sie unser lebendiges Spielzeug geworden sind, spielen wir Vater und Mutter für sie. Früher schaffte man sich

Kinder an, damit diese bei der Ernte halfen und einen auf die alten Tage versorgten, jetzt sind sie genauso ein Luxusartikel wie ein Rehabilitationsbauernhof, ein Reiterweg oder die Bundesliga. Was bei einem Kind nichts nutzt – erziehen nämlich –, fruchtet bei einem Hund ausgezeichnet. Sogar aus einer Ratte kann man ein anständiges Haustier machen, und zwar auf eine Art, die bei Kindern nicht erlaubt ist: durch Züchtung. Eugenetik ist bei Schoßtieren an der Tagesordnung, genetische Manipulationen am Erbgut sind dabei nicht nötig. Gezüchtet wird schon seit Jahrhunderten. Während unsere Kinder stets dieselben Klötze am Bein bleiben, passen sich die Haustiere durch die Zucht immer mehr der Familie des Hauses an. Aus Mangel an Innovation werden Kinder allmählich zum Auslaufmodell. Das Preis-Leistungs-Verhältnis verschlechtert sich zusehends. Die Qualität der Hauskinder fällt immer mehr hinter die der Haustiere zurück, während die Kosten langsam ins Unermessliche steigen.

Die Kosten der Kinder Gottes passen in keine Hutschachtel. Eine Durchschnittsfamilie wendet für ihre zwei Kinder im Jahr ein Viertel ihres Einkommens auf. Mit nur einem Kind kommt man nicht automatisch um die Hälfte billiger weg, denn die Anlaufkosten – Kinderzimmer, Baby-Ausrüstung –

*Zutaten für ein Kleinkind.*

sind sehr hoch. Das erste Kind kriegt man kaum billiger als für 200 Euro pro Monat. Und diese Kosten gelten von Anfang an. Wurden Kinder früher erst richtig teuer, wenn sie auf die Schule kamen, so sind sie heutzutage schon von klein auf teuer, und zwar wegen der Wegwerfwindeln (5000 Windeln kosten 1500 Euro), der privaten Kinderbetreuung in Kinderkrippen und ähnlichem. Ist ein Kind achtzehn, hat es rund 50 000 Euro gekostet; beim nächsten gibt es dann allerdings einen Mengenrabatt von 50 Prozent.

Zu den Vorteilen des Haustieres muss auch der unerhört niedrige Preis gezählt werden. Es ist unglaublich, wie wenig ein lebendiges Wesen kosten kann, wenn es kein Mensch ist. Viele Hunde sind billiger als ihr Korb. Die größte Ersparnis aber ergibt sich nicht bei der Anschaffung, sondern im Unterhalt. Zum niedrigsten Monatstarif eines Kindes könnte man sich auch acht Hunde halten, zehn Katzen oder neunundfünfzig Meerschweinchen. Vielleicht doch ein bisschen viel fürs Geld. Also, was wollen Sie: Neunundfünfzig Meerschweinchen oder eine Tochter? Acht Hunde oder einen Sohn? Herrchen sein oder Vater? Frauchen oder Mama? Es gibt bereits mehr Haushalte mit Haustieren als mit Hauskindern. Manchem fällt die Entscheidung wohl zu schwer. Ich kenne einen Jungen, der Bello heißt.

Damit die Wahl nicht ganz zur Qual wird, mischt sich der Staat ein. Kinder darf jeder halten, Tiere nicht. Absolut verboten sind Ferkel. Ferkel sind so allerliebst wie Babys, nur nicht ganz so nackt. Der Journalist Ben de Cocq hat einmal vorgeschlagen, ein Großteil der niederländischen Haushalte solle sich doch ein Schweinchen halten, dann bräuchten die Tiere nicht in die Fleischindustrie, der Bioeimer würde überflüssig, und die Ferkel würden das Straßenbild beleben. Eine absurde Idee? Nicht für Ben de Cocq. »Absurd?«, fragt er zurück. »Ganz und gar nicht absurd. Hunde sind absurd!« Aber Hunde sind erlaubt, Ferkel nicht. Man darf sich in diesem unseren Lande nicht so einfach ein Schwein halten. Da heißt es zuerst: Formulare ausfüllen, Anträge einreichen, Bedingungen erfüllen; dafür gibt es spezielle Gesetze und einen Minister. Und all das zur Bekämpfung der Mistmassen. Schweine scheißen zu viel. Mag sein. Doch warum darf jeder auch ohne Formular und Grundbesitz Kinder züchten so viel er will? Haben Sie sich schon einmal klar gemacht, wie viel diese liebsten Scheißerchen scheißen? In jedem Haus, Wohnblock, Stadtteil – von Nord nach Süd – knattern in diesem Augenblick Tausende von Babys ihre Windeln mit einer Chose voll, über die sogar ein Schwein die Nase rümpfen würde.

Die Anschaffung eines Kindes ist keine größere Angelegenheit als der Kauf einer Wüstenratte. Sie dient ja auch dem Fortbestand der eigenen Art, was nicht heißt, dass die Aufzucht einer fremden Art nicht dieselbe Genugtuung verschaffen könnte wie die von eigenem Fleisch und Blut. Letzteres kommt auch in der Natur vor. Beim Kuckuck zum Beispiel. Wenn mir mal wieder alles zu viel wird, das Geseire über das natürliche Gleichgewicht, die Forsthäuser in Falkenau und das Hamstergefiepe, dann lege ich mir zu Hause das einzige Naturvideo ein, das ich besitze, einen Film über den Kuckuck. Fünf Minuten reichen. Wenn ich sehe, wie das Kuckucksjunge seine Pflegegeschwisterchen rücklings über den Nestrand bugsiert und die doofen Schilfrohrsänger und Grasmücken unermüdlich Futter herbeischaffen, um die Monsterbrut wie eine Mastgans vollzustopfen, dann halte ich es wieder eine Weile aus. Am Ende des Films fliegt das Riesenjunge davon, und die Vogelpflegeeltern hängen in den Seilen vor Erschöpfung. Selber schuld. Wie können Sänger und Mücken auch nur so blöd sein und einen Parasiten verhätscheln? Wer tut das schon? Wir. Immer mehr von uns ziehen anstatt Kinder Katzen und Hunde groß. Nicht dass die Katze die Kinder des Hauses rücklings vom Balkon befördern würde. Meist sind es die Pflegeeltern selbst, die auf ein Menschenjunges verzichten. Aber parasitieren, das tun auch Katzen nach Herzenslust. Sie fressen einem buchstäblich die Wurst vom Brot und miauen einem Löcher in den Bauch.

*Das Ideal jedes Workaholic im Vogelreich: ein Kuckucksjunges.*

Wenn es stimmt, dass die Beziehung zwischen Katze und Mensch auf einer Mischung aus gegenseitigem Verstehen und Missverstehen beruht, begreift man etwas mehr von der Sorge des winzigen Pflegevögelchens für sein Kuckucksjunges. Natürlich sieht der kleine Vogel, dass das Riesending im Nest kein Schilfrohrsänger und keine Grasmücke ist, er ist ja nicht blind. Aber es ist ihm egal. Er findet diesen extra großen Schnabel wunderbar, man kann schließlich auch extra gut dafür sorgen. Und darum geht es: der eigenen Berufung Folge zu leisten. Ein Kuckucksjunges spielt mit seinen Pflegeeltern, als wären sie Musikinstrumente. Auch eine Katze ist ein Virtuose im Spiel auf seinem Herrchen, und Herrchen lässt gern auf sich spielen; es ist schließlich die Bestimmung eines jeden Instruments, dass auf ihm gespielt wird.

Und doch ist es am Ende der Schilfrohrsänger, der spielt. Für den Kuckuck ist die Sache purer Ernst, eine Sache auf Leben und Tod; für den Schilfrohrsänger dagegen ist das Ganze, nun da er vom Nutzen für die eigene Art befreit ist, zum Spiel geworden. Ohne den Zwang, sich fortpflanzen zu müssen, befriedigt er nur seinen Trieb, für etwas zu sorgen; ganz ähnlich wie eine Frau, die die Pille nimmt, ihren Geschlechtstrieb auslebt, ohne der Fortpflanzungspflicht nachzukommen. Lustbefriedigung ohne Folgen, so könnte man das Spielen allgemein definieren. Und so gehen viele Eltern auch mit ihren Menschenkindern um. Das Kind ist zum Spielzeug geworden. So wie das Kind mit Puppen spielt, spielen die Eltern mit dem Kind. Das Kind ahmt die Eltern nach, und die Eltern imitieren das Kind. Am Sonntag schieben die Eltern den Kinderwagen durch den Park, den man ebenso gut als großen Puppenwagen bezeichnen könnte wie umgekehrt den Puppenwagen als einen Kinderwagen *en miniature*. Natürlich spielt man von jeher mit seinen Kindern, doch die moderne Variante des Spiels unterscheidet sich von der früheren durch den Klang, den das Wort Kind heutzutage hat. Als wäre es ein Spielzeug, reden die Eltern von heute nicht mehr von ihren Kindern, sondern von ihren *kids*. Das, so ein Artikel in *De Volkskrant*, ist ein »Ausdruck purer Konsumsucht«:

> Eltern tauschen besorgt Geschichten über ihre *kids* aus, und eine Amüsierindustrie appelliert heftig an deren Bedürfnisse. Beim Wort »kid« denkt man nicht an ein Roller fahrendes oder Ball spielendes Wesen aus Fleisch und Blut, sondern eher an Nippes, an ein unnützes Stück Dekoration, das sich der Besitzer in einem leichtfertigen Moment zugelegt hat.

Spielzeug, ob tot oder lebendig, ist an seiner Aufdringlichkeit zu erkennen. Solange es im Haus bleibt, ist alles in Ordnung, doch zum Leidwesen von Außenstehenden sind *kids* auch als Freiluftspiel erhältlich. Vor Erwachsenen mit ihrem Spielzeug muss der ganze öffentliche Raum zurückweichen: wenn sie am Strand Ball spielen, durch die Innenstädte rollern, die Hunde im Park frei laufen lassen und im Familienverbund während der Herbstferien ganze Gegenden unsicher machen. Am schlimmsten sind Tagesausflügler mit ihren Tagesausflü-

glerkindern beim Tagesausflug. Der vergrübelte Pendler, der in der U-Bahn tagtäglich auf einem Stammplatz die Zeitung liest, hat sich jetzt als Tourist verkleidet und terrorisiert mit seinen *kids* das ganze Zugabteil. Sie tun das Schlimmste, was es gibt: Sie tun so, als wären sie hier zu Hause. Greinend kreucht das junge Gekröpf über den Fußboden, Proviantbrote mit Nutella werden deutlich hörbar mit Speichel vermischt, und ein Walkman sitzt um Haaresbreite nicht auf dem eigenen Kopf. *Fun!* Hauen darf man diese Rotzbälger nicht, und Eltern hauen normalerweise nicht vor Fremden. Sich einen Moment die Beine vertreten, hilft nur vorübergehend, außerdem ist die Gefahr dabei groß, dass der eigene Platz bei der Rückkehr von einem der Bälger besetzt ist. Nur selten sieht man die Kinder, wie es sich gehört – angeleint!

***Wie ein Jagdhund oder eine Brieftaube muss auch ein Kind Leistung erbringen.***

Der Eindruck, dass ein *kid* ein *toy* ist, drängt sich vor allem angesichts des modernen Vaters auf. Ein richtiger Mann ist heutzutage Vater. Ob man nun in den Niederlanden die Zeitschriften *Libelle*, *Opzij* oder *NRC Handelsblad* aufschlägt oder in Deutschland *Brigitte*, *Emma* oder die *Frankfurter Allgemeine Zeitung*, überall sieht man gestandene Kerle um die vierzig abgebildet, die mit einem kleinen Arschgesicht auf dem Arm verkünden, sie hätten im Putzen von Rotznasen endlich die Erfüllung ihres Lebens gefunden. Man trifft sie nicht mehr in Kneipen an, sondern in Spielzeugläden oder auf dem Dachboden auf der Suche nach einer Puppe oder einem Schaukelpferd. Weil ihm Gebärmutter, Milchdrüsen und Mutterhormone fehlen, weiß der moderne Vater nicht so recht, was er mit seinem *kid* spielen soll. Sein *kid* weiß es auch nicht. In *The Independent* wurde kürzlich beklagt, dass moderne Kinder nur noch sehr schlecht alleine spielen können. Ständig wollen sie, dass Erwachsene in der Nähe sind, mit anderen Worten: Sie wollen *entertained* werden. Während das Söhnchen Fußball spielt, spielt der moderne Mann mit anderen modernen Männern am Rand des Spielfeldes Vatersein. Es ist ein merkwürdiges Spiel, das Vaterseinspiel. Es ist, wie das Wort Vater selbst, von nostalgischen Gedanken an eine Zeit gefärbt, in der man selbst ein Söhnchen war; Vatersein ist immer auch Söhnchenspielen.

Dabei heißt Vater sein im Grunde nicht viel. Biologisch gesehen ist der Mann ein Sack voll Samen. Ist der Samen am Ort seiner Bestimmung angelangt, hat der Sack seine Schuldigkeit getan. Selbst wenn der Sack eines Tages tot vom Bürostuhl sinken sollte, arbeitet sein nachts in der Frau deponierter Samen dort weiter. Als Samen braucht sein Sohn ihn zu diesem Zeitpunkt schon gar nicht mehr. In der Natur verschwinden die meisten Männer denn auch nach getaner Arbeit, um sich nie mehr blicken zu lassen. Von allen Säugetieren sind nur drei Prozent monogam, und von den Affen nur ein einziges. Wir sind die Ausnahme. Der Grund ist offensichtlich: Wie die Vogelmännchen, die bei den Weibchen bleiben müssen, weil diese sonst auf den Eiern hockend verhungern würden, bleiben Menschenmänner ihren Frauen mehr oder weniger treu, da ihre Menschenkinder mit einer Kindheit zwischen zehn und zwanzig Jahren die dauerhaftesten Fesselungsinstrumente der Natur sind. Während die Frauen für die Kinder sorgen, sorgen die Männer für die Frauen. So war es jedenfalls die letzten paar zehntausend Jahre. Eine moderne Frau aber bestellt ihr eigenes Gärtlein und braucht den Mann allerhöchstens noch für das Saatgut. Da ein einziger Mann jedes Mal Millionen Samenzellen produziert, wären, wie auf einem Bauernhof, eine Hand voll Männer für ganz Holland ausreichend.

Um den Anschein der Nützlichkeit aufrecht zu erhalten, hat sich der moderne Mann auf die moderne Vaterschaft verlegt. War es früher für einen Vater damit getan, wenn er ein bisschen Zigarren rauchte und das Haushaltsgeld ablieferte, keuchen Väter von heute in der Schwangerschaftsgymnastik mit, wechseln die Windeln und berauschen sich an der Vorstellung: Wenn-der-Vater-mit-dem-Sohne. »Der junge Vater«, so schreibt Niek Barendsen, »ist ein zahn- und klauenloses, vom Verband der Hausfrauen patentiertes Berufsmeerschweinchen. Aus einem brünstigen Hengst hat er sich in eine Mitleid erregende Saatkartoffel verwandelt, die nur noch aufgrund der Großzügigkeit ihrer Nachkommen existiert.« Trotzdem lassen sich die Männer vor den Karren spannen. Das muss auch so sein, sagen die Biologen, die Gene wollen das so. Die sind nämlich recht selbstsüchtig und wollen in den Nachkommen des Mannes weiterexistieren. Ein vernünftiger Mann täte gut daran, so früh wie möglich mit einem mütterlichen Frauentyp ein paar Kinder zu zeugen und danach mit einem Gogo-Girl durchzubrennen. Mütterlicher Frauentyp froh mit den Kindern, Kinder froh mit mütterlichem Frauentyp, Papa noch viel froher, und die Gene unter Dach und Fach.

In der christlichen Tradition ist die vaterlose Familie die normalste Sache der Welt. Das kann man in sämtlichen Kirchen sehen. Das einzige Kind, das zu malen früher für Wert befunden wurde, ist dort mit seiner Mutter Maria zigtausendfach abgebildet. Der Vater ist nirgendwo zu entdecken. Nur auf Weihnachtskarten sieht man Josef manchmal mit im Stall, aber er gehört eher zur Statisterie als zum Wunder selbst. Im Krippenladen kostet ein Josef genauso viel wie ein einfacher Hirte. Alles dreht sich um Mutter und Kind. Beim Betrachten dieser Bilder fällt auf, dass die Maler in diesen zehn bis fünfzehn Jahrhunderten der Kind-Jesu-Malerei wohl nur selten Kinder beobachtet haben. Auf einem nackten breiigen Körper sitzt viel zu häufig ein ältliches Köpfchen, als säße ein dicker Schmetterling auf einem Raupenleib. Diese Stümperei dauerte ungefähr bis zur Renaissance; selbst Michelangelo macht dabei keine gute Figur. Kunsthistoriker sind der Ansicht, dass es sich bei den nackten Engelchen des ursprünglich flämischen Bildhauers François Duquesnoy um die ersten gut proportionierten Babys der Kunstgeschichte handelt. Zu diesem Zeitpunkt, das heißt gegen Anfang des 17. Jahrhunderts, hatte sich die Aufmerksamkeit schon vom Himmlischen aufs Irdische verlagert. Nun malte man massenhaft Kinder, die keine Jesuskinder waren: Prinzen und Prinzessinnen zunächst, doch bald auch Kinder des gehobenen Bürgertums. Im Goldenen Zeitalter der niederländischen Malerei schufen Meister wie Albert Cuyp, Govert Flinck und Nicolaes Maes derart viele Kinderbilder, dass Simon Schama von einer »Republik der Kin-

*Isaac Claesz. van Swanenburg:* **Porträt der Catharina van Warmondt, 1596.**

der« sprach. Auf solchen Porträts sind immer wieder auch beide Elternteile abgebildet. Von einer Witzfigur wie dem Heiligen Josef hat sich der Vater zum stolzen Besitzer seiner Kinder gewandelt. Und das will er auch zeigen. Viele der Kinder tragen teuerste Kleidung, verziert mit Spitzen und Schleifen, manchmal sogar mit Juwelen. Auf uns machen sie deshalb den Eindruck von Miniaturerwachsenen, doch die Zeitgenossen sahen das anders. Nach der fachkundigen Meinung von Saskia Kuus ist die Kleidung auf den Gemälden deutlich als Kinderkleidung zu erkennen. Kleine Jungs tragen, wie damals üblich, Kleidchen; den Mädchen wird dazu noch, im Gegensatz zu den erwachsenen Frauen, eine Schürze umgebunden. Ein Porträt von Isaac Claesz. van Swanenburg zeigt die zweijährige Catharina van Warmondt mit einer Puppe in der Hand, die wie eine Erwachsene gekleidet ist. Das Mädchen musste wohl Modell stehen, um Papa und Mama eine Freude zu machen, und wurde so selbst zur Puppe seiner Eltern – ein hübscher Matroschka-Effekt also, denn wie alle reichen Kinder zu allen Zeiten wurde sie von ihren Eltern wie eine Kleiderpuppe herausgeputzt. Noch deutlicher zeigen das die zahllosen Kostümfeste auf Gemälden aus dem 17. Jahrhundert, auf denen Kinder als Jäger, Hirten oder Heilige dargestellt sind. Sie spielen Erwachsensein, und so ist die Familie, neben vielem anderen, auch ein Theaterstück, das die Familie für sich und die Außenwelt aufführt.

Nicht nur körperlich, auch geistig konnte man ein Kind damals leicht herausputzen. Es herrschte die Meinung, ein Kind käme als unbeschriftete Schiefertafel zur Welt, als eine *Tabula rasa,* die von den Eltern nach Belieben beschriftet werden könne. Zahlreiche Ausgaben von Plutarchs *De liberis educandis* machten diese Ansicht zum Gemeinplatz. Der griechische Schriftsteller griff dabei auf Gedanken des Aristoteles zurück. Aber auch der niederländische Barockdichter Jacob Cats trug seinen Teil dazu durch eine Kurzversion bei.

Ein Kind ist wie ein weiß' Papier
Drum acht' auf dies unschuldig' Tier;
Denn wer ein Kind mit Übel bedeckt
Der hat das edle Weiß befleckt.

Wenn gar nicht taugt der kleine Wicht,
So gebt die Schuld dem Kinde nicht,
Den Vater treff der harte Tadel
Sein Vorbild zeugte nicht von Adel.

Das bedeutete übrigens nicht automatisch, ein Kind müsse mit Samthandschuhen angefasst werden. »Tucht baert vrucht«, also »Zucht bringt Frucht«, lautete Cats' Medizin gegen seine eigene Klage »kinderen zijn hinderen«, was man sich im Deutschen etwas krasser zusammenreimen könnte als »Kinder sind Schinder« – der Eltern nämlich. Nur Zucht und Ordnung machten aus einem Jungen einen Mann und aus einem Mädchen eine Frau. Erst bei Jean-Jacques Rousseau durften Kinder endlich Kinder sein. Nur zögernd beginnt das moderne Vatertum mit Männern wie dem Amsterdamer Jacob de Vos Willemsz. Dieser beobachtete seine vier Söhne Anfang des 19. Jahrhunderts einige Jahre lang bei ihren alltäglichen Beschäftigungen und zeichnete sie dabei. Endlich ein Vater, der sich nicht schämte, Verständnis für die kleinen Kümmernisse und Freuden seiner Kinder zu zeigen. Weil er

*Die Kinder des Jacob de Vos Willemsz., Anfang des 19. Jahrhunderts.*

seine Beobachtungen zeitweise täglich festhielt, wirken seine Skizzenbücher gelegentlich fast wie Comicstrips. Allerdings hat man auch den Eindruck, einen Vater vor sich zu haben, der mit seinen Kindern spielt, sie betrachtet wie ein Tierfreund das Aufwachsen kleiner Meisen in seinem selbst gezimmerten Nistkasten. De Vos Willemsz. konnte sich diesen Luxus erlauben, denn als vermögender Bürger hatte er außer einer Frau auch genügend Personal im Haus.

So wie der Bauer Knechte fürs Vieh hatte, hatte ein guter Bürger Personal für die Kinder. Das fing mit der Amme an. Da die Milchviehhaltung damals noch nicht besonders hygienisch war, musste die Mutter, wenn sie selbst nicht stillen wollte oder konnte, ihr Kind zu einer Amme geben. Nach der Amme kam das Kind in die Obhut eines Kindermädchens und von dort zur Gouvernante. Heute gibt es keine Ammen mehr, dafür aber Packungsbrei, das Kindermädchen ist entweder zum Au-pair (im Haus wohnend) oder zur Tagesmutter (außer Haus wohnend) mutiert. Eine Gouvernante war mehr als eine Bedienstete; sie brauchte keine Hausarbeit zu verrichten und erzog die Kinder zu Angehörigen eines Standes, dem sie selbst nicht angehörte. Gouvernanten waren meist übrig gebliebene oder sitzen gelassene Frauen. Sie mussten sich auf ehrbare Weise ihr Auskommen verdienen in einer Zeit, in der ehrbare Weisen Mangelware waren. Aufgrund ihres Sonderstatus wurde die Gouvernante zum Objekt zahlreicher Romane, wie zum Beispiel in Elise von Calcars *Hermine* von 1850:

> Wer an Winterabenden an den vornehmsten Grachten der niederländischen Hauptstadt spaziert, entdeckt hier und da in

> den oberen Stockwerken einen hellen Lampenschein. Sollte es sich dabei um ein Dienstbotenzimmer handeln? Nein, Fenster und Vorhänge sprechen dagegen. Doch dass die Bewohner des Hauses sich ihr Wohnzimmer so weit vom Erdgeschoss entfernt einrichten, ist nicht denkbar, und für das Licht von Schlafzimmern ist es noch zu früh am Abend. Was also können dies für Zimmer sein? Ich verrate es Ihnen: Es sind die Zimmer der Musen, dort widmet man sich der Literatur und den Schönen Künsten, dort unterrichtet man die Kinder, dort regieren Gouvernanten!

So eine Gouvernante war die »junge Halbwaise« Susanne Huber aus Zürich. Sie trat 1851 in die Dienste der an der Keizersgracht wohnenden Familie Huidekoper, um die Töchter französisch zu erziehen. Die Briefe einer ihrer Schülerinnen, Anna Huidekoper, spürte Greddy Huisman auf:

> Sie stellten mir die Frage, ob ich bisweilen ungezogen war und mich in die Ecke stellen musste. Ich befinde mich soeben an der Stelle des Hauses, wo ich Ihnen eine Antwort darauf geben kann. Mama bestrafte uns nur sehr selten und war mehr als einmal der Meinung, die Gouvernante sei zu streng mit uns. Und so flüchteten wir uns, wenn uns die Gouvernante einmal wieder aus dem Unterrichtszimmer geschickt hatte, oft zu Mama, die uns dann mit einem Apfel oder ein paar Rosinen tröstete. Das Unterrichtszimmer, ein herrliches, sonnendurchflutetes Zimmer, lag über dem Salon. Hier durften wir nicht faulenzen, sondern mussten zuhören, aufmerksam sein, unsere Schönschreibübungen machen und die Lektionen lernen. Mein Hauptfehler war, dass ich jedes Mal weinen musste, wenn ich einen Tadel erhielt, wodurch ich natürlich noch mehr getadelt wurde. Dabei machte ich das doch wirklich nicht zum Spaß. Ging ich jedoch zu weit, wurde ich hinter den Wandschirm gesetzt, der vor der Tür stand, oder mit meinem Buch ins Hinterzimmer geschickt, wo ich meine Lektionen lernen sollte.

Konflikte zwischen Mutter und Gouvernante waren vorprogrammiert. Manchmal war es allerdings unvermeidlich, die Erziehung ganz einer fremden Frau zu überlassen, aufgrund einer langen Reise etwa oder einer Scheidung, oder aber, was früher häufig vorkam, wenn die Mutter im Wochenbett gestorben war. Heiratete der Witwer erneut, fielen die Kinder in die Hände einer Frau, die andere Kinder nur aus Märchen kannten: die stets als »böse« bezeichnete Stiefmutter.

Ob Stiefmütter ihren Stiefkindern Aschenputtel vorlesen?

Wohl kaum. Stiefmütter kommen nicht besonders gut weg in dieser Geschichte. Und zu Recht. Stiefmütter sind Rabenmütter. Für Stiefkinder werden Märchen Wirklichkeit. Sozialforscher in England fanden heraus, dass Stiefkinder sechzigmal häufiger von ihren Eltern misshandelt werden als selbst produzierte Exemplare. Und der Mensch steht damit nicht allein im Tierreich. Bei Löwen und Hulman-Affen werden Säuglinge oft von ihren bösen Stiefvätern totgebissen, bevor sich diese mit den Müttern paaren. Sonst müsste das Männchen mit dem Selberzeugen warten, bis die Kinder abgestillt sind. Die Primatologin Dian Fossey beschrieb mit herzzerreißenden Worten, wie Gorillaweibchen, die sich einer neuen Gruppe anschlossen, hilflos zusehen mussten, wie das Silberrückenmännchen ihre Babys tötete. Sie opferten ihr Kind, um neue Kinder großziehen zu können.

Zum Stiefkind wurde man als Mensch früher meist dann, wenn die Mutter starb. Segnete auch der Vater das Zeitliche, war man Waise. Davon hatte jede Stadt ein ganzes Haus voll. Heutzutage stehen die Waisenhäuser leer. Es gibt kaum noch Waisen, seit die Eltern nicht mehr sterben, sondern sich einfach scheiden lassen. Eine Halbwaise ist heute schon eine Ausnahme. Männer mittleren Alters warten nicht mehr, bis ihre Frauen sterben, sondern tauschen ihre Frauen mittleren Alters nach Lust und Laune gegen junge Dinger ein. Und was soll so ein Hühnchen mit dem ersten Gelege? Den Mann einer anderen Frau will sie schon, doch die Kinder sind weniger begehrt.

Mit bewundernswerter Treffsicherheit fischen Frauen sich am Eingang der Grundschule ihr eigenes Exemplar aus einem Meer johlender Schulkinder. Obwohl modebewusste Schulkinder es ihren Müttern mit der Vorliebe für dieselbe Kleidung recht schwer machen, sieht man doch nur selten eine Mutter mit dem falschen Kind nach Hause gehen. Ob sie es vielleicht am Geruch erkennt? Bei vielen Tieren ist das der Fall, doch da die Nase eines Menschen bekanntlich besser trieft als riecht, müssen sich die Menschen an das Äußere halten. Dank eines äußerst subtilen Zusammenspiels zwischen den Augen und den Milliarden Gehirnzellen des Gedächtnisses nehmen wir minimale Unterschiede im Äußeren von Menschen oder Dingen wahr, was uns besonders dann zugute kommt, wenn wir auf einer Riesenparty bekannte Gesichter entdecken oder unser Fahrrad im Fahrradständer am Bahnhof wiederfinden möchten. Dieses System versagt allerdings dann, wenn man es am dringendsten nötig hätte, und zwar in der Geburtsklinik, wo die neugeborenen Babys wie

Chicoreeknollen in einer Kiste nebeneinander liegen, jedes mit einem Armbändchen versehen, um Verwechslungen auszuschließen. Einer frisch gebackenen Mutter kann man offensichtlich alles unterschieben. Durchaus möglich also, dass Ihre Mutter, falls Sie in einer Zeit geboren wurden, als es noch keine Armbändchen gab, gar nicht Ihre Mutter ist, oder Ihr Kind nicht Ihr Kind, was einiges erklären würde.

Unsere Mütter sind lange nicht so gut wie viele Seevögelmütter, die ihr Neugeschlüpftes im Durcheinander einer riesigen Brutkolonie an der Kopfzeichnung erkennen oder, wie der Alk, das Ei an der Zeichnung. Auch Stuten und Mutterschafe akzeptieren keine fremden Jungen. Es gibt eine herzzerreißende Szene in einem Naturfilm, in der ein junges Gnu, das noch nicht einmal ganz trocken ist, seine Mutter verliert. Es rennt von einem Weibchen zum anderen, aber keines will es haben, selbst dann nicht, wenn es gerade ein eigenes Junges verloren hat. Unsere Mütter brauchen nicht so streng zu sein. Im Gegensatz zu Gnukälbern, Fohlen und Lämmern, die sofort mit der Herde mitlaufen müssen, kommen Menschenkinder nackt und hilflos in Mutters warmem Nest zur Welt. Die Chance, dass es ein fremdes Kind einfach so in eine Nesthockerfamilie verschlägt, ist in der Natur gleich null. Ein fremdes Kind muss schon bewusst adoptiert werden. Es kann vom neuen Mann oder der neuen Frau stammen, aber manchmal findet man auch ein loses Exemplar, das man gerne behalten möchte. In früheren Jahrhunderten waren Findelkinder an der Tagesordnung. Klöster und Waisenhäuser hatten eine spezielle Klappe, wo man das Kind nicht wie aus einem Automaten herausholte, sondern hineinschob. In Deutschland gibt es das heute wieder.

*Findelkind.*

Ein Gnu hat vollkommen Recht, das fremde Kind von der Zitze zu stoßen. Aus genetischer Sicht ist das Aufziehen fremder Brut der reinste Selbstmord. Alle Sorge, die man einem Findelkind angedeihen lässt, enthält man gewissermaßen den Genen des eigenen Nachwuchses vor, und schließlich geht es bei dem ganzen Affentheater der Fortpflanzung um nichts anderes als um den Fortbestand der eigenen Gene. Ein Findling ist wie ein Kuckucksjunges, ein Trojanisches Pferd. Es kommt zwar vor, dass Delphine, Affen oder Elefanten das Junge eines Gruppenmitglieds adoptieren, doch dieses Junge stammt aus der Familie, ist also verwandt und trägt damit auch zum Fortbestand der stiefmütterlichen Gene bei. Nesthocker wie der Hund können sich da schon mal irren. Jeder Zoodirektor weiß, dass man einem Hund so ziemlich alles an die Zitzen legen kann, bis hin zu kleinen Tigern. Aber woher soll ein Hund (oder Wolf) auch wissen, wie ein Tiger aussieht, in der Natur würde er keinem je begegnen. Nichts ist unnatürlicher als das Tier-Ratatouille in einem Zoo.

Waisenhäuser sind selten geworden im reichen Westen, Findelkinder im Vergleich zu früher auch. Dennoch werden mehr Kinder ausgesetzt denn je, und zwar täglich. Jeden Tag geben Millionen Mütter ihre Kinder weg, wenn auch nur vorübergehend. Sie bringen ihre Kinder in den Kindergarten. Nicht, weil sie arm sind oder das Kind unerwünscht ist, sondern im Gegenteil, weil sie reich sind und trotzdem ein Kind wollen. Zahlreiche Frauen wollen arbeiten und Kinder haben. Das ist ganz normal. Fast alle Affenweibchen nehmen ihre Kinder auf die Futtersuche mit, und in der Dritten Welt haben viele Mütter auch heute noch ihre Kinder den ganzen Tag bei sich auf den Reisfeldern, den Plantagen oder hinter der Theke ihres kleinen Ladens. Wenn nötig, tragen sie ihr Kleines den ganzen Tag auf dem Rücken. Doch in einem Amsterdamer Büro oder einer Milchfabrik in Friesland geht das schlecht. Trotzdem arbeitet die Hälfte der niederländischen Frauen mit Kindern unter sechs Jahren.

Ist ein Kind noch nicht alt genug für den Missbrauch der Schule als Ort der Kinderbetreuung, muss die arbeitende Mutter des Westens das Kind tagsüber von einer Krippenleiterin oder anderen Teilzeit-Stiefeltern adoptieren lassen. Minister, Frauenzeitschriften und sogar große Firmen sind sich darüber einig, dass mehr für die Kinderbetreuung getan werden muss. In den Niederlanden wird an den Entwürfen für Kinderbetreuungszentren gearbeitet, während die Eltern sich dumm und dämlich arbeiten, um die Kinderbetreuung bezahlen zu können. Billig ist was anderes. Für eine halbe Woche Kinderkrippe ist man schnell 4000 Euro pro Jahr los. Eltern klagen, Kinder quengeln, Gewerkschaften stellen Forderungen, Staatsgelder werden verteilt.

Menschen ohne Kinder sind irritiert. Sie finden das ungerecht. Warum sollen sie sich an den Kosten für etwas beteiligen, das die Eltern sich und der Gesellschaft antun? Zum Dank für die Überbevölkerung? Seit das Kinderhaben zum Hobby geworden ist, ist der Staat eigentlich aus seiner Pflicht entlassen. Natürlich muss es weiterhin öffentliche Institutionen für Kinder geben, doch sollen die Hobbyeltern dafür gefälligst selber aufkommen. Dass die Betreuung der kleinen Lieblinge die Eltern so viel Geld kostet, haben sie ihrem Hobby zu verdanken. So natürlich die Sorge für das eigene Kind ist, so unnatürlich ist es, für ein fremdes Kind aufkommen zu müssen. Da die Sorge für Krippenkinder nicht auf natürliche Weise durch Hormone oder Muttergefühle belohnt wird, müssen Euros und Arbeitnehmergefühle das ihre tun.

Kinderbetreuung in großem Maßstab kommt in der Natur durchaus vor, aber ausschließlich bei sozialen Insekten wie den Ameisen und den Bienen. In jedem Haufen oder Korb gibt es nur eine Einzige, die sich fortpflanzt: die Königin. Und die lässt alle ihre Kinder betreuen – und zwar von ihren eigenen Kindern. Wie sämtliche Arbeiterinnen sind auch sämtliche Kindergartentanten Königinnenkinder. Pflegerinnen und Verpflegte teilen sich bei Ameisen und Bienen drei Viertel aller Gene. Die Aufzucht von vier jungen Schwestern ist für eine Ameise oder Biene in genetischer Hinsicht genauso sinnvoll wie die Aufzucht von drei eigenen Kindern. Und dafür lässt sich die Pflegerin auch bezahlen. Arbeiterinnen, die außerhalb des Haufens oder des Korbs Karriere machen, entlohnen die Arbeiterinnen in den Larvensälen mit Essen und Trinken für den Fortbestand auch ihres genetischen Materials. Menschen sind zwar sozial, doch nicht ganz so sozial wie Ameisen oder Bienen. Menschenkinder teilen nur die Hälfte ihrer Gene mit jeweils einem Elternteil.

Außerhalb der Kinderbetreuungsanstalten sind weitere fünf Prozent der Niederländer Pflegeeltern von Beruf: die Bauern. Sie ziehen Ferkel, Kälber und Küken auf. Aber die Tiere werden stiefmütterlich behandelt, das Haus der Pflegeeltern ist ihnen verwehrt, sie dürfen nicht mit am Mittagstisch sitzen und werden zudem ihrer eigenen Nachkommenschaft beraubt. Dagegen liegt ein Bauernbaby warm in seiner Bauernwiege, der Bauernhund in seinem Bauernkorb und die Bauernkatze vor dem Bauernofen. Was ist nur schief gelaufen in der modernen Viehzucht? Die moderne Viehzucht wird gebeutelt von dem bereits hinlänglich erwähnten Gesetz der Alternativstrategie, welches besagt, dass man gut für wenige Junge sorgen muss oder schlecht für viele. Kinder, Hunde und Katzen hat ein Bauer normalerweise nur wenige, die kommen also nicht zu kurz. Kühe und Hühner allerdings hat er meist im Überfluss, sogar ganze Ställe voll. Schön ist das nicht für die Tiere, denn Menschen sorgen erst dann wirklich gut für etwas oder jemanden, wenn sie etwas von einem eigenen

*Früher war es in den Niederlanden üblich, am »Sakramentstag« eine Katze wie einen Säugling zu verhätscheln. Heute geschieht das Tag für Tag in Millionen Haushalten.*

Kind darin sehen. Mit einer Hand voll etwas ist das kein Problem, ein einzelnes Ferkel zum Beispiel, das verschmitzt über den Rand des Schweinekobens lugt, ein gekränkter Hahn, zwei Kühe, die dumpf muhend aufeinander hocken. Man muss schon ein Herz aus Stein haben, um bei so einem Anblick nicht hinzuschmelzen. Das ist uns angeboren, so sind wir nun einmal. Aber mit einem Stall voller Ferkel oder Kälber funktioniert das so wenig wie im Zoo mit seinem ganzen Tierallerlei. Liebe lässt sich nicht automatisieren. Die Devise muss deshalb auch lauten: Mehr Liebe für weniger Tiere.

In einem Streichelzoo dagegen funktioniert das recht ordentlich, und auch zu Hause mit Katzen oder Meerschweinchen geht das gut. Solange man das Kind darin sieht. Wer genug Kümmer- und Knuddeldrang in sich spürt, um ein halbes Dutzend Kinder ungefähr achtzehn Jahre lang zu betütteln, bei dem kommt es auf ein Meerschweinchen oder Kätzchen mehr oder weniger nicht an. Ob es nun die Katze ist, die kläglich miaut, oder die Geranie, die ihre Blätter in stillem Tadel hängen lässt, auf uns ist Verlaß. Und ist mal wieder eines unserer Tiere davongelaufen und im Tierheim gelandet, stehen wir dort im Handumdrehen vor der Tür und suchen uns unser Hündchen oder Kätzchen wieder heraus, mit großer Treffsicherheit übrigens. Denn fremde Kinder, das tun wir uns gar nicht erst an.

Die meisten Menschen halten ihre Katzen für ihre Kinder. Das geschieht von ganz allein. Doch vielleicht sollte man das Ganze einmal umkehren und die eigenen Kinder als Katzen betrachten. Halten Sie Ihre Kinder, wie Sie Ihr Haustier halten würden: mit viel Liebe und etwas Hoffnung. Wenn Ihnen das mit Kaninchen gelingt, dann muss es doch mit einem Kind erst recht klappen. Man soll ein Kind nicht wie einen Menschen behandeln. Denn es ist keiner. Ein Kind ist ein ganz anderes Wesen. Es ist eine Larve. Versuchen Sie niemals, eine Larve zu einem Menschen großzuziehen, es wird Ihnen doch nicht gelingen. Helfen Sie dem Kind lieber dabei, eine gute Larve zu sein, dann findet es schon selber heraus, wie es sich zu einem Menschen entpuppen kann. Bis dahin behandeln Sie es am besten, indem Sie so tun, als gehöre es einer fremden Art an. Damit kommen Sie der Wirklichkeit schon verdammt nah.

# Bibliographie


Alexander, R. McNeill: *Size and shape.* Edward Arnold, London, 1971.

Allan, P. B. M.: *A moth-hunter's gossip.* Watkins and Doncaster, London, 1937.

Alta, Han und W. M. Docters van Leeuwen. *Gallenboek – Nederlandse zoöcecidiën – Door dieren veroorzaakte gallen.* G. W. Breughel, Amsterdam, 1946.

Amato, Joseph A.: *Dust – A history of the small and the invisible.* University of California Press, Berkeley/Los Angeles/London, 2000.

Ameling, A. D.: *De adder.* Het Spectrum, Utrecht/Antwerpen, 1978.

Amerongen, Martin van: *Rook doet leven – Over het recht op een hedonistisch bestaan.* Mets & Schilt, Amsterdam, 2000.

Ananthakrishnan, T. N.: *Biology of gall insects.* Edward Arnold, London, 1984.

Andersen, Hans Christian: *Gesammelte Märchen.* Goldmann, München, 1984.

Andrews, Michael: *The life that lives on man.* Faber & Faber, London, 1976.

Ariëns Kappers, C. U.: *Reiziger in breinen – Herinneringen van een hersenonderzoeker.* L. J. Veen, Amsterdam/Antwerpen, 2001.

Aristoteles: *Physik.* C. H. Weise, Leipzig, 1829.

Aureden, Lilo: *Wat kinderen graag eten.* Het Spectrum, Utrecht/Antwerpen, 1961.

Baker, Robin und Midas Dekkers: *De grote trek – De raadselachtige reizen van de natuur.* Rostrum, Haarlem, 1980.

Baur, Otto: *Bestiarium humanum. Mensch–Tier–Vergleich in Kunst und Karikatur.* Heinz Moos, München, 1974.

Becher, Erich: *Die fremddienliche Zweckmässigkeit der Pflanzengallen – Und die Hypothese eines überindividuellen Seelischen.* Veit & Comp., Leipzig, 1917.

Bedaux, Jan Baptist und Rudi Ekkart: *Kinderen op hun mooist – Het kinderportret in de Nederlanden 1500–1700.* Ludion, Gent/Amsterdam, 2000.

Beer, Gertom de: *Het dikke berenboek.* Fontein, Baarn, 1992.

Belmann, Heiko: *Gids van bijen,wespen en mieren.* Tirion, Baarn, 1998.

Berenbaum, May R.: *Ninety-nine gnats, nits and nibblers.* University of Illinois Press, Urbana/Chicago, 1989.

Berenbaum, May R.: *Ninety-nine more maggots, mites and munchers.* University of Illinois Press, Urbana/Chicago, 1993.
Berenbaum, May R.: *Bugs in the system – Insects and their impact on human affairs.* Addison-Wesley, Reading etc., 1995.
Berenbaum, May R.: *Buzzwords – A scientist muses on sex, bugs and rock 'n' roll.* John Henry Press, Washington, 2000.
Bessy, Maurice: *A pictorial history of magic and the supernatural.* Spring Books, London, 1964.
Bigot, L. C. T.: *Wonderkinderen.* J. Philip Kruseman, 's Gravenhage, o. J.
Bladergroen, Wilhelmina J.: *Lichamelijke en geestelijke ontwikkeling van het kind.* Wetenschappelijke Uitgeverij, Amsterdam, 1980.
Blaney, Walter M.: *Hoe dieren leven – Insekten.* Elsevier, Amsterdam/Brüssel, 1976.
Blech, Jörg: *Leben auf dem Menschen – Die Geschichte unserer Besiedler.* Rowohlt, Reinbek bei Hamburg, 2000.
Bloch, Konrad: *Blondes in Venetian paintings, the nine-banded armadillo, and other essays in biochemistry.* Yale University Press, New Haven/London, 1994.
Bogin, Barry: *Patterns of human growth.* Cambridge University Press, Cambridge (UK)/New York/Melbourne, 1988.
Boheemen, Petra van und Paul Dirkse: *Duivels en demonen – De duivel in de Nederlandse beeldcultuur.* Museum Het Catharijneconvent, Utrecht, 1994.
Bolk, L.: *Hersenen en cultuur.* Scheltema en Holkema, Amsterdam, 1918.
Bolk, L.: *Das Problem der Menschwerdung.* Gustav Fischer, Jena, 1926.
Bomans, Godfried: *Erik of Het klein insectenboek.* Het Spectrum, Utrecht, 1941.
Bonner, John Tyler: *Dieren met cultuur – Tussen biologie en sociale wetenschappen.* Het Spectrum, Utrecht/Antwerpen, 1982.
Bonner, John Tyler: *Life cycles – Reflections of an evolutionary biologist.* Princeton University Press, Princeton/Chicester, 1993.
Boswell, John: *The kindness of strangers – The abandonment of children in Western Europe from late antiquity to the renaissance.* Random House, New York, 1988.
Boyd, Brian und Robert Michael Pyle (Hg.): *Nabokov's butterflies – Unpublished and uncollected writings.* Allen Lane/The Penguin press, London, 2000.
Brabander, Gerard den: *Rembrandt, de monsters en andere verzen.* Pegasus, Amsterdam, 1980.
Brehm, A. E.: *Het levn der dieren.* Van Belkum, Zutphen o.J.
*Brehms Tierleben.* Buch Media, München, 2003.
Broecke, Marcel P. R. van den (red.): *Ter Sprake – Spraak als betekenisvol geluid.* Foris Publications, Dordrecht/Providence RI, 1988.
Brongersma, E. : *Jongensliefde – Seks en erotiek tussen jongens en mannen. Deel 1: De partners.* SUA, Amsterdam, 1987.
Bronswijk, Johanna E. M. H. van: *House dust biology – For allergist,*

*acarologists and mycologists.* Selbstverlag, Zoelmond en NIB, Zeist, 1981.
Brookes, Martin: *Fly – An experimental life.* Weidenfeld & Nicolson,London, 2001.
Bull, Peter: *The teddy bear book.* Hutchinson & Co, London, 1969.
Bund, C. F. van de: *De Nederlandse amfibieën.* KNNV, Hoogwoud, 1968.
Burt, Denise & Neil McLeod: *De Koala,* Meulenhoff Jeugd, Amsterdam, 1987.
Burt, Denise & Neil McLeod: *Känguruhs.* Kinderbuchverlag, Luzern, 1990.
Buss, Leo W.: *The evolution of individuality.* Princeton University Press, Princeton, 1987.
Carle, Eric; *Die kleine Raupe Nimmersatt.* Gerstenberg, Hildesheim, 1994.
Caroll, Lewis: *The annotated Alice – The definitive edition* (annotations by Martin Gardner). Allen Lane/The Penguin Press, London, 2000.
Clutton-Brock, T. H.: *The evolution of parental care.* Princeton University Press, Princeton, 1991.
Corbet, P. S.: *A biology of dragonflies.* Witherby, London, 1962.
Crelin, Edmund S.: *Functional anatomy of the newborn.* Yale University Press, New Haven/London, 1973.
Crowson, R.: *The biology of the coleoptera.* Academic Press, New York, 1981.
Daniëls, Wim: *De stem van…* Sdu, 's-Gravenhage, 1993.
Dante Alighieri: *Die göttliche Komödie.* Faber und Faber, Leipzig, 2001.
Davidson, Gustav: *A dictionary of angels – Including the fallen angels.* Free Press, New York en Collier-Macmillan, London, 1971.
Davics, Malcolm en Jeyaraney Kathirithamby. *Greek insects.* Oxford University Press, Oxford/New York, 1986.
Degraaf, Robert M.: *The book of the toad – A natural and magical history of toad-human relations.* Lutterworth, Cambridge, 1991.
Dekker-Nadort, Hannie: *Sam – Een aap van een jongen.* Amor Vincit Omnia, Westzaan, 1994.
Dekkers, Midas: *Bestiarium.* Bert Bakker, Amsterdam, 1977.
Dekkers, Midas: *Het edelgedierte – Over het vreemde verbond tussen mens en dier.* Bert Bakker, Amsterdam,1978.
Dekkers, Midas: *Bovenste beste beesten – Eigenzinnige dierbiografieën.* Bert Bakker, Amsterdam, 1979.
Dekkers, Midas: *Op eigen pootjes – Hoe dieren groot worden.* Kluwer Jeugdboeken, Ede/Antwerpen, 1992.
Dekkers, Midas: *Lief dier – Over bestialiteit.* Contact, Amsterdam, 1992; dt. *Geliebtes Tier,* Hanser Verlag, München, 1994.
Dekkers, Midas: *Een kleine pathologie van de rondorigheid.* ADM International, Amsterdam, 1993.
Dekkers, Midas: *De vergankelijkheid.* Contact, Amsterdam, 1997; dt. *An allem nagt der Zahn der Zeit.* Blessing, München, 1999.

Dekkers, Midas: *Das Gnu und du*, Blessing, München, 2002.

Dekkers, Midas und Han van Hagen: *Gekorven diertjes*. Aldus, Heusden, 1983.

Dekkers, Midas und Jan den Hengst: *Waterrijk*. Het Spectrum, Utrecht/Amsterdam en Vereniging tot Behoud van Natuurmonumenten, 's-Graveland, 1981.

Derksen, J. J. V. M.: *Om de eer – De olympische spelen in de oudheid en nu*. Allard Pierson Museum, Amsterdam, 1988.

Dethier, V. G.: *To know a fly*. Holden-Day, San Francisco, 1962.

Diwan, A.P. en N.K. Dhakad: *Metamorphosis in vertebrates*. Anmol, New Delhi, 1996.

Drs. P.: *Tante Constance en tante Mathilde – Liedteksten van drs. P. verzameld door Ivo de Wijs*. Nijgh & Van Ditmar, Amsterdam, 1999.

Dijkhuis, Willem: *De gelikte beer – Over eruditie*. VUGA, 's-Gravenhage, 1991.

Dijksman, Daan (Hg.): *Verheffend, vooruitstrevend, verstrooiend – Vijfenzeventig jaar 'Vereniging van Arbeiders Radio Amateurs' 1925–2000*. Balans, Amsterdam, 2000.

Dukahz, C.: *The asbestos diary*. Layton, New York, 1966.

Eerenbeemt, H. F. J. M. van den: *Op zoek naar het zachte goud – Pogingen tot innovatie via een zijdeteelt in Nederland 17e-20e eeuw*. Gianotten, Tilburg, 1993.

Elgar, Mark A. und Bernard J. Crespé: *Cannibalism – Ecology and evolution among diverse taxa*. Oxford University Press, Oxford/New York, 1992.

Elkins, James: *Pictures of the body – Pain and metamorphosis*. Stanford University Press, Stanford, 1999.

Engels, Donald: *Classical cats – The rise and fall of the sacred cat*. Routledge, London/New York, 1999.

Ernst, Niels: *Seksualiteit bij kinderen – Ontwikkeling en gedrag*. Ad. Donker, Rotterdam, 1981.

Etkin, William en Lawrence I. Gilbert (Hg.): *Metamorphosis – A problem in developmental biology*. North-Holland Publishing Company, Amsterdam en Appleton-Century-Crofts, New York, 1968.

Evans, Howard Ensign: *Wasp farm*. Natural History Press, Garden City, 1963.

Evans, Howard Ensign: *Life on a little-known planet*. Dutton, New York, 1968.

Evans, Howard Ensign: *The pleasures of entomology – Portraits of insects and the people who study them*. Smithsonian Institution Press, Washington, 1985.

Everdingen, J. J. E. van: *Beesten van mensen – Microben en macroben als intieme vijanden*. Belvédère, Overveen, 1992.

Everdingen, Jannes van und Georgie Dom: *Huid en leeftijd*. Consumentenbond, Den Haag, 2001.

Farb, Peter: *De insecten*. Het Parool, Amsterdam, 1967.

Farson, Daniel: *Vampires, zombies and monster men*. Aldus, London, 1975.

Featherstone, Mike: *Body modification.* Sage, London/Thousand Oaks/ New Delhi, 2000.
Ferdinandusse Rinus e. a.: *Peter Vos-Tekenaar.* L. J. Veen, Amsterdam/Antwerpen, 1995.
Fischer-Nagel, Heiderose und Andreas: *In de bijenkorf.* Meulenhoff Informatief, Amsterdam, 1982.
Fischer-Nagel, Heiderose und Andreas: *Im Hamsterbau.* Kinderbuchverlag, Luzern 1989.
Fischer-Nagel, Heiderose und Andreas: *In de mierenhoop.* Meulenhoff Informatief, Amsterdam, 1985.
Fischer-Nagel, Heiderose und Andreas: *Een muizenleven.* Meulenhoff Informatief, Amsterdam, 1987.
Fischer-Nagel, Heiderose und Andreas: *Aus dem Leben der Forellen.* Kinderbuchverlag, Luzern, 1991.
Fitzgerald, Terrence D.: *The tent caterpillars.* Cornell University Press, Ithaca/London, 1995.
Flusser, Vilém: *The shape of things – A philosophy of design.* Reaktion Books, London, 1999.
Fortey, Richard: *Trilobite! – Eyewitness to evolution.* HarperCollins, London, 2000.
Freedman, Daniel: *Human infancy – An evolutionary perspective.* John Wiley, New York, 1974.
Freud, Sigmund: *Drei Abhandlungen zur Sexualtheorie.* Franz Deuticke, Leipzig/Wenen, 1905.
Frijn, Jacqueline und Ger de Haan: *Het taallerend kind.* ICG Publications, Dordrecht, 1994.
Gallagher, Hugh P. (Hg.) : *Het spreeuwenboekje.* Vogelvreugd, Voorhout, 1982.
Garstang, W.: *Larval forms and other zoological verses.* Basil Blackwell, London, 1951.
Ginneken, Jac. van: *De roman van een kleuter.* Malmberg, 's-Hertogenbosch/Antwerpen, 1992.
Godwin, Malcolm: *Angels – An endangered species.* Simon & Schuster, New York, 1990.
Goff, M. Lee: *A fly for the prosecution – How insects evidence helps solve crimes.* Harvard, University Press, Cambridge/London, 2000.
Gollaher, David: *Circumsion – A history of the world's most controversial surgery.* Basic Books, New York, 2000.
Gonzales-Crussi, F.: *On the nature of things erotic.* Harcourt Brace Jovanovich, San Diego/New York/London, 1988.
Gould, Stephen Jay: *Ontogeny and phylogeny.* Harvard University Press, Cambridge (Mass.)/London, 1977.
Gould, Stephen Jay: *The flamingo's smile – Reflections in natural history.* W. W. Norton & Company, New York/London, 1985.
Govers, Ellen: *Alles over voding.* Contact, Amsterdam/Antwerpen, 1996.
Gullan, P. J. und P. S. Cranston: *The insects – An outline of entomology.* Blackwell Science, Oxford etc., 2000.

Haeckel, Ernst: *Die Welträtsel.* Leipzig, 1933.
Haenen, Paul und Mirja de Vries: *De knuffels.* Meulenhoff, Amsterdam, 1980.
Hagens, Gunther von: *Körperwelten – die Faszination des Echten.* Institut für Plastination, Heidelberg, 1999.
Haldane, J. B. S.: *On being the right size – And other essays.* Oxford University Press, Oxford/New York, 1985.
Hall, Angus: *Monsters and mythic beasts.* Aldus/Jupiter, London, 1975.
Hall, Brian L. und Marvalee H. Wake (Hg.): *The origin and evolution of larval forms.* Academic Press, San Diego etc., 1999.
Hall, G. Stanley: *Adolescence – Its psychology and its relations to physiology, anthropology, sociology, sex, crime, religion and education.* D. Appleton and Company, New York, 1904.
Hamilton, David: *The monkey gland affair.* Chatto & Windus, London, 1986.
Harris, Henry: *The birth of the cell.* Yale University Press, New Haven/London, 1999.
Harris, Judith Rich: *The nurture assumption – Why children turn out the way they do.* The Free Press, New York etc., 1998.
Harris, Marvin: *Good to eat – Riddles of food and culture.* Allen & Unwin, London/Boston/Sydney, 1986.
Harrison, G. A. e. a.: *Human biology – an introduction to human evolution, variation, growth and adaptability.* Oxford University Press, Oxford etc., 1988.
Harrison, R. J.: *Het unieke van de mens – Vergelijkende anatomie en fysiologie.* Het Spectrum, Utrecht/Antwerpen, 1962.
Hart, Maarten 't: *Een deerne in lokkend postuur – Persoonlijke kroniek.* Arbeiderspers, Amsterdam/Antwerpen, 2000.
Hart de Ruyter, Th. und E. B. M. van der Zijk: *De sexuele ontwikkeling van kind tot volwassene.* Samson, Alphen a/d Rijn, 1979.
Harz, Kurt: *Elseviers vlinderboek.* Elsevier, Amsterdam/Brüssel, 1974.
Hazelzet, Korine: *De levenstrap.* Catena, Zwolle, o.J.
Hefting, Victorine: *Kinderportretten.* Lemniscaat, Rotterdam, 1969.
Hellema, Henk: *Geur en gedrag.* De Brink, Amsterdam,1994.
Hickin, Norman: *Bookworms – The insect pests of books.* Sheppard Press, London, 1985.
Hilhorst, Marieke: *Bij de zusters op kostschool – Geschiedenis van het dagelijks leven vaa meisjes op rooms-katholieke pensionaten in Nederland en Vlaanderen.* A.W. Bruna, Utrecht, 1989.
Hillenius, D.: *Het romantisch mechaniek.* Arbeiderspers, Amsterdam, 1969.
Holt, Vincent M.: *Why not eat insects?* British Museum (Natural History), London, 1988. [1885].
Holzwarth, Werner und Wolf Erlbruch: *Vom kleinen Maulwurf, der wissen wollte, wer ihm auf den Kopf gemacht hat.* Peter Hammer Verlag, 1990.
*Hed hoofd ten voeten uit – La tête, un portrait en pied – The head, a full length portrait.* Museum Dr. Guislain, Gent, 2001.

Hopkins, Jerry: *Strange foods – Bush meat, bats and butterflies – An epicurian adventure around the world.* Periplus, Hongkong, 1999.
Hrdy, Sara Blaffer: *Mother Nature – A history of mothers, infants and natural selection.* Pantheon Books, New York, 1999.
Huisman, Greddy: *Tussen salon en souterrain – Gouvernantes in Nederland 1800-1940.* Bert Bakker, Amsterdam, 2000.
Huizinga, J.: *Homo ludens – Proeve eener bepaling van het spel-element der cultuur.* H. D. Tjeenk Willink & Zoon, Haarlem, 1938.
Hüsing, Johannes Otto: *Die Metamorphose der Insekten.* Akademische Verlagsgesellschaft Geest & Portig, Leipzig, 1952.
Huxley, Aldous: *After many a summer.* Chatto and Windus, London, 1939.
Illies, Joachim: *Insecten waarnemen en kweken.* W. J. Thieme & Cie, Zutphen, 1958.
Jacob, François: *La souris, la mouche et l'homme.* Odile Jacob, Paris, 2000.
Jenkins, Penelope M. : *Control of growth and metamorphosis – A comparative survey.* Pergamon Press, Oxford etc., 1970.
Jolivet, Pierre: *Insects and plants – Parallel evolution and adaptations.* Sandhill Crane Press, Gainesville, 1992.
Jonas, D. und D. Klein: *Man-child – A study of the infantilization of man.* McGraw-Hill, New York, 1970.
Joost, Th. van und J. J. E. van Everdingen (Hg.): *Omtrent de huid – Cultuurhistorische verkenningen.* Boom, Amsterdam en Belvédère, Overveen, 1996.
Jung, Carl G.: *Erinnerungen, Träume, Gedanken.* Walter Verlag, Olten/Freiburg i. Br., 1989.
Kafka, Franz: *Die Verwandlung.* Der jüngste Tag 22/23. Leipzig 1915.
Kalkman, C.: *Mossen en vaatplanten – Bouw, levenscyclus en verwantschappen van de Cormophyta.* Oosthoek, Utrecht, 1972.
Karen, Robert: *Becoming attached – First relationships and how they shape our capacity to love.* Oxford University Press, New York/Oxford, 1998.
Karlen, Arno: *Biography of a germ.* Pantheon Books, New York, 2000.
Kearton, Cherry: *Mijn vriend Toto – De avonturen van een chimpansee en het verslag van zijn reis van de Kongo naar London.* Hollandia, Baarn, 1974. [1926].
Kegel, Bernard: *Die Ameise als Tramp – Von biologischen Invasionen.* Amman, Zürich, 1999.
Kemp, Martin: *Visualizations – The nature book of art and science.* Oxford University Press, Oxford etc. 2000.
Kern, Stephen: *Anatomie en noodlot – Een cultuurgeschiedenis van het menselijk lichaam.* Bosch & Keuning, Baarn, 1977.
Kistemaker, Renée (Hg.): *Een kind onder het hart – Verloskunde, volksgeloof, gezin, seksualiteit en moraal vroeger en nu.* Meulenhoff Informatief en Amsterdams Historisch Museum, Amsterdam, 1987.

Kitzinger, Sheila: *The crying baby.* Viking, London etc., 1989.
Klauber, Laurence M.: *Rattlesnakes – Their habits, life histories, and influence on mankind.* University of California Press, Berkeley/Los Angeles/London, 1982.
Koerner, Lisbet: *Linnaeus – Nature and nation.* Harvard University Press, Cambridge (Mass.)/London, 1999.
Kohnstamm, Dolph (Hg.): *‚Nog is er geen oorlog' – Briefwisseling tussen Max en Philip Kohnstamm 1938-1939.* Vossiuspers, Amsterdam, 2001.
Koolhaas-Grosfeld, Eveline: *Vader & zoons – Jacob de Vos Wzn. (1774-1844) en de getekende dagboekjes voor zijn kinderen.* Verloren, Hilversum, 2001.
Kotre, John & Elizabeth Hall: *Seasons of life – The dramatic journey from birth to death.* The University of Michigan Press, Ann Arbor, 1997.
Kousbroek, Rudy: *De aaibaarheidsfactor.* Thomas Rap, Amsterdam, 1969.
Kruit, Wilfred und Govert Schilling: *Dimensies in de natuur,* Aramith, Amsterdam, 1987.
Kuijer, Guus: *Het geminachte kind – Acht stukken.* Synopsis, Amsterdam, 1980.
Kuyper, Eric de: *Kinders – Over kinderen en hun badwater.* Sun, Nijmwegen, 1998.
Labhardt, Felix: *Libellen – Jäger mit gläsernen Schwingen.* Kinderbuchverlag Luzern, 1991.
Landau, Terry: *About faces.* Anchor Books Doubleday, New York, 1989.
Landman, W.: *Wie van vlinders houdt moet rupsen voor lief nemen.* Noorder Dierenpark, Emmen, 1985.
Lankester, E. Ray: *The advancement of science – Occasional essays & addresses.* Macmillan and Co., London/New York, 1890.
Le Gros Clark, W. E. und P. B. Medawar (Hg.) : *Essays on growth and form presented to D'Arcy Wentworth Thompson.* Oxford University Press, London etc., 1945.
Lehane, Brendan: *The compleat flea.* John Murray, London, 1969.
Lewontin, Richard: *Menselijke verscheidenheid – Het spel van erfelijkheid, milieu en toeval.* Natuur en Techniek, Maastricht/Brüssel, 1985.
Livingston, A. D./Livingston, H.: *Edible plants and animals – Unusual foods from aardvark to zamia.* Facts on File, New York, 1993.
Löbsack, Theo: *Das unheimliche Heer – Insekten erobern die Erde.* Umschau, Frankfurt am Main, 1989.
Lutz, Tom: *Crying – The natural and cultural history of tears.* W. W. Norton & Company, New York/London, 1999.
Maclean, Charles: *The wolf children.* Penguin, London 1978.
Mans, Veerle, Philippus Breuker und Peter Kartskarel: *Margareta de Heer (circa 1600-circa 1665) – Dé Friese kunstenares van de zeventiende eeuw.* Friese Pers Bockerij en Fries Museum, Leeuwarden, 2002.

Masters, Anthony: *The natural history of the vampire.* Rupert Hart-Davis, London, 1972.
Mayr, Ernst: *The growth of biological thought – Diversity, evolution, and inheritance.* Harvard University Press, Cambridge (Mass.)/ London, 1982.
McDiarmid, Roy und Ronald Altig (Hg.): *Tadpoles – The biology of anuran larvae.* The University of Chicago Press, Chicago/London, 1999.
McEdward, L. R.(Hg.): *Ecology of marine invertebrate larvae.* CRC Press, Boca Raton, Florida, 1995.
McMahon, Thomas A. und John Tyler Bonner: *On size and life.* Scientific American Library, New York, 1983.
Maerlant, Jacob van: *Het boek der natuur.* Em. Querido, Amsterdam, 1989. [1266].
Meeuse, Bastiaan und Sean Morris: *De voortplanting van bloemen.* Het Spectrum, Utrecht/Antwerpen, 1984.
Megnin, J. P.: *La faune des cadavres – Application de l'entomologie à la médicine légale.* Maison Gauthiers-Villas et Fils, Paris, 1894.
Merian, Anna Maria Sibylla: *Metamorphosis insectorum Surinamensium.* De Walburg Pers, Zutphen, 1982. [1705].
Miller, Geoffrey: *The mating mind – How sexual choice shaped the evolution of human nature.* Heinemann, London, 2000.
Miller, Jonathan: *Van lijf en leden.* Elsevier, Amsterdam, Brüssel, 1980.
Morgan, Elaine: *The aquatic ape – A theory of human evolution.* Souvenir Press, London, 1982.
Morgan, Elaine: *The scars of evolution.* Souvenir Press, London, 1990.
Morgan, Elaine: *The descent of the child – Human evolution from a new perspective.* Souvenir Press,1994.
Morowitz, Harold J.: *The kindly Dr. Guillotin – And other essays on science and life.* Counterpoint, Washington, 1997.
Morris, Desmond: *Illustrated Babywatching.* Ebury Press, London, 1995.
Morris, Ramona und Desmond: *Men and Snakes.* Hutchinson, London, etc., 1965.
Müller, John (Hg.): *De perfecte puber – Van Het lijden van de jonge Werther tot Het geheime dagboek van Adriaan Mole.* De Bijenkorf, Amsterdam, 1991.
Muybridge, Eadweard: *Animals in motion.* Dover Publications, New York. [1887].
Naaktgeboren, C.: *Het aangenomen kind – Biologische en culturele aspecten van de ouder-kindrelatie.* Ankh-Hermes, Deventer,1988.
Needham, J. G., J. R. Traver und Y. C. Hsu : *The biology of mayflies.* Comstock, Ithaca, 1935.
Nes, J. G. Th. van: *Het Nederlands zoetwateraquarium.* W. J. Thieme & Cie. Zutphen, 1960.
Nespoli, Tiziana (Hg.): *De collectie Vrolik – Van voor het leven tot na de dood.* Zoölogisch Museum, Amsterdam,1999.

Neville, A. C.: *Biology of the arthropod cuticle.* Springer, New York, 1975.
Nichols, David: *Echinoderms.* Hutchinson & Co., London, 1962.
Nicholson, John: *Mannen en vrouwen – Hoe verschillend zijn ze?* Het Spectrum, Utrecht/Antwerpen, 1985.
Novak, Anja und Debbri Wilken: *Eeuwige jeugd – 100 jaar kinderportretten in de Nederlandse fotografie.* Gorcums Museum, Gorichem en Spaarnestad Fotoarchief, Haarlem en Huizer Museum Het Schoutenhuis, Huizen, 2000.
Portmann, A.: *Biologie und Geist.* Burgdorf, Göttingen,1998.
Pijzel-Dommisse, Jet: *Het Hollandse pronkpoppenhuis – Interieur en huishouden in de 17e en 18e eeuw.* Waanders, Zwolle und Rijksmuseum, Amsterdam, o.J.
Quammen, David: *The boilerplate rhino – Nature in the eye of the beholder.* Scribner, New York, 2000.
Ramos-Elorduy, Julieta: *Creepy crawly cuisine.* Park Street Press, Rochester, 1998.
Reich, Hans: *Vader en kind.* Nederlandse Boekenclub, Den Haag, 1960.
Reijnders, Lucas und Wouter Klootwijk: *Mooi-Cosmeticagids.* Van Gennep, Amsterdam, 1988.
Riemsdijk, Marjolijn van: *De bestorming van het onmogelijke – Max Reneman, De Keerkring & de collectieve verbeelding.* Bres, Amsterdam, 2001.
Ritsema, Beatrijs: *Als ze maar gelukkig zijn – Over kinderen, opvoeden en onderwijs.* Prometheus, Amsterdam, 2002.
Romanes, George John: *Mental evolution in animals.* Kegan Paul, Trench & Co., London, 1883.
Romanes, George John: *Mental evolution in man – Origin of Human faculty.* Kegan Paul, Trench & Co., London, 1888.
Ronay, Gabriel: *The Dracula myth.* W. H. Allen, London/New York, 1972.
Rood, Lydia: *Koken op de groei.* Het Nederlands Zuivelbureau, Rijswijk, 1993.
Rose, Kenneth John: *The body in time.* John Wiley & Sons, New York etc., 1988.
Rousseau, Jean-Jacques: *Emile.* Reclam, Stuttgart, 1986.
Rowland, Beryl : *Animals with human faces – A guide to animal symbolism.* George Allen & Unwin, London, 1974.
Russell, E. S.: *Form and function.* John Murray, London, 1916.
Rijt, Hetty van de en Frans X. Plooij: *Oei, ik groei ! – De acht sprongen in de mentale ontwikkeling van je baby.* Kosmos-Z & K Utrecht/Antwerpen, 1992.
Salzmann, Chr. G.: *Het mierenboekje – Of aanleiding tot een verstandige opvoeding der opvoeders.* Wereldbibliotheek, Amsterdam, 1906. [1806].
Sapolsky, Robert M.: *The trouble with testosterone – And other essays on the biology of the human predicament.* Scribner, New York, 1997.
Schneider, J.: *Familie Blaumeise.* Kinderbuchverlag, Luzern, 1990.

Schnieper, Claudia und Max Meier: *Kikkers*. Meulenhoff Jeugd, Amsterdam, 1989.
Schöttelndreier, Mirjam: *Monsters van kinderen, draken van ouders – De achterkant van Huize Weltevree*. De Balie, Amsterdam, 1995.
Schoustra, Fenno L.: *Onder de maat – Frieslands allerkleinsten*. Fenno Schoustra's Publiciteitskantoor, Leeuwarden, o.J.
Schütz, Erich: *Physiologie – Kurzgefasstes Lehrbuch für Studierende*. Urban & Schwarzenberg, München/Berlin,1963.
Schwabe, Calvin W.: *Unmentionable cuisine*. University Press of Virginia, Charlottesville, 1979.
Scoble, John: *The complete book of budgerigars*. Lansdowne, Sydney, 1981.
Shattuck, Roger: *The forbidden experiment – The story of the wild boy of Aveyron*. Farrar, Straus and Giroux, New York, 1980.
Shorthouse, J. D. und O. Rohfritsch (Hg.): *Biology of insect-induced galls*. Oxford University Press, Oxford, 1992.
Sinnott, Edmund W.: *Morfogenese – Het ontstaan van vormen in de natuur*. Het Spectrum, Utrecht/Antwerpen, 1966.
Sliggers, B. C. und A. A. Wertheim (Hg.): *De tentoongestelde mens – Reuzen, dwergen und andere wonderen der natuur*. Walburg Pers, Zutphen, 1993.
Slijper, E. J.: *De geheimen van reuzen en dwergen in het dierenrijk*. A. W. Sijthoff, Leiden, 1964.
Smith, K. G. V.: *A manual of forensic entomology*. British Museum (Natural History), London, 1986.
Snellen van Vollenhoven, S. C.: *Gedaantewisseling en levenswijze der insecten*. A. C. Kruseman, Haarlem, 1870.
Snodgrass, R. E.: *The dragonfly larva*. Smithsonian Institution, Washington, 1951.
Snodgrass, R. E.: *The caterpillar and the butterfly*. Smithsonian Institution, Washington, 1964.
Spaink, Karin: *M/v* – *Doorhalen wat niet van toepassing is*. Nijgh & Van Ditmar, Amsterdam, 1998.
Sparks, John und Tony Soper: *Uilen – Natuurlijke en onnatuurlijke historie*. Wetenschappelijke Uitgeverij, Amsterdam, 1972.
Sparreboom, Max. (Hg.): *De amfibieën en reptielen van Nederland, België en Luxemburg*. A. A. Balkema, Rotterdam, 1981.
Stearns, Stephen C.: *The evolution of life histories*. Oxford University Press, Oxford/New York/Tokio, 1992.
Steentrup, J.: *On the alternation of generations – Or the propagation and development of animals through alternate generations – A peculiar form of fostering the young in the lower classes of animals*. Ray Society, London, 1845.
Stoddard, D. Michael: *The scented ape – The biology and culture of human odour*. Cambridge University Press, Cambridge etc., 1990.
Straaten, Peter van: *De dikke vader & zoon*. De Harmonie, Amsterdam, 2000.
Stratz, C. H.: *Der Körper des Kindes – für Eltern, Erzieher, Ärzte und Künstler*. Ferdinand Enke, Stuttgart, 1903.

Struijs, W.: *Voetenwerk*. Piedro Verkooporganisatie, Zoetermeer, o.J.
Sulloway, Frank J.: *Freud, biologist of the mind – Beyond the psychoanalytic legend*. Basic Books, New York, 1979.
Swammerdam, Jan: *Ephemeri vita – Of afbeeldingh van 'smenschen leven, vertoont in de wonderbaarelijcke en nooyt gehoorde historie van het vliegent ende een-dagh-levent haft of oeveraas*. Abraham Wolfgang, Amsterdam, 1675.
Swift, Jonathan: *Gulliver's travels*. Benjamin Motte, London, 1726.
Tannahill, Reay: *Vlees en bloed – De geschiedenis van het kannibalisme*. Wetenschappelijke Uitgeverij, Amsterdam, 1975.
Tanner, James M. und Gordon Rattray Taylor: *De groei*. Perscombinatie. Amsterdam, 1970.
Thompson, C. J. S.: *The history and lore of freaks*. Senate, London,1996.
Thompson, D'Arcy Wentworth: *On growth and form – A new edition*. Cambridge University Press, Cambridge, 1942.
Thornton, E. M.: *The Freudian fallacy – An alternative view of Freudian theory*. The Dial Press, Garden City, 1984.
Töpffer, Rodolphe en Gerrit Komrij: *De zonderlinge avonturen van Primus Prikkebeen – Met de oorspronkelijke tekeningen van Rodolphe Töpffer en op rijm gezet door Gerrit Komrij*. Loeb, Amsterdam, 1980.
Twyman, R. M.: *Developmental biology*. BIOS, Oxford, 2001.
Veen-Viëtor, Mary van: *Het verbondsteken – Een cultuursociologische studie over de besnijdenis in verschillende perioden van het jodendom*. Eburon, Delft, 2000.
Vermeij, Geerat: *Privileged hands – A scientific life*. W. H. Freeman and Company, New York, 1996.
Vervelde, G. J. (Hg.): *Produktiviteit in biologische systemen*. Pudoc, Wageningen, 1975.
Verwijs, Eelco: *Jacob van Maerlant's Naturen Bloeme*. Gijbers & van Loon, 1980. [1878].
Vink, A. J.: *Rupsen*. Littera Scripta Manet, Naarden, o.J.
Vogel, Steven: *Cats paws and catapults – Mechanical worlds of nature and people*. W. W. Norton & Company. New York/London, 1998.
Vondel, ›Grote vertalingen. Ovidius: *Herscheppinge*‹ in: *Volledige dichtwerken en oorspronkelijk proza*. Verzorgd door Albert Verwey, H. J. W. Becht, Amsterdam, 1986.
Vos, Jacques und Conny Meijer: *Wegwijs in de jeugdliteratuur*. Martinus Nijhof, Leiden, 1985.
Vroon, Piet: *Tranen van de krokodil – Over de te snelle evolutie van onze hersenen*. Ambo, Baarn, 1989.
Vuurst de Vries, J. van der: *Gevaren voor jonge mannen en hoe daaraan te ontkomen*. Gebroeders Graauw's Uitgeverij, Amsterdam/Soerabaia, o.J.
Wainwright, Stephen A.: *Axis and circumfence – The cylindrical shape of plants and animals*. Harvard University Press, Cambridge (Mass.)/London, 2000.

Waldbauer, Gilbert: *The birder's bug book.* Harvard University Press, Cambridge (Mass.)/London, 1998.

Waldbauer, Gilbert: *Millions of monarchs, bunches of beetles – How bugs find strength in numbers.* Harvard University Press, Cambridge (Mass.)/London, 2000.

Webster, Richard: *Why Freud was wrong – Sin, Science and psychoanalysis.* HarperCollins, London, 1995.

Weidenreich, Franz: *Rasse und Körperbau.* Julius Springer, Berlin, 1927.

Wettengl, Kurt (Hg.): *Maria Sibylla Merian 1647-1717 – Kunstenares en natuuronderzoekster.* Becht en Teylers Museum, Haarlem, 1998.

White, T. H.: *The once and future king.* Berkeley, New York, 1958.

White, David Gordon: *Myths of the dog-man.* University of Chicago Press, Chicago/London, 1991.

Whitfield, Philip (Hg.): *Gezinsleven in het dierenrijk – Van verliefdheid tot en met ouderschap.* Van Holkema & Warendorf, Bussum, 1980.

Wichman, Erich: *Lenin stinkt en andere satirische geschriften.* De Arbeiderspers, Amsterdam, 1971.

Wigglesworth, V. B.: *The control of growth and form.* Cornell University Press, Ithaca, 1959.

Wijsenbeek, Thera: *Zieke lieverdjes – 125 jaar kinderzorg in het Emma Kinderziekenhuis.* Ploegsma, Amsterdam, 1990.

Wilmink,Willem: *Jan Olifant.* C. J. Aarts, Amsterdam, 1978.

Wilson, Edward O.: *The insect societies.* Harvard University Press, Cambridge (Mass.)/London, 1971.

Wissen, B. van: *Kinderen zijn hinderen – Vaders en moeders zijn loeders.* Zoölogisch Museum, Amsterdam, 1989.

Wolfe, David W.: *Tales from the underground – A natural history of subterranean life.* Perseus, Cambridge (Mass.), 2001.

Wolpert, Lewis: *Het triomferende embryo.* Aramith, Bloemendaal, 1994.

Young, Craig M. (Hg.): *Atlas of marine invertebrate larvae.* Academic Press, San Diego etc., 2002.

Young, Mark: *The natural history of moths.* T. & A. D. Poyser, London, 1997.

Zeegers, Theo und Ton van Haaren: *Dazen en dazen-larven – Inleiding tot en tabellen voor de Tabanidae (Diptera) van Nederland en België.* KNNV, Utrecht, 2000.

Zimmer, Carl: *Parasite rex – Inside the bizarre world of nature's most dangerous creatures.* Free Press, New York etc., 2000.

Zimmerman, W. F. A.: *De mensch – De raadselen en wonderen zijner geestelijke en ligchamelijke natuur.* H. Nijgh, Rotterdam, 1865.

Zlotnik, Gideon: *Ferme jongens, stoere knapen? – Verschillen tussen jongens en meisjes vanaf conceptie tot aan de puberteit – Jongens als het zwakke geslacht.* Ad. Donker, Rotterdam, 1993.

## Bildnachweis

3 Aus: Farson,1975.
6 Aus: Derek Stanford, *Aubrey Beardsley's Erotic Universe.*
7 Sir John Tenniel, Illustration, aus: Lewis Carroll, *Alice in Wonderland*
8 Spaarnestad Fotoarchief.
9 Aus: K. Borgman, J. Daalman, *Drie Mieren,* Amsterdam/Antwerpen, 1999.
10 Rijksmuseum Amsterdam.
11 Aus: Kousbroek, 1970.
13 Aus: McMahon/Bonner, 1983.
17 Aus: St. J. Gould, 1985.
18 Foto Martijn Beekman/Hollandse Hoogte.
20 Foto C. Barton van Flymen/Hollandse Hoogte.
21 Hollandse Hoogte.
22 Waldemar Post. Aus: Dijkhuis, 1991.
23 Aus: McMahon/Bonner, 1983.
24 Museum Dr. Guislain, Gent.
25 Aus: W. E. Le Gros Clark, P. B. Medawar, *Essays on Growth and Form presented to D'Arcy Wentworth Thompson,* Oxford, 1945.
26 Foto Ari Kievit /Hollandse Hoogte.
28 Mark Verreyt, Zeichnung aus: Kruit/Schilling, 1987.
29 Spaarnestad Fotoarchief.
31 ABC/John Bull/Spaarnestad Fotoarchief.
34 Aus: Ernst Haeckel »Die Gastrula und die Eifurchung der Tiere«, in: *Jenaische Zeitschrift für Naturwissenschaft,* 1875.
35 Foto Peter Hilz/Hollandse Hoogte.
36 Strooibiljet ca. 1900
40/41 Aus: McMahon/Bonner, 1983.
42 Universiteitsmuseum Utrecht.
44 Maria Sibylla Merian, Sammlung Archiv der Wissenschaften, Sankt-Petersburg.
45 Still Photo.
46 Rodolphe Töpffer.
47 Aus: Fitzgerald, 1995.
48 Aus: Vink, o. J.
49 Huis van de Faun, Pompeji, Museo Archeologico Nazionale, Neapel.
50 Martha Alexander, Zeichnung, aus: F. D. Ommanney, *De Vissen.* Amsterdam, Het Parool, o. J.

51 Aus: Young, 2002.
51 Aus: *Hoe dieren leven. Insekten,* Amsterdam/Brüssel, 1976.
52 Aus: Brehm, o. J.
52 Aus: Brehm o. J.
54 J. G. Flegel, aus: Brehm, o. J.
56 Foto Patrick Post/Hollandse Hoogte
57 William Harvey.
59 Foto Marcel van den Bergh/Hollandse Hoogte
60/61 R. Mays, Stich nach M. Slabber, 1778.
62 Aus: *Wie van vlinders houdt. Noorder Dierenpark Zoo Emmen Holland,* Emmen, 1985.
64 Aus: *Hoe dieren leven. Insekten,* Amsterdam/Brüssel, 1976.
65 Aus: *Hoe dieren leven. Insekten,* Amsterdam/Brüssel, 1976.
66 Maria Sibylla Merian.
70 Aus: Brehm, o. J.
69 Foto Marcel van den Bergh/Hollandse Hoogte.
69 Aus: Fischer-Nagel, 1991.
71 Aus: P. Whitehead, *Hoe dieren leven.* Amsterdam/Brüssel, 1976.
73 Anonym, Gemälde, 1621, Dordrechts Museum, Dordrecht/ Leihgabe Noordbrabants Museum, 's-Hertogenbosch).
74 »De insekten sekte«, Foto Cor Jaring.
77 Aus: J. V. M. Derksen, *Om de eer. De Olympische Spelen in de Oudheid en nu,* Amsterdam, 1988.
66 Museo Vaticano, Rom.
77 Foto Ton Poortvliet/Hollandse Hoogte.
79 Stich, Teylers Museum, Haarlem.
80 Kupferstich, Hendrick Goltzius nach Cornelis Cornelisz, van Haerlem, Teylers Museum, Haarlem.
82 Peter Vos, litho 1986, Sammlung Piet clement.
83 Kupferstich, 16. Jh.
84 Foto Horst Tappe.
85 Sir John Tenniel, Illustration aus: Carroll, 2000.
87 »Metamorphose«, Franziska Bilek.
88 B. Reith, Zeichnung aus: *De Appeldief* van M. C. Versteeg, Tilburg, 1920.
89 Foto Roger Dohmen/Hollandse Hoogte.
90 ABC Press.
91 Anonym, Aldus Archives.
91 Peter Vos, 1960, Sammlung Gerard van Rooy.
92 »Kiss of the Vampire«, Boleslas Biegas, Gemälde, 1916.
94 Hollandse Hoogte.
95 Spaarnestad, Fotoarchief.
97 Zeichnung Vladimir Nabokov.
98 Grandville, Gravur aus: *L'Illustration,* Paris, 4 Mai 1844.
100 Foto Jan Bogaerts/Hollandse Hoogte.
102 »De kraamvisite«, Rein Dool, 2001.
104 Spaarnestad Fotoarchief.
107 ABC Press.

110 Spaarnestad Fotoarchief.
112 Foto Chris Gregory, aus: Morgan, 1982.
114 Zoological Society of London.
116/117 Fotos Neil McLeod, aus: Burt, 1990.
119 Foto Peter Hilz/Hollandse Hoogte.
120 Foto Martijn Beekman/Hollandse Hoogte.
123 Foto Natura.
126 Foto Jörn Pilon/Foto Natura.
127 Foto Jan van Arkel/Foto Natura.
126 Zeichnung A. Fraser-Brunner, aus: G. F. Hervey, J. Hems, *The Goldfish,* London, The Batchworth Press, o. J.
128 Hollandse Hoogte.
130 »Das Zimmer der kleinen Mädchen«, Carl Larsson, Illustration aus: C. Larsson, *Das Haus in der Sonne,* Düsseldorf/Leipzig, o. J.
132 Aus: *Kinderen voor de camera,* Time-Life International (Niederlande) BV, o. J.
137 S. Lindner, 1879, aus: »Das Saugen an den Fingern, Lippen, etc. bei Kindern (Ludeln). Eine Studie«, in: *Jahrbuch für Kinderheilkunde und physische Erziehung,* S. 14.
138 Hollandse Hoogte.
140 »Jeugdige eilandbewoners«, Foto Frank M. Sutcliffe, 1885.
141 John Duncan, 1895,
143 M. C. Escher, »Wentelteefje«, Litho, 1951, Escher-Stichting (bruikleen Gemeentemuseum Den Haag).
144 Aus: Ernst Haeckel, *Anthropogenie oder Entwicklungsgeschichte des Menschen. Gemeinverständliche wissenschaftliche Vorträge über die Grundzüge der menschlichen Keimes- und Stammesgeschichte,* Leipzig 1877.
147 Foto Stefan Andersson/ABC Press.
149 Foto Andre Perlstein/Camera Press (L'Express)/ABC Press.
152 Balthus, »Die Gitarrenstunde«, Gemälde, 1934, Privatsammlung.
154 Aus: *Drukkersweekblad en auto-lijn,* Kerstnummer 1955.
155 Aus: Erich Schütz, *Physiologie. Kurzgefasstes Lehrbuch für Studierende,* München/Berlin, 1963.
160 ABC/Syndication International/Spaarnestad Fotoarchief.
162 Foto Ron Gilling/Lineair Fotoarchief/Spaarnestadt Fotoarchief.
164 Hollandse Hoogte.
166 Ludolph de Jongh, »Jongen met opzittende hond«, 1661, Gemälde, Virginia Museum of Fine Arts, Richmond.
167 Eric Carle, Illustration, 1969.
170 Foto Sara Hutchings/ABC Press.
171 Foto Natura.
172 Spaarnestad Fotoarchief.
174 Foto Peter Menzel/Transworld features.
178 Monn, aus: Brehm, o. J.
180 Aus: Everdingen, 2001.

181 Spaarnestad Fotoarchief.
184 Spaarnestad Fotoarchief.
186 Edisons phonografische Puppe von 1894.
187 Aus: Van Ginneken, 1992.
193 Foto Ad van Denderen/Hollandse Hoogte.
194 Spaarnestad Fotoarchief.
197 Hollandse Hoogte.
198 Han van Hagen, »Van made tot vlieg«, Aquarell, 1980.
201 Foto Gianni Muratore/ABC Press.
203 »Die Sintflut«, Gustave Doré.
204 Aus : Le Gros Clark/Medawar, 1945.
206 Georg Flegel, Öl auf Papier, 17. Jh.
209 Aus: Brehm, o. J.
210 Aus: Snellen van Vollenhoven, 1870.
213 Foto Pierre Jamet.
214 Hollandse Hoogte.
216/217 Aus: Labhardt, 1991.
218 Foto Natura.
220 Joost van den Broek, Hollandse Hoogte.
221 Jarner/Pressehuset, ABC Press.
222 Foto Ad van Denderen/Hollandse Hoogte.
223 Hollandse Hoogte.
225 Aus: *Kinderen voor de camera,* o. J.
230 Foto Carel van Hees, Hollandse Hoogte.
231 Hollandse Hoogte.
232 Rembrandt fec. I. P. Berendrech ex., Radierung, ca. 1626, Rijksprentenkabinet, Amsterdam.
234 ABC/Black Star/Carroll Seghers II/Spaarnestad Fotoarchief.
236/237 Van Straaten, 2000.
238 Peter Vos, Zeichnung, 1989.
239 Hollandse Hoogte.
241 Foto Natura.
244 Spaarnestad Fotoarchief.
247 Foto Peter Verwoerd/Foto Natura.
251 Spaarnestad Fotoarchief.
256 Foto Pierre Jamet.
257 Aus: D. P. R. Keizer, *Geneeskundig Huisboek,* Amsterdam, o. J.
258 Robert Hooke, aus: *Micrographia,* 1665.
259 Entlausung mit D.D.T. Unicef, 1945.
261 »Porträt eines Jungen«, Giovanni Francesco Caroto, Museo Castello, Verona.
263/264 Associated Press/Spaarnestad Fotoarchief.
265 Foto Richard Open/ABC Press.
266 ABC Press.
267 Magnum Photos, ABC Press.
272 ABC/Syndication International/Spaarnestad Fotoarchief.
274 Aus: *Het Dikke Berenboek,* 1992.
275 Foto Deirdre Brennan/SABA/Transworld features.
276 Hollandse Hoogte.

279 Aus: P. Whitehead, *Hoe dieren leven.* Amsterdam/Brüssel, 1976.
280 Aus: Brehm, o. J.
284/285 Aus: Snellen van Vollenhoven, 1870.
287 Huët, Gravur aus: Duméril, 1867.
288 Aus: Schütz, 1963.
289 Aus: Schütz, 1963.
289 Jahrmargt, Gravur, aus: Brehm, o. J.
293 ABC/Syndication International/Spaarnestad Fotoarchief.
294 Aus: Harrison, 1962.
294 Aus: Wolpert, 1994.
295 Aus: Bonner, 1982.
295 Museum Boerhaave, Leiden.
298 Foto Peter Martens/Nederlands Fotoarchief/Spaarnestad Fotoarchief.
302 Culver Pictures.
303 Foto Sake Elzinga, Hollandse Hoogte.
305 Spaarnestad Fotoarchief.
306 ABC/London Express/Spaarnestad Fotoarchief.
311 ABC/Black Star/C. Bernstein/Spaarnestad Fotoarchief.
313 Foto J. Castricum/G. Tik/Foto Natura.
315 Foto Jiri Buller/Hollandse Hoogte.
318 Paneel,1596, Museum van het boek Meermanno-Westreenianum, Den Haag.
320 Aus: E. Koolhaas-Grosfeld, 2001.
323 Spaarnestad Fotoarchief.
326 Anonym, Gemälde, ca. 1600.
327 Karel Thole, Illustration aus: Bomans, 1941.

## Register